拉美研究丛书
Latin American Studies Series

◆ 2012年拉丁美洲和加勒比专题报告 ◆

中等收入陷阱：
来自拉丁美洲的案例研究

Middle Income Trap: Case Studies from Latin America & Caribbean

郑秉文　主编

Editor-in-Chief Zheng Bingwen

中国社会科学院
拉丁美洲研究所
INSTITUTO DE AMERICA LATINA
ACADEMIA DE CHINA DE CIENCIAS SOCIALES

当代世界出版社

图书在版编目（CIP）数据

中等收入陷阱：来自拉丁美洲的案例研究／郑秉文主编．—北京：当代世界出版社，2012.5
ISBN 978-7-5090-0481-4

Ⅰ.①中… Ⅱ.①郑… Ⅲ.①中国经济—经济发展—研究 Ⅳ.①F124

中国版本图书馆 CIP 数据核字（2012）第 073536 号

书　　名：	中等收入陷阱：来自拉丁美洲的案例研究
出版发行：	当代世界出版社
地　　址：	北京市复兴路4号（100860）
网　　址：	http://www.worldpress.org.cn
编务电话：	（010）83908403
发行电话：	（010）83908410（传真）
	（010）83908408
	（010）83908409
	（010）83908423（邮购）
经　　销：	新华书店
印　　刷：	北京九天众诚印刷有限公司
开　　本：	880毫米×1230毫米　1/32
印　　张：	15
字　　数：	380千字
版　　次：	2012年5月第1版
印　　次：	2012年5月第1次
书　　号：	ISBN 978-7-5090-0481-4
定　　价：	36.00元

如发现印装质量问题，请与承印厂联系调换。
版权所有，翻印必究；未经许可，不得转载！

《拉美研究丛书》编委会名单

名誉主编：成思危

顾　　问（按姓氏笔画为序）：

苏振兴　李北海　李金章　陈凤翔　洪国起
原　焘　蒋光化　裘援平　蔡　武

主　　编：郑秉文

编　　委（按姓氏笔画为序）：

王　华　王宏强　王晓德　刘纪新　刘承军
杨万明　吴白乙　吴志华　吴国平　吴洪英
沈　安　宋晓平　张　凡　陈笃庆　林被甸
郑秉文　赵雪梅　贺双荣　袁东振　柴　瑜
徐世澄　徐迎真　康学同　曾　钢　韩　琦

学术秘书：刘东山

《拉美研究丛书》总序

拉美和加勒比地区共有33个国家，总人口5亿多，经济总量高达1.8万亿美元，在世界政治和经济中发挥着越来越重要的作用。中国与拉美和加勒比地区虽然相距遥远，但友好交往源远流长，在政治、经济、文化等方面的交流与合作具有广阔的发展前景。拉美和加勒比地区是我国实施和平外交政策的重要对象，也是共同构筑和谐世界的重要伙伴。

我国历代领导人都十分重视发展与拉美和加勒比地区国家的关系。早在1988年，邓小平以其深邃的战略家眼光，对世界发展的前景作出了这样的预言："人们常讲21世纪是太平洋时代……我坚信，那时也会出现一个拉美时代。我希望太平洋时代、大西洋时代和拉美时代同时出现。"他还指出："中国的政策是要同拉美国家建立和发展良好的关系，使中拉关系成为南南合作的范例。"2004年，胡锦涛总书记提出了要从战略高度认识拉美的重要指示。2004年11月12日，胡锦涛主席在巴西国会作演讲时指出，中拉关系在不远的将来能够实现如下发展目标：(1) 政治上相互支持，成为可信赖的全天候朋友；(2) 经济上优势互补，成为在新的起点上互利共赢的合作伙伴；(3) 文化上密切交流，成为不同文明积极对话的典范。

我国与拉丁美洲和加勒比地区国家在争取民族解放、捍卫国家独立、建设自己国家的事业中有着相似的经历，双方在许多重大国际问题上有着相同或相似的立场。我国高度重视拉美在维护世界和平、促进共同发展方面所发挥的积极作用；越来越多的拉美国家领导人也认识到中国的重要性，对与中国的交往及合作持积极态度。

作为中国—拉丁美洲友好协会的会长，我非常高兴地看到近年来中拉关系发展迅速。许多拉美国家的国家元首、政府首脑纷纷到中国来访问，中国国家领导人也曾多次访问拉美。特别是2004年11月胡锦涛主席访问了阿根廷、巴西、智利和古巴四国；2005年1月，曾庆红副主席又访问了墨西哥、秘鲁、委内瑞拉、特立尼达和多巴哥以及牙买加。至今中国与委内瑞拉建立了"共同发展的战略伙伴关系"，与巴西、墨西哥和阿根廷建立了"战略伙伴关系"，与智利建立了"全面合作伙伴关系"。我国全国人民代表大会与许多拉美国家的议会都保持着较密切的交往，中国现在已经成为美洲国家组织和拉美议会的观察员，和里约集团、安第斯共同体、加勒比共同体、南方共同市场都有联系。中国与拉美国家在经贸领域中的合作也已全面展开。在1993—2003年的10年中，中拉贸易额增长了近6倍。2005年，中拉贸易额首次超过500亿美元。

中国社会科学院拉丁美洲研究所是国内唯一专门从事拉丁美洲研究的科研机构，成立于1961年。长期以来，该所科研人员完成了大量科研成果，为党和国家的决策做出了一定的贡献。从2006年开始，他们在这些研究成果的基础上，出版一套《拉美研究丛书》，以满足我国外交部门、企业界、高等院校、科研机构、媒体以及公众对拉美知识的需求。我深愿这套丛书的出版能增进中国各界对拉美的了解，也将对促进中国与拉美和加勒比地区的友谊及合作做出应有的贡献。

成思危
2006年5月2日

目 录
CONTENTS

Preface 1 ·· Siwei Cheng(1)
Preface 2 ·· Weiguang Wang(5)
Preface 3 ·· Angel Gurría(10)
Preface 4 ·· Enrique García(12)
Preface 5 ·· Ruogu Li(15)

Part 1　International Comparison Perspective

Chapter 1　The Product Space and the Middle Income Trap: Comparing Asian and Latin American Experiences
·· Anna Jankowska et al(3)

Section 1　Introduction ·· (4)
Section 2　Escaping from the Middle Income Trap: Productivity and structural transformation ·················· (6)
Section 3　The Product Space: A tool for evaluating the structural transformation ·················· (10)
Section 4　Data ·· (13)
Section 5　Navigating through the Product Space ········ (14)
Section 6　Product Space and productive development policies ·· (26)
Section 7　General framework conditions ·················· (38)
Section 8　China ·· (48)
Section 9　Conclusion ·· (49)

Appendix. Figures ·· (50)
References ·· (82)

Chapter 2　Patrones de desarrollo en América Latina: ¿ Convergencia o caída en la trampa del ingreso medio? ················ Pablo Sanguinetti et al(89)
Section 1　Introducción ·· (89)
Section 2　La teoría del crecimiento y la hipótesis de convergencia ···································· (91)
Section 3　Hechos estilizados del desarrollo económico mundial y de América Latina: ¿qué regiones y países convergen y cuáles no? ·································· (93)
Section 4　Fallas en la convergencia: debilidades en el proceso de cambio estructural y diversificación productiva ·· (101)
Section 5　Otras posibles causas de fallas en la convergencia: Inequidad en la distribución del ingreso, falta de ingresos impositivos y deficiencias en la provisión de bienes públicos ······························· (109)
Section 6　Reflexiones Finales: ¿Se encuentra América Latina retomando el proceso de convergencia? ······ (117)
References ·· (120)

Chapter 3　Middle Income Trap in Latin America: the Perspective of External Demand
································· Yunxia Yue(125)
Section 1　Middle Income Trap: Convergence in Latin American countries' development ····················· (127)

Section 2 External demand, growth and fluctuation ⋯ (133)
Section 3 External demand, the transmission mechanism and growth rate ⋯ (140)
Section 4 Conclusion and insight ⋯ (142)
References ⋯ (145)

Chapter 4 The Industrial Structure and Middle Income Trap in Latin America: Historical and Comparative Analysis about Latin America ⋯ Wenze Xie(147)

Section 1 Long term historical observation and comparison: Economic growth in Latin America since 1820 ⋯ (148)
Section 2 Theoretical analysis: Source of growth and the industrial structure ⋯ (159)
Section 3 Comparing Latin America and USA: Latin America's 'primary commodity export boom' versus America's 'industrialized boom' ⋯ (169)
Section 4 Comparing Latin America and Japan: Latin America's 'import substituting industrialization' and Japan's 'export oriented industrialization' ⋯ (178)
Section 5 Two enlightenments: Views on industrialization and the service industry ⋯ (186)
References ⋯ (190)

Part 2 Latin American Case Studies

Chapter 5 Lessons from Latin America's Way out of the Middle Income Trap: Analyzing from A Perspective of Political Science ················· Dongzhen Yuan(193)
  Section 1 Middle Income Trap: How do the Latin American people see it? ······················· (194)
  Section 2 Overcome the Middle Income Trap: Achievements and limitations in Latin America ················ (198)
  Section 3 Latin America's experience in breaking the Middle Income Trap: Analysis in a political perspective ·· (206)
  Section 4 Conclusion ······································· (211)
  References ··· (211)

Chapter 6 Latin America's Middle Income Trap: Endogenous Defect and Transition Delay by Import Substitution ··· Yong Zhang(214)
  Section 1 Introduction ····································· (215)
  Section 2 Theoretical foundation and shortcomings of the import substitution of industrialization ········ (219)
  Section 3 Economic policy for import substitution of industrialization and its risks ················ (228)
  Section 4 Essence of import substitution of industrialization: Incompetent manufacturing ····················· (236)
  Section 5 Historical delay in transiting import substitution in Latin America ································· (245)

Section 6　Primary conclusions ……………………… (259)
References ………………………………………… (261)

Chapter 7　The Historical Lessons of Brazil's Falling into the Middle Income Trap: An International Comparative Perspective
　………………………………… Jingsheng Dong(263)
Section 1　Reaching middle income level by 'Savage Capitalism' ……………………………… (265)
Section 2　Miss the opportunity to adjust development mode by choosing 'Debt and Growth' ……………… (273)
Section 3　Brazil and Korea: Insights from a comparative review …………………………………… (277)
References ………………………………………… (280)

Part 3　Enlightenment for China

Chapter 8　'Trap' or 'High Wall', the Real Challenge and Strategy for China Economy: An Analysis Based on International Comparison …… Shijin Liu et al(285)
Section 1　'Trap' or 'High Wall': Diverse challenges at different stages of industrialization ………… (287)
Section 2　System and strategy: Decisive element for successful completion of industrialization ……………… (294)
Section 3　Time window for a natural drop in China's growth rate starts around 2015 …………………… (301)
Section 4　Climb over the 'High Wall': Real challenges for China's economic development …………… (304)

    Section 5   Push forward the transition of development mode to make real achievement by 'active & involving reform' .... (311)
    References .... (319)

Chapter 9   **Theoretical Interpretation on Growth Path and the Middle Income Trap: Analyzing China's Path and Policy in Breaking the 'Trap'**
    .... Ping Zhang et al(321)
    Section 1   Comparing the typical examples in the middle income phase .... (323)
    Section 2   Theoretical explanation for growth path and the 'Trap' .... (328)
    Section 3   Positive elements that have impacts on Middle Income Trap and inter-nation comparison .... (334)
    Section 4   Path and policy for China's breakthrough ... (339)
    References .... (346)

Chapter 10   **China's Three Historical Breakthroughs and Its Fight against the Ten Risks for Middle Income Trap in the Coming 10 Years: In Perspective of Latin America and International Experience**
    .... Bingwen Zheng(348)
    Section 1   Analyzing the experience of Middle Income Trap: From the perspective of international comparison
    .... (350)

Section 2　The three historical leaps in China's economic development: Background of Latin America and East Asia ………………………………………… (359)

Section 3　The four development phases in China's economic growth: From the perspective of growth incentives ………………………………………… (363)

Section 4　China's 'efficiency-driven' in the 'Upper Middle Income' (i. e. the 3rd) phase: Three elements for increasing productivity and the case study from Argentina ……………………………… (368)

Section 5　China's proactive fight against the ten risks for Middle Income Trap ……………………… (375)

Section 6　Brief conclusion ……………………… (400)

References ……………………………………… (401)

Afterword ………………………… Bingwen Zheng(404)

Preface

Siwei Cheng

Vice – Chairman of the 9th and10th NPC Standing Committee

Chairman of China – Latin America and Caribbean Friendship Association

Since the reform and opening up, China has achieved remarkable economic and social progress and its economic status has been promoted substantially. In 2001, China's per capita GDP surpassed the threshold of US$ 1,000. In accordance with international standards, this marks the initial step for China in escaping the 'poverty trap' and joining the ranks of lower middle income countries. After this, China spent mere nine years to reach the GDP per capita of US$ 4,277 to be among the ranks of upper middle income countries.

In 2007, the World Bank introduced the concept of the 'middle-income trap' in its report "An East Asian Renaissance". The middle-income trap refers to a situation in which an economy in the middle-income stage is neither able to sustain its previous growth pattern nor able to fully break away from it. Finally it plunges the economy into a prolonged economic stagnation. Therefore, an economy which fails to transform its economic development model in time tends to fall into the 'Middle Income Trap'. Some developing countries ascended to the ranks of middle income countries in the 1970s, but they found themselves losing labor cost competitiveness and in the same time, being in a tough position to promote alternative industries. Up to now, their GDP per capita don't clime to US$ 10,000, which make them fail to be a member of the ranks of high-income countries.

With China's rise as an international trading power, to overcome the 'middle income trap' is an important issue for China and the world. To bypass the trap and promote sustained sound and steady development is a significant step for China to build a moderately prosperous society in all respects by 2020 so as to become a medium developed country, and to make contribution to the world economic development.

At the early stage of reform and opening up, the investment as a share of GDP was 28%. In the 21st century, the share has been rising significantly. In the latest five years, the annual growth rate of investment reached above 20%, resulting in the share up to 70% in 2010, which has caused problems such as excess capacity, overstock, low efficiency, re-pollution, and etc. The easy monetary policy has brought a surge in local government debt, rising inflation and high asset bubbles. With respect to foreign trade, the decline in foreign demand led to the reduction in exports and increased trade friction. In the wake of the disappearance of the unlimited labor supply, it is difficult for China to maintain the traditional economic mode based on low cost manufacturing, high investment and resources consumption. If China wants to avoid falling into the 'middle income trap,' the primary task is to accelerate the transformation of the economic development model.

I have an article published in People's Daily Overseas Edition and People's Daily online in June of 2010, with focus on transformation of development model. I proposed transition from external demand to internal demand, from extensive growth to intensive growth and from exogenous dynamics to endogenous dynamics. In order to increase domestic demand, it is necessary to improve people's purchasing power, develop the social security system and promote innovative products and services, so that the consumers will be able and willing to consume. In addition, it is important to raise labor productivity, enhance the efficiency of fund, strengthen enterprise management and mobilize initiative and creativity of employees.

It is fundamental for China to further promote the reform and opening up and properly handle the relations between rule by law and by people; to balance the fairness and efficiency so as to achieve a stable efficiency and a high level fairness; to deal with the government and market which plays an essential role on resource allocation; and to coordinate the centralization and decentralization in order to arouse the local governments' enthusiasm and guarantee the obeyed central government's order.

Latin America developed faster than China. A variety of problems that China is facing already occurred to region. Some countries in the region reached the level of middle income in the 1970s, and then lingered to this stage, being perplexed by the trap. Such situation was recently changing in the major countries of the region. Latin America thus could provide China with lessons and experience on the ' middle income trap' , as well as their policy innovations which were based on their local situation and obtained clear effects.

It is also vital for China to draw experience from industrialized countries such as the UK and USA, as well as emerging countries like Korea and Japan on how to get out of the ' middle income trap' . In this context, it is necessary for think-tanks from China and Latin

America to cooperate with international organizations and make suggestions on China's sustainable and sound development. The cooperation among the Institute of Latin American Studies (ILAS) of the Chinese Academy of Social Sciences (CASS), CAF-Development Bank of Latin America, and the Organisation for Economic Cooperation and Development (OECD) set a good example for a new model of boosting exchanges and deepen mutual understanding through collaboration among academic institutions, international and regional organizations. Such alliance helps to utilize the advantages of each party and thus create benefits for them. As the chairman of China-Latin America and Caribbean Friendship Association, I expect such cooperation could advance further.

ILAS has done a lot of research on the 'middle income trap'. Last year, it published a book titled *Latin America and the Caribbean Development Report* (2010 ~ 2011), in which Chile was analyzed as the first country in South America to escape the 'middle income trap'. This year, it is going to publish another book conducting a comparative study in a comprehensive way on the political, economic, cultural characteristics and reasons for Argentina, Brazil, Mexico and other regional countries hovering in the trap, so that to explore a practical way of getting out of the trap. Experts and scholars from OECD and CAF are also dedicated to explain their views and experiences. I sincerely hope that Chinese scholars can analyze the actual situation in China through studying international experiences and lessons, and put forward feasible policy recommendations, facilitating China to smoothly move out of the middle-income stage.

Beijing, Apr. 2012

Preface ②

Weiguang Wang
Executive Vice President, Chinese Academy of Social Sciences

China has achieved remarkably sustained rapid economic growth through opening up over the past 30 years. In 2010, China's GDP per capita surpassed US$4,200 meaning that it has entered the 'Upper Middle Income' country club. However, China as a developing country is still faced with quite a few economical and social problems. According to Robert Zoellick, President of the World Bank, one of the new problems for the current China is to overcome the 'Middle Income Trap', which inevitably draws out attention. There seems to be more difficulties in transiting from middle income to high income than that from low income to middle income.

'Middle Income Trap' is a concept first brought up by the World Bank in the *East Asian Economic Development Report* in 2006. It refers to the situation when a country fails to transform the economic development mode after arriving at the world's middle income level, its economy lacks incentive for growth and eventually becomes stagnated. In recent history, many of the Latin American countries have had typical experience in middle income trap. Old industrialized countries like Britain and America as well as the post-war Japan and the Four Asian Tigers, on the other hand, did not run into similar situations.

Latin America's experience tells that the 'Middle Income Trap' is a highly complicated problem that involves economic, social and political issues. Social differentiation caused by unequal distribution of income is one of the hidden reasons for middle income trap because it reduces the mobility among different social layers, which in turn results in class solidity and even social conflicts and vibrations. Social stability necessary for economic development is therefore lost. In China's current Initial Distribution, the proportion of governmental and entrepreneurial income is being continuously increased while residents' income takes up only a small percentage. Judging from the Secondary Distribution, China's social security system still has room for improvement and in the meantime, the Rural-Urban dual structure still exists. The growing gaps in residents' income and the resource allocation inefficiency due to income distribution problem have led to a disproportional ratio between investment and consumption. More importantly, China's Market Economy system has flaws at its status. It is of practical importance for China to learn from the Latin American lesson as well as the Euro-American successful experience in order to smoothly pass the middle income phase.

Successful overcome of the middle income trap is not only the guarantee for China to realize an all-round well-off and stride into the high income phase in the near future but also the foundation for common wealth in Socialism with Chinese Characteristics. Therefore, the CPC Central Committee and governments at all levels have paid particular attention to the income distribution issue in recent years, and set improving distribution of residents' income as a important strategic task. The 12th 5-year plan, with a theme of scientific development, focuses on accelerating the transition of economic development mode. This is the key for China to successfully move from middle income to high income level. To sum up, the difficulty and highlight in China as well as CPC's current task lie in the method to accelerate the transition of economic development mode, to push forward scientific development and to smoothly realize an all-round well off society. Under the background of economic globalization, whether China is able to stride out of the so-called 'Middle Income Trap' is not only a matter of China's destiny in future development but also impacts heavily on the world's steady economic growth. The international environment China currently sits in is very complicated. The global financial crisis is still being fermented. The European debt crisis gets more and more intensified. There is no immediate solution for America's unemployment problem. The world economy is faced with a possible second recession. China as a major player in world economy and trade is faced with risks more serious and complicated than ever. In such a circumstance, if China successfully overcome the so-called 'Middle Income Trap' and change its economic growth and social development mode, it will not only benefit the Chinese people but also become an important driving force for the entire world's economic development.

With this in mind, Chinese Academy of Social Sciences (CASS) as the think tank for CPC Central Committee and the State Council adheres to the principles of developing Chinese philosophical and social sciences, carrying out in-depth research into practical societal problems and providing intellectual support for economic and social development. Guided by the Spirit of the Sixth Planetary Session of the Seventeenth National Congress of CPC, CASS sticks to major practical issues as the main direction of study. It researches into problems of an overall, strategic and forward-looking feature such as the so-called 'Middle Income Trap', hoping to advise on the transition of China's economic growth mode and the realization of common wealth in the China style Socialism. The research project entitled *Middle Income Trap: Case Studies from Latin America* is developed under such a background. It is organized and coordinated by the Institute of Latin American Studies of CASS, which is the biggest comprehensive research organization on Latin American affairs in China. The Organization for Economic Co-operation and Development (OECD) and CAF-Development Bank of Latin America cooperate on this project. Experts from home and abroad are invited to study on this subject and the research outcomes are published in this book, which is terrific.

This project collates a huge amount of data and materials, based on which a systematical interpretation is provided for 'Middle Income Trap' both on theories and real life cases. It includes the following aspects: all types of reasons that may trigger the middle income trap; solutions to avoid the trap from economic, social, political and historical perspectives; successful experience in overcoming the trap from international comparison and the functions different elements play in the process; and finally, lessons from some Latin American countries and experience from some East Asian Economies in the form of case studies. All of these provide China with valuable insights for economic and social development in the coming decades.

This project is a useful and comprehensive pilot that aims to reflect the current situation on Positive versus Normative Analysis related to 'Middle Income Trap'. That said, it is also inevitable to have some biases or mistakes. On behalf of CASS, I would like to take this opportunity to express my sincere gratitude for the support of OECD and CAF, for the participation of China Eximbank and DRC of State Council, and also for the great contribution scholars from relevant Chinese universities make to this project.

CASS and the Institute of Latin American Studies look forward to cooperation and progress together with all parties in society in order to push forward China's Philosophical and Social Sciences and Latin American studies, to contribute to the smooth advancement in the grate mission of Socialism with Chinese Characteristics.

Beijing, Feb. 2012

Preface

Angel Gurría
OECD Secretary-General

Overcoming the middle-income trap, tackling poverty and inequality, and creating equal opportunities remain major challenges for policymakers in Latin America.

Contrary to other regions, there are very few cases of durable transitions from middle to high income in Latin America. This is disappointing, because several countries in Asia or Europe have successfully reached higher levels of income, despite sometimes being less prosperous than their Latin American counterparts only a few decades ago. Robust economic growth and the resilience of several Latin American economies to the global crisis have reduced somewhat the region's gap in living standards relative to more affluent countries in the OECD area. However, sustained income convergence has yet to be secured in the area.

Latin American countries face several obstacles to break out of the middle income trap. An important culprit is low productivity, which can be traced back to institutional and socio-economic deficiencies, such as low educational attainment and skills, a lack of competition in product markets and the regulatory environment, among others.

This volume, *Middle Income Trap: Case Studies from Latin America*, shows that the economic structure of a country does not imply a deterministic view of its development path. On the contrary, productive transitions are the result of policies, particularly those that aim to influence the economic specialisation of a country. Policy coordination, particularly in the areas of education, infrastructure, innovation and financing, plays a strong role in promoting a simultaneous evolution in economic structure and framework conditions.

The *Middle Income Trap* is the outcome of a fruitful working relationship that China and the OECD Development Centre have been building since the early 1980s and are currently expanding into new areas of cooperation. Development challenges and opportunities in Latin America, such as the emergence of a middle class and the transformation of the State for development, present relevant experiences for China. By bringing together the experiences of the countries in the region, the OECD Development Centre acts as a platform for knowledge sharing and mutual learning, with the aim of drawing attention to emerging systemic issues likely to have an impact on global development.

This comparative analysis of China and Latin America underscores the importance of sound policy design and implementation. The lessons learned from Latin America provide insights for China's own discussions regarding its evolving development challenges, as well as helpful elements that can be used to put in place better policies for better lives.

Paris, Feb. 2012

Preface ④

Enrique García

Presidente Ejecutivo, CAF-Banco de Desarrollo de América Latina

Durante la última década, la mayor parte de los países de América Latina tuvieron políticas macroeconómicas sanas que, acompañadas de importantes iniciativas en el frente social y de un entorno externo favorable, condujeron a un crecimiento económico alto y a mejoras sustanciales en los indicadores sobre el nivel de vida de los habitantes a lo largo y ancho de la región. Esos mismos factores ayudaron a que América Latina tuviera una rápida recuperación tras la crisis global de 2008.

Todo esto, sin embargo, no debe abrir campo para la complacencia. La reciente crisis en las economías avanzadas también puso de presente que los países latinoamericanos siguen siendo fuertemente vulnerables a cambios intempestivos en el contexto internacional y muy dependientes de lo que sucede con los mercados financieros globales y con los precios de los productos básicos.

Los riesgos de la complacencia aparecen de manera particularmente clara cuando se analiza el comportamiento de América Latina en un período largo, tal como se hace en el artículo elaborado por CAF - Banco de Desarrollo de América Latina, para el presente libro. Nuestra región se caracteriza por contar desde hace mucho tiempo con el mayor número de países de ingreso medio del mundo y, sin embargo, esos países no han logrado superar con éxito las barreras que implica el paso para convertirse en países de ingreso alto a nivel global. De hecho, América latina tenía en los primeros cuarenta años del siglo XX el mayor nivel de ingreso *per capita* entre las regiones del mundo en desarrollo. Ese ingreso *per capita* representaba alrededor del 35% del que tenían los Estados Unidos de América en el mismo período. Infortunadamente, dicho porcentaje se ha reducido de manera sustancial y actualmente es inferior al 20%.

El fenómeno descrito ha convertido a América Latina en el ejemplo por excelencia de la llamada ' trampa del ingreso medio'. Los riesgos de caer en esa trampa constituyen una fuente legítima de preocupación para los países asiáticos cuyo crecimiento acelerado de las últimas décadas les ha permitido convertirse rápidamente en países de ingreso medio o medio-alto, pero que aún tienen por delante el gran reto de pasar a la clasificación de países desarrollados en toda la extensión de la palabra.

En el artículo de CAF que se publica en este libro, elaborado por nuestro Vicepresidente de Estrategias de Desarrollo y Políticas Públicas y nuestro Director de Investigaciones Socioeconómicas, se evalúa la pérdida del dinamismo de América Latina durante el siglo XX, que impidió a esta región reducir su brecha de ingresos y productividad frente a los países más avanzados. Los autores se preguntan si las dificultades para mantener un proceso de convergencia en sus niveles de ingreso *per capita* hacia los del mundo desarrollado fue algo esperable o inexorable. Los autores concluyen que no existen reglas de oro sobre el proceso de convergencia y que cada fase del desarrollo económico conlleva riesgos específicos que deben tenerse en cuenta en el diseño de las políticas, considerando las particularidades de cada país, en cada momento del tiempo.

América Latina, en particular, necesita atender problemas estructurales importantes si pretende alcanzar niveles significativos de desarrollo sostenible social, económico, medio-ambiental y político. Estos retos incluyen las enormes disparidades sociales que continúan caracterizando a la región, los bajos niveles de ahorro e inversión doméstica, la excesiva concentración de las exportaciones en materias primas y otros productos básicos de poco valor agregado, y la escasa competitividad y productividad de nuestras industrias, relativa a aquella de otras regiones del mundo.

El presente libro constituye una importante contribución al debate sobre las trampas del desarrollo en que pueden caer las economías emergentes. Agradezco de manera muy especial la invitación de ILAS para que el equipo de investigación de CAF- Banco de Desarrollo de América Latina contribuyera con un artículo, compartiendo espacio con destacados analistas asiáticos y de otras organizaciones de gran importancia a nivel mundial.

Caracas, Feb. 2012

Preface

Ruogu Li
Chairman & President of China Eximbank

All developing countries with steadily growing economy are eager to embark on a path of sustainable development. Nevertheless, if a country continues to apply its previous growth mechanisms and development model after reaching the upper-middle-income threshold, it could easily lead to wider wealth gap and greater social tensions. This, in turn, will create growth fluctuations or stagnation, preventing the country from growing into a high-income one and thus getting itself caught in what is known as a middle-income trap.

Lessons can be learned from what has happened to Latin America. By the end of 2011, Latin American countries had been mired in the middle-income trap for an average span of 37 years, making the region a typical example of the middle income trap. Argentina, for instance, has been stuck in the trap for 49 years, longer than any other country in the world. And Mexico, which is mentioned in this book, joined the OECD in May 1995 and its per capital GDP reached US$10,803 in 2011. Yet people from all walks of life, particularly from the lower class, are largely dissatisfied. Statistics show that in 2011 more than 15 million people, which was about 20% of Mexico's urban population, lived in slums. Instead of enjoying the benefits of economic growth, average Mexican people feel more keenly than anyone the 'growing pains'.

China and Latin American countries, being developing countries in the era of economic globalization and in the process of modernization, have a lot in common. Thanks to more than 30 years of rapid growth, China has joined the rank of middle-income countries with its per capita GDP exceeding US$3,800 in 2010. On the other hand, China is confronted with a number of problems, including widening rural-urban income gap and regional income distribution gap, extensive economic growth model, lack of pace in industrial restructuring and upgrading, low level of public services, insufficient internal drive for sustained economic development, corruption and rising social tensions. It is extremely difficult to tackle all these problems in China, a country with a population of 1.3 billion. Against such a backdrop, whether China can avoid the middle-income trap which has plagued Latin American countries and succeed in turning into a high-income country has become the focus of attention both at home and abroad.

Bearing this question in mind, we need to reflect on the following issues. First, should the development model be adjusted? Imagine applying the same development model used when per capita GDP is US$200 to the stage when per capita GDP has reached US$4,000. Obviously, this is not appropriate. The development model should adapt to the the growing economy and the changing international and domestic environment. It can neither be invariable nor be shaped overnight. The most important experience China has gained in ensuring economic success is to remain committed to advancing reform and opening-up in light of its own economic and social conditions and environment. While pursuit of change and development is never changing, the fundamental approach of reform and opening-up should remain unchanged.

Second, should the growth be driven by investment or by consumption? In the future, China's economic growth should be more strongly driven by domestic demand, consumer demand in particular. But in the near term, consumption is unlikely to be the major growth driver. It is not because we do not want it to be, but because of our limited consuming power. China's vast rural areas and central and western regions are still underdeveloped. This means that compared with other countries, China has to spend more time and make more inputs when it goes through the process of industrialization and urbanization. Therefore, investment should not be overlooked. If we look at Japan and the ROK, two countries that have successfully bypassed the middle income trap, they used to maintain an investment rate of above 30% for a long period of time.

Third, should the industrial sector be labor-intensive or capital-intensive? To promote further development, developing countries need to upgrade industrial structure and develop capital-intensive industry and modern service sector. Given the fact that structural adjustment and industrial upgrading is a long-term process and that labor force is one part of China's core competitiveness, if we choose to move completely away from labor-intensive to modern industries, it will inevitably harm employment, which is the very foundation for our people-centered society. Therefore, it is reasonable to choose to increase investment and modernize traditional industries with modern technologies so that they are both technology-intensive and labor-intensive.

Fourth, what should we pursue, equal results or equal

opportunities? In many developing countries, widening income gap is a tough social problem. Lessons of Latin American countries remind us that the failure to address this problem might dampen economic vigor and trigger social unrest. The key to narrowing the wealth gap lies in promoting economic development, adopting a proactive employment policy and advancing industrialization and urbanization. It is particularly important to create equal opportunities and remove obstacles hindering the flow of essential production factors. This will help boost economic dynamism and creativity, and over time narrowing the wealth gap. It will take quite some time for China to achieve this goal. Laying too much stress on equal results and increasing welfare benefits without regard for reality as a means of lessening the wealth gap may weaken the driving force for development and give people the impression that one can reap without sowing. Developing countries should not blindly follow in the footsteps of European countries and the United States whose welfare policies are already in trouble.

To sum up, in order to stay away from the middle-income trap, we should follow the principle that different paths can lead to the same direction. That is to say, each country should, based on its own realities, put forward policy measures to raise the income of its people and gradually narrow the wealth gap. As a result of collective efforts, this book, with an in-depth case study of Latin American countries, aims to explore a Chinese approach to avoid the middle-income trap and offer some information and lessons for China to use for reference in its endeavor to become a high-income country.

Beijing, Feb. 2012

The Abstracts

Part 1 International Comparison Perspective

Chapter 1
Title: The Product Space and the Middle Income Trap: Comparing Asian and Latin American Experiences

Authors: Anna Jankowska, Arne J. Nagengast and José Ramón Perea[*]

Abstract: Rapid and sustained economic growth in the emerging world has brought new members, notably China, into the group of middle income countries. Reaching this level of income, however, has historically presented countries with a new set of challenges to development, resulting in slowing growth and an entrapment in what is known as the middle income trap. Limited income convergence in Latin America has at least partly been due to its reduced capacity to engage in a structural transformation conducive to higher productivity. In contrast, emerging Asia offers a few examples of these ' virtuous'

---

[*] Anna Jankowska, Master from University of Denver, Junior Policy Analyst at the Latin America Desk of OECD Development Center. Arne J. Nagengast, PhD from University of Cambridge, Junior Economist at the Latin America Desk of OECD Development Center. José Ramón Perea, PhD in Political Economics from University of South California, Economist at the Latin America Desk of OECD Development Center, employed by European Central Bank and Barclays UK

productive transformations. With these two references in mind, we build a comparative analysis based on the following points: Firstly, we illustrate differences in the process of structural transformation, both with regards to sector productivity and employment absorption. Secondly, we adopt the Product Space methodology to compare the structural transformation that took place in both regions. Finally, we consider the role played by Productive Development Policies (PDP) in shaping the process of structural transformation, through a comparative review of these policies in Korea, Brazil and Mexico. In short, the analysis allows us to gauge the role that the economic specialisation of a country plays in facilitating transitions to more advanced stages of economic development.

Keywords: middle income trap, Product Space, economical comparison, economic growth, Institutional Economics

Chapter 2

Title: Patterns of Development in Latin America: Convergence or Fall into the Middle Income Trap?

Authors: Pablo Sanguinetti and Leonardo Villar[*]

Abstract: This chapter seeks to answer the above question by reviewing the process of growth in Latin America in the last century. The analysis of quantitative information on growth patterns will be combined with a review of the conceptual arguments that arise from the theory of economic development, to identify potential factors that

---

[*] Pablo Sanguinetti is the Director of Social and Economic Research in CAF, and Leonardo Villar is the Vice President of Development Strategies and Public Policy in CAF. The authors thank Alexandra Reuter for their support as a research assistant.

explain the alleged failure of the convergence process and also suggest areas of intervention to escape the so-called middle income trap. The central hypothesis guiding this study is that there are no golden rules on the process of convergence. There are very strong theoretical arguments according to which countries with lower levels of development could grow faster than those who have already crossed that road. In practice, however, world history since the time of the industrial revolution in European economies suggests that most of the developing regions have experienced divergence rather than convergence. This has occurred in middle-income countries like those in Latin America but also in African countries. On the other hand, the examples of Korea and several Southeast Asian economies over the past 50 years transformed from low to high income levels without falling into the trap of middle income. History shows that every stage in the development process carries its own risks. The experiences of Latin American countries suggest that the challenges of moving from middle to high income level be particularly complex.

Keywords: middle income trap, growth theory, growth path, development pattern, income distribution

Chapter 3

Title: Middle Income Trap in Latin America: the Perspective of External Demand

Author: Yunxia Yue [*]

Abstract: Latin America is the World's most concentrated region

---

[*] Yunxia Yue, Associate Researcher and Associate Director, Department of Multidisciplinary Studies, Institute of Latin America Studies, CASS

of middle income economies, and also one of the most prominent areas of 'middle income trap'. This chapter, by reviewing the historical development of Latin America in the past century, reveals that the detention period at its middle income level is coincident with its export-oriented development period. In the existing mode of development, external demand stimulates economic growth quantitively but suppresses quality on the other hand. In the meantime, the current social structure and policy system in Latin America hinder the 'external demand-domestic demand' transmission mechanism. These bring insufficient driving force for the economic growth in Latin America, which in turn leads to the slowdown of growth rate and increasing fluctuations. As a result, Latin America has been stagnated at the middle income level for long. With these in mind, this chapter suggests that we should, to maximize the economic stimulation of external demand in the export-oriented development mode, supplement it with an effective 'external demand-domestic demand' transmission mechanism, in order to maintain economic growth; correct the structural defects with appropriate economic and social policies; keep escalating export; and adjust or transform the development mode as and when necessary to avoid intensification of conflicts at the middle income level.

Keywords: economic growth, Latin America studies, middle income trap, external demand, international trade

Chapter 4

Title: The Industrial Structure and Middle Income Trap: Historical and Comparative Analysis about Latin America

Author: Wenze Xie *

Abstract: Ever since 1820 (especially after 1870), Latin American countries failed to advance with historical and global trends by adopting the development strategies, policies and institutions that could match the times, missed the strategic opportunities which were brought forth by the second and third industrial revolutions. Compared with USA and Japan, the industrial structure in Latin America has long been lagging behind and the region's economic growth has long been extensive style, these are the 2 key reasons for Latin American countries' falling into the middle income trap. From 1820 to 2010, the annual GDP growth rate per capita is about 1.26%, experiencing 3 low growth cycles and 3 high growth cycles. The economic growth of the 230 years could be divided into two major phases. During the first phase (ended by 1945), Latin American ' primary commodity export boom' was defeated by American ' industrial boom' . There are two main reasons causing this failure. Technologically, Latin America did not catch the opportunities brought by the second industrial revolution. Institutionally, the development strategy of focusing on primary commodity export became the fundamental element in restricting the process of industrialization in Latin American countries. During the second phase (started from 1945), Latin American ' import substitution industrialization' lagged behind the ' export-oriented industrialization' represented by Japan. There are three main reasons accountable for the failure in this phase. Firstly, Latin American countries did not complete their industrialization. Secondly, the

---

* Wenze Xie, Associate Researcher, Department of Economics, Institute of Latin America Studies, CASS

Secondary Industry had limited contribution to economic growth. In the industrialization process in mid-to-late 20th century, the industry sector (manufacturing in particular) failed to become the main body of national economy, contributing very little to the growth of GDP. Thirdly, economic growth relied on the investment of capital and labor, i. e. extensive economic growth. This article concludes that technology advancement and institutional change are the roots for growth; that intensive economy guarantees long-term and sustainable growth; that manufacturing is the main driving force for industrialization and economic growth, and that premature and over development of the service industry holds back economic development. Therefore, the majority of developing countries should firmly push forward industrialization and avoid over or pre-developing the service industry.

Keywords: Latin America studies, industrial structure, economic growth, history of the world economy, middle income trap

Part 2   Latin American Case Studies

Chapter 5

Title: Lessons from Latin America's Way out of the Middle Income Trap: Analyzing from A Political Perspective

Author: Dongzhen Yuan[*]

Abstract: The phenomenon of ' middle income trap ' is not unique to Latin America, and by no means exists in all Latin

---

[*] Dongzhen Yuan: Researcher and Director, Department of Politics, Institute of Latin America Studies, CASS

American countries. However, it is true that many of them have been detained in the middle income phase for long, missing the opportunity to move into the high income level at some critical points. Progress in recent years has been remarkable on their way struggling out of the middle income trap, having advanced to various extents in overcoming the 'progress trap', the 'poverty trap', the 'inequality trap', and the 'governance trap'. It is even possible now for some countries to jump into the high income group. That said, the structural, system and policy problems that have been restricting Latin America from moving to 'being developed' still exist. Risk and difficulty are still there even for countries promising enough to move out of the middle income trap. The achievements so far in Latin America are brought by economic growth and social stability as well as the improvements of all kinds of institution, system and policy, and in the meantime, benefitted from the reinforcement of political consensus, the gradually open, transparent and scientific process of government decision-making, and the continuous improvement on political system. This experience of Latin America shows that the political element may not get a country out of the middle income trap directly but it provides crucial conditions on politics, institution and policy to break through the trap at least.

Keywords: middle income trap, Latin America countries, government decision, Politics

Chapter 6

Title: Latin America's Middle Income Trap: Endogenous Defect and Transition Delay by Import Substitution

Author: Yong Zhang*

Abstract: ' Middle Income Trap ' usually refers to the phenomenon in a country's development that it is permanently detained at the middle income level and unable to walk into a high-income society. This phenomenon is caused by the failure of transition in a country's development strategy oriented for higher development stage. The time between 1960s and 1980s was an important period when Latin American countries were gradually left behind by its East Asian counterparts, resulting from not only the endogenous defect caused by their previous practice of import-substituting industrialization but also their historical delay in transiting that practice. Import-substituting industrialization as a development mode has its obvious limitations. It lacks experience in combining import substitution and export of industrialized products effectively while insisting on distorted industry policy, fiscal and monetary policy, exchange rate policy and trade policy, which was a snake in the grass eventually leading Latin American countries to the middle income trap. Prolonged existence of import substitution had inevitably brought forth four types of interrelated structural development crisis, including the potential international payment crisis caused by the loss of vigorous export and rigid import structure, the industrial structure crisis as a result of ignoring agriculture and overdrawing industry, the latent financial deficit crisis due to excessive expansion of national institutions, and the social governance crisis coming from high unemployment and unequal distribution of income. Latin America's modernization history

---

* Yong Zhang, Assistant Researcher, Department of Economics, Institute of Latin American Studies, CASS proves that every transition in economic growth mode was always triggered by either exogenous economic crisis or endogenous one under compulsion. The two historical delays in transiting the primary commodity export mode and the import substitution development mode respectively are the fundamental reasons for Latin America's long-term falling into the middle income trap. Developing countries should learn the lessons from their experience. There is always a sign of structural imbalance when the momentum of a mode of economic growth tends to be depleted. That is when they should adjust the economic growth mode in advance instead of making some measures combating the economic recession after the outbreak of crisis, otherwise, the social cost is too high.

Keywords: middle income trap, import-substituting industrialization, Latin American countries, structural crisis

Chapter 7

Title: The Historical Lessons of Brazil's Falling into the Middle Income Trap: An International Comparative Perspective

Author: Jingsheng Dong[*]

Abstract: Brazil's GDP per capita surpassed US$1,000 in 1975 and became a middle income country. However, it was stuck in the middle income trap for a very long time thereafter. Looking back, Brazil moved into the middle income group by means of ' savage capitalism', which was reflected by government intervention, heavily relying on foreign investments, extremely, unequal distribution of income and sacrificing political democracy. After that, Brazil once

---

[*] Jingsheng Dong, Associate Professor, Department of History, Peking University

again embarked on the so called 'growth by debt' modal which delayed the adjustment of development mode, and was ultimately led to the middle income trap. Brazil gradually struggled out of the difficult situation with its GDP per capita breaking the US$10,000 threshold with the process of political democratization and economic and social adjustment. Especially since the beginning of the 21st century, Brazil started to adjust the economic structure and improve income distribution. Comparing the lesson of Brazil's falling into the middle income trap and Korea's successful experience in striding over the middle income trap, we can conclude that one must timely adjust any development mode according to international situation; appropriately deal with the relationship between growth and distribution; and establish political democracy.

Keywords: middle income trap, comparative study on growth, income distribution, Latin American history, Brazilian history

Part 3   Enlightenment for China

Chapter 8
Title: 'Trap' or 'High Wall', the Real Challenge and Strategy for China economy: An Analysis Based on International Comparison

Authors: Shijin Liu, Junkuo Zhang, Yongzhi Hou and Peilin Liu[*]

Abstract: This chapter, focusing on whether industrialization progresses smoothly, puts together the experience of over 30 major economies that once started the industrialization process and are with a population of more than 10 million. It also summarizes the similarity and differences between these Economies. In addition, it compares the China situation with both positive and negative international experience, concluding that it is unlikely that China will fall into a 'Middle Income Trap' similar to that of Latin America before the rapid development of industrialization ends. The real significant challenge comes from after the rapid development period, in that whether China is able to effectively dissolve all kinds of structural conflicts as well as fiscal and financial risks accumulated during the development process, and to transform the low-cost factor-driven growth to innovation-driven growth in order to successfully stride over the High Wall set for high income countries.

Keywords: middle income trap, wall of high income, transformation of development mode, structural adjustment, prediction

---

[*] Shijin Liu, Senior Research Fellow, Vice President, Development Research Center (DRC) of The State Council; Junkuo Zhang, Researcher, Director of General Office, Party Leadership Member, DRC of The State Council; Yongzhi Hou, Researcher, Dean of Department of Development Strategy and Regional Economy, DRC of The State Council; Peilin Liu, Researcher, Director of Research Office, Department of Development Strategy and Regional Economy, DRC of The State Council. This article belongs to the outcome of the research subject on 'Middle Income Trap'. Shiji Gao, Jianlong Yang, Changsheng Chen, Xiaowei Xuan, Wei Xu, Xian Zhuo, Jianwu He, Yunzhong Liu, Liping Zhang, Xiaoming Wang, Dongming Yuan, Jin Fang, Jianpeng Chen, Zhaoyuan Xu, Zhenyu Wu, and Bo Chen all provided initial research results, participated in discussion and came up with insightful opinions.

of economic growth

Chapter 9

Title: Theoretical Interpretation on Growth Path and the Middle Income Trap: Analyzing China's Path and Policy in Breaking the 'Trap'

Authors: Ping Zhang and Yan Ma [*]

Abstract: China's GNI per capita in 2010 surpassed US$4,000, having literally moved into the middle income countries group. In this stage, scale profit still gradually increases with many growth opportunities. In the meantime, the world's future economy is still in a turmoil period of continuous 'rebalancing' after the Global Financial Crisis in 2008 and the lasting economic recession and upheaval by the European Debt Crisis started in 2010. China is trying to overcome the middle income trap while the world economic structure is going through a major reform. At this cross point and also under such a complex situation, it is of significant important to maintain steady and relatively rapid economic development in the '12th 5-year Plan'. This is a stage of developing and transforming for China. It is only possible to stride over the middle income trap progressing to balanced economic growth if we manage to utilize the strength accumulated in high growth stage and capture the right timing for transition of the system and growth mechanism. This chapter combines the big background of post-crisis era and China's key strategies and policies of the '12th 5-year

---

[*] Ping Zhang, Deputy Director General, Institute of Economics, CASS; Professor and PhD Supervisor. Yan Ma, Deputy Director, International Statistical Information Center, National Bureau of Statistics of China; Post Doctor, Professor and Master student Supervisor.

Plan'. Based on comparative analyses of different countries, typical facts and deduction of economic growth theories, it talks about issues on learning from global development experience, exploring the right path to break the middle income trap per China's conditions, setting the correct economic and social policy, and guaranteeing steady and rapid economic development in the '12th 5-year Plan'.

Keywords: middle income trap, equilibrium growth, structural reform

Chapter 10

Title: China's Three Historical Breakthroughs and Its Fight against the Ten Risks for Middle Income Trap in the Coming 10 Years: In Perspective of Latin America and International Experience

Author: Bingwen Zheng[*]

Abstract: According to the most recent adjusted standards of the World Bank, China's GDP per capita in 2010 surpassed US$4,200, meaning that China officially stepped up to the 'Upper Middle Income' level. This is the second historical breakthrough following that of 2011 when China moved from 'Low Income' to the 'Lower Middle Income' group. By comparing the timings at which different economies in East Asia and Europe successfully strode over the middle income traps, this article suggests to divide China's economic development and its features since the opening up in 1978 into 4 phases. 1978 to 2001 was the 'low income' phase (GDP per capita less than US$1,000) and it was market driven. 2002 to 2010 was the

---

[*] Bingwen Zheng, Director General, Institute of Latin America Studies(ILAS), CASS; Professor and PhD Supervisor.

'lower middle income' phase (GDP per capita US$1,000 to US$4,200) and it was factor driven. The period from 2011 to the '14th 5-year Plan' (ca. US$2020 – US$2024) is the 'upper middle income' phase (GDP per capita US$4,200 to US$12,300), and will be efficiency driven. That after the '14th 5-year Plan' is the 'high income' phase (GDP per capita over US$12,300), and will be innovation driven. The author researched into the driving force of growth in China's current 'upper middle income' phase and found out that in this 'efficiency driven' economy, it is vital to improve productivity, i.e. maximum production at low cost. Infrastructure, institution and policy are the three key factors for efficiency, of which infrastructure is satisfactory and latter two factors are problematic at the current stage. The problems in institution and policy could be concluded as 10 challenges, namely the 'transformation trap', 'Latin America trap', 'welfare trap', 'urbanization trap', 'bubble economy trap', 'aging trap', 'finance trap', 'dollar trap', 'flattery trap', and 'populism trap', all of them powerful enough to induce China to fall into the middle income trap. The article further indicates that during the process moving from 'Upper Middle Income' to 'High Income' (i.e. from efficiency-driven to innovation driven), China should be careful with the above 10 risks at all time, and overcome them in order to realize the third historical breakthrough following the first and second ones in 2001 and 2010 respectively and smoothly move into the high income group, making greater contributions to the world's economy.

Keywords: middle income trap, economic growth, the China Model, China path, competitiveness

Afterword

As early as in the 7th International Forum on ' *Challenges for China and Latin America's Sustainable Development: Infrastructure and Urbanization*' held on the 28th of April 2011, Institute of Latin American Studies CASS agreed with The Organization for Economic Co-operation and Development (OECD) and CAF- Development Bank of Latin America① to present a themed research on ' Middle Income Trap' as 2012's Specialized Report on Latin America and the Caribbean in the 8th Forum to be held on the 8th of May 2012. In the meantime, we invited Mr. Daude from the Development Center of OECD and Mr. García Executive President of CAF to write a chapter respectively for the research book. Both accepted the invitation with delight.

The book ' *Middle Income Trap: Case Studies from Latin America*' was finally published after over a year's preparation and composition, and will be presented at the 8th International Forum as scheduled. I believe our fellow experts such as Mr. Daude and Mr. Garcíao will be very happy to see this outcome when they come to attend the Forum in Beijing, as this is the fruit of joint efforts both internationally and domestically. Institute of Latin American Studies

---

① CAF- Development Bank of Latin America: name changed from the Andes Development Group last year.

was included into CASS' innovation program on the 23rd of March 2012. The coming 8th International Forum and the 'Middle Income Trap' research project are both in the innovation plan.

Since The World Bank brought up the concept of 'Middle Income Trap', many scholars in English and Chinese literature have focused on the Latin American region. The reason for this is that most South American countries have been stuck at the middle income level (GNI per capita US$1,006 to US$12,275 per World Bank standard issued in July 2011) for as long as 30 to 50 years. The fluctuation of 'Growth-Drop-Regrowth-Redrop' present at the 'Upper Middle Income' level (US$3976 to US$12,275) is of particular interest to researchers. China entered into the 'Upper Middle Income' phase in 2010 with GDP per capita reaching US$4,283, after which more scholars in China dived into the research on middle income trap.

The 18th National Congress of CPC will be held this October, and in next March Government Rotation will take place. That is to say the next two terms of office of Government will lead and witness China to go through the 'Upper Middle Income' process. In another word, the 10 years for the 12th and 13th 5-year Plans exactly span the 'Upper Middle Income' phase. Presumably, should other conditions remain unchanged, China might progress into the high income country club during the 14th 5-year Plan somewhere between 2022 and 2024. (For more details, see the Interview with Bingwen Zheng '*China may become a high income country in the 14th 5-year Plan*' published in Section Two of the 2011/9/22 Issue in *People's Daily Overseas Edition.*)

As the think tank for CPC Central Committee and the State Council, CASS requires that all its Institutes should mark those overall, strategic and forward-looking problems arising from practices as part of their priority research fields, and provide scientific as well as theoretical explanations for these problems. Institute of Latin American Studies, as China's only specialized organization for comprehensive research on Latin America, it is our responsibility and honor to carry out intensive research on the phenomenon of ' Middle Income Trap' appearing in the Latin America region, to invite both foreign and domestic scholars to cope and communicate on the research, and to provide intellectual support for decision-makers.

Undoubtedly, ' Middle Income Trap' is a multidisciplinary subject that attracts scholars of all areas. They provide Positive and Normative Analyses on ' Middle Income Trap' on aspects of Economics, Politics, History, Institutional Comparative Study and Latin America Region special research. Some of the methodologies are very innovative, standing on the frontier of research on Latin America and ' Middle Income Trap' . Based on such a positioning of the project, it is included into the tasks of Institute of Latin American Studies assigned by CASS on the 20th of December 2011 in the document titled "Arrangements for the implementation of Chinese Academy of Social Sciences on the ' Assignment plan for relevant central departments to implement the important decisions from the Sixth Planetary Session of the Seventeenth National Congress of CPC' ".

The book is about to be published and printed. At this point, I would like to thank the following people and organizations. OECD as an inter-governmental organization with 34 member countries specially researched into the topic and provided high quality results upon invitation. CAF not only delightedly participated in the research project but also provided the book with a very important chapter. The research led by Mr. Shijin Liu Vice President of the Development Research Center of The State Council was also invited to be part of the project. Mr. Ping Zhang Vice director general of Institute of Economics CASS was invited to research specially for the project and contributed a chapter co-authored with Dr. Yan Ma. More excitingly, the following people have written Prefaces for the book upon invitation, including Mr. Siwei Cheng Vice Chairman of the 9th and 10th National People's Congress and President of China-Latin America Friendship Association, Mr. Weiguang Wang Executive Vice President of CASS, Mr. Angel Gurría Secretary-General of OECD, Mr. Enrique Garcia President and CEO of CAF-Development Bank of Latin America, and Mr. Ruogu Li Chairman and President of China Eximbank. My hearty thanks to all of them. China Eximbank financially sponsored this research project, which deserves a special mention here. Mr. Peng Dai and colleagues from its Research Department all provided their generous help. Without their sponsor and help, this project would not make it. Moreover, Mr. Jingguo Sun CEO of the Contemporary World Press (affiliated to International Department, Central Committee of CPC) ensured the publication time of two books (including this one) out of their very tight schedule. Thank you for that.

The authors and translators of the chapters in this book together with their occupations are listed below.

Preface 1: authored by Siwei Cheng, Vice Chairman of the 9th and 10th National People's Congress and President of China-Latin America Friendship Association

Preface 2: authored by Weiguang Wang, Executive Vice President of CASS

Preface 3: authored by Angel Gurría, Secretary-General of OECD; translated by Zhanli Zhang; proofed by Bingwen Zheng

Preface 4: authored by Enrique Garcia, President and CEO of CAF-Development Bank of Latin America; translated by Bo Liu; proofed by Guoping Wu

Preface 5: authored by Ruogu Li, Chairman and President of China Eximbank; English version also provided by the bank

Chapter 1: provided by OECD; translated by Zhanli Zhang; proofed by Bingwen Zheng

Chapter 2: provided by CAF; translated by Bo Liu; proofed by Guoping Wu

Chapter 3: authored by Yunxia Yue, Associate Researcher and Associate Director of the Department of Multidisciplinary Studies, Institute of Latin American Studies, CASS

Chapter 4: authored by Wenze Xie, Associate Researcher at the Department of Economics, Institute of Latin American Studies, CASS

Chapter 5: authored by Dongzhen Yuan, Researcher and Director of the Department of Politics, Institute of Latin American Studies, CASS

Chapter 6: authored by Yong Zhang, Assistant Researcher at the Department of Economics, Institute of Latin American Studies, CASS

Chapter 7: authored by Jingsheng Dong, Associate Professor at the Department of History, Peking University

Chapter 8: authored by Shijin Liu, Researcher and Vice President of DRC of The State Council; Junkuo Zhang, Researcher and Director of General Office, Party Leadership Member at DRC of The State Council; Yongzhi Hou, Researcher and Dean of the Department of Development Strategy and Regional Economy, DRC of

The State Council; Peilin Liu, Researcher and Director of the Research Office, Department of Development Strategy and Regional Economy, DRC of The State Council.

Chapter 9: authored by Ping Zhang, Researcher and Vice Dean of the Institute of Economics, CASS; Yan Ma, Professor and Deputy Director of the International Statistical Information Center, National Bureau of Statistics of China

Chapter 10: authored by Bingwen Zheng, director general of the Institute of Latin America Studies, CASS

The International Forum on Latin American Situations is run every year. Since its debut in March 2005, it has been convened for the 8th time this year. In the early days, we invited the Ambassadors of Latin America and the Caribbean region to China to speak at the Forum. Along the years, this Forum became well known in the Latin American research field. Scholars and Organizations from home and abroad were attracted to this event with the increasing reputation. Development Center of OECD started to involve in 2009. The annual research report '*Latin American Economic Outlook*' published by the Development Center was translated into Chinese and publicly presented at the Forum. In 2011, CAF-Development Bank of Latin America took part and generously sponsored the Forum. The Chinese version of their Annual Report on Economy and Development was also spontaneously published in the Forum. The years witnessed this Forum to grow into a prestigious academic brand for Latin American Studies. It attracts more and more overseas scholars and gradually become the platform for Latin American research and information publication. In addition, it is now with a trend for multi-lateral development (academic, foreign affairs, enterprises, civil societies and international organizations). To some extent, it even plays an important role in Public Diplomacy, and opens the door for China-Latin America academic interaction. So far the Development Center of OECD has published the Chinese editions of 4 annual reports (including this year) and 2 specialized books. They are:

——' Latin American Economic Outlook 2009' (research on fiscal and developmental issues)

——' Latin American Economic Outlook 2010' (research on immigrants and remittance issues)

——' Latin American Economic Outlook 2011' (research on Middle Class)

——' The Visible Hand of China in Latin America' (edited by Javier Santiso, Chinese version, 2009)

——' Pragmatic Economic Policy in Latin America' (edited by Javier Santiso, Chinese version, 2009)

The Development Center of OECD and the Unite Nations Economic Commission for Latin America and the Caribbean (ECLAC) will jointly write this annual report as of 2012. The report ' Latin American Economic Outlook 2012: Transforming the State for Development' published in the 8th Forum is an example of the cooperation.

CAF-Development Bank of Latin America has published two Annual Reports on Economy and Development on the platform. They are:

——Report on Economy and Development 2011 ' The Road Ahead: Infrastructure Management in Latin America'

——Report on Economy and Development 2012 ' On Development: Promote the Accessibility of Financial Services in Latin

America'

Starting from the 5th Forum in 2009, Institute of Latin American Studies CASS officially submits an open access publication, i. e. the annual Specialized Report on Latin America and the Caribbean. The past four reports are:

——Specialized Report 2009 edited by Bingwen Zheng ' *Social Cohesion: Lessons from Latin America*'

——Specialized Report 2010 edited by Guoping Wu ' *Financial Crisis: Latin America's Choice*'

——Specialized Report 2011 edited by Bingwen Zheng ' *Urbanization in Latin America: Lessons and Experience*'

——Specialized Report 2012 edited by Bingwen Zheng ' *Middle Income Trap: Case Studies from Latin America*'

Bingwen Zheng
Director General, Institute of Latin American Studies(ILAS), CASS
Director General, Center for International Social Security Studies(CISS), CASS
26 Feb 2012

目 录

序言一 …………………………………… 成思危（1）
序言二 …………………………………… 王伟光（5）
序言三 …………………………………… 安赫尔·古里亚（8）
序言四 …………………………………… 恩里克·加西亚（10）
序言五 …………………………………… 李若谷（12）

上篇　国际比较角度

第一章　产品空间理论与"中等收入陷阱"：亚洲和拉丁美洲的比较 ………………… 安娜·扬科夫斯卡等（3）

第一节　绪论 ……………………………………………（4）
第二节　突破"中等收入陷阱"：生产力与结构转变
　　　　………………………………………………（6）
第三节　产品空间：一个分析结构转变的工具 ……（10）
第四节　数据 ……………………………………………（13）
第五节　产品空间理论概览 ……………………………（14）
第六节　产品空间理论与生产性发展政策 …………（26）
第七节　总体框架的条件 ………………………………（38）
第八节　中国 ……………………………………………（48）
第九节　结论 ……………………………………………（49）
附图 ………………………………………………………（50）
主要参考文献 ……………………………………………（82）

第二章 拉丁美洲的发展模式：迎头赶上或是落入"中等收入陷阱" ………… 巴勃罗·桑吉内蒂等（89）

第一节 导言 …………………………………………（89）
第二节 增长理论和赶超假说 ………………………（91）
第三节 世界和拉美各国的典型案例：哪些国家和地区实现了赶超，而哪些未能实现？………（93）
第四节 赶超的失灵：结构变革和生产多样化进程中的弱点 …………………………………（101）
第五节 其他可能导致赶超失灵的原因：收入分配不公、税收匮乏和公共产品提供不足 …………（109）
第六节 最后的思考：拉美在重回趋同之路吗？ …（117）
主要参考文献 …………………………………………（120）

第三章 拉美"中等收入陷阱"：外部需求的分析角度 ………………………………… 岳云霞（125）

第一节 "中等收入陷阱"：拉美国家的发展趋同性 …………………………………………（127）
第二节 外部需求、增长与波动 ……………………（133）
第三节 外部需求、传导机制与增长速度 …………（140）
第四节 结论与启示 …………………………………（142）
主要参考文献 …………………………………………（145）

第四章 拉美地区的产业结构与"中等收入陷阱"：基于美、日的比较分析 ………… 谢文泽（147）

第一节 长期历史观察与比较：1820年以来拉美地区的经济增长 ……………………………（148）
第二节 理论分析：增长之源与产业结构 …………（159）

第三节 拉美与美国的比较：拉美国家的"初级产品
出口繁荣"与美国的"工业化繁荣" …… (169)
第四节 拉美与日本的比较：拉美国家的"进口替代
工业化"与日本的"出口导向工业化" … (178)
第五节 两点启示：关于工业化与服务业的看法 … (186)
主要参考文献 …………………………………… (190)

中篇 拉美案例研究

**第五章 拉美国家摆脱"中等收入陷阱"的经验教训：
政治学视角的分析** ……………… 袁东振 (193)
第一节 "中等收入陷阱"：拉美人的观点 ……… (194)
第二节 摆脱"中等收入陷阱"：拉美国家的
成就与制约 …………………………… (198)
第三节 拉美国家破解"中等收入陷阱"的经验：
政治视角的分析 ……………………… (206)
第四节 小结 …………………………………… (211)
主要参考文献 …………………………………… (211)

**第六章 拉美"中等收入陷阱"：来自进口替代的
内生缺陷及转型延误** …………… 张 勇 (214)
第一节 引言 …………………………………… (215)
第二节 进口替代工业化的理论基础及缺陷 ……… (219)
第三节 进口替代工业化经济政策及其危机 ……… (228)
第四节 进口替代工业化核心——制造业竞争力缺失
………………………………………… (236)
第五节 拉美进口替代工业化转型的历史性延误 … (245)
第六节 初步结论 ……………………………… (259)

主要参考文献 ………………………………………（261）

第七章　巴西怎样陷入"中等收入陷阱"：
　　　　历史经验及其比较 ………………… 董经胜（263）
　　第一节　以"野蛮资本主义"方式达到中等收入水平
　　　　　　………………………………………………（265）
　　第二节　选择"负债增长"贻误发展模式调整 ……（273）
　　第三节　巴西与韩国：比较性审视的启示 …………（277）
　　主要参考文献 ………………………………………（280）

下篇　对中国的启示

第八章　"陷阱"还是"高墙"：中国经济面临的
　　　　真实挑战与战略选择 ……………… 刘世锦等（285）
　　第一节　"陷阱"与"高墙"：工业化不同阶段面临的
　　　　　　性质不同的挑战 ……………………………（287）
　　第二节　体制和战略：决定工业化能否顺利完成的
　　　　　　关键因素 ………………………………………（294）
　　第三节　2015年左右我国将进入增长速度"自然回落"
　　　　　　的时间窗口 ……………………………………（301）
　　第四节　翻越"高墙"：中国经济发展面临的真实挑战
　　　　　　………………………………………………（304）
　　第五节　以"参与促进型改革"推动发展方式转变
　　　　　　取得实质性进展 ………………………………（311）
　　主要参考文献 ………………………………………（319）

第九章 增长路径和"中等收入陷阱"的理论诠释：论中国突破"陷阱"的路径与政策
.... 张平等（321）

第一节 中等收入发展阶段的典型化样本比较 ……（323）

第二节 增长路径和"陷阱"的理论解释 …………（328）

第三节 影响"中等收入陷阱"因素实证与跨国比较
....（334）

第四节 中国跨越的路径和政策 …………………（339）

主要参考文献 ……………………………………（346）

第十章 中国的三次历史性跨越与未来10年应对"中等收入陷阱"10大诱因：拉美与国际经验教训的角度
.... 郑秉文（348）

第一节 "中等收入陷阱"的经验分析：国际比较的角度
....（350）

第二节 中国经济发展的三次历史性跨越：拉美和东亚的背景 ……………………………（359）

第三节 中国经济成长的四个发展阶段：增长驱动力的角度 ……………………………………（363）

第四节 中国在"上中等收入"即第三阶段的"效率驱动"：提高生产率的3个要素与阿根廷的案例分析
....（368）

第五节 中国积极应对"中等收入陷阱"的10个诱因
....（375）

第六节 简短的结论 ………………………………（400）

主要参考文献 ……………………………………（401）

后记 ………………………………………… 郑秉文（404）

序言一

第九、十届全国人大副委员长
中国－拉丁美洲和加勒比友好协会会长
成思危

改革开放以来，中国的经济和社会发展取得了很大成就，中国的经济实力得到了大幅度提升。2001 年中国人均 GDP 超过 1000 美元，按照国际上通行的标准，中国摘掉了"低收入"的帽子，进入"中低收入"国家的行列。此后，中国用了 9 年的时间，人均 GDP 到 2010 年达到了 4277 美元，进入了"中等收入国家"的行列。

世界银行在《东亚经济发展报告（2007）》中提出了"中等收入陷阱"（Middle Income Trap）的概念，即一个经济体迈入中等收入阶段之后，既不能继续、又难以摆脱以往的增长模式，经济出现大幅波动甚至基本停滞，陷入增长的困境而难以自拔。这时一个国家如果不能适时抓住时机进行发展方式的转变，就容易掉进"中等收入陷阱"之中长期徘徊不前。有一些国家尽管在 20 世纪 70 年代就进入了中等收入国家行列，但他们既失去了劳动力价格低廉的优势，又难以集中力量发展新兴产业，至今仍未能跨过人均 GDP 1 万美元的门槛而成为高收入国家。

随着中国在世界贸易中地位的提升，中国如何避免落入"中等收入陷阱"这一问题，不仅是中国自身的问题，也是事关世界经济贸易的重大问题。今后中国经济如何避开"中等收入陷阱"，继续保持持续健康稳定发展，既是中国到 2020 年全面建成小康社会，并向中等发达国家迈进的需要，也是中国能够持续为世界经济发展做出贡献的保证。

改革开放初期，我国的投资占 GDP 的比重是 28%。进入 21 世纪之后，投资占 GDP 的比重不断攀升。近 5 年来投资的增速都在 20% 以上，2010 年的投资占 GDP 的比重已达到 70% 左右。这样高的投资比重带来了产能过剩、库存积压、效益降低、污染回潮等很多问题。宽松的货币政策则带来了地方政府债务激增、通货膨胀加剧，以及资产泡沫增大等问题，在外贸方面，不仅由于外需减少而导致出口下降，而且贸易摩擦也迅速增多。此外，我国劳动力不再具有无限供给的特性，依托于低工资的的低成本制造难以持续；投资驱动经济增长能力减弱；传统的资源消耗型经济难以维持。为此必须努力转变我国的经济发展方式，避免落入中国式的"中等收入陷阱"。

我在 2010 年 6 月在人民网和人民日报海外版上发表过一篇文章，——三个"外转内"促发展方式转变。文中提出应当从过多依靠外需转变为更多依靠内需；从外延型增长转向内涵型增长；从外生型的动力转为内生型的动力。要依靠内需，首先要提高人民群众的购买力，让大家有能力消费，其次要完善社会保障体系，让大家敢于消费，还要不断推出创新的产品和服务，让大家愿意消费。要提高劳动生产率和资金的使用效率，加强企业管理。还要充分发挥职工的积极性和创造性。

从根本上说，一定要继续推进改革开放，处理好法治与人治的关系，在治理腐败问题上下功夫；处理好公平效率的问题，没有公平的效率是不稳定的效率，没有效率的公平是低水平的公平；处理好政府和市场的关系，发挥好市场在资源配置方面的基础性作用；还要处理好集权和分权的关系。在保证中央政令畅通的前提下，充分发挥地方的积极性。

拉丁美洲国家的经济发展走在我们的前面，有一些当前中国经济社会发展所面临的问题，它们也曾经遇到过。早在上个世纪70年代，拉美中的先行国家人均GDP已经达到中等水平，随后即受到"中等收入陷阱"的困扰，长时期在其中徘徊。近年来，拉美主要国家的这种状况开始发生明显的变化。因此，在由中等收入国家向高收入国家发展的过程中，关于"中等收入陷阱"问题，拉美国家有着丰富经验和教训，值得我们研究和借鉴；同时，它们在解决自身发展所面临的问题时，也有许多结合本国实际的政策创新，有些在实践中收到了非常明显的效果，这同样值得我们总结和学习。

关于如何走出"中等收入陷阱"问题，发达国家走过的道路也很值得我们参考。无论是早期工业化国家，如英美等国，还有后期崛起的国家，如日韩等国，他们以不同的方式避免了落入"中等收入陷阱"，总结他们的成功经验对于当前的中国是非常重要的。在这样的背景下，尤其需要中国和拉美的智囊机构与国际组织密切合作，为中国的持续、健康发展而献计献策。这次中国社科院拉美所、拉丁美洲开发银行（CAF）、经济合作与发展组织（OECD）的三方合作就是一个很好的范例，它是中国与拉美的学术单位、国际机构与区域多边机构合作的新范式，充分发挥了各方的长处，并且使合作各方都能从中受益。这是一种很好的合作方式，有助于加深相互间的交流与理解，并且与各方的实际需要密切结合，作为中国－拉丁美洲和加勒比友好协会的会长，我希望这样的合作能够持续下去，而且越多越好。

中国社会科学院拉美所的研究人员在"中等收入陷阱"研究方面做了很多工作。去年他们出版了"拉丁美洲和加勒比发展报告（2010~2011）"，其中对南美大陆即将走出"中等收入陷阱"的首个案例国家智利进行了深入分析。今年他们又做了进一步的深入研究，出版了这本书，从国际比较的角度，综合分析了陷入"中等收入陷阱"的阿根廷、巴西与墨西哥等国在政治、经济、文化方面所具有的特征以及成因，并探讨了走出陷阱的可行之道。在这些研究中，经合组织和拉美开发银行的专家学者也尽心竭力，阐述了他们的观点和经验。这本著作目前付梓在即，我由衷的希望中国能够吸取国际上的经验和教训，认真分析研究中国的实际情况，提出切实可行的政策建议，促使我国比较顺利地走过中等收入阶段。

2012 年 4 月于北京

序言二

中国社会科学院常务副院长
王伟光

在过去的三十多年时间里，中国通过改革开放，取得了经济持续高速增长的重大成就，2010年，中国人均GDP跨过了4200美元的台阶，进入了"上中等收入"国家的行列。但是，作为一个发展中国家，中国在经济和社会发展方面还存在一些问题。世界银行行长佐利克认为，目前摆在中国面前的新问题之一是克服"中等收入陷阱"。这个看法不得不引起我们的高度关注，现在看来，从中等收入过渡到高收入阶段，比从低收入过渡到中等收入阶段遇到的问题可能会更多。

"中等收入陷阱"是2006年世界银行在《东亚经济发展报告》中提出的一个概念。它指的是当一个国家人均收入达到世界中等水平后，由于不能顺利实现经济发展方式的转变，导致增长动力不足，最终出现经济停滞的一种状态。在近代历史上，许多拉美国家具有这方面的典型特征，而工业化的先行国家英国和美国，以及二战后的日本与亚洲四小龙等经济体，则没有出现类似情况。

从拉美经验教训来看，"中等收入陷阱"问题涉及经济、社会以及政治诸方面内容，具有高度复杂性。其中深层次原因之一是由收入分配不公引发的社会分化，导致社会各阶级阶层间流动性减弱，由此带来阶级阶层固化，从而引发社会冲突和社会震荡，使得经济发展失去了稳定的社会环境。从中国目前初次分配环节看，政府和企业收入占比不断提高，居民收入份额较小。从二次分配来看，中国社会保障制度还不够完善，城乡之间的二元结构依旧存在。居民收入差距持续扩大，收入分配问题致使资源配置效率低下，由此引发投资与消费比例失调。更重要的是，中国的市场经济体制还不够完善。吸取拉美经验教训，借鉴欧美成功经验，对于中国顺利通过中等收入阶段是非常是有现实意义的。

成功地跨越所谓"中等收入陷阱"，不仅是中国在不久的将来实现全面小康和跨入高收入富裕阶段的重要保证，更是未来能够更进一步构建共同富裕的中国特色社会主义的前提基础。有鉴于此，近年来党中央和各级政府高度重视收入分配问题，并将改善国民收入分配作为一个重要的战略任务。"十二五"规划"以科学发展为主题，以加快经济发展方式转变为主线"，这是中国由中等收入阶段向高收入阶段成功转变的关键所在。如何加快转变发展方式，推动科学发展，顺利实现全面建设小康社会的目标，是党和国家在目前工作的重点和难点所在。

在经济全球化背景下，中国能否跨越所谓"中等收入陷阱"，不仅是事关中国未来发展命运的问题，更是事关世界经济平稳增长的重大事件。当前中国所处的国际形势十分复杂，世界金融危机仍在发酵，欧债危机愈演愈烈，美国的失业问题短期内难以解决，世界经济面临二次衰退的风险。我国作为世界经济贸易大国面临的风险比任何时候都严峻和复杂，在此情况下，中国成功跨过所谓"中等收入陷阱"，实现经济增长和社会发展模式的转型，不仅事关中国人民福祉，更是推动整个世界经济发展的重要力量。

有鉴于此，作为党中央国务院的思想库和智囊团，中国社会科学院秉承致力于发展中国哲学社会科学事业，深入研究社会现实问题，为经济和社会发展提供智力支持的原则，在党的十七届六中全会精神指导下，坚持以重大现实问题为主攻方向，对所谓"中等收入陷阱"这一具有全局性、战略性和前瞻性的问题进行研究，以期为实现中国经济增长方式转变，推动实现中国特色社会主义共同富裕献计献策。为此，由国内最大的综合性拉美研究机构——中国社会科学院拉丁美洲研究所组织协调，与经济合作与发展组织（OECD）和"拉丁美洲开发银行"（CAF）合作，以《中等收入陷阱：来自拉丁美洲的案例研究》为题，组织国内外专家学者做了这项研究并结集出版，这是一件好事。

这项研究在收集整理大量资料的基础上，系统阐述了"中等收入陷阱"相关理论与实践，从诱发"中等收入陷阱"的各方面原因，包括经济、社会、政治及历史等不同角度探讨了避免陷入"中等收入陷阱"的应对之道，并从国际比较的角度分析了走出"中等收入陷阱"的成功经验与各要素所发挥的作用，最后以案例研究的形式，分析了拉美部分国家的教训和东亚部分经济体的经验，这对中国未来几十年的经济社会发展具有很大的启发。

作为一次有益的尝试，这项研究也是一部试图反映目前"中等收入陷阱"实证分析和规范分析的综合性研究项目，偏颇和疏漏之处在所难免。这里，我代表中国社会科学院，对经济合作与发展组织和拉丁美洲开发银行等国际机构的支持，对中国进出口银行和国务院发展研究中心等国内相关机构的参与，对国内有关高校专家学者的贡献，表示衷心感谢。

展望未来，中国社会科学院及其拉丁美洲研究所愿与社会各界携手共进，为中国哲学社会科学事业及拉美研究，为中国特色社会主义的伟大事业的顺利发展做出贡献。

2012 年 2 月于北京

序言(二)

OECD 秘书长
安赫尔·古里亚（Angel Gurría）

突破"中等收入陷阱"，应对贫困与不公，创造公平机会，仍是拉丁美洲（以下简称拉美）地区决策者面临的主要挑战。

拉美地区由中等收入向高收入行列的可持续转变的案例很少见，这与其他地区相比则成为鲜明对比。尽管亚洲或欧洲的一些国家曾经落后于拉美，但在短短几十年之后就成功达到较高收入水平，这让拉美地区相形见绌，也令人为之叹惋。在应对全球经济危机之时，拉美地区一些经济体表现出的经济强健增长和快速反弹虽在一定程度上缩小了本地区与 OECD 富裕国家在生活水平上的差距，然而拉美地区这种收入收敛的可持续性却有待加强。

为突破"中等收入陷阱"，拉美国家必须克服一些重要的阻碍因素，其中之一即是生产力低下。生产力之所以低下，可归因于制度和社会经济的缺陷，诸如教育和技术水平低、产品市场和监管环境缺乏竞争等。

《中等收入陷阱：来自拉丁美洲的案例研究》这本著作表明，一国对经济结构的重视并不必然意味着国家已步入发展之路。相反，生产转变是政策的产物，尤其是那些旨在影响一国经济专业化政策的结果。政策协调性在促进经济结构完善和满足框架条件上均有重要影响，教育、基础设施、创新和金融等方面的政策尤为如此。

《中等收入陷阱：来自拉丁美洲的案例研究》一书是中国和OECD发展中心（OECD Development Centre）卓有成效合作的结果。早在20世纪80年代初期，中国和OECD发展中心就建立了合作关系，目前，他们的合作领域在不断扩展。拉美地区发展进程中的机遇与挑战，如中产阶级的产生和转型国家的发展，为中国提供了相应借鉴。通过将这些国家的经历结集出版，OECD发展中心可以作为一个知识共享和相互学习的平台，以期能够引起国际社会对影响全球发展的新兴系统性问题之关注。

　　对中国和拉美的比较分析得知，良好的政策设计及其实施具有重大意义。拉美的教训对中国审视和反思自身发展中面临的挑战大有裨益；拉美的经验对中国制定适当和适宜的政策及其创造美好的未来大有帮助。

2012年2月于巴黎

序言四

CAF－拉丁美洲开发银行执行主席
恩里克·加西亚（Enrique García）

最近10年，大多数拉美国家执行了稳健的宏观经济政策，在社会领域展开了重大举措，加之有利的外部环境，推动整个拉美地区实现了经济高速增长，居民生活水平显著改善。这些因素也帮助拉美地区在2008年全球危机爆发后得以快速复苏。

但我们不可以因这些成绩而自满。发达经济体发生的此次危机表明，拉美国家对于国际环境的风云变幻仍旧十分脆弱，对于国际金融市场和初级产品价格的波动十分敏感。CAF－拉丁美洲开发银行为本书撰写的文章分析了拉美长期经济表现，由此可知现在就骄傲自满显然是很危险的。拉美从很久以来就拥有世界上数量最多的中等收入国家，但这些国家没能战胜阻碍成功跨入世界高收入国家之列的困难。实际上，20世纪最初的40年，拉美是人均收入最高的发展中地区，其人均收入相当于同时期美国的大约35%。不幸的是，这个比率明显下降，目前低于20%。

这使拉美成为"中等收入陷阱"的典型。亚洲国家在过去几十年里高速发展，迅速跻身中等收入或中高收入国家之列，但仍面临着成为真正意义上发达国家的巨大挑战，亚洲国家对于落入"中等收入陷阱"的担忧是可以理解的。

本书中由CAF－拉丁美洲开发银行提供的那章是由发展战略和公共政策副主席以及社会经济调查负责人撰写。该章评估了

20世纪拉美经济活力的衰退，使拉美无法缩小与发达国家的收入和生产率的差距。作者提出以下问题：拉美国家不可避免地难以与发达国家人均收入水平保持趋同吗？作者的结论是不存在趋同过程的基本规则，每个经济发展阶段都有各自的风险，要考虑到不同国家和不同时期的具体情况设计政策。

拉美如果想达到社会、经济、环境和政治高水平持续发展，就需要特别关注重要的结构性问题。这些挑战包括拉美地区巨大的社会差距、低水平储蓄和国内投资，出口过于集中在初级产品和其他低附加值产品，以及与世界其他地区相比，拉美工业较低的竞争力和生产率。

本书为新兴经济体是否会落入发展陷阱的讨论做出了重要贡献，我特别感谢中国社会科学院拉丁美洲研究所邀请CAF－拉丁美洲开发银行的调研团队撰写文章，与亚洲及世界其他知名机构的学者共同为本书贡献一些观点。

2012年2月于加拉加斯

序言 五

中国进出口银行董事长、行长

李若谷

对于众多处于经济成长阶段的发展中国家而言，走上经济持续发展之路是他们热切的企盼。然而，当一国经济发展达到"上中等收入"水平后，如果继续沿用过去的增长机制和发展模式，就容易加剧贫富差距，激化社会矛盾，从而使经济增长大幅波动或陷入停滞，迟迟不能跨入高收入国家行列，落入"中等收入陷阱"。

在这方面，拉美的教训值得反思。截至2011年，拉美国家在"中等收入陷阱"已平均滞留37年，成为陷入"中等收入陷阱"的典型地区，其中阿根廷达49年，几乎为全球之最。再如本书中提到的墨西哥，早在1995年5月就加入了经济合作与发展组织，2011年，墨西哥人均GDP达到10803美元。但社会各个阶层尤其是社会底层民众对于墨西哥的现实普遍不满。据统计，2011年居住在城市贫民窟中的人口超过1500万人，约占城市总人口的20%。广大普通民众并没有分享到经济发展的成果，反而陷入"发展的痛苦"之中。

作为同处于经济全球化和现代化进程中的发展中国家，我国与拉美国家存在许多相似之处。如今，在历经30多年的经济高速增长之后，2010年我国人均GDP已超过4200美元，步入了上中等收入国家的行列。但与此同时，诸如城乡居民与地区收入分配差距增大、经济增长方式粗放、产业结构优化升级缓慢、公共服务水平不高、经济发展内生动力不足,以及腐败和社会冲突加剧等问题也随之出现。而13亿人口使得问题的解决更具有超常的艰巨性。在这种情况下,我国能否规避拉美国家"中等收入陷阱"的覆辙,顺利进入高收入国家行列,成为国内外共同关注的焦点问题。

从这个焦点出发,有几个问题需要理清。

首先,是发展模式该不该变。试想在人均GDP为4000美元的阶段,若仍采取与200美元时相同的发展模式,显然是不合时宜的。发展模式需要根据经济发展水平和国际国内环境的变化逐步调整,不可能一成不变,也不可能一蹴而就。中国经济成功最为关键的一条经验就是根据经济社会发展条件和环境的变化,持续不断地推进改革和开放。求变求发展是永恒的,改革开放的基本思想是不变的。

其次,是选择投资驱动还是消费驱动。中国经济的未来发展应该更多地依靠内需,特别是消费需求。但短时期内消费很难成为主要推动力。并不是不想,而是能力有限。中国有广大的农村地区和中西部地区,发展还很落后,这决定了中国在工业化和城市化的过程中,需要比其他一些国家花费更长的时间,也需要更大的投入。因此,投资不应该被忽视。从国际上看,成功越过"中等收入陷阱"的日本、韩国也曾长期保持30%以上的投资率。

再次,是选择劳动密集型还是资本密集型。发展中国家要进一步发展需要实现产业结构升级,发展资本密集型工业和现代服务业。但结构调整和产业升级是一个长期的过程,且劳动力是我们的核心竞争力之一,如果完全放弃劳动密集型产业,转向现代产业,必然影响就业,动摇以人为本的社会基础。因此,合理的选择是加大投资,用现代科技改造传统产业,使劳动密集型与科技密集型相结合。

最后，是追求结果平等还是机会平等。贫富差距扩大是困扰许多发展中国家的一个社会问题。拉美国家的教训提醒我们，这一问题处理不好将导致经济失去活力，还可能引起社会动荡。缩小贫富差距的关键是要促进经济发展，实行积极的就业政策，推动工业化和城市化进程。特别是要努力创造平等的机会，打破生产要素的流动壁垒，激发经济活力和创造力，在发展中逐步缩小贫富差距。在中国，这个时期不会太短。而强调结果平等，不切实际地提高福利水平来缩小贫富差距，可能会减弱发展动力，滋生不劳而获的思想。欧美的福利政策已经遇到了很大问题，发展中国家不应去盲目学习。

总之，规避"中等收入陷阱"应遵循相同的方向、不同的道路这样一条原则，即各国要根据自己的情况制定能使本国人民的收入不断提高，贫富差距逐步缩小的政策和措施。作为集体研究的一项成果，这本书通过对拉美案例的深度剖析，旨在探索出一条规避"中等收入陷阱"的中国式道路，为中国顺利迈入高收入国家行列提供一些信息和经验。

2012 年 2 月于北京

上篇 国际比较角度

第一章　产品空间理论与"中等收入陷阱"：亚洲和拉丁美洲的比较

安娜·扬科夫斯卡（Anna Jankowska）[*]
阿恩·内奇嘉斯特（Arne J. Nagengast）
乔斯·拉蒙·佩雷亚（José Ramón Perea）

内容摘要： 新兴世界经济快速与持续增长为中等收入国家增添了新的成员，中国的加入尤为引人瞩目。然而从历史上看，达到这一收入水平的国家在未来发展中将面临一系列新的挑战，最终可能导致增长缓慢，陷入所谓"中等收入陷阱"的泥潭。由于在高生产力导向型的结构转变中参与能力不断减弱，致使拉丁美洲（以下简称拉美）的收入收敛有限；与此相反，亚洲新兴经济体却在"良性"生产转变中提供了一些可资借鉴的案例。因此，基于这两点考虑，我们以如下层面为基础进行了比较分

---

[*] 作者简介：安娜·扬科夫斯卡（Anna Jankowska），OECD 发展中心拉美研究部初级政策分析师，获丹佛大学硕士学位。阿恩·内奇嘉斯特（Arne J. Nagengast），OECD 发展中心拉美研究部初级经济学家，获剑桥大学博士学位。乔斯·拉蒙·佩雷亚（José Ramón Perea），OECD 发展中心拉美研究部经济学家，获南加州大学政治经济学博士学位，同时也供职于欧洲中央银行（European Central Bank）和英国巴克莱银行（Barclays Bank）。

析：首先，阐述结构转变过程中部门生产力和吸收就业能力两方面的差异。其次，采用产品空间理论（Product Space）对亚洲和拉美地区结构转变进行了比较。最后，通过对比韩国、巴西和墨西哥生产性发展政策（Productive Development Policies, PDP）探讨了其在形成结构转变路径中的作用。简言之，此种分析有助于我们评估在促进国家向更高经济发展阶段转变中，经济专门化将发挥何种作用。

关键词：中等收入陷阱　产品空间理论　经济比较　经济增长　制度经济学

第一节　绪　论

21世纪前10年是最有利于发展中国家经济发展的时期之一。在这10年中，许多发展中国家出现了持续多年的经济强劲增长势头，与高收入国家在人均收入上的差距不断缩小，也使世界经济重心的东移与南移加速（OECD Development Centre, 2010）。与此同时，这些现象也将新的经济挑战推向世界最前沿，对人均收入在中等收入组的国家而言更是如此。

从历史上看，极少数中等收入国家能够进入高收入经济体之列。这也说明在中等收入阶段更难以实现经济增长：一方面，这些国家的经济已经发展到足够高的水平，可以避免它们在同等条件下与低收入国家竞争（如劳动力成本）；另一方面，由于这些国家缺乏协调制度和要素禀赋的能力，这些国家将无力与主要来自高收入经济体的知识密集型产品相抗衡。

以20世纪下半叶为参照，我们可以发现高收入经济组的绝大多数国家都位于欧洲；仅有少数国家或地区分布在亚洲，如日本和亚洲新兴工业化国家（Newly Industrialized Countries, NICs,

中国台北、韩国、中国香港和新加坡）。相比之下，拉美地区则深陷中等收入陷阱不能自拔。中等收入陷阱之所以与拉美密不可分，不仅是由于这一地区从中等收入向高收入水平成功转变的案例较少，更为重要的是，该地区在 20 世纪早期就已达到相对较高的收入水平，然而目前却仍难以摆脱中等收入陷阱的宿命。

为更好地理解这点，图 1 对 1950 年和 2009 年拉美 7 个最大经济体人均收入水平与近来欧洲和亚洲刚进入高收入组的国家进行了比较。人均收入水平没有以货币值表示，而是通过占美国人均收入的比重来衡量，以此代表高收入经济体，这种收入分析框架更能突出拉美实现收入收敛的困难。拉美主要经济体除智利、哥伦比亚和墨西哥等稍有改善外，阿根廷和委内瑞拉作为 1950 年最富裕的中等收入国家，却在 2009 年占比中大幅下滑（分别为 12% 与 17%）。巴西有所进步，与美国人均收入的占比从 15% 增至 24%，这主要是因为巴西初始收入水平太低，进入中等收入国家的时间较迟。

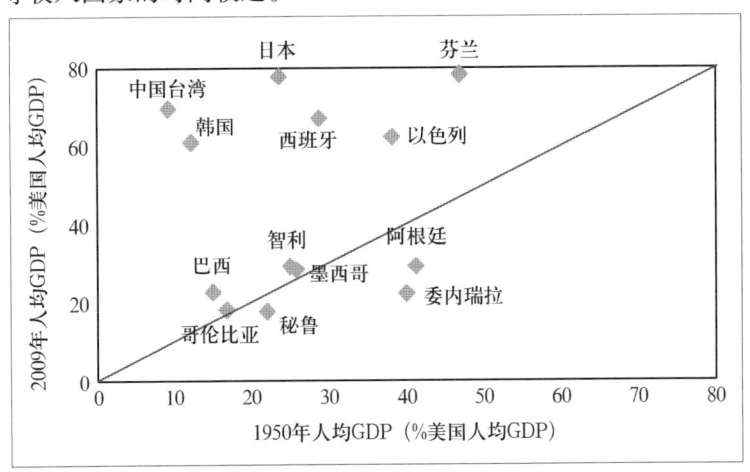

图 1　1950 年和 2009 年各国人均 GDP 水平（% 美国人均 GDP）

有别于上述情形，图1中欧洲和亚洲国家与美国相对收入差距大幅缩小，1950~2009年间的平均降幅为42%。其中韩国（KOR）和中国台北（TWN）表现更令他国难以望其项背，尽管初始收入水平均低于巴西，但它们与美国的差距却分别下降了49%和68%。

第二节 突破"中等收入陷阱"：生产力与结构转变

就中等收入陷阱经验方面，绪论已将拉美和亚洲新兴工业化国家置于对立的两个极端。在亚洲新兴工业化国家与高收入经济体快速靠近之时，拉美主要经济体却几十年如一日地在中等收入水平上徘徊不前。一般而言，拉美地区难以实现人均收入持续增长的诸多原因，生产力因素往往处于首位。例如，道伍德和费尔南德斯·阿里亚斯（Daude and Fernandez-Arias, 2010）将拉美总体人均收入的差距归结于一点，即全要素生产率（Total Factor Productivity, TFP）的增长，并把要素积累差异放在次要地位，这一结论得到了索利马诺和索托（Solimano and Soto, 2005）的支持。索利马诺等发现：20世纪下半叶拉美地区生产力出现长期下降趋势，并于20世纪80年代债务危机时达到历史低谷。在此后许多年内，拉美经济增长一蹶不振，甚至出现倒退。相比而言，在经济繁荣期或衰退期，要素积累都是经济增长相对稳定的动力之源。

近来已有较多的研究开始关注其他影响因素。道伍德（Daude, 2010）通过纳入有形资本的扭曲、人力资本水平和劳动力市场参与率等因素，建立了发展核算扩展框架，认为拉美各国全要素生产率异质性较高：智利和哥斯达黎加全要素生产率水平约为美国的75%；而洪都拉斯和秘鲁仅为美国的30%~40%。此外，其他因素也有重要影响，如人力资本对拉美与美国收入差距的解释度达到了24%[①]。

对劳动生产力差异的研究也证明了人力资本的重要作用。举例示之，科尔等人（Cole et al., 2004）发现，20世纪下半叶拉美和美国劳动生产率的差距几乎没有变化，与美国劳动生产率的占比仅由1950年的33%下降到1998年的32%。相比而言，同期亚洲占美国劳动生产率的比重却从15%激增至54%。与之相同，雷斯图恰（Restuccia, 2008）认为，工作时间或就业率均难以解释拉美和美国人均GDP的差异。拉美的日班工作时间通常多于许多发达经济体，因此尽管就业率低于这些发达经济体，但也并不足以解释人均收入的主要差距[②]。这有悖于亚洲国家流行的证据：20世纪下半叶亚洲国家的劳动生产力有了飞速提高。

此外，劳动生产力也有难以捉摸的另一面，即不同行业间的生产力差异很大。部门生产力差异理论基础可以追溯到库兹涅兹（Kuznets, 1955）的研究，他认为差异的存在是结构转变的催化剂，也促使了生产要素向最具生产力的部门进行再分配。根据库兹涅兹理论，这一过程是有序进行的：第一阶段，资源由农业部门转移到工业和服务业部门；第二阶段，农业和工业部门的资源均转向服务业。刘易斯模型也指出，不同部门间劳动生产力的差异是资源再分配过程的主要动力。伴随这一过程，以下两个方面也得到发展：首先，向更具生产力活动的转移导致财富增加；其次，制造业开始在经济尤其在贸易部门中发挥更重要的作用。

[①] 有形资本扭曲和劳动力参与率解释度分别为11%和8%。全要素生产率在收入差距上的解释度总计约为56%，低于先前研究的水平。在其后续研究中（Daude, 2011），道伍德也证实，如将教育质量的差异考虑在内，在解释发展差距中生产要素的分量占比会更高。

[②] 依据这些研究，拉美地区就业人口与总人口的比率约为欧美地区的70%。

以上基本理论能使我们对一国经济发展阶段通过三个方面进行描述：一般而言，发达经济体具有部门间生产力水平大致相似、人均收入水平高、出口商品多样和复杂的特点；与之相反，发展中经济体不同行业间劳动生产力相差悬殊，人均收入水平低，主要以出口低附加值商品为主。

上述分析框架多大程度上与发展中经济体实际经验相符？为回答这一问题，麦克米伦和罗德里克（McMillan and Rodrik, 2011）研究了不同部门间生产力差异的演变过程，分析了阻碍劳动力部门转移、进而不利于提高人均收入的各种情形。其中重要发现之一是，通常在一个"飞地经济"[①]中，自然资源富有国家的劳动力再配置更易减缓经济发展：在资本密集型部门劳动生产力水平较高时，国家却无力吸收传统部门的剩余劳动力。

本文采用了麦克米伦和罗德里克（McMillan and Rodrik, 2011）研究中采用的数据库[②]，以对拉美和亚洲进行了比较分析[③]。附图2纵轴说明在不变价格下，数据库所含三个贸易部门（农业、采矿业和制造业）劳动生产力的演变情况，横轴则为对应着部门劳动力占总劳动力人口的比重。从图中可以看出，两个亚洲新兴工业化经济体的传统部门（农业）和现代部门（制造业）之间生产力差距仍然存在，事实上近些年来呈扩大趋势，在具体实践上与上述理论模型有所偏离。然而，结构转变成功的

---

① 飞地经济（enclave economy）：是指发达地区与欠发达地区双方政府打破行政区划限制，把"飞出地"方的资金和项目放到行政上互不隶属的"飞入地"方的工业基地，通过规划、建设、管理和税收分配等合作机制，从而实现互利共赢的持续或跨越发展的经济模式。——译者注

② 蒂默和德弗里斯（Timmer and de Vries, 2009）。这个关于部门生产力的数据库涵盖的国家和地区有亚洲、欧洲、拉美以及美国。

③ 具体而言，本文是将拉美7个最大的经济体（阿根廷、巴西、智利、哥伦比亚、墨西哥、秘鲁和委内瑞拉）与亚洲最大的两个新兴工业化国家或地区（韩国和中国台北）的经验进行比较。

一个关键因素在于现代部门吸收传统部门剩余劳动力的能力。20世纪90年代以前韩国和中国台北制造业部门的劳动力比重急剧增加，与此同时农业部门劳动力比重持续减少。此后，农业和制造业部门劳动力比重都不断下降，服务业部门劳动力比重增加，这与库兹涅兹结构转变的顺序相一致。

拉美样本国家与亚洲新兴工业化国家的经验在许多方面都有很大区别。拉美国家制造业部门难以吸收农业部门日益增加的剩余劳动力。在本研究大多数时间内，巴西、哥伦比亚、秘鲁和委内瑞拉制造业劳动力比重稳定在10%左右；如同农业部门，1973年后阿根廷和智利制造业部门劳动力比重出现了大幅下降。只有墨西哥与亚洲经验最为相似，20世纪80年代以前制造业劳动力比重一直持续上升，此后维持在15%~20%的水平。与亚洲一样，拉美国家采矿业的平均劳动生产力最高[1]，但在劳动力市场中的部门劳动力比重非常小。

亚洲新兴工业化国家的现代部门由于同时满足了两个重要条件，使其结构转变过程能够增加人均收入：第一个条件是现代部门生产力高于传统部门；第二个条件为现代部门劳动密集性有能力将增加的生产力输送到大多数工资部门中。与之相比，这两种共存要素在拉美贸易部门中无处可寻，研究中的三个部门也均未吸收相对剩余的劳动力。在此背景下，拉美结构转变与基础理论脱离，走向了另一个道路，即跃过库兹涅兹所提出的第一发展阶段，农业部门剩余劳动力没有相应地向制造业部门转移，而是直接进入了服务业部门之中。这样的转变加深了拉美经济非正规性程度，也限制了与发达经济体人均收入水平靠拢的潜在可能性。

总之，良好的经济结构是促进经济持续发展的关键。几乎毫

---

[1] 1970年以后，委内瑞拉采矿业的劳动生产力大幅下降。尽管如此，与制造业和服务业劳动生产力相比，本部门仍有较大优势。

无例外的是①，战后成功突破中等收入陷阱的国家，其经济结构都经历了深刻转变，即从农业等初级经济活动转向制造业。拉美经济体在经济结构转变中之所以受限，主要可归结于工业部门不能够吸收农业部门日益萎缩所剩余的大量劳动力。总的来说，制度特征（教育、创新投资、企业竞争的制度障碍等）是这一结果的核心②。本研究中，我们无意于对影响拉美经济发展进程的众多制度和社会经济障碍因素进行回顾，而是在与其他发展中国家的比较中，对拉美结构转变类型进行系统描述。基于此目的，本文其余部分安排如下：第三节说明了研究所采用的理论和分析方法，即产品空间；第四节介绍了实证研究的数据；第五节包括了产品空间变量的定义与解释，有些变量来源于他人的研究（如出口多样化、出口升级的水平以及能力等），其他则属于本文独创性的贡献（如出口的连通性、向其他部门转变的步伐、出口"聚类"的程度等）。此外，本文对产品空间研究的另一贡献是对国别经验的重视，并分析了各国发展轨迹以及出口结构发展的不同模式；第六、七节利用产品空间理论，基于韩国、巴西和墨西哥案例的比较，研究了经济政策在塑造国别经验中的作用；第八节对中国的产品空间进行了简短论述。

第三节 产品空间：一个分析结构转变的工具

本文的分析依赖于一系列新颖的贸易文献，即产品空间理

---

① 当然，这并非说所有已进入高收入经济体的中等收入国家都是通过工业化这一途径来实现的，仍然存在例外的情形，主要有以下两个方面：一类是自然资源出口国，本国的自然财富资源与人口不成比例关系，如海湾地区石油输出小国；另一类是土地丰富、初始收入水平已非常接近发达经济体的国家，如澳大利亚和新西兰等。

② 有关劳动生产力决定因素的比较研究，见乔亨瑞（Choudhry, 2009）。

论,其在豪斯曼与克林格尔(Hausmann and Klinger, 2006)、豪斯曼等(Hausmann et al. , 2007)、海德尔格等(Hidalgo et al. , 2007)支持下不断发展和完善。产品空间理论的本质是一个分析框架,它能对出口行业间的关系进行分类,同时也可用于分析既定时间一国的出口情况。在这个分析框架中,有两点至关重要:一是不同行业间关联性或相近性的含义[①];二是植入一国出口商品中的质量或价值。

有关相近性和价值的基础变量直接采用了先前产品空间理论的研究成果。相近性是指一国出口一种具有显性比较优势(revealed comparative advantage, RCA)的商品、同时又能出口另一种显性比较优势商品时成对的条件概率的最小值。因此,当一国出口商品 A 或商品 B 均显示出竞争优势时,即说明商品 A 与商品 B 具有相近性。

$$\varphi_{ij} = \min\{P(RCA_i > 1 | RCA_j > 1), P(RCA_j > 1 | RCA_i > 1)\}$$

显性比较优势指数计算如下(Balassa, 1977):出口商品 i 占 C 国出口商品的比重与该类商品占世界出口商品比重二者之间的比率。因而,如果一国出口商品 i 的显性比较优势大于 1,也即出口商品 i 与本国出口总量的比重大于该类出口商品占世界出口商品的比重,即表明本国出口商品 i 是具有竞争性的。

$$RCA_{ci} = \frac{x_{ci} / \sum_i x_{ci}}{\sum_c x_{ci} / \sum_c \sum_i x_{ci}}$$

至于出口价值(export value)的概念,我们采纳了豪斯曼等(Hausmann et al. , 2007)首先提出的 PRODY 变量。PRODY 指数等于该商品出口国以人均 GDP 加权的显性比较优势之和。豪斯曼等认为,PRODY 变量"代表了与该商品相关的收入水平"。

[①] 产品空间理论认为,如果两个行业使用相同的技术类型和资源,那么它们即具有相近性。

PRODY 较高值对应于高收入国家的出口商品。因而，该变量是对商品复杂性或附加值水平的一个评估①。用数学式表达为：

$$\mathrm{Prody}_i = \sum_c [RCA_{ci} \mid GDP_c]$$

$x_{ci} = c$ 国的出口商品 i

$X_c = c$ 国出口商品总值

我们计算的 PRODY 值是 2000~2005 年每年价值的平均数。在此时间段内，涵盖了最全面的有关国家贸易系列的报告，在可能最多的 854 个行业中②，约有 770 个被囊括其中。

同时，豪斯曼等（Hausmann et al., 2007）也用 PRODY 指数构建了 EXPY 变量。EXPY 在数值上为某国以出口商品份额为权重的 PRODY 指数之和。因此，EXPY 变量是衡量某国一揽子出口商品的复杂程度，也是用于表示人均 GDP 增长的一个重要指标（Hausmann et al, 2007）。通过增加 PRODY 值高的新部门、或仅仅提高现有高 PRODY 值部门的出口比重（即粗放型升级或集约型升级③），都会使 EXPY 增加。

$$Expy_c = \sum_i \left[\frac{x_{ci}}{X_c}\right] \mathrm{Prody}_i$$

应当承认，在利用可得数据进行此类分析时存在一些局限性。首先，我们注意到贸易数据仅是一国经济生产结构的指标之一，在某些情形下甚至与部门对 GDP 的真实贡献率有很大出入。

---

① PRODY 指数仅表示产品中所包含的生产能力。在某些情况下，高收入经济体成为了稀缺自然资源（如石油）的出口国，导致 PRODY 指数值较高，但这并不必然代表生产所需能力。在后续部分中，我们采用海德尔格和豪斯曼（Hidalgo and Hausmann, 2009）提出的能力指数，使这一矛盾得以解决。

② 1974 年早期的行业系列与 1984 年存在很大差异，表明了贸易统计报告显著增加，无论报告的新行业数量，还是全球贸易总值上都有大幅上升。这两年报告的依据均为国际贸易标准分类（SITC, 1974 年第 2 版、1984 年第 3 版）。

③ 对国际贸易中粗放型与集约型升级的利润分析，参见赫迈尔斯和克莱诺夫（Hummels and Klenow, 2005）。

依赖于贸易开放度、国内市场规模以及其他相关因素,不同国家市场结构的差异也会使出口业绩对生产能力做出较好或较差的评价。尤其是,最近研究已注意到服务出口在促进经济增长中的潜在重要性(Mishra et al.,2011)。但尽管如此,服务贸易数据的分散水平和时间范围都不允许本研究采用此分析方法①。此外,由于存在地理上的分散组装行业(如加工业),贸易数据或许不能反映最终出口商品的真实附加值,从而可能使一国实际生产能力被高估。

第四节 数 据

本研究的样本数据来自于两个数据库,这些数据库对不同行业的贸易数据有详细的分类(四维国际贸易标准分类,4-digit SITC)。大多数样本来自于世界贸易流量(World Trade Flows)数据库(Feenstra et al.,2005),时间范围在 1963~2000 年之间。2000 年以后的数据出自联合国统计署贸易数据库(United Nations Commodity Trade Statistics Database, COMTRADE)。在这两种情况下,出口总额都以当前美元进行计算。年度实际 GDP 系列数据来自于宾夕法尼亚大学世界表(Penn World Tables)第 7 版②,以购买力平价(PPP $)计算。

---

① 第六节分析了服务和商品出口,尤其是在运输业、物流业和信息通信业等方面的一些互补性。
② 由于我们设置了人口界限,样本数量仅包括 135 个国家。

第五节 产品空间理论概览

一、出口多样化与升级

首先，我们考虑出口多样化与出口升级之间的关系①。总体上讲，所有国家都会大力增加本国具有显性比较优势行业的数量。这也与国际贸易的快速扩展、贸易统计报告的不断改善、以及同时期新产品类别的日益增多相符。

与多样化不同，以 EXPY 指数衡量的出口升级远未广泛普及。附图 3 是在不同时间上 EXPY 指标与各国多样化水平示意图，并突出了拉美和亚洲各国的变化轨迹。首先从亚洲国家看，出口多样化和升级中出现了三种类型的国家：第一种类型的国家既包括亚洲巨人（中国和印度），也包括国内市场庞大的小国（印度尼西亚和泰国）。这些国家在出口多样化的同时，出口升级进程异常缓慢；除中国外，其余国家出口多样化的初始水平都较低。然而，较大的国内市场有助于多样化水平的显著增加，印度和中国就是如此，截止 2009 年，两国出口商品在国际贸易标准分类（SITC）中均超过 250 种。

第二种类型可由附图 3 第二个图表加以说明，这些国家包括三个亚洲新兴工业化国家或地区（韩国、中国台北和新加坡）、马来西亚以及菲律宾。首先，韩国和中国台北多样化开始早，在这期间也有较大发展，但出口升级却一直止步不前。此后发生转变，EXPY 指数大幅提高，但一揽子出口商品中新部门增加很小，甚至出现下降情形。换言之，出口升级似乎是通过优质行业

---

① 出口多样化以某国显性比较优势指数大于 1 的行业数量来计算。

的集中，进而淘汰那些对 EXPY 贡献较小的行业来实现的①。由此形成的发展路径将出口发展划分为两类不同的情况。其余三个国家都模仿同一种模式，尽管它们在第一阶段多样化增幅稍小。附图 3 的第三个图表包括亚洲地区经济最欠发达的几个国家（孟加拉国、老挝和尼泊尔）。这些国家的特点是初始部门数量极低，这也是其后来出口多样化和出口升级的背景与条件。它们的出口多样化和升级都难以达到前两组国家的水平。

  用同样方法来分析拉美，我们也可以得出近似的几种类型。第一，巴西和哥伦比亚的发展路径与亚洲国内市场较大的国家极为相似，多样化的同时出口商品价值也逐渐增加。巴西尤为如此，其发展特点与印度和中国无二（即国内市场较大；出口商品的多样化和价值初始水平较低）。第二，墨西哥发展轨迹与亚洲新兴工业化国家的经验较为一致。在发展的第一阶段，其特点是出口多样化明显但出口升级停滞，此后发生逆转。这种模式的极端例子即是委内瑞拉，在其发展初期，与巴西和哥伦比亚相似；但在第二阶段，多样化水平下降，EXPY 不断增加。然而，委内瑞拉 EXPY 增加的情形与墨西哥并不相同，后者主要是由制造业部门不断发展所导致的。相比之下，我们可能揭示出一个具有"荷兰病"（Dutch disease）的案例：在一揽子出口商品中，石油所占比重不断增加会抑制其他贸易品的竞争力，对制造业而言尤为如此（Calderón Vázquez，2010）。

  更为复杂的是，我们难以将其他拉美国家纳入到先前分析的模式之内。阿根廷、智利和秘鲁的一些结果令人费解。在这些国家中，出口升级似乎与多样化水平的提高无关，导致散点图中呈现出相对的平行状态。阿根廷则似乎采取了"错误"的出口多样化形式：其新行业的增加反而导致 EXPY 数值更低。中美洲地

---

① 下文将对韩国产品空间的发展详细描述。

区的类型稍有不同,随着时间的变化,这些国家在多样性和EXPY上都有适度增长,但是仍与巴西和墨西哥相差甚远。

二、连通性

国家间出口产品构成与在产品空间中相对位置的差异,能够有助于我们解释出口多样化不能促进出口商品价值提升的发展类型。例如,在初始出口基点接近于产品空间核心的国家(C. A. Hidalgo et al., 2007),或者说靠近高 PRODY 值的产品,更易于提升出口商品的价值。相反,如果某国一揽子出口商品集中于产品空间的边缘地带或远离高价值行业,说明这个国家的生产能力要么过于单一,要么与高 PRODY 部门的要求相背离。

因此,出口升级的前景取决于国家一揽子出口商品在产品空间中的相对位置,尤其是它与高价值产品的相近性。因而我们设计出一个变量,即潜在 EXPY,来评估一揽子出口商品中高价值产品对应的连通性(connectivity)含义。该指数是在既定时间内,不属于一国出口商品的所有商品 PRODY 指标的加权平均数。它是与一国显性比较优势指数大于 1 的出口商品的最小距离。这样,一国产品空间中的连通性将大致取决于三个广泛的因素:首先是多样化的水平。总体而言,一个更为多样化的一揽子出口商品更接近于非出口行业的数量,因而能够增加潜在的EXPY。然而这种关联是有变化的,因为过于多样化的一揽子出口商品将会导致与之相对应的非出口行业很少。也就是说,在多样化与潜在 EXPY 之间存在"倒 U 型"关系。此外,潜在 EXPY也由出口商品在产品空间的位置决定,越是远离产品空间中心,潜在的 EXPY 也会越低。最后,该变量也受国家一揽子出口商品之外的产品价值影响,高 PRODY 部门能够使潜在的 EXPY增加。

附图 4 显示,在样本国家中,中国和印度的潜在 EXPY 水平最高。其中，中国完全进入多样化发展的同时对潜在 EXPY 的回报也不断减少[①]。中等规模经济体（韩国、中国台北、泰国和印度尼西亚）的潜在 EXPY 表现良好，接近亚洲两大巨人[②]。亚洲地区经济最欠发达的一些国家其潜在 EXPY 也达到了较高水平，尽管它们多样化水平仍与连通性之间存在正相关关系。菲律宾和巴基斯坦潜在 EXPY 较低，在 2009 年约为 6100（PPP＄）。

前文提到，中国起始阶段出口部门数量较多，这有助于潜在 EXPY 在初始时期即可达到较高水平（早在 1963 年中国已达到 6200，PPP＄）。在较近的距离内，中国台北和韩国潜在 EXPY 的初始水平约为 5500（PPP＄）。有趣的是，这两个亚洲新兴工业化经济体在连通性上迅速发展，有时甚至超过中国，并于 1976 年达到峰值。简言之，这两个经济体的发展与早期多样化的较快增长有关。在前文我们也已看到，这对提升出口商品的质量影响不大，此阶段的 EXPY 几乎没有变化。然而，多样化在增加这些国家出口商品的潜在 EXPY 方面却不止步于此，这将随后在其结构转变的第二个阶段中予以阐述。

在拉美，多样化与连通性之间也同样存在着正相关性，巴西和墨西哥在本地区潜在 EXPY 中水平最高（2009 年分别为 6439 和 6268，PPP＄）。阿根廷和哥伦比亚紧随其后，潜在 EXPY 稍低于 6000（PPP＄）。亦如上文所说，一些安第斯国家表现出较低水平，2009 年智利和秘鲁的潜在 EXPY 分别为 5350 和 5715（PPP＄）。这一水平大致与孟加拉国、老挝和尼泊尔相当，但却低于中美洲的一些小国（如哥斯达黎加、多米尼加、萨尔瓦多、危地马拉和洪都拉斯）。

[①] 2009 年，中国潜在 EXPY 达到了 6650（PPP＄），稍低于亚洲其他多样化程度较低的国家（如以购买力平价计算，印度尼西亚潜在 EXPY 为 7000 美元）。

[②] 在这一组中，韩国连通性最低，2009 年潜在 EXPY 为 6200（PPP＄）。

三、转变

前文仅对各国年度出口情况进行了简单介绍，这里我们将集中分析各国开始出口新产品的一些特征。总体上，转变中的新产品与当前出口商品有着非常强的相近性（也参见附图 20-23，分别为韩国、墨西哥、巴西和中国的产品空间示意图）。图 5 说明，一国提高某种商品显性比较优势指数，由时间 t 低于 1 的水平提高到 t+1 时间大于 1 的水平，此时该商品与时间 t 下本国一揽子出口商品相近性的概率情况。我们假定，在向新行业转变中，一个国家会利用与之最近出口行业的技术和资源（Hidalgo et al., 2007）。因此我们可以从实际出口基点得到最短距离（即最大相近性 φ_{ij}）。在商品相近性与进入新行业的可能性之间存在近乎完美的单调关系。

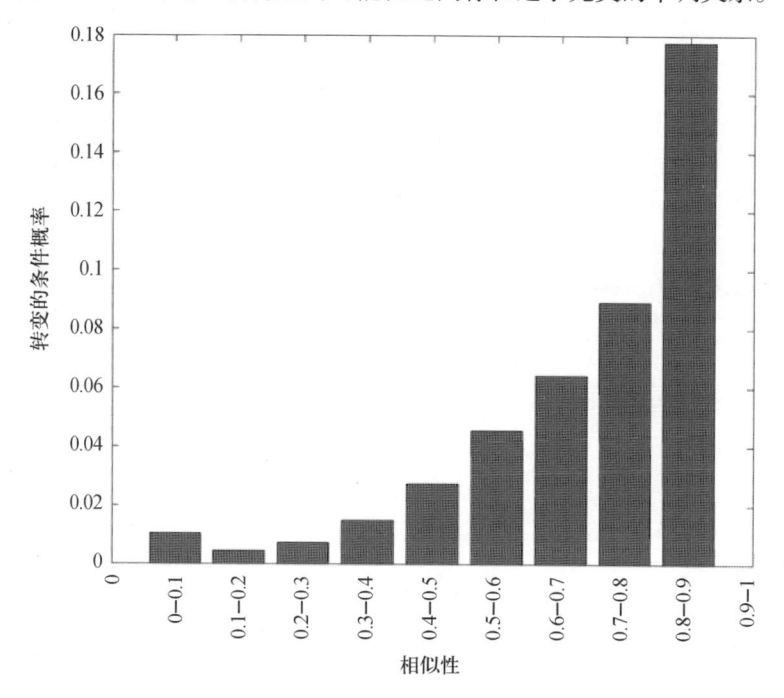

图 5 转变与相近性的条件概率

这就凸显出一个事实：相近性的考量非常重要，且它对国家将要进入的出口行业似乎具有某些预见能力[1]。相近性为测量通常情况下向新行业转变的概率提供了一个工具。因此，这一工具可以用来描述国家进行转变比平均情形更易还是更难实现。举例示之，可以想象，对出口商品进行实质性转变的国家必须转向相对距离较远的行业，它们采取的措施更不易成功。为了评估此点，我们可以假设一国进行转变的平均相近性为：

$$\text{转变的平均相近性}_{c,t} = \frac{1}{N} \sum_{\text{新产品} j} \text{最大现有产品} i \left[(\varphi]_{ij} \right)$$

若平均相近性值较高，说明该国转移到相对相近的行业，因此一般来说其转变更易实现（例如，新行业中所需的技术和能力与本国目前具有的相似）。同样，若平均相近性值较低，说明该国转移到相对较远的行业，进行的转变一般也较难实现（如新部门所需能力与此前出口行业有很大不同）。

附图7基于5年期的平均值，对各国出口剖面的转变相近性与多样化进行了比较分析[2]。第一个一般性结论是：多样化水平低的国家，与全部商品种类相差甚远，平均而言为改变其出口结构而进行转变的可能性小；类似的，多样化水平高的国家商品种类比较齐全，总体上进行相近性转变的也较多。由于平均相近性转变与多样化之间的关系，我们只能有目的地比较多样化水平相同的国家，即需要在多样化水平条件的基础上考虑平均相近性。

---

[1] 需要注意的是，这主要是基于样本内的预测，即利用 2000~2005 年出口数据（这是过去所有转变的一个经过论证的结果）来计算产品之间以及转变的相近性。然而，样本外的预测也出现了同样的情形（数据未列出），如使用 1965~1969（1975~1979／1985~1989／1995~1999）年数据来预测 1970~1979（1980~1989／1990~1999／2000~2009）的转变。

[2] 本文采用了以下时段的均值：1964~1968、1969~1973、1975~1979、1980~1983、1985~1989、1990~1994、1995~1999、2000~2004 以及 2005~2009。为了避免国际贸易标准分类修订中产生的数据谬误，1974 年与 1984 年转变情况予以忽略。

从附图 7 中我们可以发现，在多样化水平下，墨西哥、韩国和中国台北的转变都能够得以实现（前文研究也认为这些国家出口结构发生了深刻变革，出口商品更复杂、价值也更高）。值得一提的是，在最近几十年中，与多样化水平相似的国家相比，墨西哥、韩国和中国台北转变的平均相近性水平较高。与此相反，那些出口商品多样化水平大幅提升的国家，如中国、印度和巴西，更易于向相对较远的商品发生转变。

然而，这对多样化水平较低的国家和地区而言又是另一种情形，如亚洲的孟加拉国、老挝和尼泊尔；中美洲和加勒比地区的哥斯达黎加、危地马拉、洪都拉斯、萨尔瓦多和多米尼加等。与多样化水平相同的国家多向距离相对较远的产品转变不同，这些国家向距离相对较近的产品转变。与它们较低的起点相比，在经过这些可能发生的转变之后，这些国家多样化水平都有了较大幅度的提升。

四、聚类系数

为了解最后一组国家区别于其他国家的原因，我们需要对这些国家在产品空间中的出口结构进行研究。我们首先比较了 2002 年孟加拉国与 1968 年韩国的出口情况。这两个国家有着相似的多样化水平（54：53 种出口商品）、EXPY（6728：7501，PPP＄）和潜在 EXPY（5168：5425，PPP＄）。然而，在其出口商品的图示中（图 6），可以明显发现这两个国家在产品空间位置的巨大差异。孟加拉国一半以上的出口商品集中于很小的区域，主要涉及纺织品和服装生产的行业。相比之下，1968 年韩国出口结构较为分散，出口产品广泛遍布于产品空间的各个部分。国家在随时间变化而改变其出口结构的过程中，相近性起到了至关重要的作用。基于此，一国出口商品在产品空间中所占的相对位置，也会影响到该国向新部门转变的难易程度和可能性的大小。例如，1968 年韩国在产品空间中的位置分布较为合理，尽管其出口结构经历了很大变化，但仍能够通过向相对较近行业逐渐转变来完成。

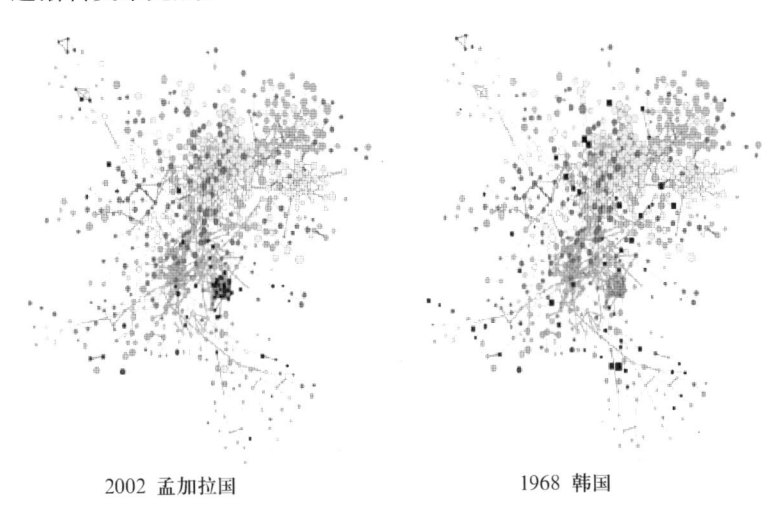

2002 孟加拉国　　　　　1968 韩国

图 6　2002 年孟加拉国与 1968 年韩国产品空间之比较

我们认为应该利用表示一国出口结构网络的平均局部"聚类系数"（Clustering coefficient），来对出口结构含义有定量上的把握。聚类系数通常用于网络分析中，这与社会经济网络（如朋友圈、企业选址等）在某些顶点周围自发形成高密度连接的观念相似。在一个未加权的网络（如一个由朋友组成的网络，顶点对应着个体，两个顶点之间的连接即象征着友谊）中，一个顶点 C_i^u 的局部聚类系数即是该顶点参与组成三角形的数目，除以理论上该顶点可参与组成三角形的最大数量。

$$c_i^u = 1/(k_i(k_i-1)/2) \sum_{(j,k)} a_{ij} a_{ik} a_{jk}$$

a_{ij} = 顶点 i 与 j 的棱边指标 ∈ {0,1}

k_i = 顶点 i 组成的所有棱边数量

但由于产品空间是加权网络（加权值与产品之间的相近性成对应关系），本研究应用的是一个聚类系数的加权变异体。以往文献已对加权网络下的聚类系数提出了多种改进办法（Opsahl & Panzarasa, 2009; Saramäki et al., 2007），本文采用的是奥纳拉等人（Onnela et al., 2005）提出的方法：用加权后"3"的几何平均数来代替三角形的二元概念。

$$c_{iw} = 1/(k_i(k_i-1)-1/2)[\sum k)[\tilde{w}_{ij}\tilde{w}_{jk})]\quad(1\quad3$$

$W_{ij} = $ 顶点 A、B 之间棱边数之权重 $|[0,1]$

$$\tilde{w}_{ij} = \frac{w_{ij}}{\max(w_{ij})}$$

所有权重都依据产品空间任意两个顶点之间的最大相近性增加（约等于 0.86）。为了计算聚类系数本身，在产品空间的基础上我们设计出一个较小的网络，该网络仅由一国现行出口商品（显性比较优势大于 1）以及出口商品之间所有的连接组成[①]。$C_{i,w}$ 介于 0 和 1 之间，值越高对应着一个产品周围的聚类程度越高。为了说明整个出口剖面的平均局部聚类系数，我们对所有商品进行了简单平均：

$$\overline{C_w} = \frac{1}{n}\sum_i C_{i,w}$$

平均聚类系数为出口商品的相似性与专业化水平提供了一个以网络分析为目的的工具。它也为一国出口商品实际多样化程度提供了一些测量指标，而这些指标仅通过观察有效出口商品的数量是难以获得的。为说明此点，我们再去探讨上文的例子，2002

---

① 本国当前未出口的商品以及它们之间的连接这里不予考虑。应注意的是，本研究中所使用的聚类系数与此前的研究有所出入，后者是对整个不同的网络进行比较（如对 A 学校中朋友网络中的聚类系数与 B 学校中朋友网络的聚类系数进行比较）。就本文而言，在所有计算中使用了相同的相似性矩阵（proximity matrix）和网络结构，但是仅考虑了与一国出口商品相对应的顶点及其之间的连接。

年孟加拉国的平均聚类系数值为0.77，1968年韩国为0.36，这与上文的视觉分析能够较好地吻合。但应注意，一般来说，一个较高的聚类系数并不必然是未来前景暗淡的反映，因为一国可以专门从事于高价值行业，从而在较近距离内有其他高价值行业。

附图8对所有样本国家的平均聚类系数与其多样化水平进行了比较。可以看出，多样化水平与平均聚类系数之间存在着某种关联性。很低的聚类系数仅与低水平的多样化相伴生，多样化水平较高的产品也必然相互接近。如果一国出口研究包含的所有商品，其聚类系数将达到0.36，远低于样本的聚类系数值。

在亚洲和拉美地区，出口商品数量不断增加、国内市场较大的中国、印度和巴西诸国，显示出相对较低的聚类系数和专业化程度。这些国家出口结构扩展相对较小，在产品空间的特殊位置聚类程度也较低。相对而言，韩国、中国台北和墨西哥等出口结构向高价值商品发展，近来其聚类系数也不断上升。在韩国尤为反映在出口结构中机器和运输设备的增加以及轻工业产品不断下降。商品和初级资源相关行业在出口中比重较大的智利、秘鲁和委内瑞拉等国，也显示出了较高的聚类水平。

在此，特别值得注意的是，亚洲的柬埔寨、孟加拉国、老挝和巴基斯坦，拉美的哥斯达黎加、萨尔瓦多、危地马拉、洪都拉斯和多米尼加出现了非常高的聚类系数。这些国家的出口商品扩展较少，彼此接近，某种程度上夸大了本国多样化水平。上述所有国家都出口一些与纺织品和服装行业相关的产品，如2002年孟加拉国一半以上的有效出口商品集中在这些部门。此外，上文分析可知，这些国家易于向相对接近的产品转变，这也与它们出口结构中高聚类水平相一致。由此可以推测，一件服装在世界市场竞争中所需的基础设施和一般能力与其他服装是相似的，这也是服装部门行业转变相对而言可能性较大的原因。

五、能力

依据各国出口数据也可对一国当前能力做出直接评估。海德尔格和豪斯曼（Hidalgo and Hausmann，2009）提出了测量国家能力的网络框架，并表示测量的过去值对国家未来 GDP 增长具有预测性。关于这一点，我们应抽象地理解为"能力"（capabilities），在此其具体含义并未进一步说明，但能力的概念既可以理解为诸如像法治、社会规范等多种多样的含义，也可理解为类似稳定的电力供应、进入港口的权利等那样具体。粗略地讲，第一，一个国家出口商品越多，其能力也就越大。但从上文也可以看出（1968 年韩国与 2002 年孟加拉国的比较），由于涉及出口商品的种类，仅仅考虑多样化是不够充分的。第二，商品被相对较少的国家出口，即该出口商品并非广泛存在，那么这些出口国会获得许多或非常特殊的能力[①]。利用"反映法"（"method of reflections"，Hidalgo and Hausmann，2009）可通过代表国家和产品的对分网络对以上两点进行整合。因此，如果该国在某一产品类别中显性比较优势大于 1，即可把国家与商品相连接在一起。

$$K_{c,0} = \sum_p M_{cp} \qquad K_{c,N} = \frac{1}{K_{c,0}} \sum_p M_{cp} K_{p,N\text{-}1}$$

$$K_{p,0} = \sum_c M_{cp} \qquad K_{p,N} = \frac{1}{K_{p,0}} \sum_c M_{cp} K_{c,N\text{-}1}$$

上述方程迭代可以逐渐得到更多信息：在产品方面为其复杂性；在国家方面即为生产产品的能力，直至迭代过程中出现收敛（N = 20）。这一测量工具对网络总体的连通性反映敏感，但由于后者与时变化，因而只有比较常态化测量值才有意义。为了能

[①] 阿西莫格鲁等（Acemoglu et al.，2010）也从标准化相关概念的角度研究了一个商品普遍性问题。

够掌握时间上的变化，我们将样本数量降低到 1963~2009 年整个时间段数据都可获得的 68 个国家。常态化能力测量通过以下途径进行：

$cap_{c,t}$ = t 年 c 国常态化下的能力测量值

$u_{20,t}$ = 各国 $k_{c,20,t}$ 的均值

测量值为 0 对应着该国能力等于世界平均水平；测量值为 1 则对应着该国能力高于世界平均水平 1 个标准差。当观察测量值随时间变化的情况时，我们能够确定该国与其他国家相比是否有所进步。当然，这里也并不排除随时间变化，总体上所有国家的"能力"都得到提升的可能性。

附图 9 对常态化能力测量值与有效出口商品数量进行了比较。从亚洲大国看，一个引人注意的现象是中国早在 20 世纪 60 年代开始已具备了相对较高的能力水平。但在初期，中国多样化程度并没有带来相对地位的提升，直到 20 世纪 90 年代以后，中国的能力测量值逐步增加，超出了世界平均增长水平。20 世纪 60 年代以来，泰国和印度尼西亚多样化水平提高的同时，本国的能力也不断增强。印度则由于初始价值相对较高，从多样化发展中获益相对较少。至于出口结构发生深刻改变的国家，能力测量值起始水平高的韩国和新加坡表现突出。1995 年以前韩国位置变动不大，但此后测量值已远超世界平均水平。新加坡发展轨迹更为缓慢，但在 2008 年测量值也已超出世界平均水平 2 个标准差。

总体上讲，样本期内拉美国家的能力值低于世界平均水平，例外情形出现于 20 世纪 60 年代后的中美洲各国、1980 年后的巴西和整个样本期内的墨西哥。墨西哥的表现已有小幅改善，目前在拉美各国中能力水平最高，超出世界平均水平的 1 个标准差，尽管其水平仍低于韩国。巴西初始能力值低于世界平均水平 1 个标准差，随着其多样化水平的提高，能力值也逐渐增加。令

人注意的是,与其他国家相比,阿根廷、智利、哥伦比亚和秘鲁等国多样化水平的增加并没有转为能力值的改善。研究中涉及的中美洲国家,如哥斯达黎加、危地马拉和萨尔瓦多等,在20世纪60年代,其初始能力既已达到相对较高的水平。此后,这些国家的地位大幅滑落,只有在20世纪80年代后期以来,随着多样化水平的提高,与其他国家相比这些国家的情形才略有好转。

第六节 产品空间理论与生产性发展政策

在制度和相应要素禀赋之外,各国出口的不同轨迹也显示出"生产性发展政策"的工具性作用。为解释异质性的原因,下文对结构转变最成功的案例之一——韩国实施的生产性发展政策进行了回顾。其后,将韩国与巴西和墨西哥的经验进行比较与对比分析[①]。这三个国家在为生产性发展政策目标部门建立显性比较优势方面取得了广泛的成功。然而它们在利用贸易机会缩小收入水平差距的程度上却有明显区别。由于市场结构、政策连续性、机制利用、以及贸易导向型发展和产品升级所需其他一般结构条件等的差异,最终导致三个国家结果上的偏离。最后,在中国已步入上中等收入国家行列的背景下,我们对中国在产品空间的位置也进行了简短的论述。

一、韩国

如前文所示(见附图3),韩国出口结构轨迹与所谓的"两

[①] 之所以选择墨西哥和巴西作为拉美地区解释性的案例,是由于这两国生产性发展项目相对较为突出。然而,我们也认识到它们的经验或许并不足以代表本地区的其他国家(如智利)。

阶段改革"（two-stage reformer）模式相一致：首先是多样化水平的快速提高，其次是 EXPY 急剧上升。但在研究其 20 世纪 60 年代即已开始实施的生产性发展政策、以及用于贸易导向型发展和结构转变的机制之后，韩国出现此种模式就不足为奇了。受日本生产性发展模式的影响，韩国开始实施五年经济发展计划，并于 1962 年实行进口替代工业化（ISI）战略。生产性发展政策首先用来协调企业的"干中学"进程，并在为解决企业扩展到新行业、面临"自我实现成本"（self-discovery costs）时提供适当激励中得以实现（Hausmann and Rodrik，2003）。这些成本包括采用新产品生产线的风险，因为新生产线带来的好处并不具有排他性，也能被其他企业所模仿。在这种方法下采取了诸如关税保护、税收减免、易于得到外汇以及对国内企业信贷补贴等措施，以实现生产能力发展的同时保护国内企业免受国际竞争之目的。但从 1967 年开始，韩国重心转移到出口导向型增长上，通过强有力的经济激励来促进出口业绩的发展。韩国生产性发展发轫于轻工业制造品（假发、服装、纺织品）的扩展，此后于 20 世纪 70 年代大力进军到重工业和化工用品，20 世纪 80 年代早期又转向造船业、电子工业和机器制造业，在此后的几十年间，一直向日益复杂的技术密集型产品推进，如信息与通信技术（Information and Communication Technologies，ICT）、生物技术和纳米技术等（ECLAC，2009）。目标部门的选择与生产性发展的后果可以看作是由生产要素的可获性和与目标行业相关的前后联系所组成的函数共同决定的（Baik et al，2011）。

　　由于大企业在市场结构中的主导地位，韩国结构转变的能力可能被夸大。韩国之所以能进入新行业，主要是通过政府直接投资、目标行业中生产产品的财阀和大的综合企业共同完成。由于财阀规模较大和结构多样化，在进入新行业的风险约束以及实现规模经济的能力上占有了优势；同时，由于有市场支配力的企业能内化外部性，这或许也降低了自我实现的外部性程度。

韩国外向型进口替代工业化唤醒国内企业市场纪律的同时，在保护幼稚产业上也卓有成效。通过依赖于出口业绩的关税保护和国家银行融资的耦合，该战略能够奖励有效率的企业在参与国际产品竞争中提升自己的生产能力，同时更有效地促使成熟行业或者独自繁荣抑或衰退灭亡（如20世纪80年代早期Kukuje集团的例子。Fukagawa, 1997）。实质性的关税壁垒和进口许可制度也用于保护新兴产业免受外部竞争。尽管如此，这种保护都是临时性的，以使新行业与不断发展的生产性发展战略相一致。依据拉尔（Lall, 2003）的观点，这一模式的有效性是以严格的选择性和政府干预时间限制、主管当局制定工业化战略的集权、使用外国直接投资（FDI）的高度选择性为支撑的。自20世纪90年代以来，政策转变为促进技术密集型行业的生产发展。韩国政府开始对风险资本进行政府补贴以鼓励发展从事高技术产业的中小企业（SMEs），投资于技术园区以促进企业研发活动，以及致力于促进企业和大学之间的联系等。

从1963~2009年韩国出口结构的演变可以明显看出，产品空间中目标行业的显性比较优势发生了显著变化。1963年，韩国一小部分具有显性比较优势（大于1）的行业分布于产品空间的不同位置，主要是农业部门，包括鲜果和肉制品；同时也有些较小的工业能力，主要集中于钢铁、小型电动机、银矿以及日据时代遗留的玻璃制品相关行业等领域（Syrquin, 2003）。到20世纪70年代早期，由于轻工业部门之间多样化水平提高较快，随之而来的是显性比较优势商品数量不断增加。这在许多方面都有体现，例如纺织品、木材加工品、自行车、包括基本办公设备、缝纫机和计算器在内的简单机械、以及一些与铁路相关的铁路装置和配件等。与其生产性发展战略和进军相对较重工业行业相一致，20世纪70年代至80年代韩国产品空间在服装、电子产品、自行车以及钢铁相关领域出现了聚类情形，出口能力显著增加。这些产品在产品空间核心位置的增加，为通过与机械和电子相关的众多产品来发展潜在出口能力铺平了道路。

随着不断对新产品的开发，结构转变的范围越来越广，韩国逐渐减少了那些自己不再具有竞争力优势的产品（Ahn and Mah，2007）。自 20 世纪 90 年代开始，韩国服装聚类的显性比较优势开始消失，同时也从一些电子产品领域退出，自此转向核心机械的新领域，如电热电器、卡车、轮胎、纺织机械以及各式各样的铁与合金钢产品。在更复杂的机器和电子产品等方面专业化，贯穿了整个 21 世纪初期的始终。截止 2009 年，韩国已在自行车、钢铁、电子产品、机器与化工等不同领域具有显性比较优势，出口结构也越发多样。同时，在计算机、电话、光纤、光敏半导体、土木工程设备、阴极射线以及其他电视与广播相关电子产品上的显性比较优势也不断增加，使本国出口商品的复杂水平日益提高（可参见附图 9 中逐渐上升的能力值）。但韩国在农业、服装、纺织品、木制品等轻工业以及采矿相关行业已失去了出口竞争力。新行业发展的多样化和由于经济失去竞争优势而使相关部门落后的动态过程，在产品空间显性比较优势动态变化模式中也得到清晰的反映。

二、拉丁美洲

墨西哥和巴西的生产性发展政策早于韩国几十年。尽管韩国也采取了进口替代工业化战略，但在机制和演变上存在一些差异。起初，拉美国家通过关税和非关税壁垒实现能力积累时，采用了与韩国十分相似的策略，即保护幼稚产业来促进结构转变。进口替代工业化开始于 20 世纪 30 年代，在 50 年代经由较高的关税税率和更加严格的进口许可制度得以强化。与韩国一样，70 年代的墨西哥和巴西亦追求钢铁、重化工和机器工业等产出空间核心领域的工业化。

虽然促进结构转变的政策大致相同，但各国实施生产性发展政策的机制以及政策顺序上有显著差异。拉美地区的企业结构更为多样。韩国生产性发展主要应用在大型多样化的企业集团，但拉美政府的支持却分散在数量更多、规模不一的企业之中。这就削弱了生产性发展政策的有效性，并为那些在实现规模经济、内化进入新生产领域风险上困难更大的一些企业，更多地进行游说活动打开了方便之门（Edwards，1994）。拉美另一个重要的不同点是对企业经济支持时没有明确界定的绩效标准，导致普遍存在效率低下现象（Adams and Davis，1994）。由于缺乏外部竞争以及可测量的绩效标准，拉美政府更易受生产性增长激励有限的国内企业寻租行为影响。尽管在后来的生产性发展过程中拉美开始实施促进出口策略，但此时宏观经济失衡（贸易逆差和经常账户赤字）已到了非常严重的地步。同时拉美政府急切地想从外国直接投资中获益，使外国企业在拉美结构转变中发挥了更大的作用，墨西哥实施的边境工业化或加工出口项目（Border Industrialization/Maquila）更是如此。此外，拉美地区发展顺序与经济潜在的要素禀赋关联不大。拉美国家向资本密集型和技术密集型行业的转变较快，与它们在潜在比较优势行业转变较慢不完全一致。

除机制差异之外，国内约束条件也不相同。拉美国家制造业部门的竞争力比韩国面临更多挑战。相对增加的劳动力成本以及常被高估的汇率水平，对竞争力也产生了较强的削弱性效应（Adams and Davis，1994）。爱德华兹（Edwards，1994）认为，虽然拉美地区生产性发展政策在建立工业部门上取得了成功，但却以非常高的成本为代价。由于没有竞争力的汇率、扭曲的经济、波动性的产品价格、争夺政府支持和资源的众多企业，使这种对拉美经济体的消耗不具有可持续性。

韩国和拉美生产性发展政策的政策连续性也存有差异。20世纪80年代早期的债务危机之后，拉美生产性政策急剧转变，向普遍的贸易自由化、私有化和放松管制方向发展（Khan and Blankenburg，2009）。依据比勒斯（Peres，2011）的研究，自90年代以来，拉美政策更多地集中于提升现有行业的生产力与效率。即便受主要来自国际贸易协议中促进市场准入和吸引外国直接投资驱动的影响，拉美也仅出现了零星的、以增强新行业生产力为目的的政策目标。此类政策具体行动包括：扩大墨西哥在北美自由贸易协定（NAFTA）的出口平台（汽车和运输配件、电子产品以及服装）；提升中美洲和加勒比国家的基础组装活动（服装出口加工）以及投资于南美洲各国服务和商品部门中的私人企业等。因而拉美政策转变上也存有一些局限性，如组装活动的低附加值、与国内市场的联系较弱以及在促进技术能力内生化方面作用有限等等（Peres，2011）。与此同时，此前较快发展的制造业也被迅速破坏，1945~1980年拉美和加勒比地区制造业出口年均增长速度为6.8%，但之后的20年却降至1.4%（Khan and Blankenburg，2009）。拉美地区宏观经济稳定性增强的同时，去工业化进程也得以提速，并对经济中出现的生产力差距产生了重要影响（Khan and Blankenburg，2009）。正如前文图2所示，制造业部门剩余劳动力通常并未被生产力较高的矿业部门所吸收，反而是流入到生产力水平更低的服务业中。

针对此种情况，近十年来拉美出现了部门政策的回潮。在这方面巴西是最好的例证：2003年，巴西出台了《工业、技术和外贸政策指南》（PITCE）。该"指南"中将四种知识密集型活动列为战略部门选择，即半导体、软件、医药和资本货物（机器）。紧随其后，2008年巴西实施了生产性发展政策：即经济持续增长的创新与投资项目，主要包括对以下部门的财政措施和战略技术项目：航空、石油、天然气、石化、生物乙醇、采矿、钢铁、汽车、资本货物、纺织品和服装、土木建筑、服务业、造船皮革、鞋类及皮革制品、农业综合企业和生物柴油等（Ferraz et al.，2009；Government of Brazil，2008）。

附图 21 对 1963～2009 年间墨西哥产品空间的演变作了说明。1963 年产品空间图显示具有显性比较优势的商品主要包括：化学品、铅、矿产金属制造、木制品以及水果、坚果和咖啡等农产品。到 20 世纪 70 年代末期，由于重工业的推进和边境工业化项目的实施，墨西哥显性比较优势大于 1 的产品分布于产品空间的不同区域，主要有电子、机器、交通工具、化工、服装、钢铁等。20 世纪 80 年代以后，产品空间中多样化水平和向新领域的进入减少，墨西哥在某些电子、交通工具相关的机器制造上专业化程度不断加强。总之，墨西哥产品空间与韩国相似：随着时间的变化，具有显性比较优势的产品数量不断增多，核心机器的专业化程度逐渐增强，但在 2009 年，墨西哥似乎已开始丧失一些电子产品方面的比较优势。

这一时期巴西的出口情况与墨西哥和韩国有显著差异。如附图 22 所示，1962 年巴西产品空间显性比较优势产品的分布更加分散，从无机化学品、铁路客车到可食坚果等，包罗万象。20 世纪 70 年代末期，巴西在保持农产品和矿业显性比较优势较高的同时，在钢铁、印刷机械、电阻器、拖拉机、广播设备以及一些化工品方面已有较强的生产能力。在整个 80 年代向重化工和重工业的转变，无疑又增加了这些领域显性比较优势大于 1 的产品数量。与墨西哥相似，21 世纪初期巴西出口产品开始缩减，专业化程度不断加强，这在机器、采矿相关活动、交通工具、钢铁相关产业和石油冶炼等方面尤为突出。较之于墨西哥和韩国，巴西渐进多样化成功地增加了产品数量，但却没能够在服装和电子聚类方面实现显著的比较优势①。

尽管巴西、墨西哥和韩国产出空间反映出它们在许多行业和产品的出口潜力上具有相似性,但出口潜力(以显性比较优势 RCA>1 来表示)和实际的出口业绩之间存在重大差异。这种差异显示出生产性发展战略对出口导向型增长贡献程度的不同。我们可以借助贸易开放程度(商品贸易总值与 GDP 之比)的区别来考察相对贸易业绩,在 1960~2010 年间,韩国贸易开放度增加了 78%,墨西哥为 44%,巴西仅为 1%。1973 年以前,墨西哥和巴西出口价值一直超过韩国②,但由于这一时期出口迅速发展,2010 年韩国出口价值已是墨西哥的 1.5 倍。虽然三国出口总值都急剧增加,但具体增幅上也存在差异:韩国增长较为快速,年均增长率为 21.6%,相比之下墨西哥和巴西分别为 12.9% 和 10.9%。如此令人深刻的出口业绩也有利于解释 GDP 增长方面的某些差异。

在出口总值之外,主要出口商品复杂性的变化也有明显差距,从而反映了出口升级范围的不同。图 10 显示了 1963~2009 年间这些国家前 5 大出口商品演变情况。20 世纪 60 年代,农产品和初级产品在三个国家主要一揽子出口商品中均占支配地位。然而,随着时间推移,各国开始出现不同的情形。以巴西为例,除 20 世纪 80 年代的铁矿石和 21 世纪初期的乘务车之外,其余年代前 5 大出口商品仍然主要是农产品和自然资源。到 20 世纪 80 年代,交通工具、电视和石油成为了主要出口商品,并在其后的 20 多年间一直保持其统治地位。相比之下,韩国则显示了出口稳步升级的发展过程,由农产品和初级产品到轻工业产品,

---

① 尽管巴西的制衣业在边境贸易中并不活跃,但它作为一个国内产业的重要性却日益明显。

② World Bank World Development Indicators 2011。

图 10 1963–2009 年主要出口品以总值的排序

		巴西	占出口份额		墨西哥	占出口份额		韩国	占出口份额
1963	1	咖啡	58.70%	1	棉花	29.90%	1	生丝	13.80%
	2	棉花	10.10%	2	咖啡	6.80%	2	贱金属矿石	9.50%
	3	木材	3.90%	3	银	5.50%	3	生猪	9.30%
	4	龙舌兰纺织	3.00%	4	牛肉	5.20%	4	动物性原料	8.90%
	5	可可豆	2.90%	5	铅	3.50%	5	纱布	8.80%
1973	1	咖啡	24.50%	1	银	8.12%	1	服装配件	22.00%
	2	油渣饼	9.30%	2	棉花	7.78%	2	轻工业产品	5.80%
	3	大豆	8.90%	3	咖啡	7.45%	3	钢/铁	5.60%
	4	糖	8.50%	4	番茄	6.00%	4	丝绸织物	5.30%
	5	棉花	4.50%	5	糖	4.90%	5	生丝	4.50%
1983	1	咖啡	14.20%	1	录音设备配件	7.60%	1	轮船	5.00%
	2	油渣饼	11.90%	2	银	5.70%	2	鞋类	4.60%
	3	铁矿石	4.00%	3	内燃机	4.40%	3	拖船	4.10%
	4	鞋类	2.50%	4	天然气	4.10%	4	纺织品	3.90%
	5	果汁	2.20%	5	咖啡	3.70%	5	微电子	3.90%

续表

年份	排名	巴西	占出口份额	墨西哥	占出口份额	韩国	占出口份额
1993	1	油渣饼	6.70%	石油	7.35%	微电子	8.88%
	2	鞋类	5.60%	乘务车	6.46%	乘务车	4.57%
	3	铁矿石	3.40%	绝缘电线	4.52%	纺织品	3.43%
	4	铁/钢合金	3.20%	汽车配件	3.55%	轮船	2.97%
	5	咖啡	3.10%	电视	3.18%	鞋类	2.03%
2003	1	大豆	6.10%	石油	10.30%	乘务车	9.41%
	2	乘务车	3.78%	乘务车	7.70%	微电子	8.23%
	3	油渣饼	3.70%	汽车配件	4.30%	电话与无线电子	7.47%
	4	铁矿石	3.24%	卡车	4.10%	轮船	5.56%
	5	石油	3.02%	电视	3.90%	数控处理机	4.46%
2009	1	大豆	7.80%	石油	11.70%	轮船	11.10%
	2	铁矿石	7.20%	电视	8.20%	微电子	7.20%
	3	石油	6.40%	乘务车	6.80%	光学仪器及装置	6.90%
	4	糖	4.10%	电话与无线电子	4.50%	乘务车	6.70%
	5	家禽	3.40%	汽车配件	4.20%	电话与无线电子	5.40%

注：本处在原文中为图的形式，翻译中将之做成表格。但为保持图表序列与原文的一致性，"图10"并没有改称"表"。——译者注

资料来源：Feenstra World Trade Flows and UN Comtrade.

然后转为日益复杂的电子产品和机器。尽管这未必反映出墨西哥和韩国在 EXPY 上相近，但这个仍在继续的过程却对巴西和墨西哥做了清楚的区分。自债务危机后，在 20 世纪 80 年代中期，巴西和墨西哥主要出口商品转变总体上受到了限制或阻碍。这部分归因于市场结构的不同、大型韩国企业在新目标行业中从事生产性活动的高效性、以及提升生产力的政策向现有部门转移等。

韩国与墨西哥的比较

由于韩国和墨西哥的产品空间具有相似性，对两国进行比较研究显得很为有意义。两国都在核心机器、交通工具和电子品等领域具有显性比较优势（大于 1）和相似的复杂水平。图 11 提供了一个对制造业出口商品技术含量的测度。韩国和墨西哥的中、高技术产品在制造业总出口中占据较大比重。有趣的是，尽管韩国在高技术产品比重上占有优势，墨西哥的中、高技术产品比重之和却超过了韩国，这也与前文所述其能力值较高相一致（见附图 9）。尽管在制造业出口商品复杂水平上有明显相似之处，韩国和墨西哥也有差异的地方：制造业中具有附加值的生产性活动在两国朝相反的方向发展（见图 12）。墨西哥制造业稳步下降，这也与前文提到自 1980 年开始其制造业就业比重下滑相符（见附图 2 中有关墨西哥部分）。在附加值方面也出现了同样的情形。1970 年墨西哥制造业部门的附加值高于韩国，但此后却由原来 21%降低到 2009 年 17.6%的水平。墨西哥附加值下降的趋势可能与加工出口业、或最终组装活动的转包影响日益加强有关。杜兰·利马（Durán Lima, 2008）的研究表明，墨西哥和中美洲加工出口商品占总出口的比重在由 1980 年的 10%增至 2007 年的 40%以上，这也说明在生产过程的上游与下游，如产品开发、产品设计和产品营销中,墨西哥制造业参与的增值活动较少。与之相反,韩国制造业部门的附加值稳步上升,由 1970 年的 18.5% 增加到 2009 年的 28%。制造业对经济附加值的较大贡献、较好出口业绩,成为韩国在开发新出口商品、向较高生产力经济活动结构转变中更有效率的重要原因。

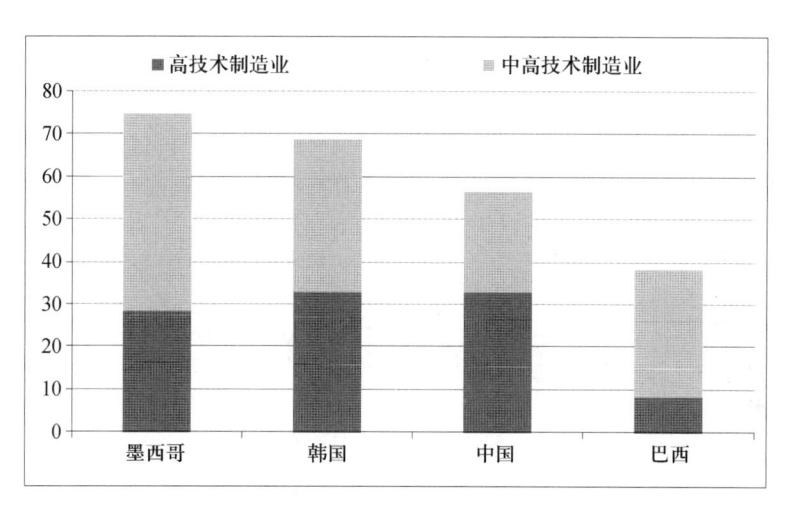

图 11　2007 年中、高技术产品在制造业总出口中的比重
资料来源:OECD,2009b.

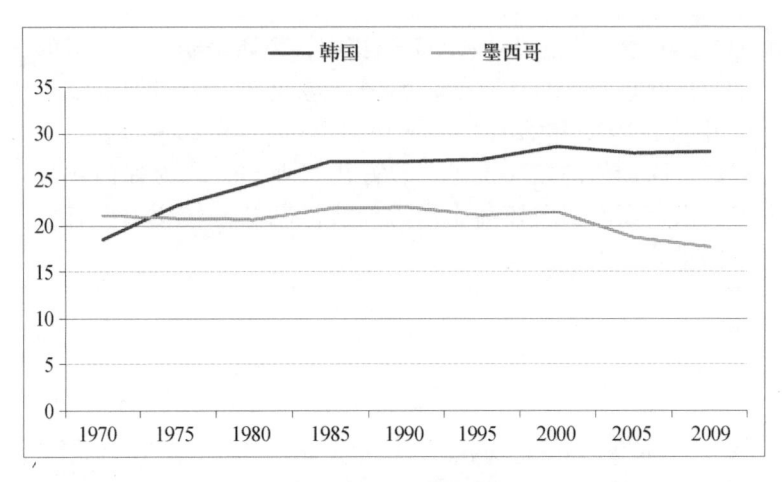

图 12　1970~2009 年制造业占经济附加值的比重
资料来源：OECD STAN Structural Analysis Database.

第七节　总体框架的条件

正如上文所说，巴西和墨西哥的比较优势水平难以与韩国匹敌。造成这一现象的潜在阻碍因素是总体框架中许多能够提升经济的连通性、减少企业面临的交通成本和物流成本、促进生产的要素供应与生产性发展目标协调的条件相对较弱。这些总框架的条件包括大量的服务，它们在产品和服务贸易互补上至关重要，尤其是在产品的生产、分配和营销领域更为如此（Nordas，2010）[①]。开发与挖掘贸易导向型增长与结构转变的益处取决于基础设施的可获性与质量、支持创新的政策以及为私人部门提供

[①] 正如诺达斯（Nordas，2010）指出，2000 年在 OECD 国家中，中介服务占生产总成本的 3%~30%。

融资、促进人力资本积累等服务的有效性。以下部分将对这些领域的政策和结果进行比较,以期对巴西和墨西哥仍然面临的一些政策挑战有所借鉴与启示。

一、教育政策

教育政策在塑造要素禀赋、将潜在优势转向较高生产力和技术密集型行业中有着十分重要的作用。尤其是劳动力的教育水平对技术吸收有很深的影响(Keller,1996)。在促进结构转变和生产升级方面,韩国政府无疑将人力资本形成放在了首要的战略位置。韩国已证明要素禀赋与生产结构之间具有明显的正相关性。在转向轻工业部门的初级多样化阶段,政府精力主要集中于初等教育的普及化。在向机器和资本密集型程度更高的行业转移时,韩国政府促进了与新兴目标行业生产能力发展相关的中等教育和广泛的职业教育的可得性。在此后向技术密集程度更高行业前进的过程中,对工程与科学相关领域进行配额和激励的高等教育学习成为教育政策的重点。

此外,新部门中不断增加的劳动力需求也有助于在继续教育的需求与回报之间形成良性循环(Lee,1994)。相比而言,拉美教育政策与生产性发展的相关性不强,在教育质量上更是落后于韩国。值得注意的是,尽管墨西哥和韩国教育投资占各自 GDP 的比重极为接近,但用于教育的公共支出在不同教育水平的配置上有较大差异,且近些年来拉美教育资金呈现出不规律的波动现象(Kim and Hong,2010)。生产性发展阶段与教育政策重点的一致性强有力地将经济积极增长的韩国与诸如墨西哥等的拉美国家区分开来。虽然在 1970 年起点时各国平均教育水平相差无几(图 13),但在这之后的 40 年间,拉美和韩国平均受教育年限出现了很大差距。究其原因,主要是由于韩国高等教育入学率强劲增长所致。以国际学术评估项目(PISA)考试成绩来衡量的教育质量也存在不同，从而揭示出拉美和亚洲学生之间也有显著区别（图14）。拉美地区学生的阅读素养得分远低于韩国同龄人，在数学素养上更是低于最低熟练水平。以教育质量标准化衡量，拉美成绩上的差距相当于阅读和数学方面分别少受了3.28年和3.85年的教育（Daude, 2011; OECD, 2010）。

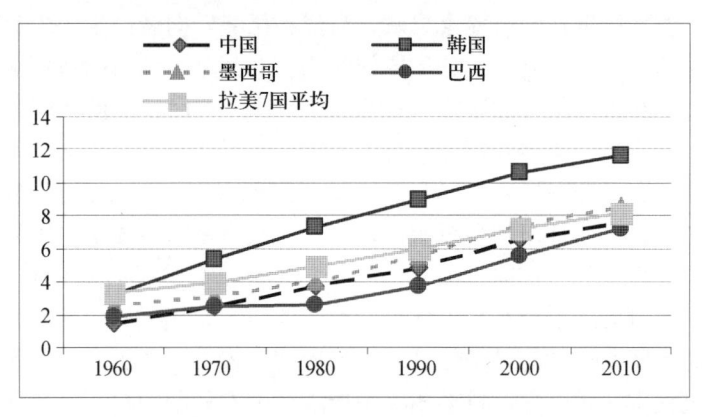

图13　1960~2010年平均受教育总年限

资料来源：Barro and Lee, 2010.

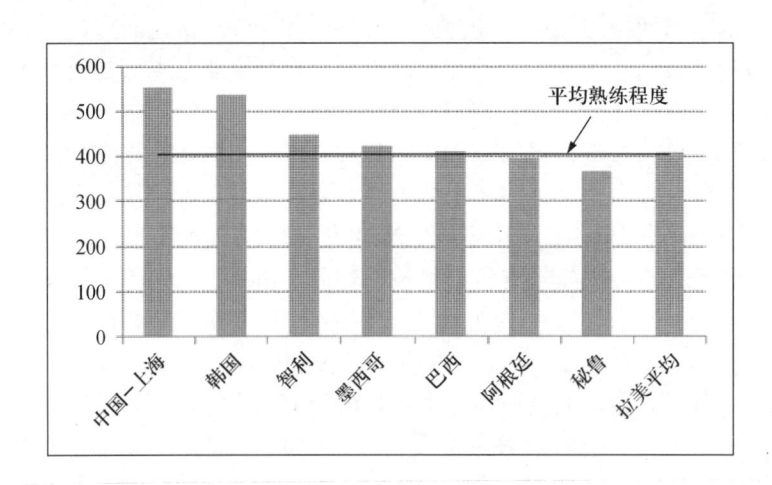

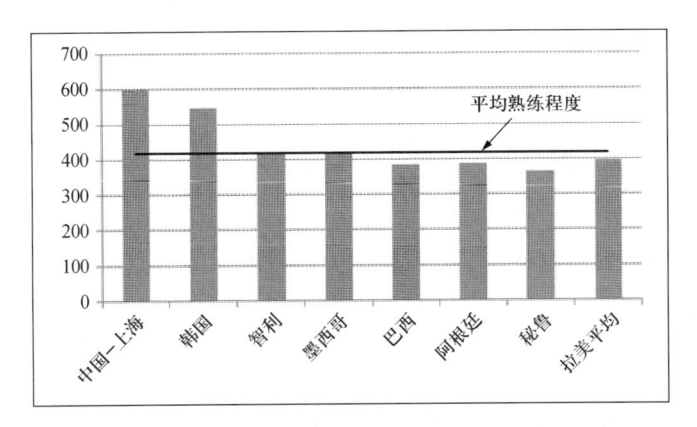

图 14 2009 年国际学术评估项目（PISA）各国阅读和数学素养得分情况
资料来源：OECD Pisa 2009.

各国在教育与私人部门的联系上也存在很大不同。韩国政府对研究机构和工业园投入了大量资金，把研究输入到经济新部门中，同时也增加了知识转入到私人部门的可能性（OECD，2009a）。从图 15 中可以看出，各国的研究能力明显集中于应用研究之上。韩国研究人员数量占总人口之比约为巴西或墨西哥的 10 倍。

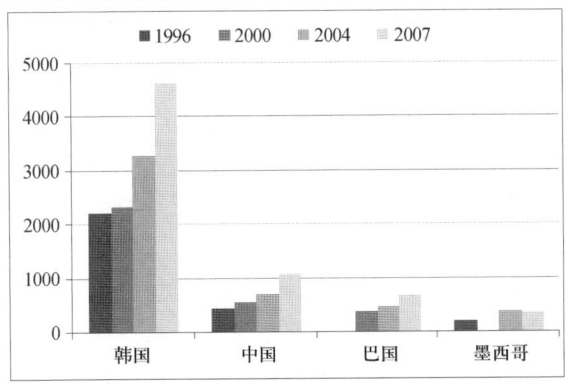

图 15 每百万人中研究人员的数量（单位：个）
资料来源：World Bank WDI.

二、基础设施政策

基础设施在经济连通性中扮演了非常重要的作用，同时也对交通和物流成本有直接的影响。科里内克和索尔丁（Korinek and Sourdin, 2011）的研究表明，交通基础设施的提升对贸易有较强的、积极的影响，尤其是对上中等收入国家作用更大。包括海关和行政程序、国际货物运营的组织与管理、跟踪与追溯在内的物流服务，在促进出口业绩上起着重要的作用。例如，促进贸易指数（Trade Enabling Index，代表贸易物流质量）每增加10%能够带来36%的贸易增长，其中对出口的影响比进口更大（Korinek and Sourdin, 2011）。

韩国系统性基础设施发展始于其第一个五年计划（1962～1966年），此后为满足贸易导向型的需求而稳步扩展，出现了多种形式的交通，后又向如信息与通信技术可获性等"软基础设施"（soft infrastructure）发展。尽管在20世纪50年代至70年代，韩国和拉美在硬基础设施提供上均投入了大量资金，但两国基础设施结果上的背离却越来越大。图16中表明了道路数量与国土面积之比，同时也提供了一个衡量铺设道路占总道路比重的质量指标。数据显示东亚与墨西哥、巴西在道路基础设施方面的差异逐渐增大。这种相当大的差距部分来自于基础设施投资上的不同。亚洲基础设施支出占GDP的比重在5%～7%，但拉美6国的支出由20世纪80年代的3.6%下降至最近10年的2%，且没有私人支出的补充（Carranza et al., 2011）。正如嘉丝奇（Guasch, 2004）指出，拉美地区运输和贸易服务中较差的基础设施和逊色的业绩表现对物流成本带来很大影响，占到产品价值的25%左右。

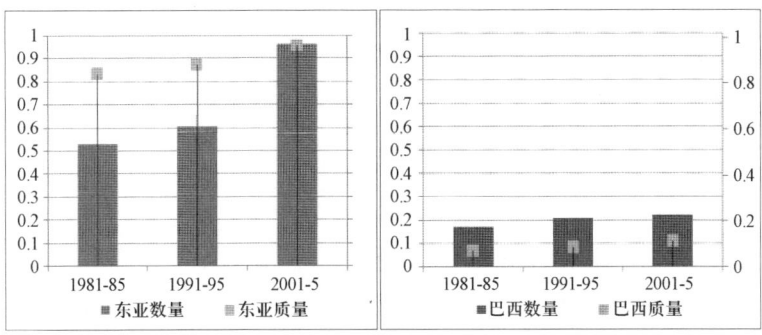

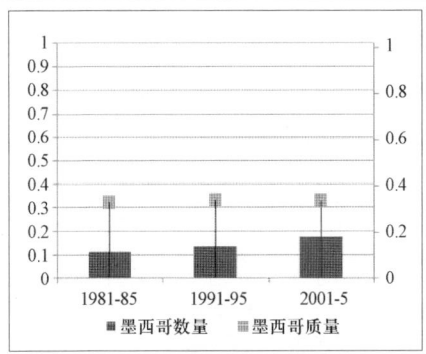

图16 道路数量与道路质量

注：道路数量是指国土面积每平方公里的道路长度；道路质量指数区间为 0-1，意指铺设道路占总道路之比。

资料来源：Calderon and Serven, 2010.

在运输和能源基础设施之外，韩国政府也把"软基础设施"的供给，尤其是把宽带接入放在优先发展的位置。韩国信息基础设施项目（Korean Information Infrastructure，KII）发展政策的一个突出特点即是将私人部门有效纳入进来。政府对主干基础设施投资超过9亿美元，但仅占总投资330亿美元的一小部分（Kim et al.，2010）。比较而言，韩国、巴西和墨西哥在"软基础设施"领域的差距更大。图17是使用因特网、计算机和电话的家庭所占比重。巴西和墨西哥仅在移动电话上的使用率接近韩国，其他方面均比韩国落后。

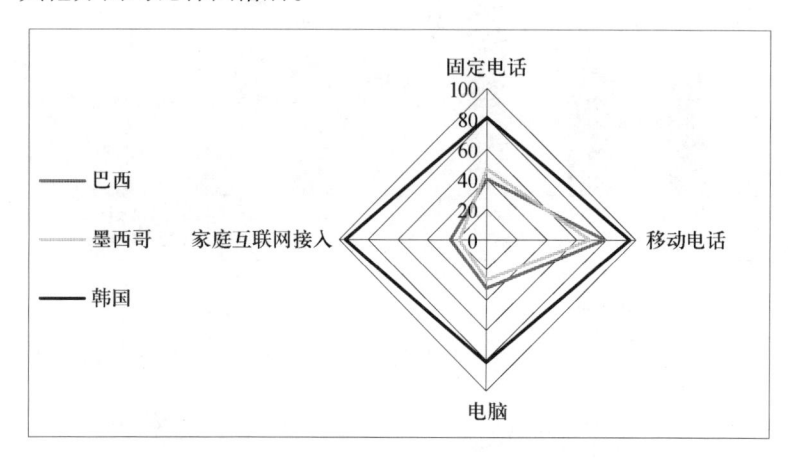

图 17　国际电信联盟（ITU）核心家庭电信指标
注：指标为核心家庭与所有使用电信家庭之比。
资料来源：International Telecommunications Union, World Telecommunication/ICT Indicators Database.

　　这些差距对市场准入、企业效率、包容性和向更具创新的生产性部门升级有重要影响。信息与通信技术基础设施便利了资本流动，促进了物流发展，协调了国际生产和运输，同时也为现代服务贸易提供了新的机遇。克拉克和伍斯特恩（Clarke and Wallsten, 2006）认为，较高的互联网普及率能够提高出口业绩，对发展中国家而言尤为如此。该研究涉及 27 个发达国家和 66 个发展中国家，研究发现，互联网用户每增加 1 个百分点能使出口增加 4.3 个百分点，同时对从发展中国家到高收入国家的出口影响更大。除对贸易的影响之外，互联网普及率也能够促进经济增长。已有研究证明（Qiang et al., 2009），互联网普及率每增加 10%，发达和发展中经济体人均 GDP 每年分别增加 1.21% 和

1.38%。由于互联网基础设施上的有利地位以及世界领先的互联网普及率,韩国在从信息与通信技术外部性收益中占有了特别的优势。

三、创新政策

自 20 世纪 40 年代开始,拉美一些国家开始建立公共企业和研究机构来促进各部门能力积累。在进口替代工业化时期,科学与技术支出占总支出的比重超过了 80%,公共资金在其中发挥着重要作用(Katz, 2000)。这些机构横跨多种行业,如致力于农业创新的巴西农业研究公司(EMBRAPA)、墨西哥石油研究所(Mexican Petroleum Institute, IMTA)、巴西航空技术中心(Aerospace Technology Center, CTA)等((Di Maio, 2009)。但受始于 20 世纪 80 年代、持续到 90 年代的债务危机和宏观经济不稳定性的影响,用于研发活动的公共资金下降,私人资金投入仍然较为有限(图 18)。

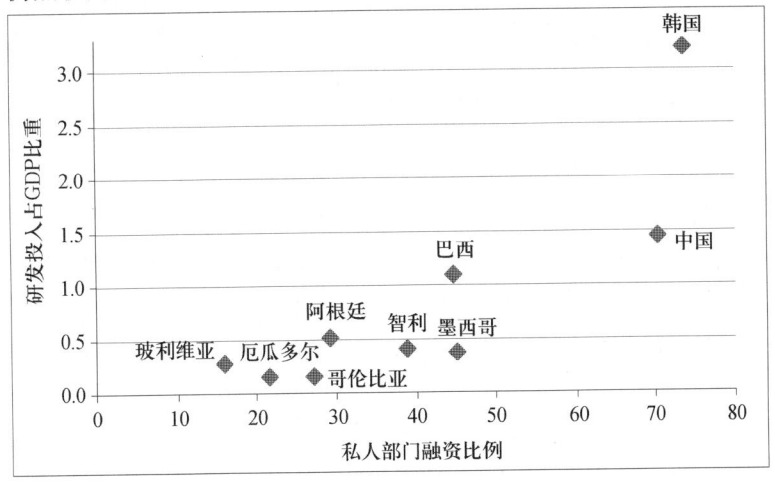

图 18 研发投入占 GDP 比重以及私人部门融资比例
资料来源:OECD/ECLAC, 2011.

韩国创新政策的发展虽落后于拉美，但在连续性上却优于后者。20世纪80年代初期，韩国《技术开发促进法》（Technology Development Promotion Law）实施，并对依赖于中央研发实验室的融资和财务补贴标准进行了界定（Ahn and Mah, 2007）。随着20世纪90年代后期"发展的知识"（Knowledge for Development, K4D）项目启动，韩国政府开始寻求通过对企业、大学和研究中心的整合，建立一个有效的创新机制，以满足当地对新知识的需求。韩国政府也借助于对高技术新创企业提供风险投资基金和财政补贴、政府对相关"软基础设施"直接投资以及促进研发活动等多种形式来刺激创新活动的发展（OECD, 2009a）。正如前文指出，韩国能力指标从1960年相对较高的起始水平，于1995年后更是显著上升，远远高出了世界平均水平，或许反映出这些创新政策取得了丰硕的成果。与韩国相比，研发水平的差距、较低的私人投资比重，清晰地表明拉美在升级潜力上存在着一些局限性（见图18）。

四、金融可获性

私人部门资金的可获性与持续性对生产性发展影响重大。韩国、墨西哥和巴西在其生产性发展政策过程中都使用了大量的政府和开发银行资金，但相对而言拉美国家私人部门在金融可获性上受到更多限制，自20世纪80年代早期的债务危机以来更是如此。从图19不同时间内私人部门金融可获性可以看出，亚洲和拉美经济体出现了截然不同的趋势。韩国对私人企业的国内信贷一直稳步增加，即使1997年亚洲金融危机之后依然如此；而拉美地区却呈现出不稳定性和不均衡性。金融限制极大地阻碍了向新生产性活动的转移，也使债务危机之后拉美现有产品出现了更强的专业化特征。韩国与拉美分歧不仅反映出宏观经济稳定性差异，也与韩国极高水平的国内储蓄率相关。

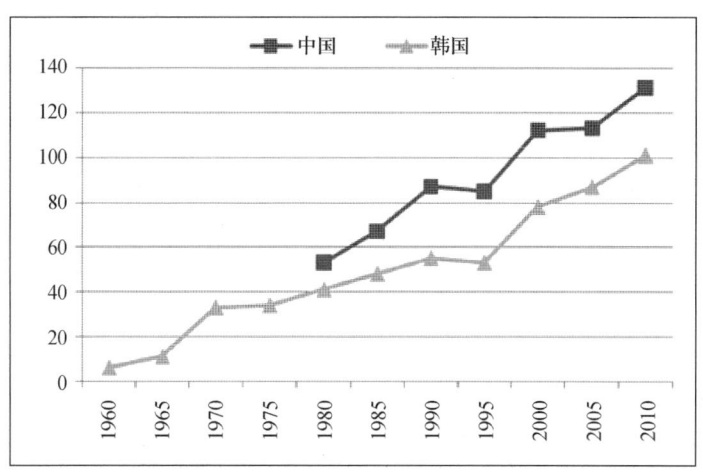

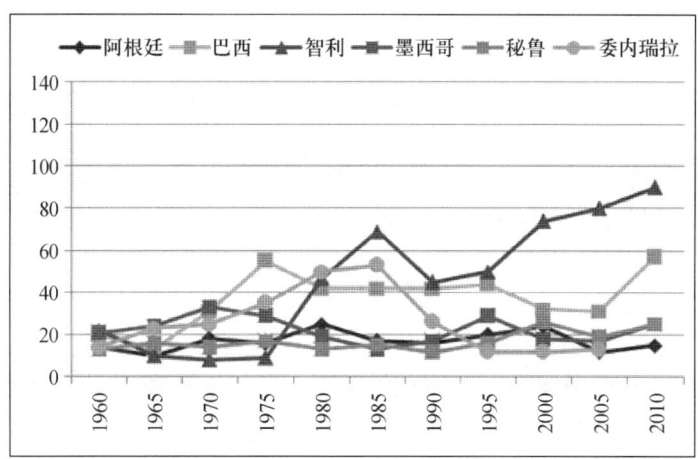

图 19　1960～2010 年对私人部门的国内信贷（占 GDP 比重）
资料来源：World Development indicators.

总之，总体框架条件与生产性发展政策的一致性，使韩国能够通过更好地利用贸易导向型增长，发展高技术和一体化经济，进而从其产品空间位置中获益更多。同时，韩国借助于不断增强的生产能力，成功地将生产性发展与可供配置的要素与资源整合在一起。此外，产品空间图示中各部门的排序与相近性也有利于实现其高水平的多样化以及其后的产品升级。

第八节　中　国

最后，我们将注意力转向一个非常特殊、但也与本研究相关的一个案例国家——中国。2010年中国刚跨过世界银行设定的上中等收入国家的门槛，人均GNI达到4400美元。透过产品空间的视角对中国进行研究，可以看到它有一些非常突出的特点。正如此前述及，早在1960年，中国已具有一个相对多样化、高连通性和高生产能力的产品空间。除这些良好的初始条件外，中国也从其较大的国内市场中受益颇多，从而能使本国逐渐加深其多样化并拥有数量众多的产品。

附图23显示了不同时期中国产品空间的发展情况。中国最初的显性比较优势主要分布于一些农业、轻工业、化工和汽车相关产品中，主要包括牲畜、大豆、鲜果、玉米、糖、铁路机车、丝绸、染料、陶瓷以及玻璃镜子等。20世纪70年代末，中国比较优势扩展到纺织品、服装和化工，并开始涉入电子品。在整个80年代，中国加强了它在电子集群、交通工具和相关机器上的显性比较优势，90年代这些领域的多样化水平也继续得到了提高。到2009年，中国在产品空间图示中已显示出广泛的显性比较优势，在多样化水平上高于韩国、墨西哥和巴西，这表明中国在许多行业的生产性发展中已具有较强的潜力。

在过去的20年，中国贸易业绩十分显著。2010年，中国占世界出口已超过10%，成为世界上最大的商品出口国和第二大商品进口国（WTO，2011）。同年，中国前5大出口商品涵盖了电子器械和设备、发电设备、服装、钢铁以及光学和医疗设备等，展现出了商品复杂水平高、范围广的特点（U. S. -China Business Council, 2011）。

通过对中国总体框架条件进行快照式分析可以发现，其在金融可获性、创新和城市教育质量等领域的结果是鼓舞人心的。但应该清醒地看到，中国规避中等收入陷阱的能力所需要的很多要素本文未能涉及。尽管如此，中国的产品空间显示出本国已为许多部门持续贸易导向型增长奠定了坚实的基础。

第九节　结　论

与其他地区相比，拉美地区从中等收入向高收入水平有效转型的案例极为有限。为了更好地理解拉美收入内敛持续缺失的原因，本研究中使用了产品空间方法对亚洲和拉美的结构转变做了比较。

一国对经济结构的重视并不必然意味着国家已步入发展之路。相反，生产转变是政策的产物，尤其是那些意在影响一国经济专业化政策的结果。成功的结构转变是由对相近性的考量（以便扩展到相关产业）、利用现有能力之时积累的更高生产能力所驱动。本文观点与林毅夫等（Lin et al., 2011）提出的"发展鉴定与扶持框架"（Growth Identification and Facilitation Framework, GIFF）不谋而合，后者建议政策制定者应为结构转变排好顺序，在与本国潜在比较优势相符的情况下，以渐进的方式实现经济增长。

政策协调性在促进经济结构完善和满足框架条件上均有重要影响，教育、基础设施、创新和金融等方面的政策尤为如此。对韩国和拉美的比较分析可以发现，良好的政策设计和实施对经济增长意义重大。对于依赖于外部市场的中小型发展中国家而言，其生产性发展政策需要在合适的临时激励结构指导下，与本国要素禀赋保持一致，并与其他相关补充性政策领域相协调，唯有此才可能促进生产力发展。

附图

图3-4、7-9涉及国家缩写有：CHN（中国）、IDN（印度尼西亚）、IND（印度）、THA（泰国）、KOR（韩国）、MYS（马来西亚）、PHL（菲律宾）、SGP（新加坡）、TWN（中国台湾）、BGD（孟加拉国）、LAO（老挝）、NPL（尼泊尔）、PAK（巴基斯坦）、ARG（阿根廷）、CHL（智利）、PER（秘鲁）、VEN（委内瑞拉）、BRA（巴西）、COL（哥伦比亚）、MEX（墨西哥）、CRI（哥斯达黎加）、SLV（萨尔瓦多）、GTM（危地马拉）、HND（洪都拉斯）、DOM（多米尼亚）。——译者注

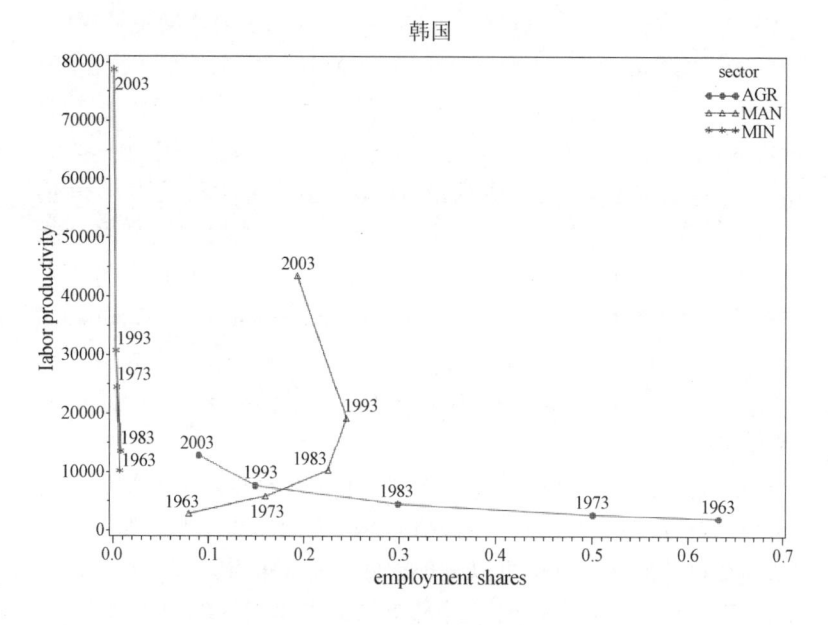

韩国

中国台北

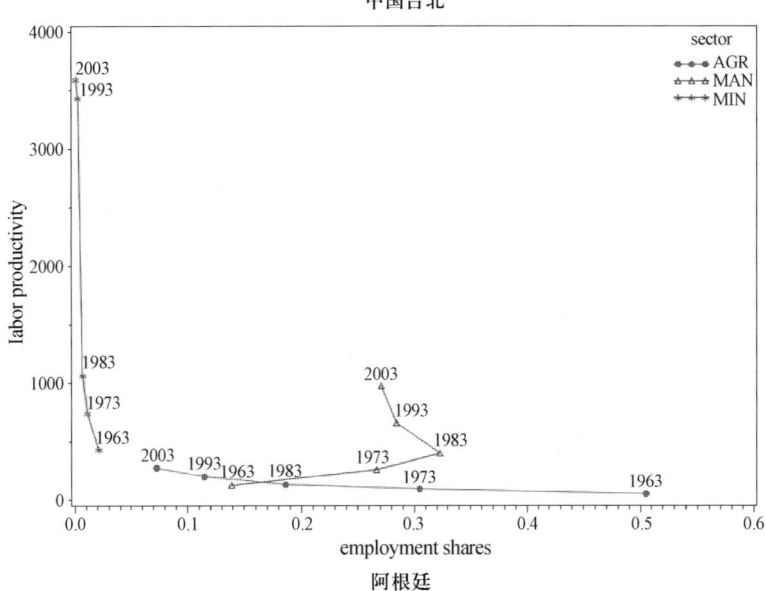

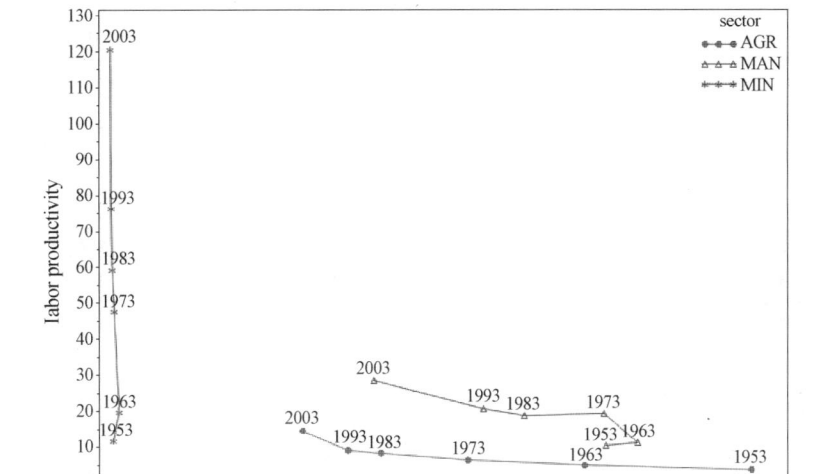

阿根廷

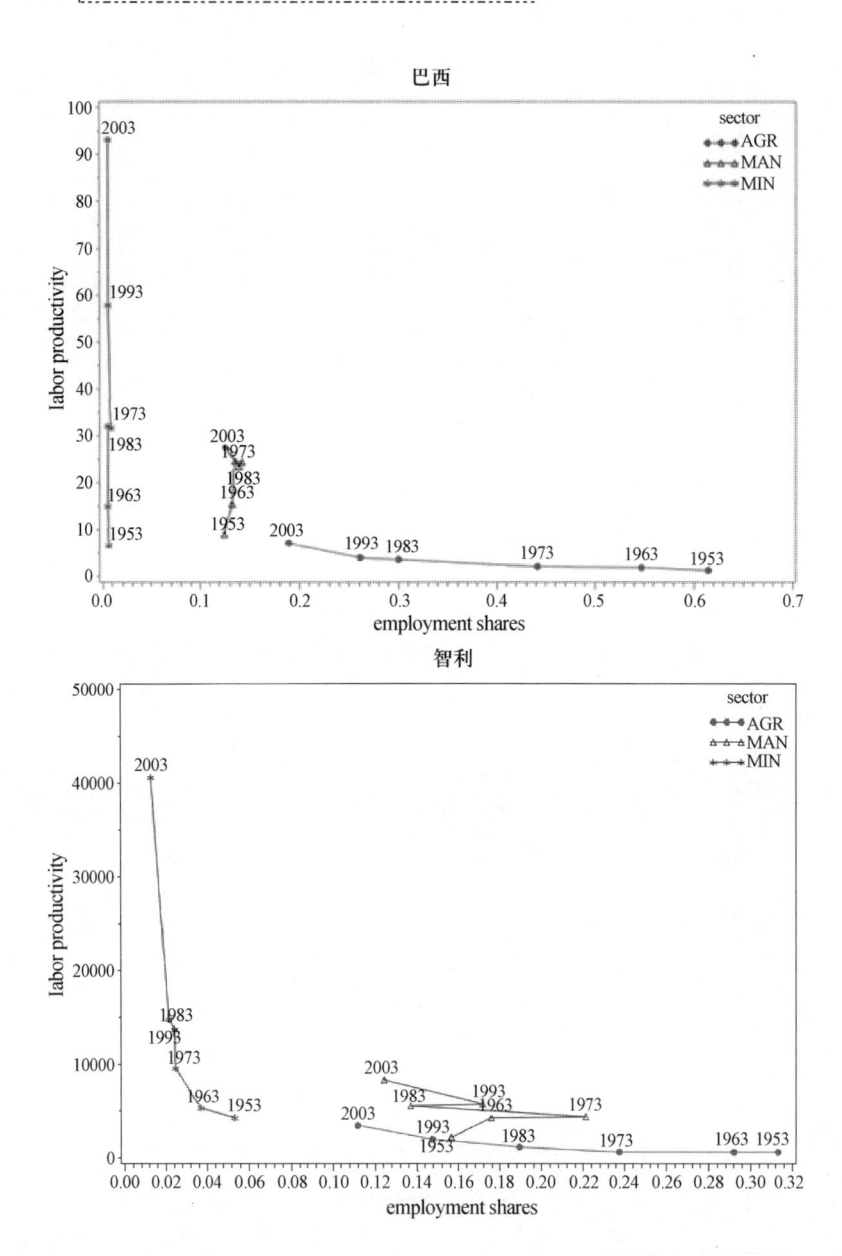

巴西

智利

哥伦比亚

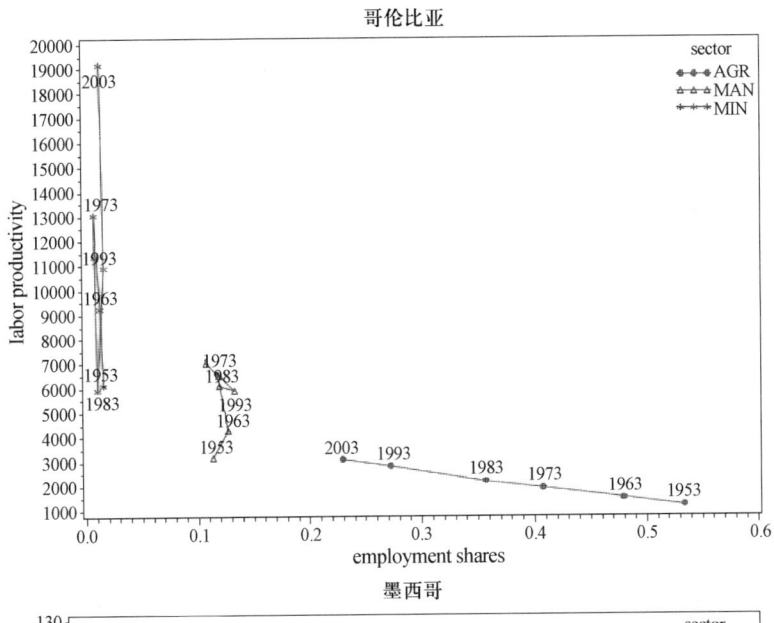

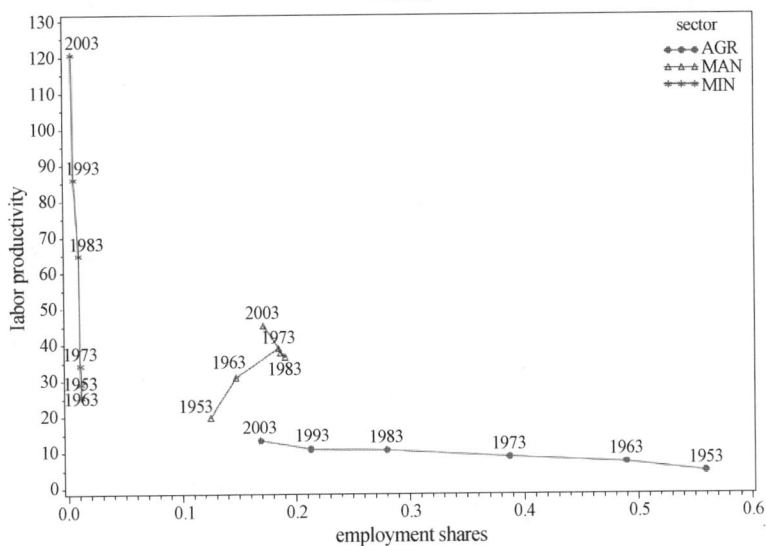

墨西哥

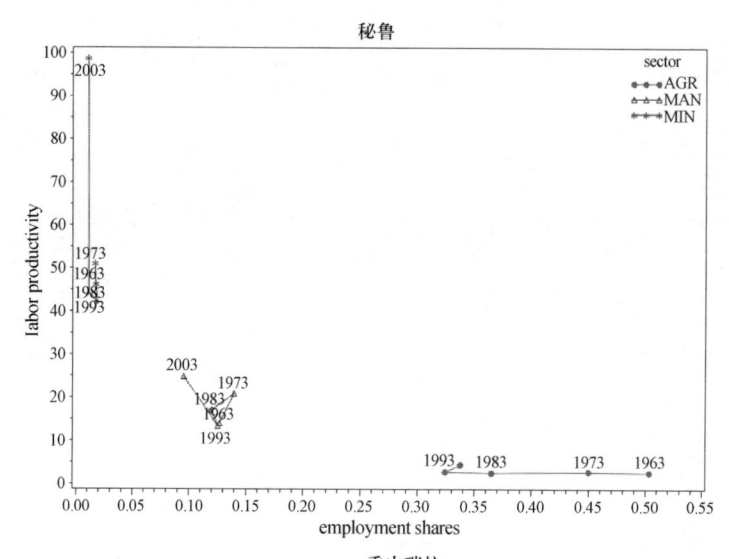

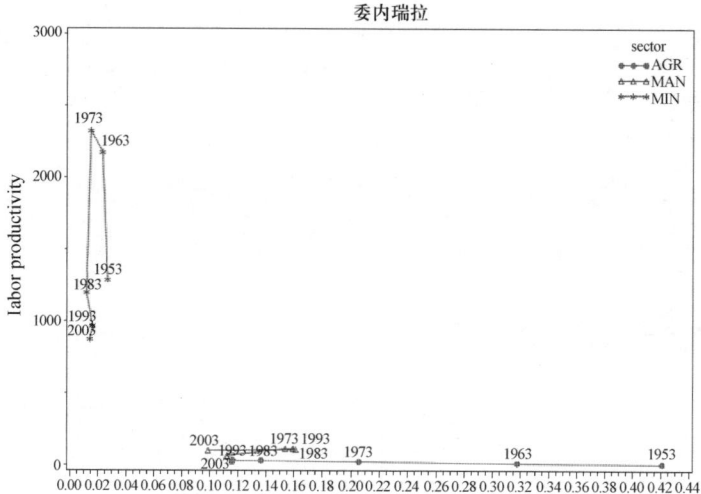

附图2　1963~2003年各部门平均劳动生产力与部门就业比重

注：横轴为劳动生产力，纵轴为部门就业比重。AGR = 农业部门；MAN = 制造业部门；MIN = 矿业部门。

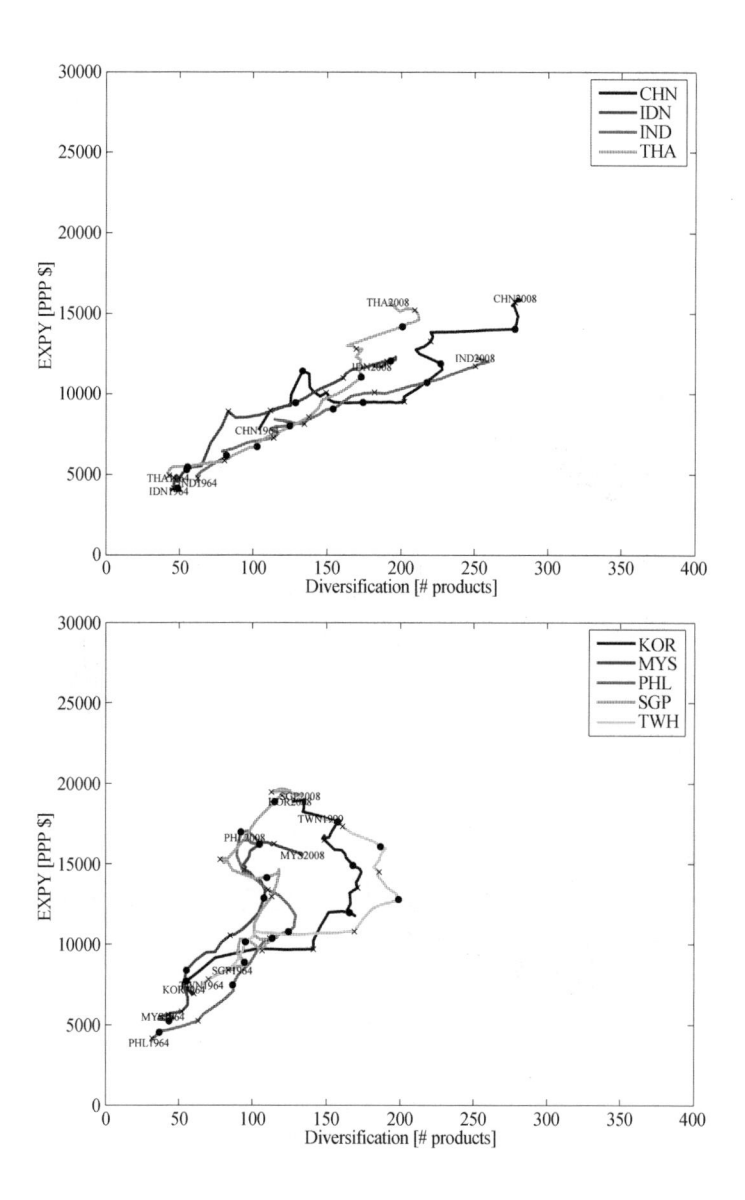

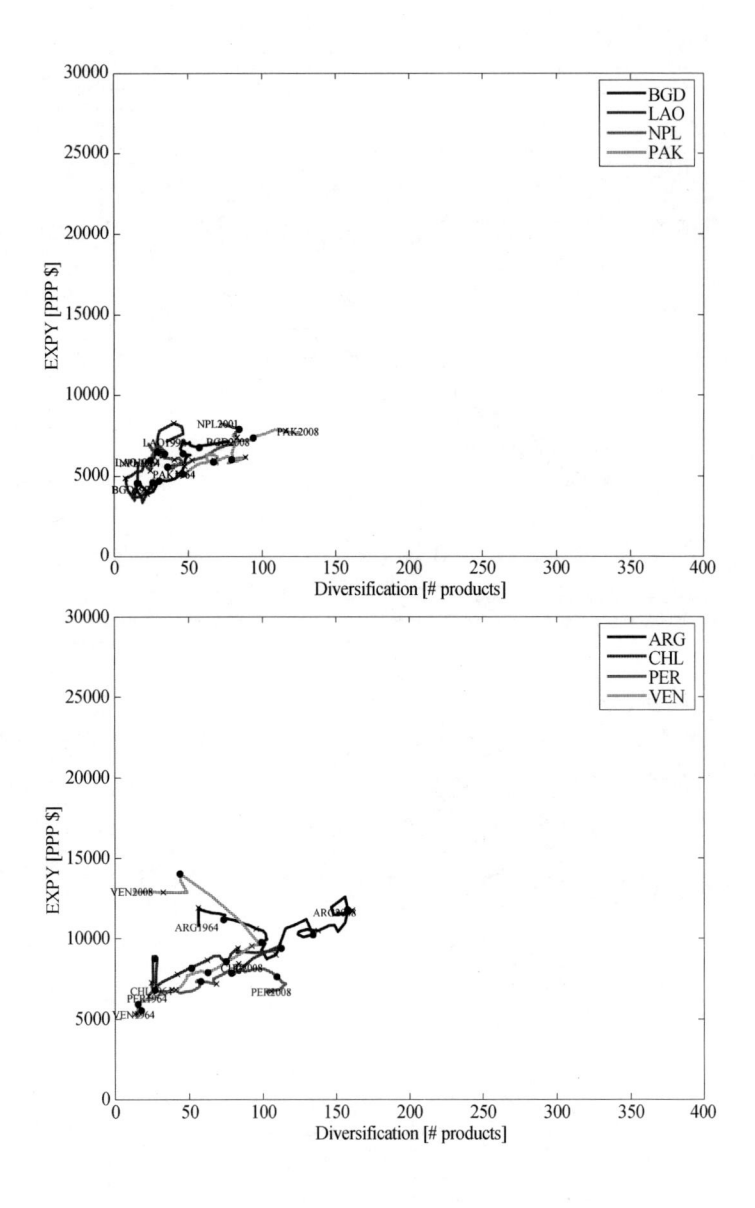

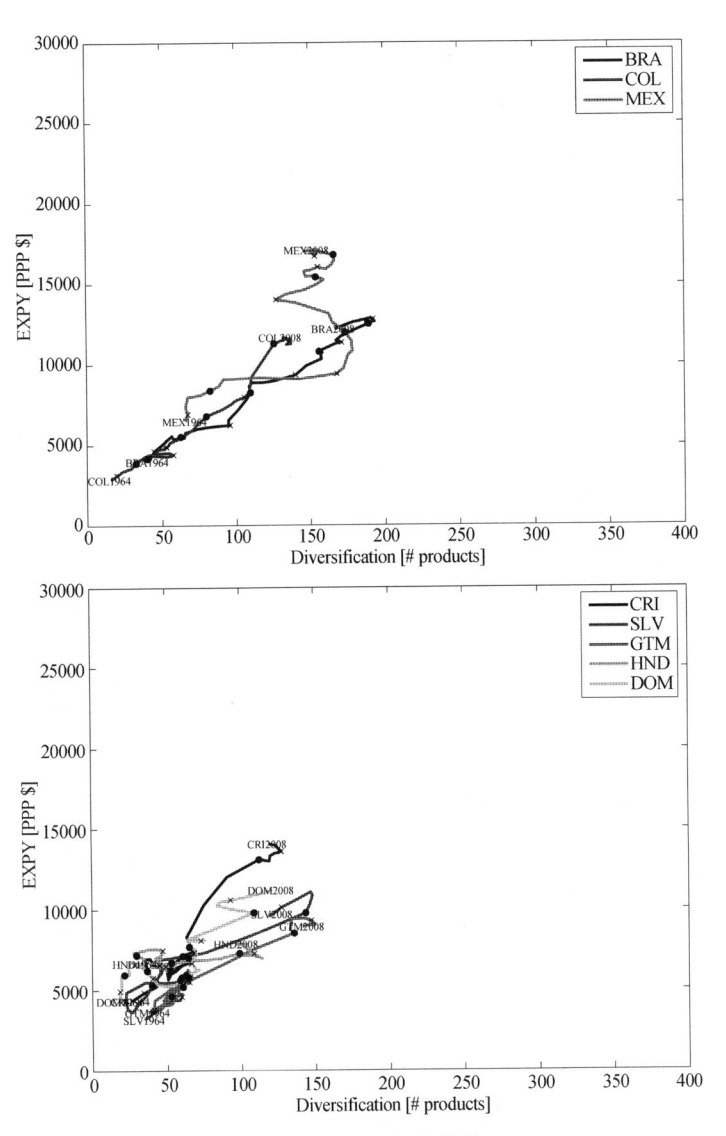

附图 3　EXPY 与多样化

注：横轴为 EXPY（PPP $）；纵轴为多样化水平。

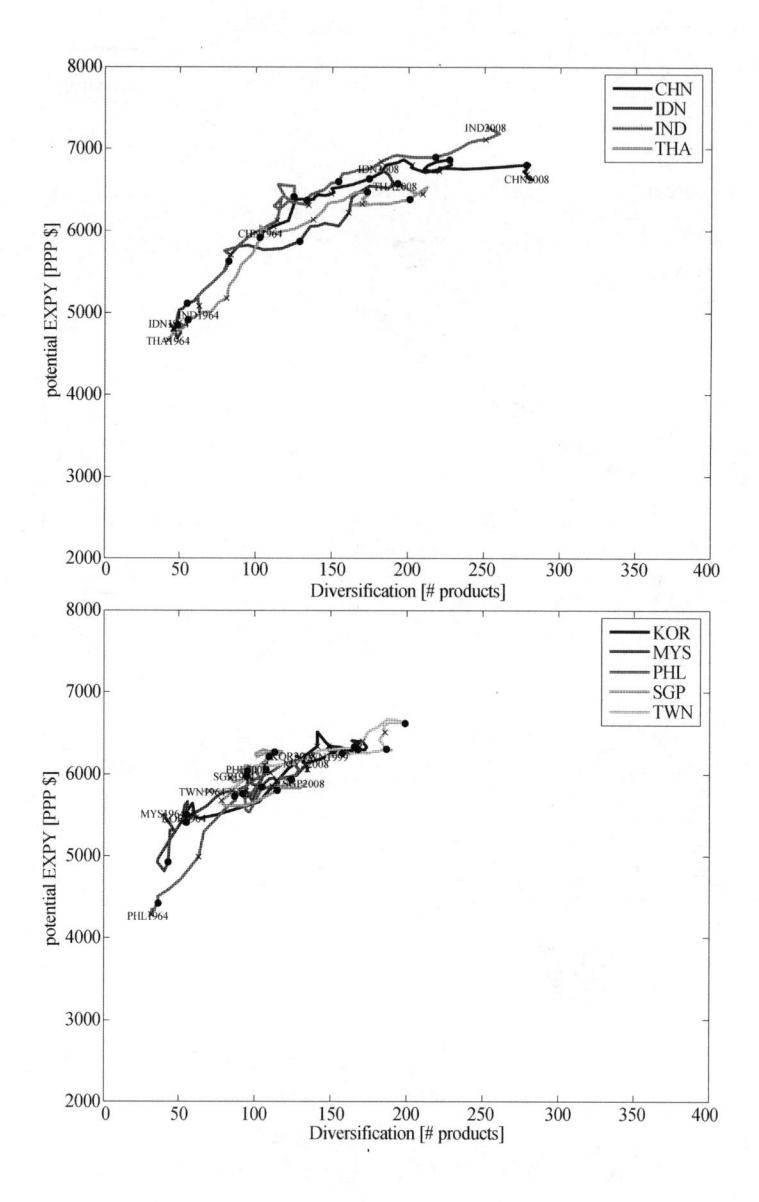

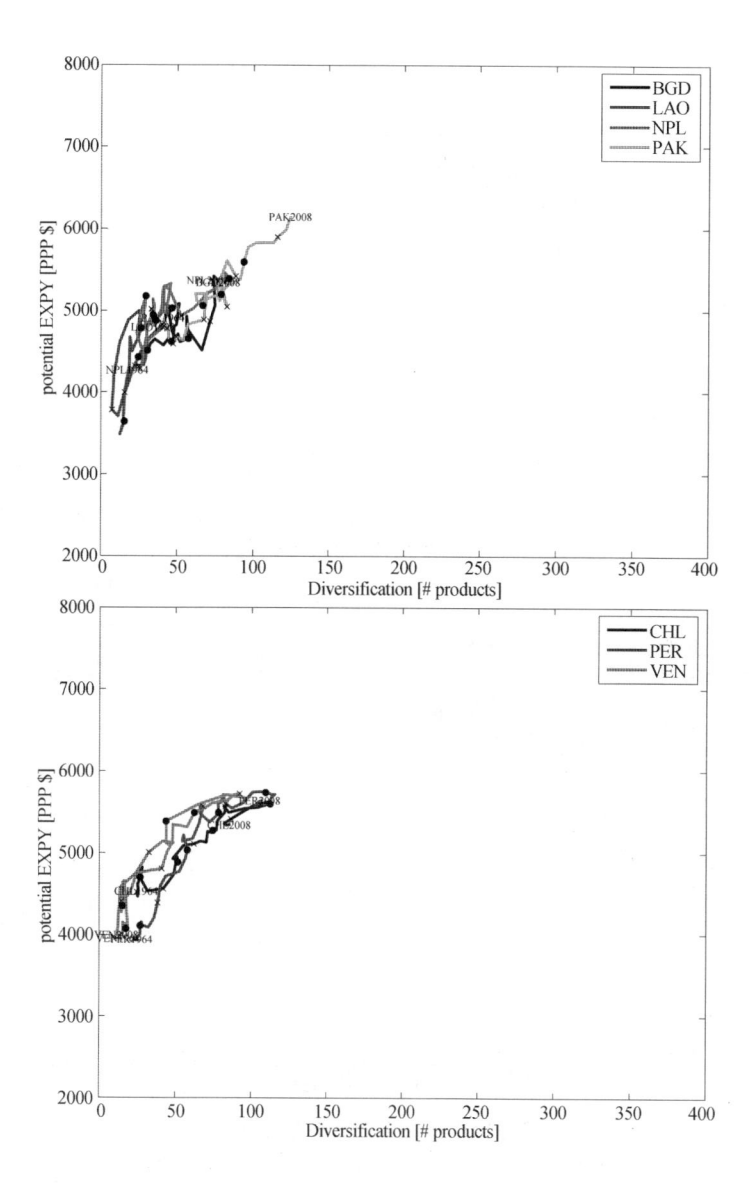

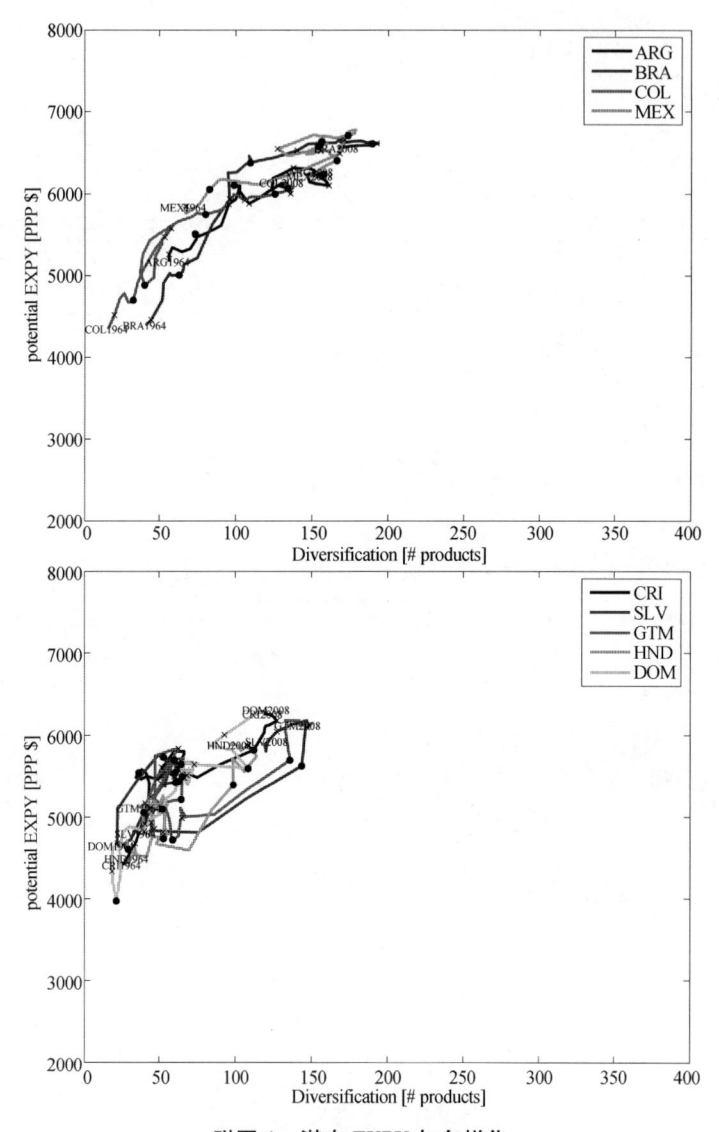

附图 4　潜在 EXPY 与多样化

注：横轴为潜在 EXPY（PPP $）；纵轴为多样化水平。

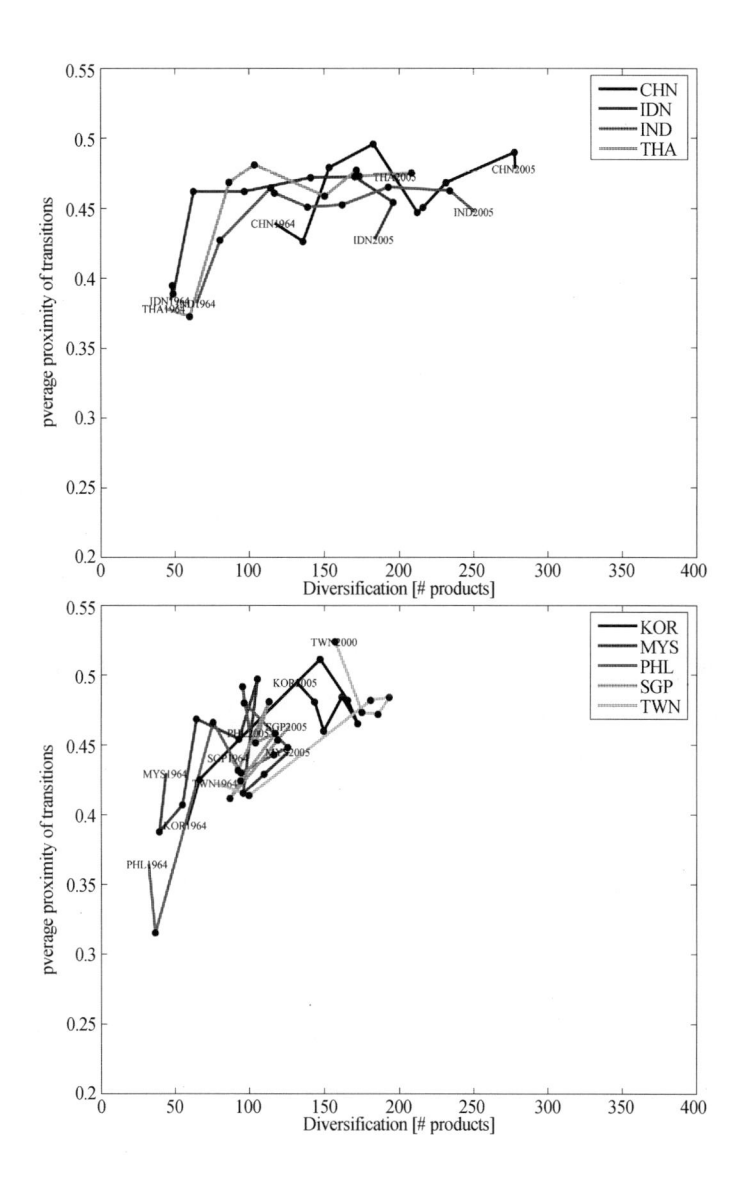

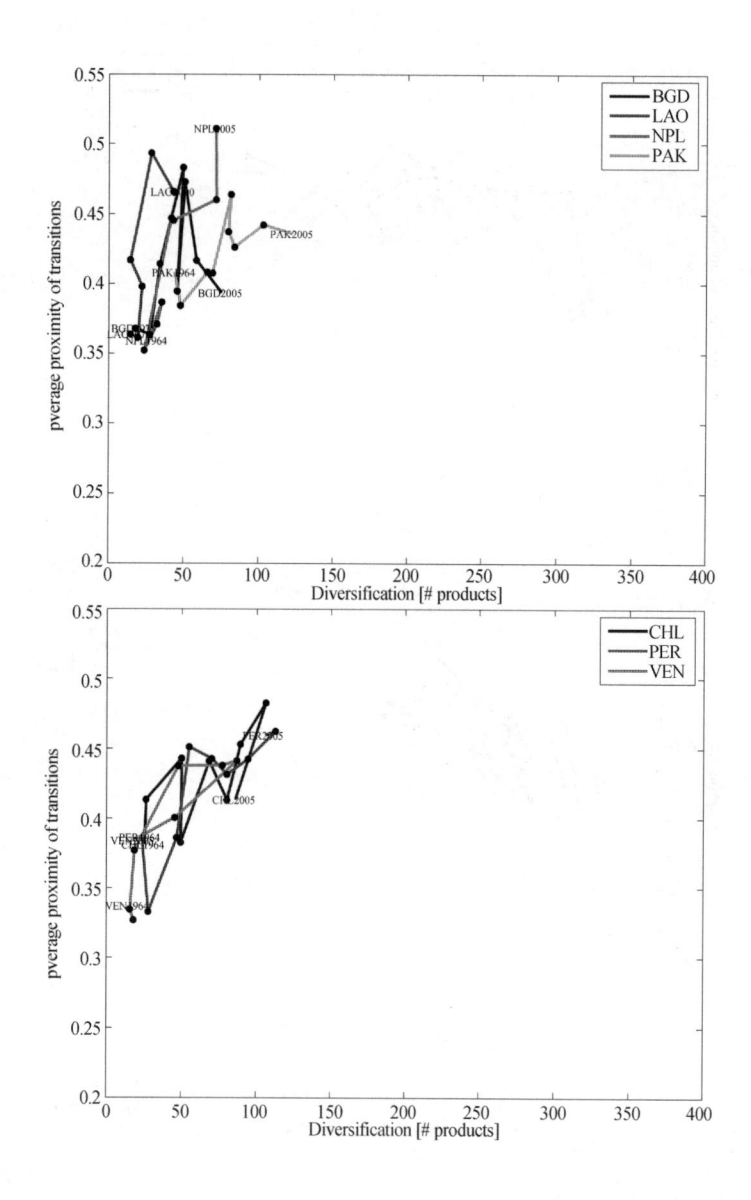

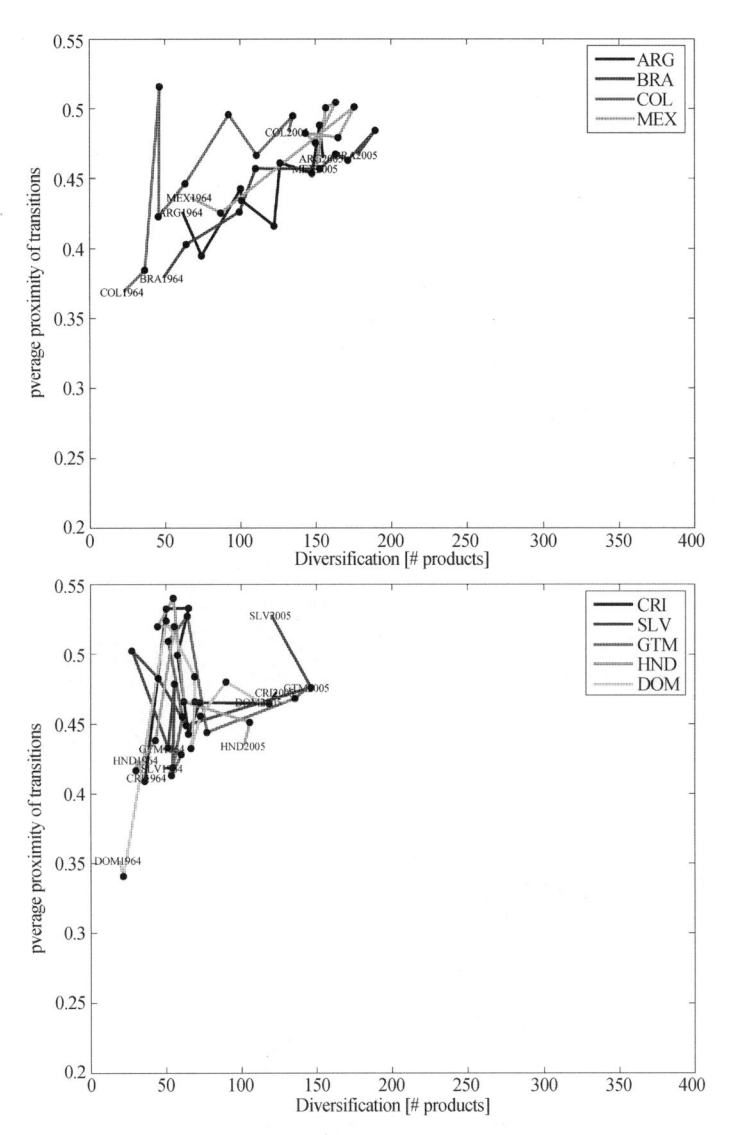

附图 7　转变的平均相近性与多样化

注：横轴为转变的平均相近性；纵轴为多样化水平。

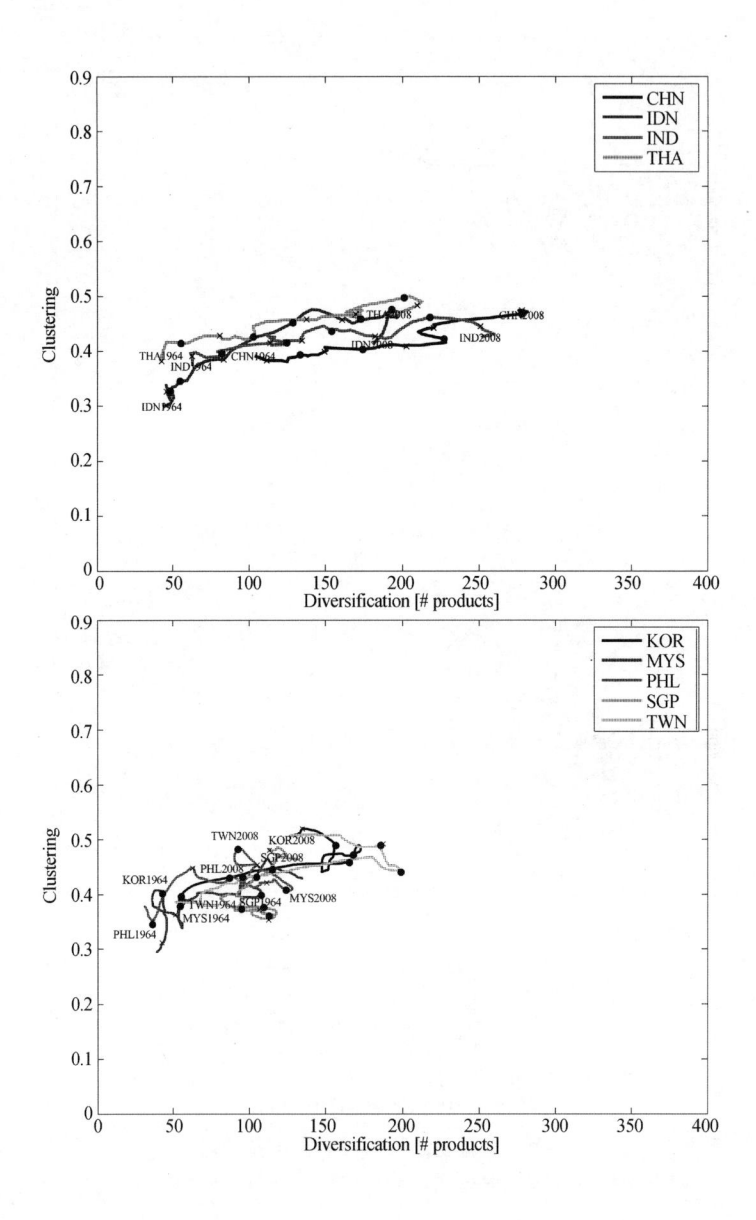

上篇 国际比较角度 65

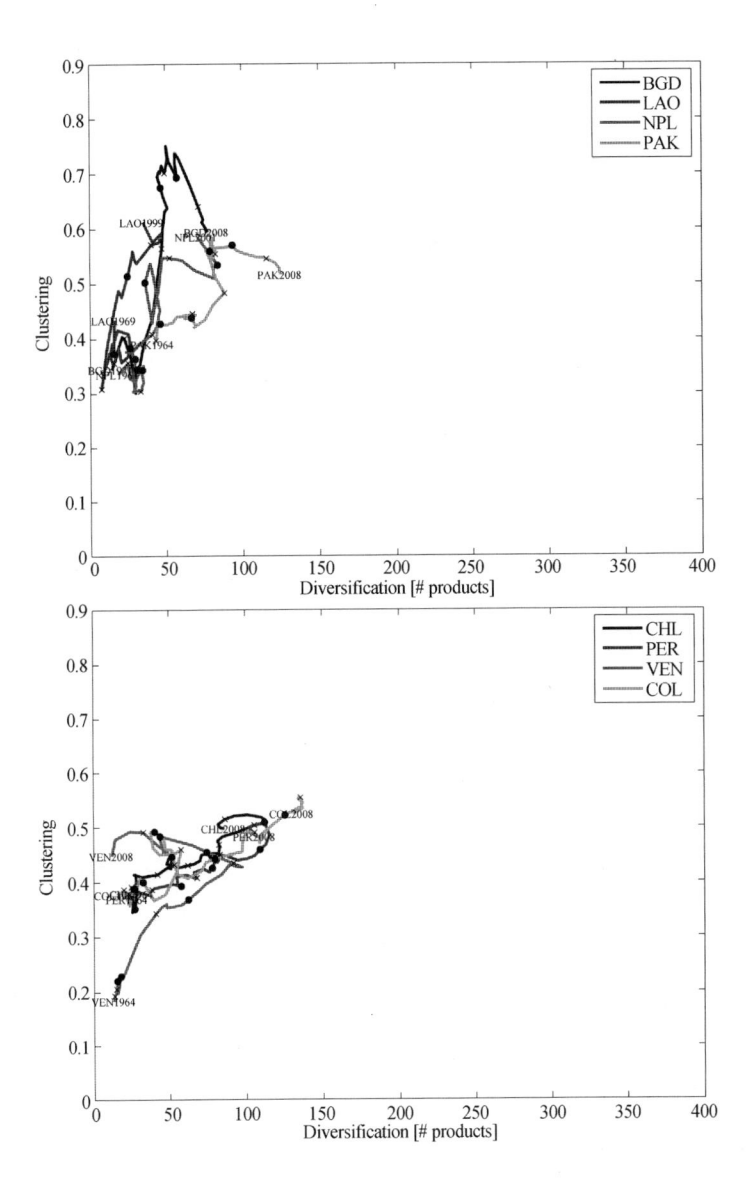

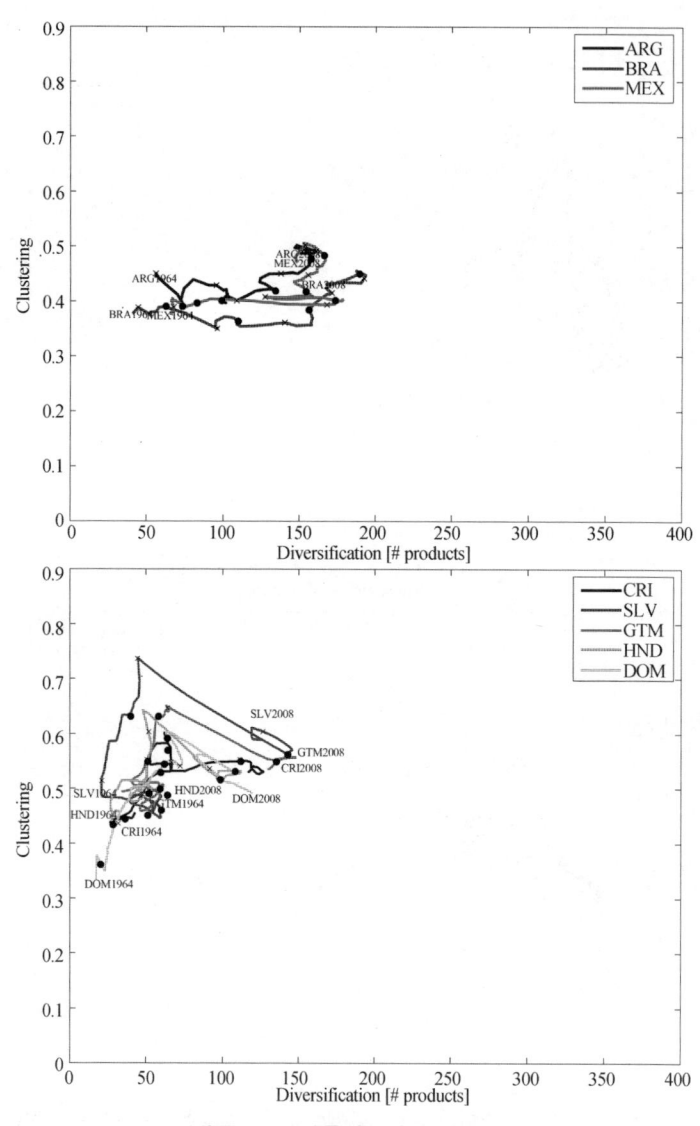

附图8　平均聚类系数与多样化

注：横轴为聚类水平；纵轴为多样化水平。

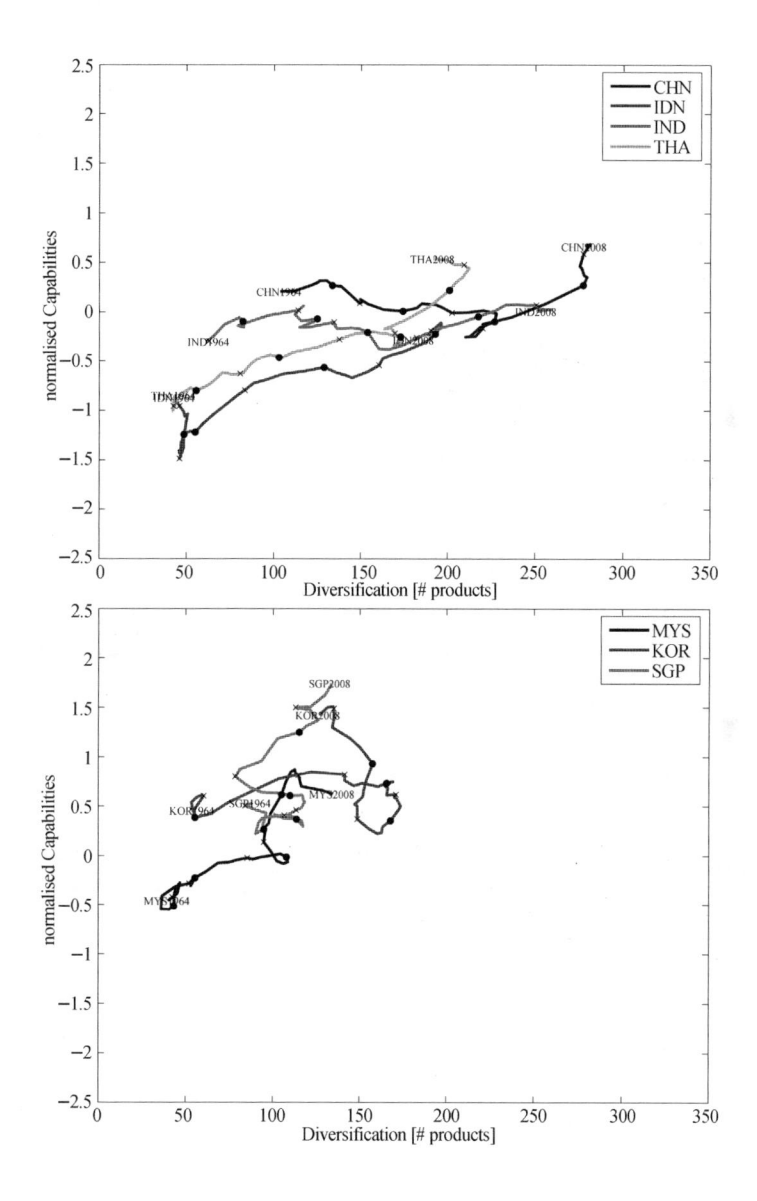

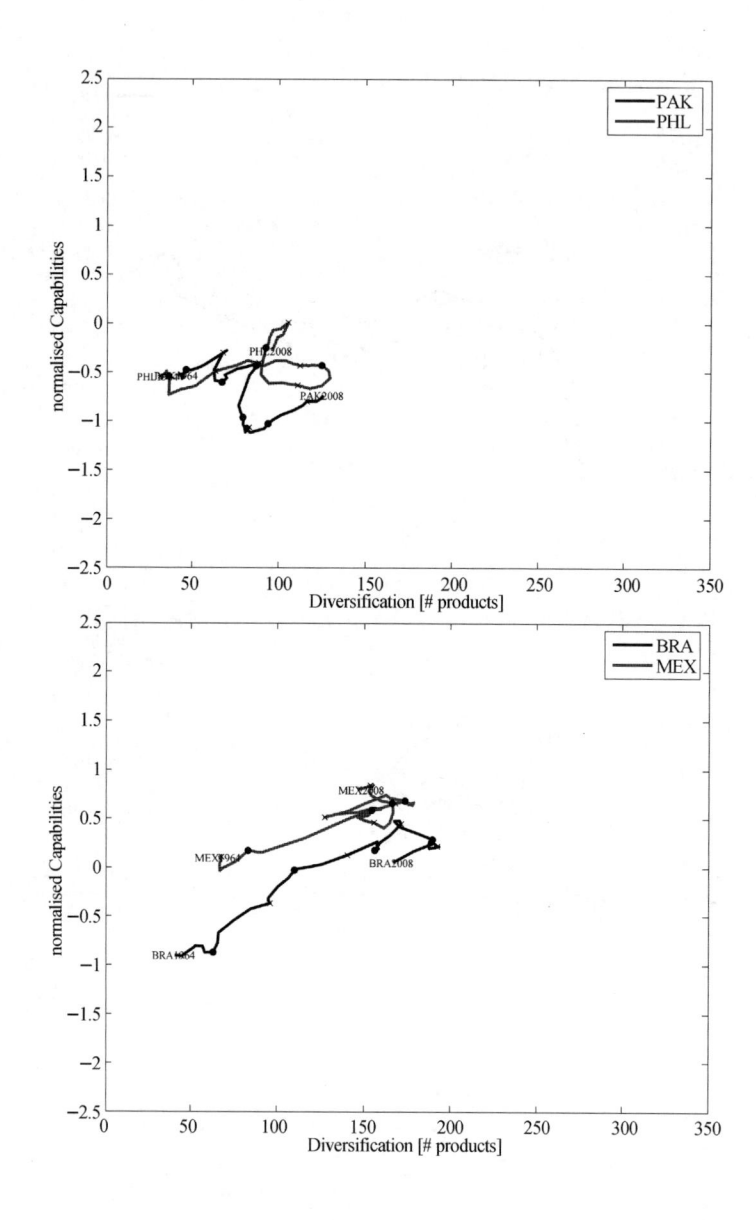

68 | 中等收入陷阱：来自拉丁美洲的案例研究

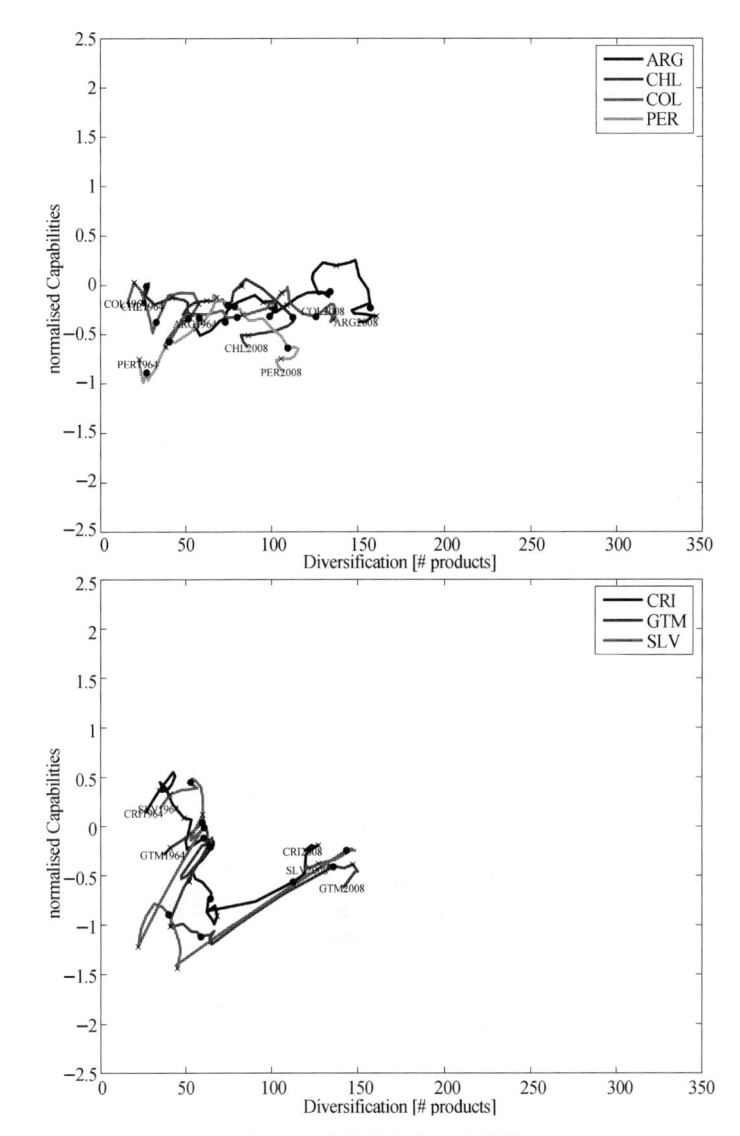

附图9 常态化能力与多样化

注：横轴为常态化能力；纵轴为多样化水平。

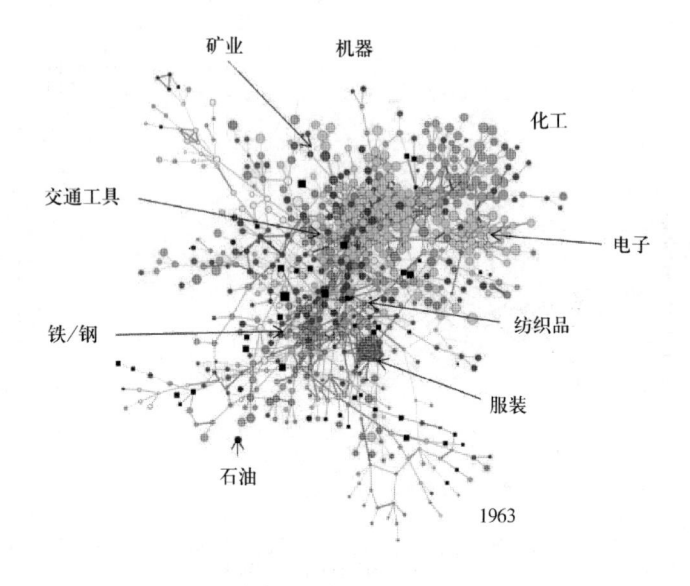

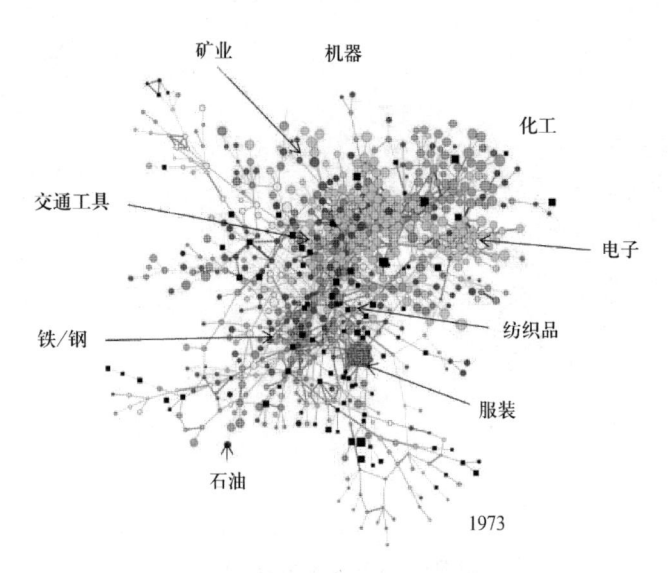

中等收入陷阱：来自拉丁美洲的案例研究

矿业　机器

化工

交通工具

电子

铁/钢

纺织品

服装

石油

1963

矿业　机器

化工

交通工具

电子

铁/钢

纺织品

服装

石油

1973

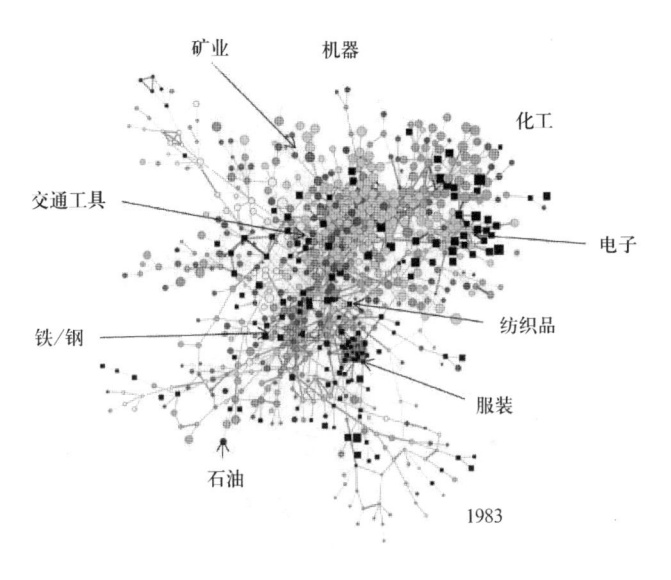

上篇 国际比较角度 71

矿业 机器 化工

交通工具

电子

铁/钢 纺织品

服装

石油

1983

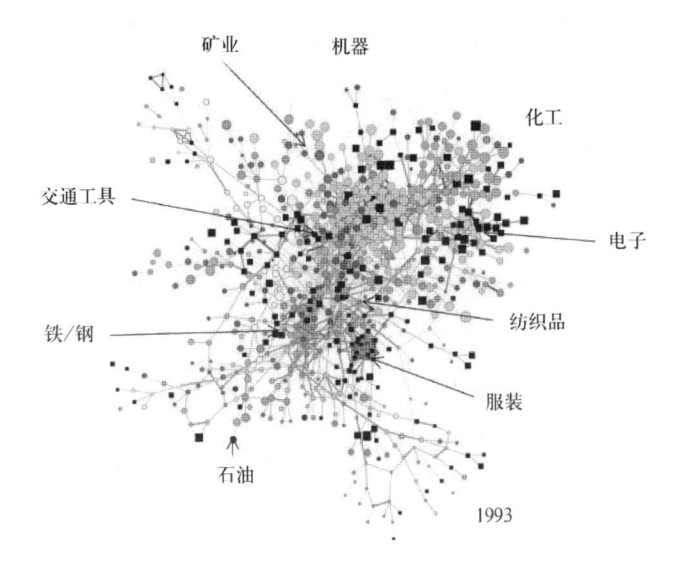

矿业 机器 化工

交通工具

电子

铁/钢 纺织品

服装

石油

1993

72 中等收入陷阱：来自拉丁美洲的案例研究

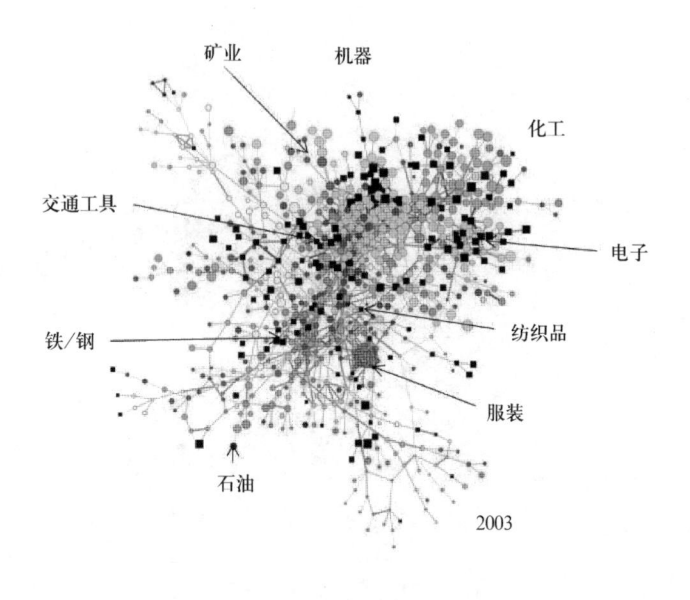

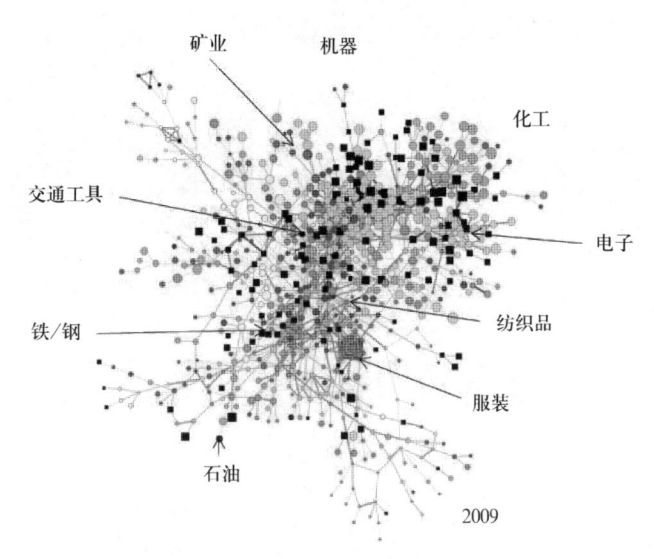

附图 20 韩国产品空间示意图

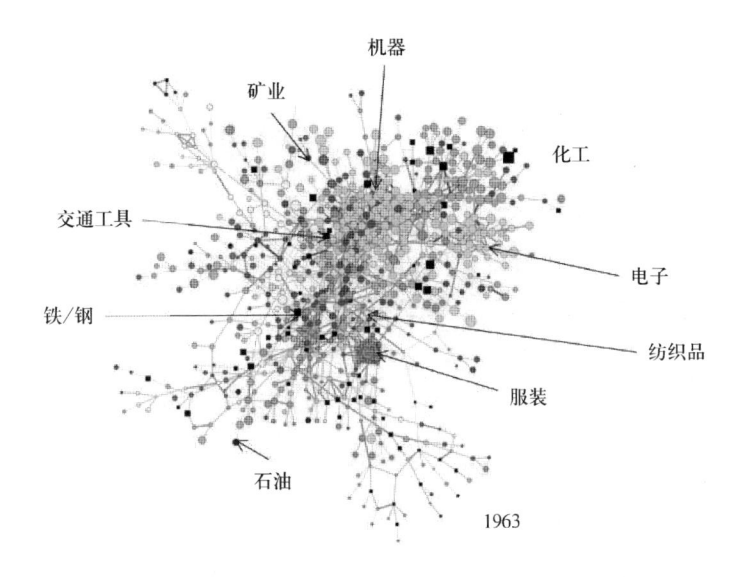

上篇 国际比较角度 73

机器
矿业
化工
交通工具
电子
铁/钢
纺织品
服装
石油
1963

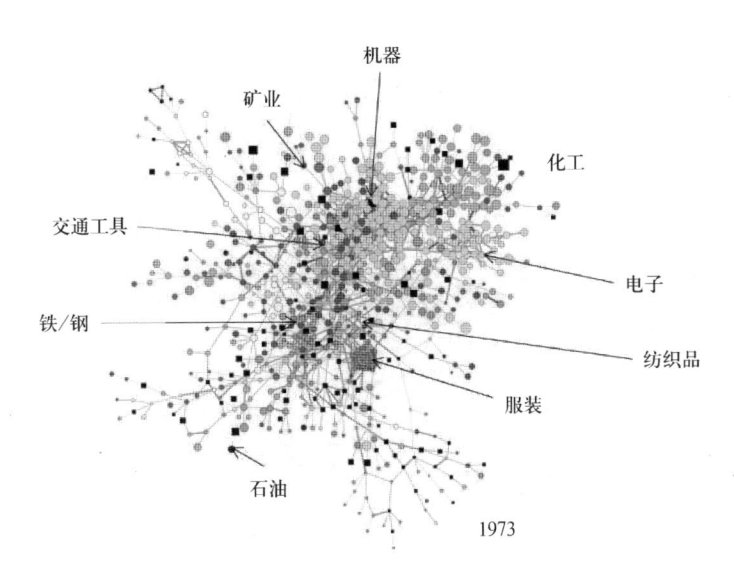

机器
矿业
化工
交通工具
电子
铁/钢
纺织品
服装
石油
1973

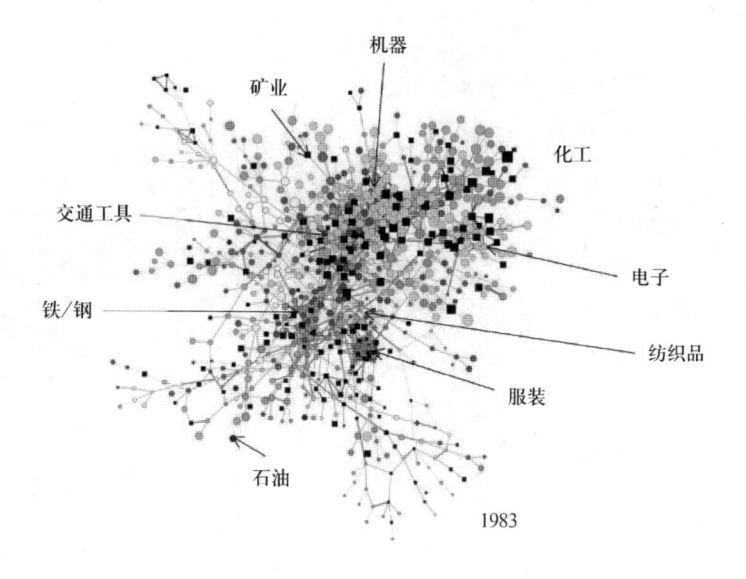

74 中等收入陷阱：来自拉丁美洲的案例研究

1983

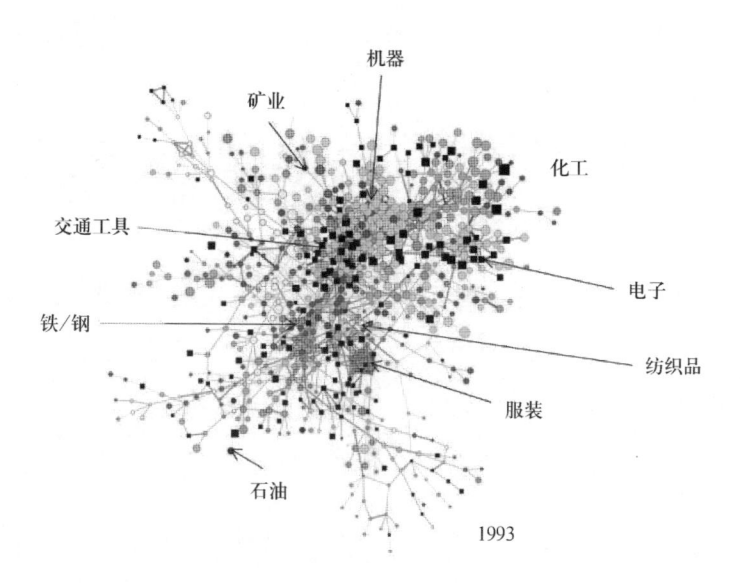

1993

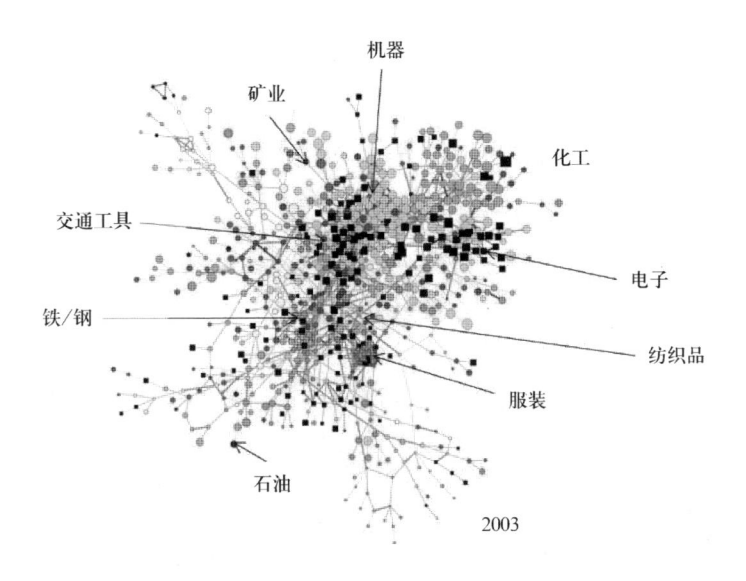

附图21 墨西哥产品空间示意图

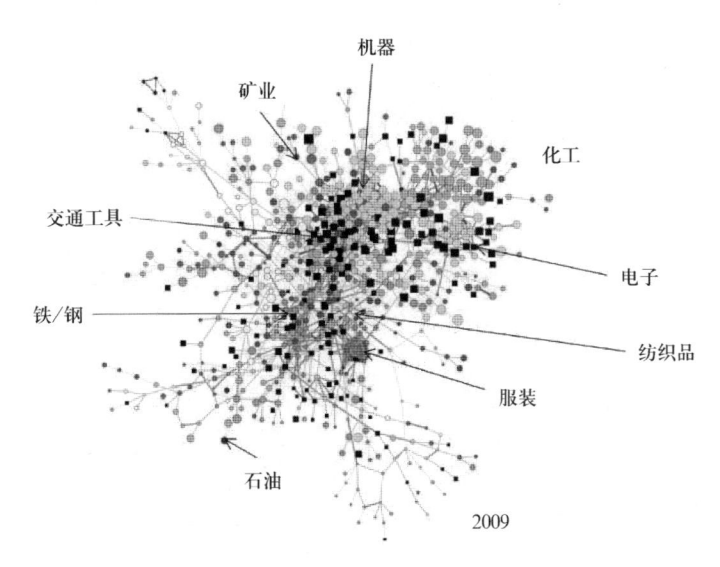

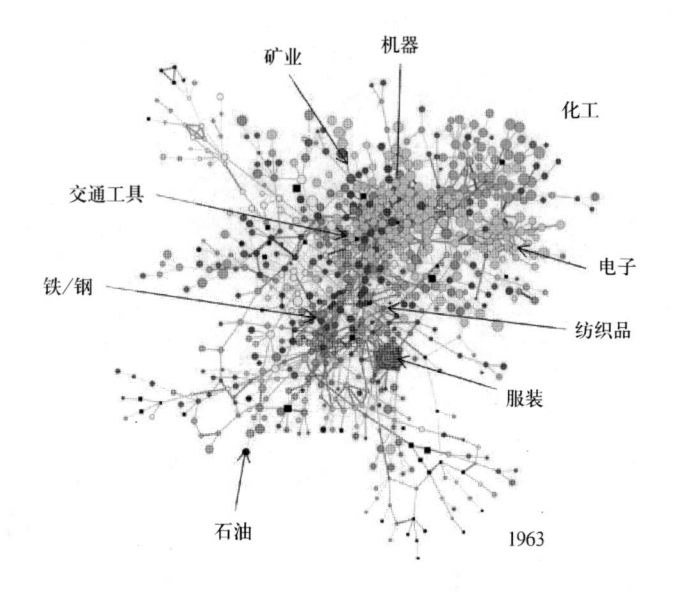

76 | 中等收入陷阱：来自拉丁美洲的案例研究

矿业
机器
化工
交通工具
电子
铁/钢
纺织品
服装
石油
1963

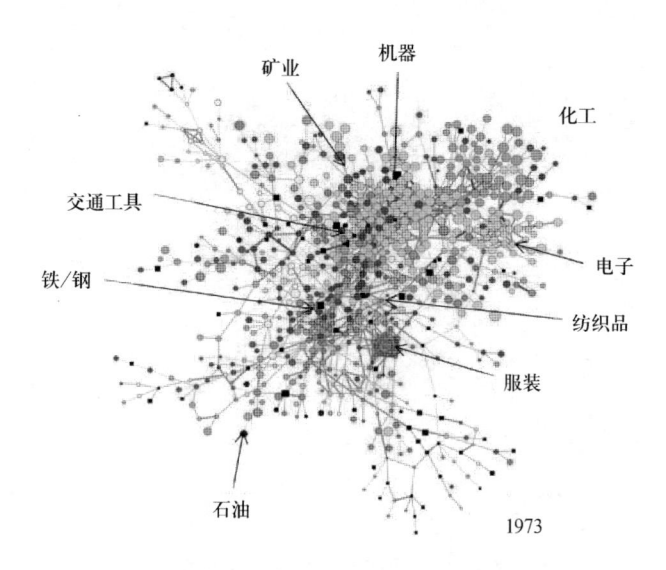

矿业
机器
化工
交通工具
电子
铁/钢
纺织品
服装
石油
1973

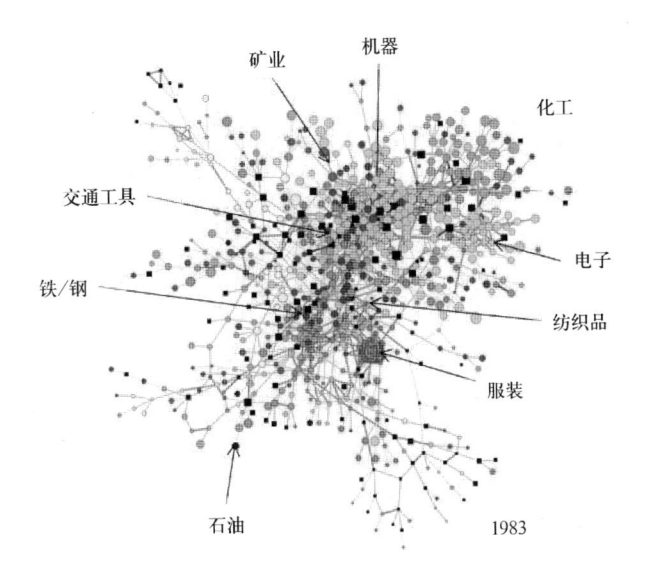

上篇 国际比较角度

矿业 机器
化工
交通工具
电子
铁/钢
纺织品
服装
石油
1983

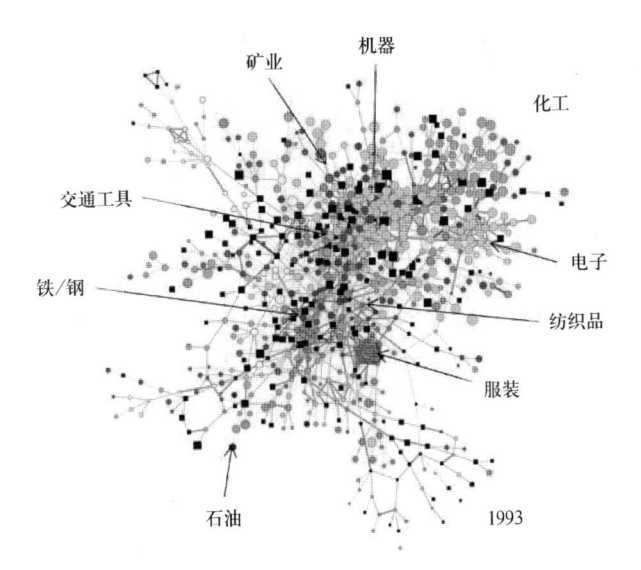

矿业 机器
化工
交通工具
电子
铁/钢
纺织品
服装
石油
1993

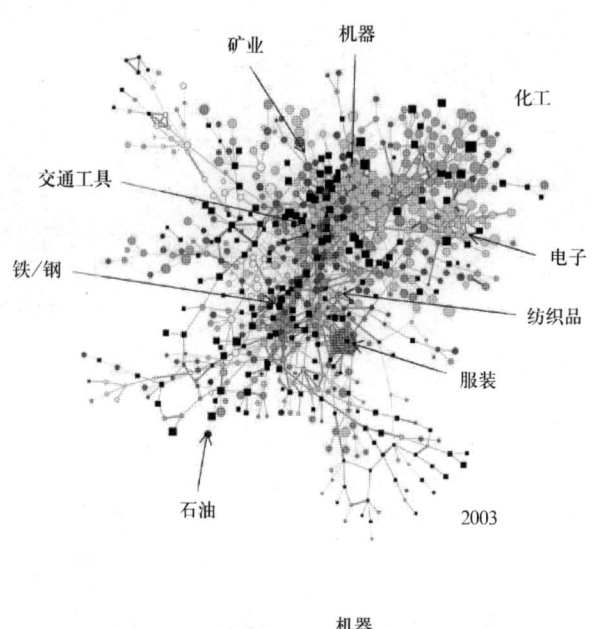

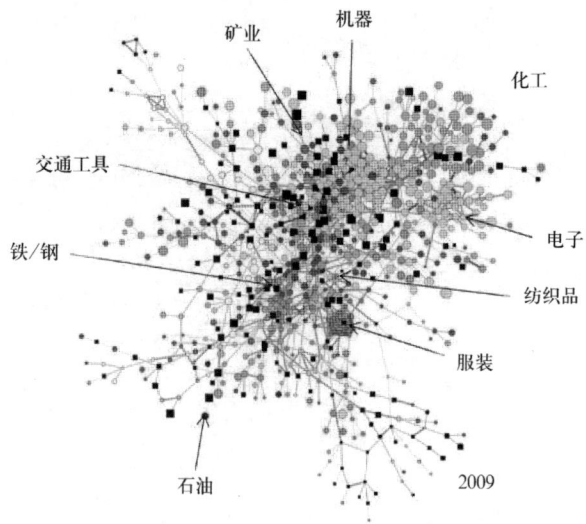

78 | 中等收入陷阱：来自拉丁美洲的案例研究

附图 22　巴西产品空间示意图

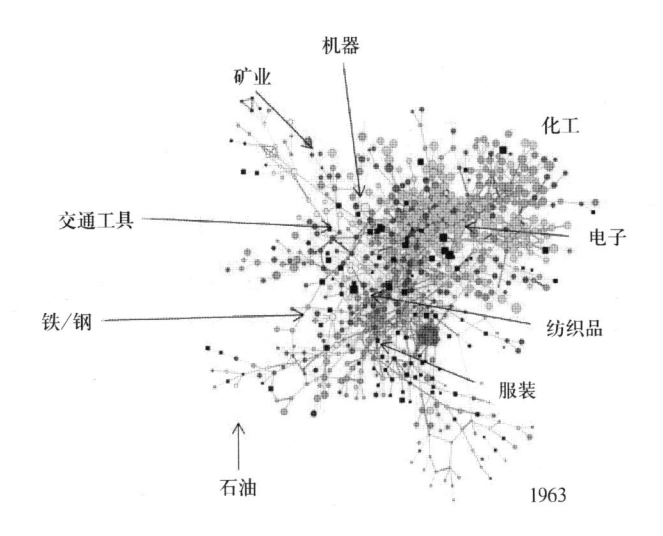

上篇 国际比较角度 79

矿业
机器
化工
交通工具
电子
铁/钢
纺织品
服装
石油
1963

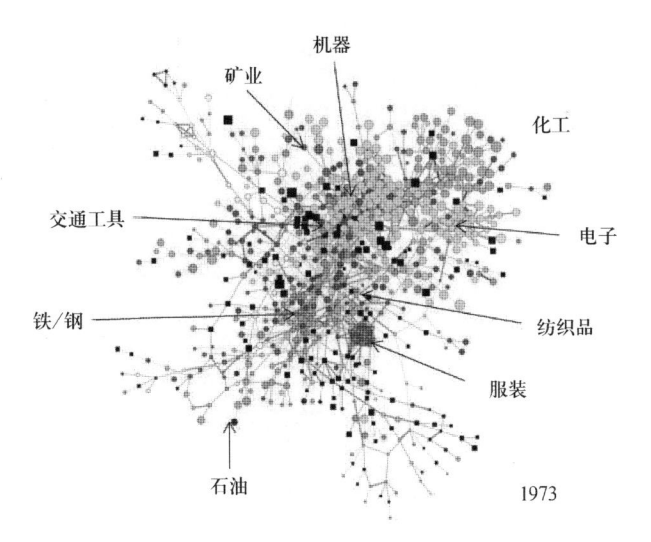

矿业
机器
化工
交通工具
电子
铁/钢
纺织品
服装
石油
1973

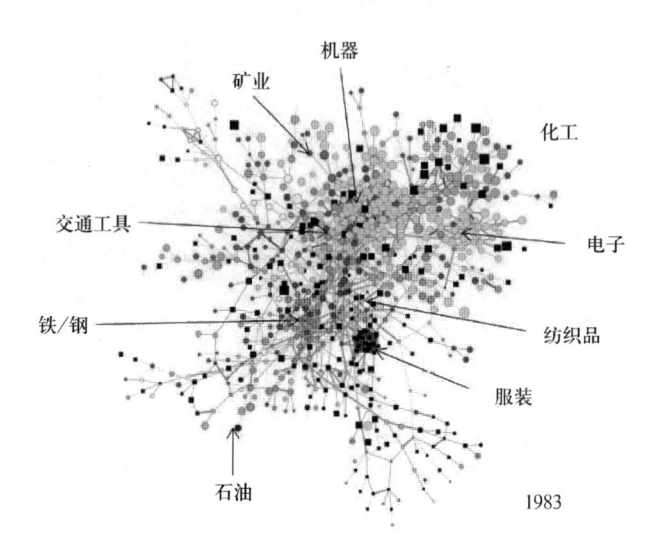

80 | 中等收入陷阱：来自拉丁美洲的案例研究

机器
矿业
化工
交通工具
电子
铁/钢
纺织品
服装
石油
1983

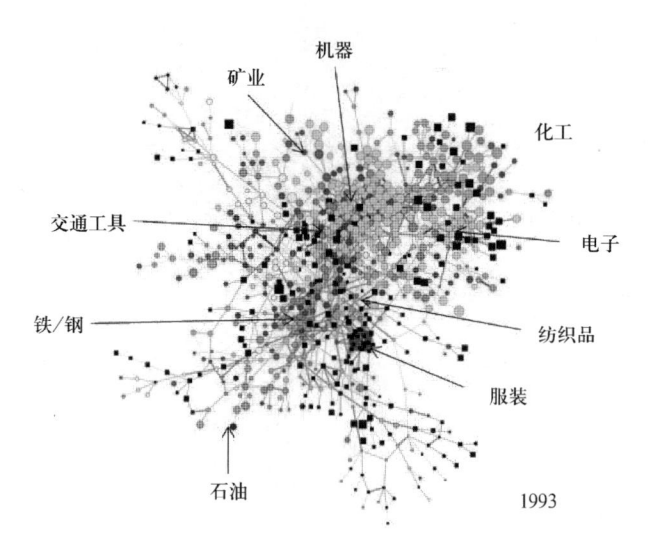

机器
矿业
化工
交通工具
电子
铁/钢
纺织品
服装
石油
1993

上篇　国际比较角度　81

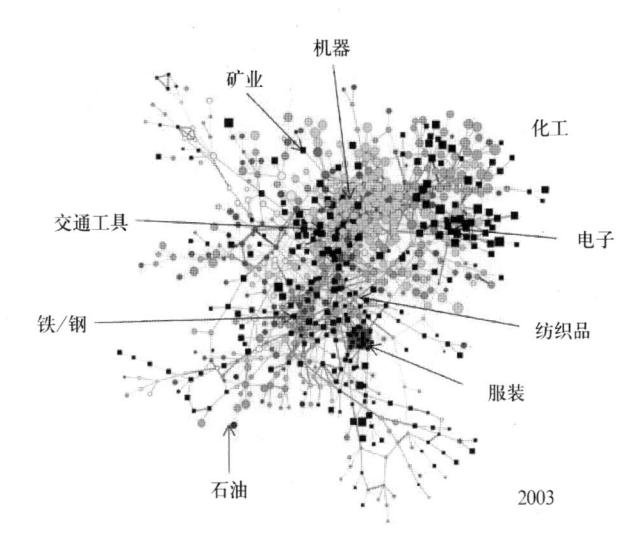

矿业　机器　化工

交通工具　电子

铁/钢　纺织品

服装

石油

2003

矿业　机器　化工

交通工具　电子

铁/钢　纺织品

服装

石油

2009

附图 23　中国产品空间示意图

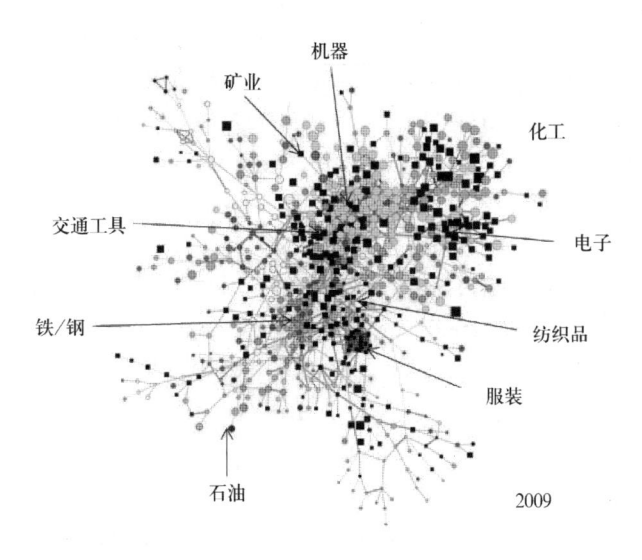

主要参考文献

Acemoglu, D., Gancia, G., and Zilibotti, F. (2010). Competing Engines of Growth: Innovation and Standardization. Journal of Economic Theory.

Adams, F. G. and I. Davis (1994). The Role of Policy in Economic Development: comparisons of the East and Southeast Asian and Latin American experience. Asian - Pacific Economic Literature, 8 (1), 8 - 26.

Ahn, H. -J. and J. S. Mah (2007). Development of technology-intensive industries in Korea. Journal of Contemporary Asia, 37, 364 - 379.

Baik, C. J., Kim, B. -K., and Vogel, E. F. (2011). The Park Chung Hee Era: The Transformation of South Korea. Harvard University Press.

Balassa, B. (1977). " Revealed " Comparative Advantage Revisited: An Analysis of Relative Export Shares of the Industrial Countries, 1953 ~ 1971. The Manchester School of Economic and Social Studies, 45 (4), 327 - 344.

Barro, R., and Lee, J. -W. (2010). Educational attainment in the world, 1950 ~ 2010.

Calderón Vázquez, F. J. (2010). Círculos y Cuadraturas: Presiones inflacionarias y Enfermedad Holandesa en la Venezuela Bolivariana. Entelequia: revista interdisciplinar, 12.

Calderon, C., and Serven, L. (2010). Infrastructure in Latin America. The World Bank.

Carranza, L., Daude, C., and Melguizo, M. (2011). Public Infrastructure Investment and Fiscal Sustainability in Latin America: Incompatible Goals?

Choudhry, M. (2009). Determinants of Labor Productivity: an Empirical Investigation of Productivity Divergence. Working paper. University of Groningen.

Clarke, G. R. G., and Wallsten, S. J. (2006). Has the Internet Increased Trade? Developed and Developing Country Evidence. Economic Inquiry, 44 (3), 465 – 484.

Cole, H. L., Ohanian, L. E., Riascos, A., and Schmitz, J. A. (2005). Latin America in the Rearview Mirror. Journal of Monetary Economics, 52 (1), 69 – 107.

Daude, C. (2010). Innovation, Productivity and Economic Development in Latin America and the Caribbean. OECD Development Centre Working Papers.

Daude, C. (2011). On the usefulness and pitfalls of development accounting in Latin America. OECD Development Centre.

Daude, C., and Fernandez-Arias, E. (2010). On the Role of Productivity and Factor Accumulation in Economic Development in Latin America and the Caribbean. Inter-American Development Bank, Research Department.

Di Maio, M. (2009). Industrial policies in developling countries: history and perspectives. Industrial Policy and Development (pp. 107 – 143). Oxford: Oxford University Press.

Durán Lima, J. E. (2008). Indicadores de comercio exterior ypolítica comercial: generalidadesmetodológicas e indicadores básicos. ECLAC.

ECLAC. (2009). Theory and Practice of Industrial Policy. Evidence from the Latin American Experience.

Edwards, S. (1994). Trade and Industrial Policy Reform in Latin America. National Bureau of Economic Research Working Paper

Series, No. 4772.
Feenstra, R. C. , Lipsey, R. E. , Deng, H. , Ma, A. C. , and Mo, H. (2005). World Trade Flows: 1962 ~ 2000. National Bureau of Economic Research Working Paper Series, no. 11040.
Ferraz, J. C. , Nassif, A. , and Olivia, R. (2009). Avancos, desafios e oportunidaded para politica de desenvolvimiento productivo na. América Latina. BNDES.
Fukagawa, Y. (1997). "Chaebol" -Led High Growth System in South Korea. East Asian Development Experience -Economic System Approach and Its Applicability-. IDE-JETRO.
Government of Brazil. (2008). Política de Desenvolvimento Produtivo: Inovar e Investir para Sustentar o Crescimento. BNDES, ABDI, MF, MDIC.
Guasch, J. L. (2004). Granting and Renogotiating Infrastructure Concessions: Doing It Right. World Bank Institute of Development Studies.
Hausmann, R. and Klinger, B. (2006). Structural Transformation and Patterns of Comparative Advantage in the Product Space. CID working paper, no. 128.
Hausmann, R. , Hwang, J. , and Rodrik, D. (2007). What You Export Matters. Journal of Economic Growth, 12 (1), 1 – 25.
Hausmann, R. and D. Rodrik (2003). Economic development as self-discovery. Journal of Development Economics, 72, 603 – 633.
Hidalgo, C. A. , Klinger, B. , Barabási, A. -L. and Hausmann, R. (2007). The Product Space Conditions the Development of Nations. Science, 317 (5837), 482 – 487.

Hidalgo, César A. and Hausmann, R. (2009). The building blocks of economic complexity. Proceedings of the National Academy of Sciences, 106 (26), 10570 – 10575.

Hummels, D. and Klenow, P. (2005). The Variety and Quality of a Nation's Exports. American Economic Review, American Economic Review, 95 (3), 704 – 723.

Katz, J. (2000). Pasado y presente del comportamiento tecnólogico del América Latina. ECLAC.

Keller, W. (1996). Absorptive capacity: On the creation and acquisition of technology in development. Journal of Development Economics, Journal of Development Economics, 49 (1), 199 – 227.

Khan, M. and Blankenburg, S. (2009). The Political Economy of Industrial Policy in Asia and Latin America. Industrial Policy and Development: The Political Economy of Capabilities Accumulation. Oxford University Press.

Kim, C. S., and Hong, M. -K. (2010). Education Policy and Industrial Development: The Cases of Korea and Mexico. Journal of International and Area Studies.

Kim, Y., Kelly, T. and Raja, S. (2010). Building broadband: Strategies and policies for the developing world. World Bank.

Korinek, J. and Sourdin, P. (2011). To What Extent Are High-Quality Logistics Services Trade Facilitating? OECD.

Kuznets, S. (1955). Economic Growth and Income Inequality. The American Economic Review, 45 (1), 1 – 28.

Lall, S. (2003). Reinventing industrial strategy: The role of government policy in building industrial competitiveness. QEH Working Paper Series.

Lee, J. -W. (1994). Economic Growth and Human Development in the Republic of Korea, 1945 ~ 1992. Occasional Paper 24.

Lin, J., Monga, C., te Velde, D. W., Tendulkar, S. D., Amsden, A., Amoako, K. Y., Pack, H., et al. (2011). Growth Identification and Facilitation: The Role of the State in the Dynamics of Structural Change. Development Policy Review, 29 (3), 259 - 310.

McMillan, M. S., and Rodrik, D. (2011). Globalization, Structural Change and Productivity Growth. National Bureau of Economic Research Working Paper Series, No. 17143.

Mishra, S., Lundstrom, S. and Anand, R. (2011). Service Export Sophistication and Economic Growth. World Bank Policy Research Working Paper.

Nordas, H. (2010). Trade in Goods and Services: Two Sides of the Same Coin? Economic Modelling, 27 (2).

OECD. (2009a). OECD Science, Technology and Industry Scoreboard 2009. Paris.

OECD. (2009b). OECD Reviews of Innovation Policy: Korea. Paris.

OECD. (2010). PISA 2009 Results: What Students Know and Can Do. Paris.

OECD Development Centre. (2010). Perspectives on Global Development.

OECD/ECLAC. (2011). Latin American Economic Outlook 2012 "Transforming the state for development." Paris: OECD Publishing.

Onnela, J. -P., Saramäki, J., Kertész, J. and Kaski, K. (2005). Intensity and coherence of motifs in weighted complex networks.

Physical Review E, 71 (6), 065103. doi: 10.1103/PhysRevE.71.065103

Opsahl, T. and Panzarasa, P. (2009). Clustering in weighted networks. Social Networks, 31 (2), 155 – 163.

Peres, W. (2011). Industrial Policies in Latin America. UNU-WIDER.

Qiang, C. Z. -W., Rossotto, C. M. and Kimura, K. (2009). Economic Impacts of Broadband. Information and Communications for Development 2009: Extending Reach and Increasing Impact. World Bank.

Restuccia, D. (2008). The Latin American Development Problem. University of Toronto Working Paper, no. 318.

Saramäki, J., Kivelä, M., Onnela, J. -P., Kaski, K. and Kertész, J. (2007). Generalizations of the clustering coefficient to weighted complex networks. Physical Review E, 75 (2), 027105.

Solimano, A. and Soto, R. (2005). Economic growth in Latin America in the late 20th century: Evidence and interpretation. ECLAC.

Syrquin, M. (2003). The Rise of the Rest: Challenges to the West from Late-Industrializing Economies: Alice H. Amsden, ZZZ: Oxford University Press, NY 2001, pp. vi + 405. Journal of Development Economics, Journal of Development Economics, 71 (2), 625 – 628.

Timmer, M. and de Vries, G. (2009). Structural change and growth accelerations in Asia and Latin America: a new sectoral data set. Cliometrica, Journal of Historical Economics and Econometric History, Cliometrica, Journal of Historical

Economics and Econometric History, 3 (2), 165 – 190.

U. S. -China Business Council. (2011). US-China Trade Statistics and China's World Trade Statistics.

WTO. (2011). Trade Profiles 2011.

第二章 拉丁美洲的发展模式：迎头赶上或是落入"中等收入陷阱"

巴勃罗·桑吉内蒂　莱昂纳多·维亚尔[*]

第一节　导　言

拉美已经成为中等收入陷阱现象的典型案例（Foxley y Sossdorf, 2011; Zheng, 2011）。一方面，根据世界银行的国家分类标准，该地区拥有世界上最多数量的中等收入国家。另一方面，拉美各经济体在几乎整个20世纪中的人均收入增长率普遍低于发达国家，这妨碍了该地区实现长期趋同。

平均而言，到1900年前后，拉美人均GDP大约为美国的35%（根据经购买力平价调整的1990年国际价格计算）。这一比例在20世纪中期下降至25%多，目前则为不到20%。当然，与20世纪初或中叶相比，今天，拉美经济更加富裕，人均收入

---

[*] 巴勃罗·桑吉内蒂是CAF－拉丁美洲开发银行的社会经济部主任，莱昂纳多·维亚尔是CAF负责发展战略和公共政策的副总裁。两位作者在此鸣谢助理研究员亚历杭德拉·路特给予的帮助。

也得到了显著提高。但其与美国，或者更广义地说，与工业化国家之间的差距则在与日俱增。

拉美增长的相对停滞使郑秉文等学者提出"中等收入陷阱"的观点。这也是该地区许多经济体面临的局面。它们的工资成本太高，无法在国际市场上与廉价劳动力竞争。但与此同时，它们又难以迈入产业链的更高端，提供知识和技术密集型产品与服务。

认为确实存在中等收入陷阱的观点有理由引发亚洲国家的担忧。这些国家近几十年来经济增速很快。虽然它们在追赶发达国家收入水平的过程中成绩显著，但是仍未跨过国际上区分中等收入和高收入国家的门槛。伊辰格林、朴东炫和康镐炫（2011）等学者的研究结果加剧了这一担忧。他们的研究指出，经验性的规律表明，当快速增长的经济体达到人均收入 17000 美元左右的水平时（按 2005 年的不变美元价格计算），经济增加将显著减缓。而中国将在这个十年的中期达到这一水平。

随着与发达经济体收入差距的缩小，经济活力势必衰减吗？哪些是决定中等或中－高收入国家向发达经济体收入水平转型过程成败的因素？对于已经成功从低收入阶段迈入中等收入阶段、但距离发达国家的收入水平差距尚远的亚洲经济体（如中国）来说，哪些是能从拉美经历中吸取的教训？

本文试图通过审视拉美最近一个世纪的发展历程为上述问题找到答案。本文结合了对发展模式的数量分析以及源自增长和发展经济学的理论论证，以找到解释拉美赶超失败的可能原因，并在促进经济重回增长和摆脱所谓的中等收入陷阱方面提出一些建议。

本文的中心论点是，在赶超的过程中并不存在什么金科玉律。一些理论观点信誓旦旦地断言，发展水平更低的国家可以比那些已经跨过这一阶段的国家增长得更快。但实际上，根据布里切特的研究（1997），从欧洲工业革命开始的世界历史表明，大多数发展中地区的差距不是在缩小，而是在拉大。拥有中等收入的拉美国家如此，非洲国家亦复如是。对后者而言，它们在试图达到非常低的收入水平的过程中就出了问题[①]。当然，另一方面，我们有韩国和东南亚的一些经济体在近50年中实现了从低收入到高收入的转变，而没有落入中等收入陷阱的例子。与其找寻人均收入差距缩小或拉大的黄金定律，还不如像历史所要求的那样，应当对我们国家发展过程中蕴涵着的重要风险进行分析，并制定合适的政策来推动赶超过程。此外，发展的每一阶段都带有其特有的风险。拉美的经历表明，从中等收入到高收入这一阶段所面临的挑战尤为复杂。

本文的其他内容按以下形式组织展开。在第二节中，我们将审视源自经济增长模型的赶超假说。然后，在第三节中对拉美近一个世纪以来的发展进行量化分析，并突出其中的主要特点。第四节将通过引入一系列关于行业发展和结构变化的论据对基础增长理论进行拓展，以解释拉美地区的具体情况。第五节则分析与收入和财富分配、税收和提供公共产品能力以及政治经济等方面相关的因素。最后，第六节将对拉美近十年的经历进行思考。近十年来，拉美增速远高于发达国家。这可能意味着地区各国向发达国家收入和生产率水平迈进的长期持续赶超过程的发端。

第二节　增长理论和赶超假说

经济增长理论指出，发展的直接决定因素有两类：要素积累

[①] 伊辰格林、朴东炫和康镐炫等学者的上述研究并没有涉及这一现象。他们的研究不包括人均年收入水平低于10000美元的国家。

（有形资本投资和人力资本积累）和要素生产率的提高。第一类因素取决于储蓄或投资率以及提高居民教育水平的投入。第二类因素则取决于在产品和服务的生产过程中，混合各种要素的技术在多大程度上有效。通过上述内容可以发现，在仅靠要素积累而技术保持不变的情况下，经济能够实现增长；或者在要素积累程度固定不变，但通过技术进步在生产中更有效地使用各种要素的情况下，经济也会增长。当然，在现实中，生产要素的积累和生产率提高这两类因素往往密切相联，彼此影响。因此，旨在提高有形资本投资的政策很可能也会有助于技术改进。总体而言，刺激投资的政策通常会激励企业和创新活动。

对于发展中经济体来说，其资本存量、生产率和人均收入都显著低于工业化经济体。理论认为，这些前者应该比后者增长更迅速，从而形成一个趋同的过程。之所以得出这一结论，是因为发展中国家不需要从零开始开发生产技术，它们可以采用和改造现有技术，从而实现生产率的跨越式提高或显著增加。尽管使用新技术往往需要超过发展中国家现有条件的实际资本和人力资本的投入，但这并不是不能克服的障碍。发展中国家可以通过国际市场进行融资（通过贷款、外国直接投资等方式）。而考虑到高回报率，国际市场也乐于提供融资。此外，这些经济体为采用和改造技术、生产产品和服务而进行的必要资本投资并不会受到其国内市场规模狭小的限制。因为，国际贸易可以为它们打开进入其他市场和目的地的大门。换言之，发展中国家只要具备包括贸易和投资开放、稳定的宏观经济政策（包括税收政策）和基本的管理质量在内的一些基本政治经济制度条件，就能够实现快速增长，追赶那些技术和生产率远超过自己的国家的收入水平。罗德里克提出（2011），"根据标准的增长模型，趋同应该成为一种常态"。然而，这一简单的趋同假设在多大程度上能在拉美和其他发展中地区的案例中得到验证呢？我们将在下一节中回答这个问题。

第三节 世界和拉美各国的典型案例:哪些国家和地区实现了赶超,而哪些未能实现?

世界银行根据收入水平对各国进行了分类,将人均国民收入在1006至12275美元的国家列入中等收入国家。根据这一划分标准,拉美是世界上拥有中等收入国家数量最多的地区。在该地区33个国家中,其中有28个达到这一标准(Zheng, 2011),占世界总数的32%。图1显示了中等收入国家的发布情况。

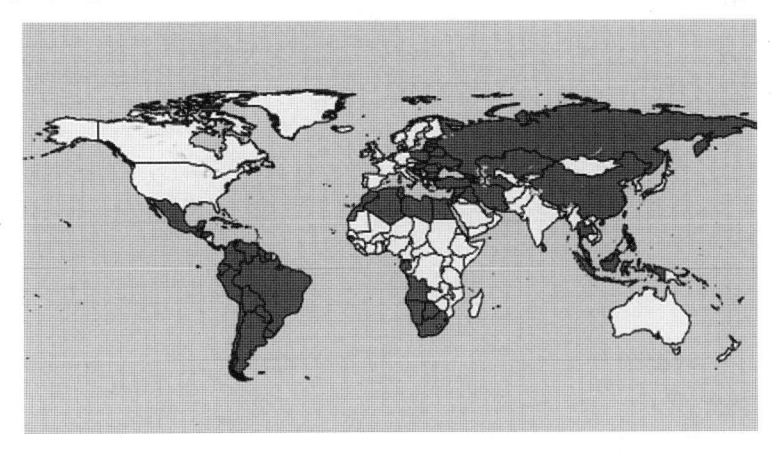

图1 中等收入国家分布(2004)
资料来源:世界银行(2011)

既然大多数拉美国家已经成为中等收入国家,它们是否正在向发达国家的人均收入水平迈进呢?如何在拉美和其他地区之间进行比较?

分析经济体的赶超进展和潜力通常需要考虑其人均国民收入与发达国家水平之间的现有差距。图1和图2分别显示了世界上各个地区 1900~2008 年间，按 1990 年价格计算、经购买力平价调整的美元标价人均 GDP，以及与美国的相对收入差距。

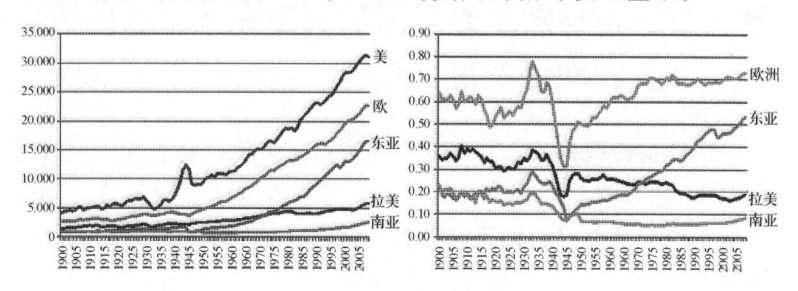

图 1　1990~2008 人均收入变化
（按 1990 年价格计算）

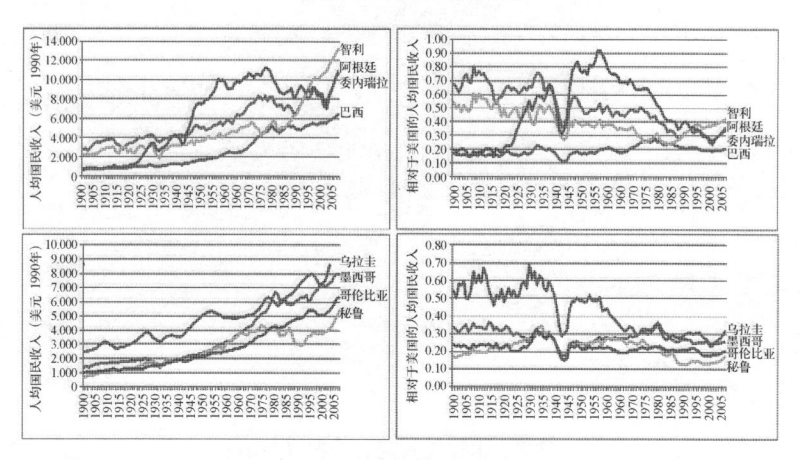

图 2　1990~2008 相对于美国
水平的人均收入变化

注：根据霍本海因和纽梅耶（2004）的方法计算了以下国家的简单平均值

拉美：阿根廷、巴西、智利、哥伦比亚、墨西哥、秘鲁、乌拉圭、委内瑞拉、玻利维亚、哥斯达黎加、多米尼加共和国、厄瓜多尔、萨尔瓦多、危地马拉、海地、洪都拉斯、尼加拉瓜、巴拿马、巴拉圭

欧洲：奥地利、比利时、丹麦、芬兰、德国、希腊、爱尔兰、意大利、

荷兰、挪威、葡萄牙、西班牙、瑞士、瑞典、英国

　　东亚：印度尼西亚、日本、菲律宾、韩国、泰国、台湾、香港、马来西亚、新加坡

　　南亚：印度、孟加拉、缅甸、尼泊尔、巴基斯坦、斯里兰卡

　　资料来源：根据麦迪森数据（2011）自制

　　如图1所示，20世纪初期发展水平差异较小。1900年，美国的人均收入为4090美元，欧洲为2614美元，拉美为1462美元，亚洲为943美元。20世纪初，拉美是人均收入最高的发展中地区，高于南亚和东亚。然而，到了2008年，情况截然不同。美国继续保持人均收入最高水平，为31178美元，欧洲和东亚分别为22784美元和16618美元。拉美和南亚水平更低，为5910美元和2582美元。东亚的快速赶超进程主要发生在20世纪后50年，特别是从60年代开始。在这段时期内，东亚的人均收入增长了774%，而拉美同期仅增长102%。

　　图2通过考察各地区相对于美国的人均收入演变，得出了相似的结论[①]。如图所示，欧洲在克服了第二次世界大战带来的冲击后，开始缩小与美国的差距。2008年，欧洲人均收入相当于美国的73%，超过了20世纪最初几十年平均60%的水平。另一方面，东亚的持续增长和迎头赶上趋势十分明显。1900～1930年期间，东亚人均收入平均水平相当于美国的20%，2008年则上升至53%。南亚和拉美的趋势则与东亚相去甚远。1900～1940年期间，拉美拥有发展中地区最高的人均收入水平，相当于美国的35%左右。二战后，这一比重下降至25%，并保持至70年代中期，然后再重新猛降至2000年前后的17%。从那时起，该比重有所回升，2008年升至19%。南亚的表现直至20世

---

① 相对人均收入根据霍本海因和纽梅耶（2004）的方法计算。相对人均收入 $=\dfrac{t\,\text{年一国人均收入}}{t\,\text{年美国人均收入}}$。

纪中叶都与东亚相似（相当于美国的20%左右），然后开始显著分化。在东亚缩小差距的同时，南亚相对于美国的人均GDP到1980年却下降至仅有美国5%的水平，然后缓慢回升，并在21世纪头十年加速回升。

包括相当一部分世界上最穷国家在内的撒哈拉以南非洲并未在图1和图2中得以显示。但众所周知的是，这些国家在20世纪的近50年来，非但赶超失利、拉大了与发达国家的收入差距，更有甚者的在于，许多国家的人均收入绝对值也出现了倒退。

分析到此，我们可以得出两个明显的结论。一方面，包括拉美在内的许多发展中地区在整个20世纪中未能缩小与发达经济体的收入差距；另一方面，尚不能确定这一赶超失利是否与特定的人均收入水平或相对于最发达经济体收入水平的特定比重相关。虽然拉美的增长进程停滞是在各国平均达到按1990年价格计算的2500美元左右（按2005年价格计算则为3500美元），即相当于美国人均GDP的35%左右，但南亚和非洲各国的停滞则在更低的收入水平上就出现了。

拉美各国不同的发展路径

在考察了拉美作为一个地区在几乎整个20世纪不成功的赶超（反而是差距拉大）表现后，我们应该对其共性表现背后隐藏的各国差异进行了解。

图3显示了自1900年以来，8个拉美国家按1990年美元价格计算、并经过购买力平价调整的人均GDP绝对值和相对于美国水平的比重。

如图所示，20世纪初，该地区各国中，阿根廷人均收入水平最高，为3000美元（按1990年价格计算），相当于美国水平的65%左右。20世纪最初几年内，该国的趋同进程得以延续，在1910~1915年间几乎达到美国人均GDP的75%，即4000美

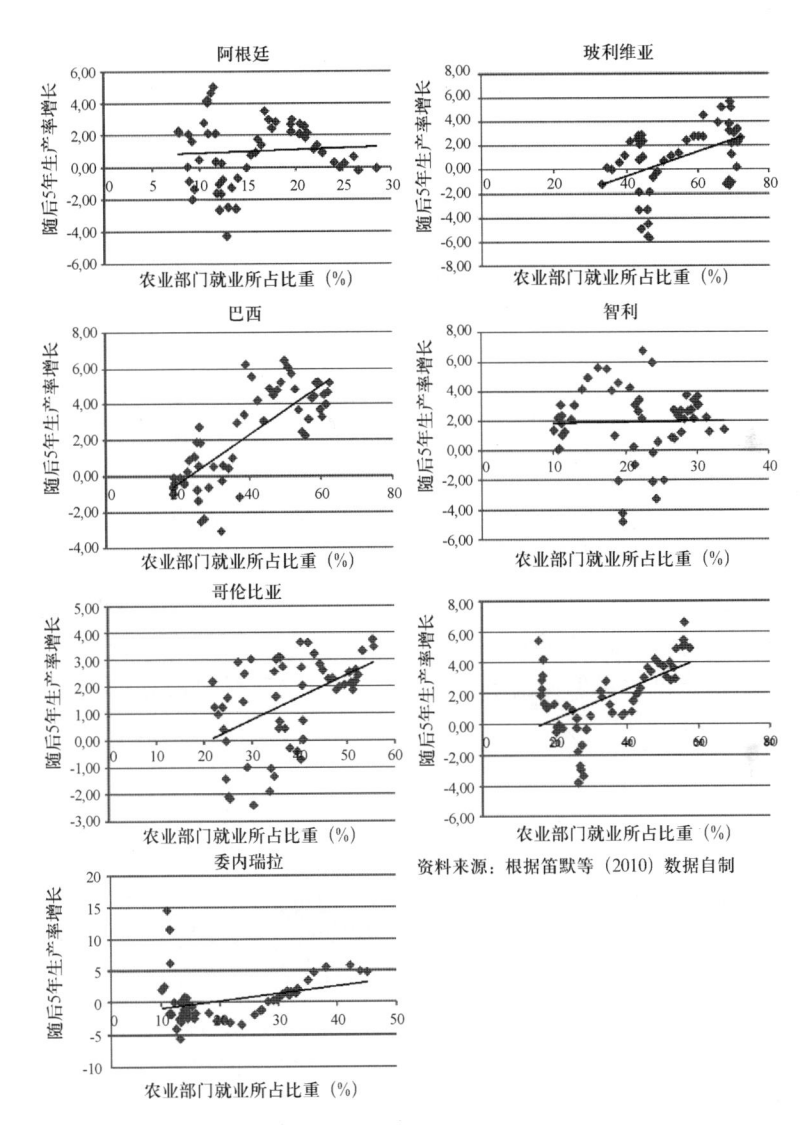

图3 1900～2008拉美人均GDP变化（根据1990年价格、相对于美国水平）
资料来源：根据麦迪森数据（2011）自制

元。虽然有所起落，但这一水平一直保持到20世纪30年代初期，然后显著回落到美国的50%左右。50%的水平从战后持续到70年代初（阿根廷人均GDP达到8000美元）。从20世纪70年代中期开始，这一比重开始显著回落，到世纪之交只相当于美国水平的不到30%。2002年以后，该比重相对上升。2008年，阿根廷人均GDP约为10000美元，相当于美国水平的30%多一点。总之，从长期看，阿根廷的人均收入得到了显著增加，但增长速度远远低于发达国家。因此，阿根廷的人均收入非但没能和发达国家水平趋同，反而从20世纪20年代相当于美国人均收入75%的水平下降到目前的30%多。

除阿根廷外，乌拉圭和智利是仅有的两个在20世纪初人均收入水平相当于美国水平50%以上的拉美国家。乌拉圭的表现与阿根廷十分相似。该国在1900至1930年期间达到了相对人均收入水平的峰值（相当于美国水平的60%多一点）。1945年至60年代末则下降至美国的50%左右。之后，则一直在减少。21世纪初，仅相当于美国水平的不到30%。智利的相对收入水平从20世纪头十年相当于美国水平50%多，下降至80年代中期的24%。然而，从那时起，与大多数拉美国家不同的是，智利的相对比重开始显著回升。到2008年，智利成为拉美地区最富裕的国家，人均收入按1990年价格计算达12000美元，相当于美国水平的42%。

需要对委内瑞拉的情况进行单独说明。开始时，它的人均收入相当于美国水平的20%，并在20世纪头二十年一直保持稳定。从20年代开始，得益于石油繁荣，这一指标显著增加。到50年代中期，委内瑞拉人均GDP相当于美国水平的80%以上（按1990年价格计算几乎达到了人均10000美元的收入水平）。但从那时起，赶超进程出现逆转，近年来该指标跌落到只相当于美国水平的30%左右。

与委内瑞拉一样，巴西是图3列举的国家中仅有的两个目前相对人均收入指标高于20世纪初水平的国家之一。巴西的人均收入水平波动显著较小，相对水平提高十分缓慢，从20世纪初的相当于美国人均收入的17%提高到目前的20%。此外，值得指出的是，巴西的这一指标在80年代，拉美失去的十年中出现下降。这是在40年代至70年代末相对较长的追赶期后发生的。

墨西哥与巴西相似，在40年代至70年代末期经历了一个较长时间的追赶期。然而，这一进程可以被解释为对其20世纪最初四十年里相对收入水平下降趋势的纠正。这四十年恰逢墨西哥革命以及后来的体制稳定时期。实际上，墨西哥的相对收入指数在20世纪最初几年略高于30%，目前则为25%左右。尽管这一指数也经历过起起落落，但可以看出，墨西哥并没有经历一个长期的趋同进程。

图3中罗列的国家还包括哥伦比亚和秘鲁。两国起点较低，20世纪初人均收入水平为1000美元（按1990年价格计算），与巴西和委内瑞拉同期水平相近。到30年代中期，两国的相对收入水平都出现了增长，接近相当于美国人均收入30%的水平。然而，这一增长被证明是短暂的，并在随后被逆转。哥伦比亚的相对收入比重从20世纪中叶至目前一直维持在20%的水平上。秘鲁则在40至50年代出现了新一轮的增长。1960年前后，其相对收入水平接近30%。然而，从那时起至90年代初，该指标出现了大幅回落。尽管近年来秘鲁经济表现良好，但相对收入水平下降趋势仍未得到扭转。

总体上看，图3显示出，拉美各国在近一个世纪相对于美国人均收入水平的赶超进程中，或更好地说，在差距拉大的过程中，呈现出巨大的国别差异。通过上述分析，我们可以清楚地看出，赶超过程的失利发生在各国不同的发展阶段和人均收入绝对和相对水平方面。因此，并不存在某个统一的标准。分析至此，我们可以得出结论认为，拉美确实没有能够成功地缩小与发达国家之间的收入差距。一些在 20 世纪初拥有较高收入水平的拉美国家的趋同过程从 30 年代起被快速中断。而一些 20 世纪初收入水平较低的拉美国家，虽然经历了甚至长达几十年的赶超进程，但这一进程并未延续，特别是从 80 年代开始，遭遇了重大挫折。尽管 21 世纪第一个 10 年中，拉美经济总体表现良好，增长率显著超过发达经济体。但只有智利一国在最近 30 年中保持了显著和持续的追赶势头。然而，没有任何一个拉美国家当前与美国人均收入水平的差距小于 50%。这与东亚各国形成了鲜明对比。尽管这些国家初始收入水平显著低于拉美，但却明显地大踏步地拉近了与工业化国家之间的人均 GDP 差距。

关于经济增长的实证主义文献（Barro y Sala-i-Martin, 1999; Easterly, 2005; Sachs y Warner 1995）也证实了上述情况。这些文献指出，近 50 年的世界发展模式并不支持无条件趋同的假说。这一假说认为，一般而言，越穷的国家（即收入与发达国家水平差距更大的国家）增长率更高。但这些研究确实发现了有条件趋同现象的存在。即在人均收入水平较低、但拥有高储蓄和投资率、国民教育水平高、外贸发展更大和收入分配更平等的国家，趋同进程能够实现加速，并保持活力。正如罗德里克（2011）指出的那样，这些限制条件并非政策本身，而是与发展进程紧密联系的内生变量。这些变量与政府能够直接控制的政策工具之间的联系更加简洁和复杂。

下面，我们将介绍两种有助于加强以下几类要素之间联系的方法。这些要素包括：（1）政策和制度；（2）内生的中间变量，如投资、教育水平和外贸发展；（3）各经济体增长过程及收入趋同进程的结果。首先，在第四节中，我们将把投资和国际贸易变化与结构变化和专业化生产的过程联系起来考察；其次，我们将在第五节中考察不平等、政治分化和公共产品供应失灵之间的联系，以解释低教育水平以及经济社会基础设施匮乏等问题。在这两个方面，我们都能看到，随着各国达到中等发展程度，不利于增长的政治和制度风险也会加大。这与中等收入陷阱的概念是相互关联的。然而，如前文所述，这并不是说就存在到了某一特定收入水平或发展程度，各国必然陷入这一陷阱的黄金定律。

第四节 赶超的失灵：结构变革和生产多样化进程中的弱点

为了理解为什么赶超进程实际上不如通常感觉的普遍这一问题，我们应该了解到，第二节中分析的经济增长标准加总模型"隐去"了一个复杂得多的结构变化过程，或是将其相对化。这一过程是各经济体在自己的发展和赶超道路上所必须经历的。在此意义上，发展中或最初较穷的经济体的特点之一是其各行业间生产率水平的分散化。即使在行业或大的经济部门内部也存在着这一现象。发展理论对此的典型解释是，在这些国家里，存在着一个非常不正规的生存型农业部门。这一部门集中了大量的初始就业。而与此同时，还有一个更加现代化的城市部门。城市部门主要从事工业或服务业，生产率和工资水平与农村部门相比要高出许多，但只提供了一小部分就业。开始时，加速增长和趋同的过程得益于就业和资本从农业活动向城市工业和服务业部门的转移。两部门间生产率差距越大，这一转移过程就越能提高整个经济体的加总生产率。

值得注意的是，在这一发展阶段，收入水平与更为发达的国家水平之间的趋同，受到经济体内部各大部门之间生产率趋同过程的大力拉动（Mc Millan and Rodrik，2011）。随着要素从低生产率的非正规部门向城市工业和服务业部门再分配过程的完成，收入增长和趋同过程的进展则更加取决于工业和服务业内部生产率的提高。这就又要取决于相关行业是否具备快速向各行业世界先进技术水平靠近的能力。这也必然意味着某一行业分支内部各子行业和企业之间生产专业化和多样化的发展。

可以想见，劳动力和其他要素在非正规的农业部门与城市的服务业，或制造业部门之间的再分配过程更加容易，并能够为各国的增长和趋同进程带来初始的强大推动力。但是，随着推动力转向工业和城市部门内部生产率的提高，情况就会变得更加复杂。实际上，这一方面取决于相关行业国际技术前沿的发展情况；另一方面，则取决于这些行业能否在生产中改造和采用这些技术成果。此外，这一过程要求在城市制造业或服务业部门内部，要素从小企业向大企业、从生产率较低的工业子部门向更融入国际竞争和拥有更大发展前景的子部门转移。对于拉美来说，这一生产结构变革过程特别难以得到落实。

农村与城市之间的结构变革在多大程度上能用来解释拉美近50年来的发展历程呢？图4从实证主义的角度分析了这一问题。图中选取了7个拉美国家作为样本，分析了1950至2003年间，农业部门就业占总就业的比重与随后5年中经济加总的平均劳动生产率（产量/就业人数）增长之间的关系[①]。如果假设结构变化时解释加总生产率和收入水平提高的关键因素，上述两个变量之间就应该呈正相关。因为，当非正规的农业部门占比越大时，向人均生产率更高的城市部门转移劳动和资本要素的可能性就越大。如图4所示，这一正相关在几乎所有国家身上都得到了验证。玻利维亚、巴西、哥伦比亚和墨西哥更为显著，而阿根廷、

---

① 如果不用5年，而改用10年期间，得到的结果十分接近。

智利和委内瑞拉则更较不明显①。

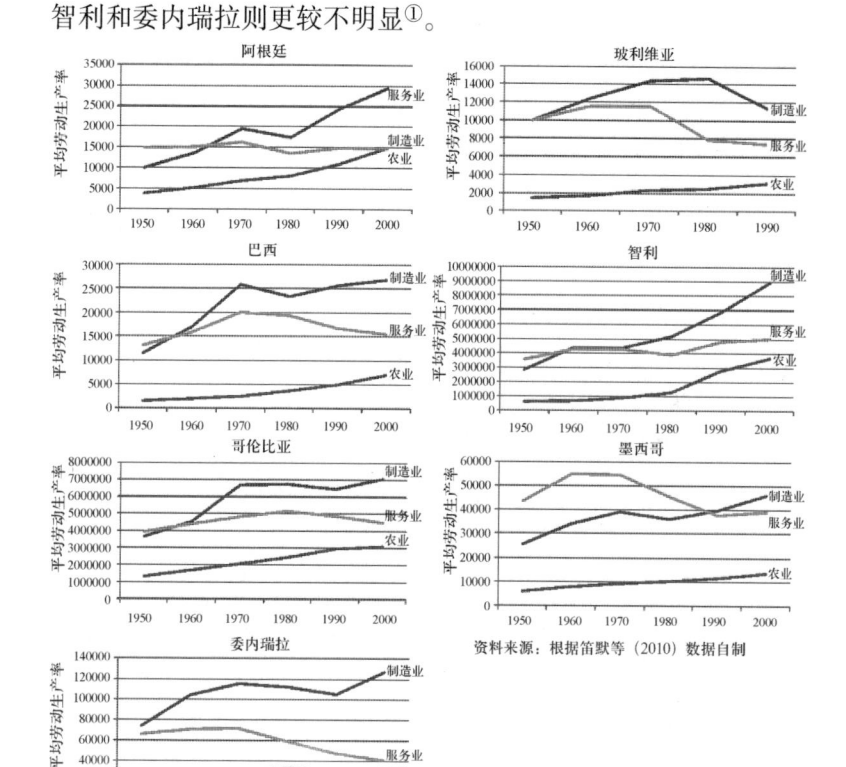

图 4 拉美各国 1950 至 2003 年间农业就业占总就业的比重与总劳动生产率增长（随后 5 年中）情况

资料来源：根据笛默等（2010）数据自制

如同已经指出的那样，如果要求结构变化的简单阶段（从

---

① 在后一组国家观察到的正相关不明显，可能是因为采用的资料没有包括20世纪前50年的数据。这些国家在这一时期城市化进展更为迅速，而在其他拉美国家，该进程出现得更晚。

农村到城市）扮演经济发展引擎的主导作用，就需要验证两个条件。首先，需要产生要素从农业向城市部门转移的过程；其次，城市部门的生产率要比农业部门高。关于第二个条件的依据在图5中得到了显示。该图列出了1950至2003年期间各国农业、工业和服务业人均生产率的演变过程。我们观察到，在所有国家中，工业和服务业部门单个劳动者的产出显著高于农业部门。

通过图5，我们还可以观察到每个经济大部门生产率的演变过程。图5还显示了每个行业内部的生产率变化过程。这一证据对于了解生产率和收入水平提高的第二个渠道十分重要。在这一阶段，工业和服务业经历了技术现代化和专业化的过程，这使得生产率持续提高。但这方面的证据并非是结论性的。就工业而言，我们在所有国家身上都观察到了相对较快的增长进程。这一进程持续到20世纪70年代中期，但在80年代和90年代初陷于停滞。从那时起，只有少数国家（如阿根廷）工业部门出现了生产率提高。智利是唯一的自80年代中期开始就保持工业生产率强劲、持续增长的拉美国家。

另一方面，几乎所有国家的服务业部门在20世纪50年代都拥有与工业部门相似的生产率水平（除了墨西哥之外，该国服务业生产率高于工业部门）。但服务业的增长动力远不及工业部门。因此，尽管该部门也通过结构调整推动了人均加总收入水平的提高，但通过行业内部生产专业化和现代化的途径促进经济增长的作用并不显著。服务业加总生产率下降的原因并非是出现了技术退步，而是因为行业内部越来越多的劳动力转向非正规服务业活动所导致的。最后，在阿根廷、巴西、智利和哥伦比亚等国，农业部门生产率增长显著。这导致农业与服务业部门之间的生产率差距大为缩小。这意味着农业部门的技术化和创新也有助于经济增长。但由于在大多数国家该部门的就业和生产规模下

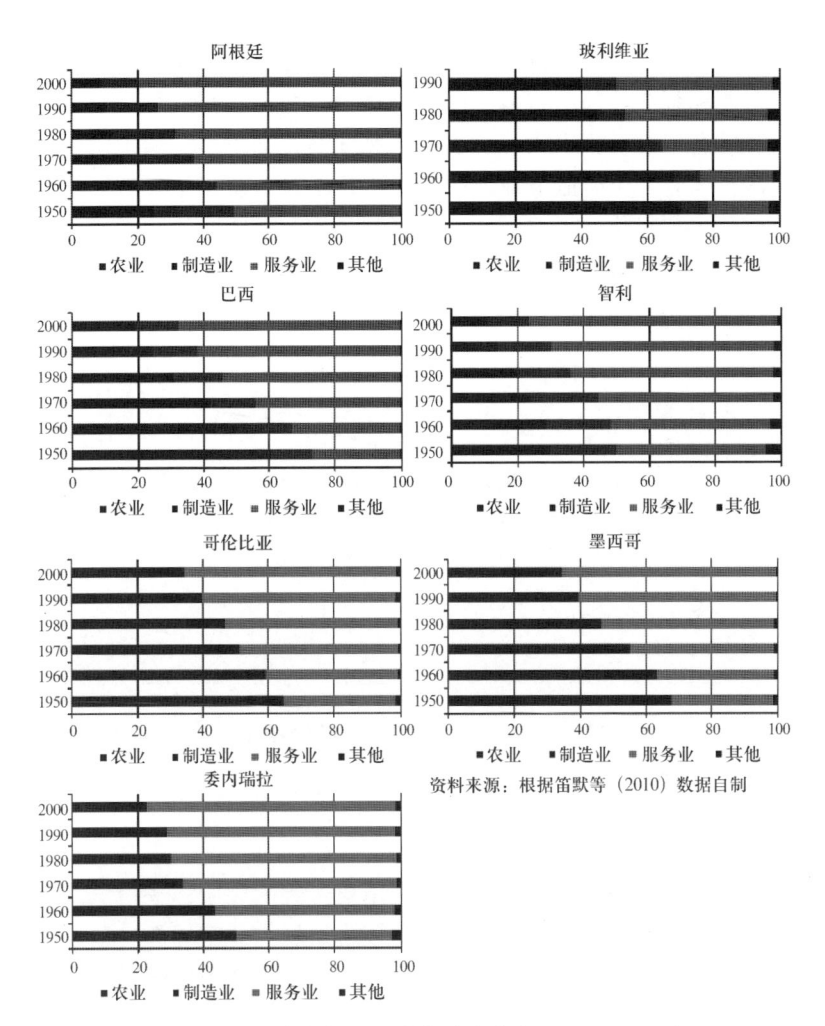

图 5　拉美国家各部门平均劳动生产率（1950~2000）
资料来源：根据笛默等（2010）数据自制

降，其对整个经济的影响并不大。

分析到此，我们可以得出这样的结论，拉美人均收入水平增长的动力来自结构调整。即资本和劳动力等要素从农业部门向城市工业和服务业部门转移。图6则显示,在工业和服务业部门之间,后者规模扩张更大。这虽然支持了提高加总生产率的观点,但从长期看,由于服务业的生产率增长不及工业和庞大的服务业内部更为现代化的子部门,这将限制经济的总体增长。

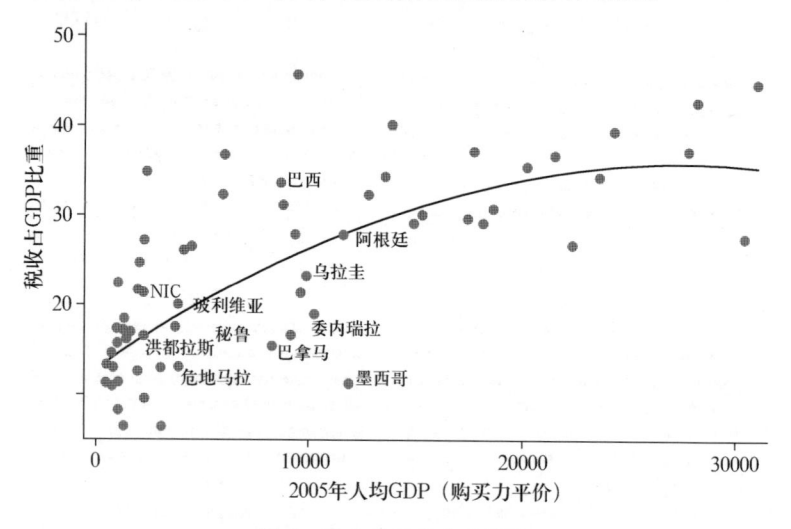

图6 就业的行业分布情况
资料来源:根据笛默等(2010)数据自制

正如前文分析的那样,随着城市化进程的完成,平均生产率的提高将日益依赖于经济体将生产要素从城市非正规部门和小企业向更大规模企业转移的能力。拉美各国在这方面遇到了巨大的困难。这也能够部分解释为什么大多数拉美国家在20世纪落入了中等收入陷阱。在这一阶段,追赶发达国家收入水平的过程主要依赖于城市制造业和服务业内部各子部门间的生产要素再分配所引发的结构调整进程(Mc Millan and Rodrik,2011)。在我们提到的最近一项研究中,达尼·罗德里克(2011)提出了一个对我们的讨论很有意义的结果。在重申了并不存在收入或生产率水平无条件趋同的这一被广泛认同的结果后,罗德里克提出,对于特定的工业子部门来说,确实存在着各国无条件趋同的现象。用他的话说,例如,当一个经济体生产汽车或发电机时,这些部门的劳动生产率呈上升趋势,并自动趋同。初始生产率越低,上升曲线就越陡峭(Rodrik,2011,p. 4)。罗德里克获得的有意义的新发现在于,如果观察许多国家具体子行业(四位数统一工业分类)的生产率演变时,会发现在每个国家各个行业的初始生产率与其相应的增速之间存在着明显的负相关。这也就是,在行业内部,存在着无条件趋同的现象。

罗德里克本人就这一发现提出的一个大问题是,为什么工业领域特定子部门(也可能是服务业和参与国际贸易的现代农牧业部门的子部门)的无条件趋同现象,没能转化为各国加总生产率和人均收入水平的无条件趋同?回答是,那些能够很好地吸收先进技术的部门未必能够同样好地吸收劳动力和其他生产要素。各国人均收入水平无法趋同,是因为劳动力过度集中在低生产率部门。这包括不参加国际竞争的传统农牧业部门、城市非正规部门或服务业和制造业内部低生产率的子部门。

在这一理论框架内,20 世纪拉美各经济体赶超失利显而易见地与阻碍生产要素向生产率更高的子行业和企业流动的障碍相关联。美洲开发银行最近的研究(Pages,2010)也突出了这一点。也许随着各经济体达到中等收入水平,这些障碍变得更加复杂和难以克服。此时,劳动力从农业部门向生产率较低、但超过传统农业部门的城市部门的转移过程也接近完成。

哪些是拉美结构调整(工业占 GDP 和总就业比重增加)和制造业内部生产专业化及多样化进程都遭遇挫折的原因呢?一般习惯将拉美经济增长的不佳表现与进口替代政策相联系。这一政策是一些国家在 20 世纪 30 年代世界性危机后开始实施的,并从

50年代中期得到深化（Hopenhayn y Neumeyer, 2010）。但值得注意的是，这些政策推动了有利于城市现代工业和服务业部门的生产结构调整，对各国生产率的总体增长和收入提高具有积极影响。前文中提供的资料也似乎佐证了这一点。对地区许多经济体而言，进口替代政策执行期间，增长相对较快。甚至巴西和墨西哥两国从40至70年代经历了一个较长的追赶发达国家人均收入水平的过程。然而，在80年代增长戛然而止。但即使许多国家在90年代彻底消除了保护主义政策，这一颓势仍未得到显著改善。

当然，拉美地区增长的中断恰逢一系列国际冲击（20世纪70年代中期国际石油价格的上涨、80年代初利率暴涨等）。然而，我们也可以推测，推动了从农村到城市的结构调整、并因而促进了总增长率的进口替代贸易政策也可能限制了增长。因为，这些政策降低了制造业内部对生产多样化和现代化的激励。进一步看，如果新兴的制造业活动仅以国内市场为生产对象的话，结构调整进程可能会过早地夭折。规模相对较小的国内市场（即使得到在城市发展和收入提高的过程中产生的新需求的拉动），可能限制了新兴制造业部门的产能和就业扩张。

通过上述分析，我们可以得出的结论是，相关政策在设计上存在缺陷。这些政策尽管推动了结构调整，但未能对制造业内部的现代新兴部门生产率的提高提供激励。因此，关税保护政策本身带有强烈的反出口倾向，不能够同时兼具两项功能。在这方面，韩国和其他东亚国家的经验具有说服力。这些国家虽然对本国的制造业进行了保护，但同时也激励了出口。这使得其工业能够在平衡国内销售和国际贸易的前提下获得增长，从而更有利于吸收和采用国际先进技术。这在保证生产率长期持续提高的同时，将更大比例的劳动力和可用资本纳入了相关部门。

第五节 其他可能导致赶超失灵的原因：收入分配不公、税收匮乏和公共产品提供不足

除了需要采取能够正确激励结构调整和专业化的贸易和产业政策，从而提高总的生产率之外，我们还应该看到，私人部门和企业也需要获得适当的劳动力以及有利于生产的经济社会基本条件。此类公共产品的提供不仅需要有效地使用资金，还对政府的收入增长提出了要求。许多研究都强调指出，尽管近年来拉美各国税收水平均得到了提高，但与各国的发展水平相比仍显滞后（Gómez Sabaini y Jiménez, 2011, CAF, 2012）。

通过考察图7中列出的数据，就不难得出上述结论。该图列出了96个样本国家2006年税收收入占GDP比重以及人均GDP水平（按2005年价格计算，经购买力平价调整）。这些国家即包括发达经济体（OECD成员），也包括发展中国家。上述两个变量呈正相关。这表明，税收机关的良好运行和国家征收能力与财富水平直接相关。这也意味着，更高的人均收入和发展水平（由技术发展和投资与储蓄增加等因素决定）与更高的公共产品需求，以及国家通过征税来满足这些需求的能力相关。这一效果远远弥补了税收对经济效率以及长期收入造成的负面效应。如图7所示，人均GDP和税负强度之间呈正相关，但并非线性相关，而是呈向内凹的曲线相关。这表明，税负增加存在极限。这与公共产品需求增长弹性下降有关。其原因在于，高收入水平或者当财政收入达到很高水平时（例如超过GDP的35%），增加征税带来的扭曲或效率成本递增。

在图7中可以看到，大部分拉美经济体位于税负强度和人均

GDP 曲线的下方。这表明，相对拉美国家已经达到的经济发展水平，税收收入低于根据大多数样本国家得出的预期水平。只有巴西的税收显著超过根据其收入应有的水平①。

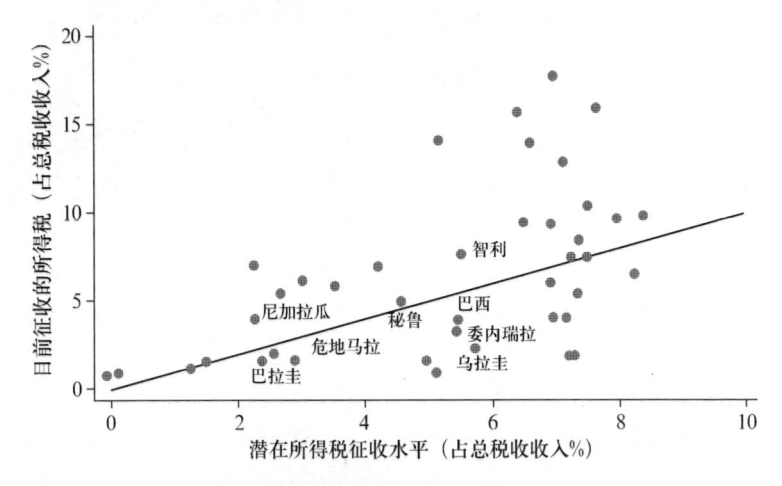

图 7　税收负担与人均 GDP（2006）

资料来源：根据世界银行（2011）与佩西诺和范内乔托（2010）资料自制

哪些原因导致拉美税收体制和政策无法征收到足够支持公共产品供应的收入呢？这与各国收入水平以及拉美地区在 20 世纪落入中等收入陷阱的事实存在联系吗？这又在多大程度上与地区各国收入分配不公以及生产结构高度非正规化的现象相关联？

需要考虑的一个因素是，税收的整体水平部分取决于税收结构。这也就是说，一个包括直接和间接税在内的适当组合结构。该结构可以降低效率成本，并对促进公平产生积极影响。然而，

---

① 即使通过包括农业增加值占 GDP 的比重、贸易开放、人民受教育水平和收入分配等其他经济特点进行衡量，大多数拉美国家付出的税收努力仍显不足（Pessino y Fenochietto, 2010）。

通常认为，在拉美国家建立这样一种税收结构面临着重要的限制（Tanzi y Zee，2000）。这种情况与下列因素有关：企业和职工的非正规化、技术困难、对纳税人进行监管的能力不足、政府扩大税基和建立更加具有累进性税制时面临的政治成本和行业压力，以及民众对公共支出和政府运作效率低下的感受所导致的缴税积极性不高等。上述所有因素都导致了偷逃税现象严重。这反过来又降低了民众的缴税意愿和积极性。

除此以外，图7还显示出，拉美各国与具有相似收入水平和经济结构的国家相比，在征税方面投入的精力不足。这部分是拉美各国的税收结构所导致的。在这样的税收结构下，相对于地区各国的发展程度和经济结构，企业和个人所得税提供的收入达不到预期。图8通过比较各国目前的所得税征收水平以及回归模型预期的水平证实了这一点。在该模型中，纳入人均GDP、城市化程度、农业就业占总就业比重和贸易开放程度（进出口与GDP之比）等变量。如图所示，大部分拉美经济体位于45%线以下。这意味着，各国没有充分利用可征税基（个人和企业收入）来增加国家收入。

智利等国似乎在征税方面做出了较大的努力。然而，与大多数拉美国家相似，智利的大部分税收收入也来自企业盈利税。实际上，对于地区平均水平而言，企业缴纳了相当于GDP3.6%的税收，占总税收收入的70%以上，超过自然人缴税（占GDP1.4%）的一倍以上。与之相反的是，在OECD成员国，个人所得税占总税收收入的70%（占GDP9%），企业所得税占其余的30%（占GDP3.9%）。显然，拉美税收的特点不利于税收制度在收入再分配方面发挥重要作用。

通过在拉美各国和曾经人均收入水平与其相似、但现在已步入发达国家行列的经济体之间进行比较，也能得出拉美所得税征收不足的结论。换言之，总体征税水平低下以及所得税征收不足

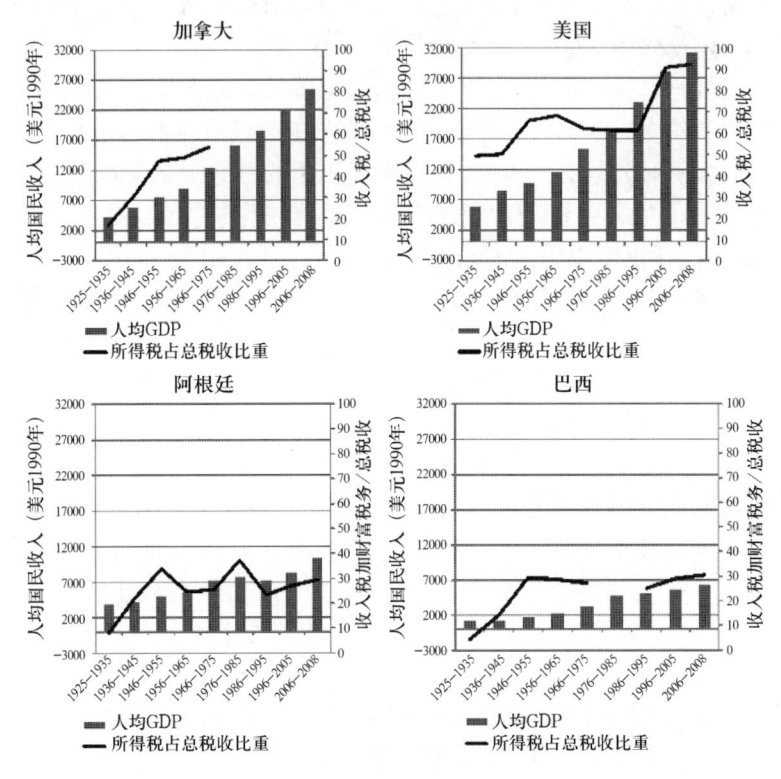

图8 个人和企业所得税当前与潜在征收水平（2006）

当前水平：2006年所得税和利润税占GDP的比重；潜在水平：根据线性回归预计的水平 rec = cte + a（logGDP）+ b（城市）+ c（农业）+ d（贸易开放）。其中，logGDP是购买力平价计算的人均GDP的对象；城市指城市化率；农业指农业部门就业占总就业比重；贸易开放程度指进出口与GDP之比。

资料来源：根据世界银行（2011）数据自制

（特别是向自然人征收的所得税）是拉美各国几十年来的痼疾。这并未随着各国几年来的快速发展得到显著改观，从而反映出各国在推动发展的制度和政策方面存在欠账。

为更好地理解和印证上述看法，我们搜集了拉美各国征税和税收结构的长期变化数据，并将其与今天已经迈入发达国家行列的各经济体数据进行了比较。图9显示了加拿大、美国和6个拉美国家1925至2000年间人均GDP（按1990年美元价格计算，经购买力平价调整），以及所得税和盈利税占税收总额比重的变

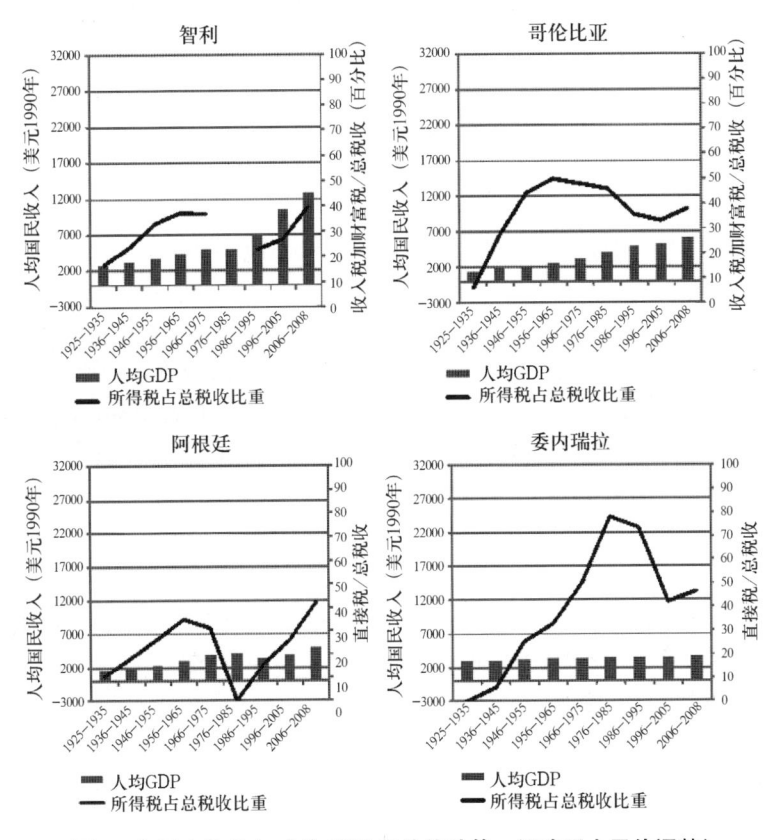

图9　各国人均收入（按1990年价格计算，经购买力平价调整）和所得税占总税收比重变化情况（1925~2008）

化情况①。虽然 1925 至 1950 年期间,至少阿根廷、智利和委内瑞拉等国与美国和加拿大相比发展水平并无太大差距,税制结构却迥然各异。更有甚者的是,当拉美各国达到美、加两国 20 世纪初的人均收入水平时,其税制结构却依旧保持不变。美国于 1913 年设立了联邦经常性收入税。1925 至 1929 年,美国收入税占总税收收入的比重约为 50%。这一比重到 70 年代中期上升至 60%。加拿大则于 1917 年设立了联邦收入税。初始时,该税种收入占中央政府税收总额的比重维持在 20% 以下,但随后开始快速增加,并从 50 年代起超过了 50%②。

　　拉美各国所得税情况如何?阿根廷于 1928 年设立该税种。在最初的 20 年中,该税种收入增加迅速,并在 40 年代末达到了接近税收总额近 35% 的水平。然而,该比重在 60 至 70 年代期间出现下降。到最近一个 10 年开始时,阿根廷的人均收入达到 8000 美元(按 2005 年购买力评价计算),但该税种收入的比重占税收总额的比重不到 25%。而加拿大和美国处在同样收入水平时,该税种收入已经占到总税收收入 50% 以上的比重。同样,巴西、智利和墨西哥等国人均收入的增加也与所得税比重上升呈正相关。70 年代末,上述各国所得税比重达到 25% ~ 35% 的水平。然而,在随后的几十年中,当上述国家人均收入接近 8000 美元时,该比重亦未显著增加。另一方面,哥伦比亚和委内瑞拉这一税种收入占中央政府税收总额比重变化更加积极(从 50 年代起,该比重在哥伦比亚达到近 50%,而委内瑞拉到 60 年代末也达到了这一水平)。然而,如图所示,该比重在近几十年中并

---

① 数据来自米切尔(1992)。
② 美国和加拿大各州设立的所得税起源更早,美国为 1706 年,加拿大为 1866 年(Aidt y Jensen, 2009)。

未能够得到维持①。

接下来需要问的是，拉美与北美相比相对落后的所得税制度能说明什么问题？拉美各国相对于发达得多的北美邻国薄弱的征税能力又说明什么呢？

索科洛夫和索尔特（2007）通过对从19世纪中期到20世纪中期的数据进行了详尽的历史分析，回答了这一问题。他们指出，直到1870至1880年左右，加拿大和美国的人均收入水平与它们南方的邻国相比，并不领先许多。但差别在于财富的分配。拉美财富分配要比美、加两国集中得多。出现这一现象的原因包括：使用奴隶劳动的大规模种植园经济的本质特征（例如中美洲和巴西的蔗糖种植园）、矿业开发的许可证和劳工制度（例如玻利维亚和秘鲁的银矿开采），以及农牧业开发中源自殖民时期土地所有制的对土地不平等的占有（如阿根廷）。相比较而言，美国北部和加拿大土地广袤，农业生产技术的应用需要相对较少的资本投入（规模经济水平低）。这为独立生产者的发展提供了空间，从而限制了财富和收入的集中。

根据上述学者研究，拉美国家的上述特点对随后一系列制度的发展发挥了消极影响。而这些制度对于经济增长和政治进步来说甚为关键。它们包括投票权的普及、公共教育以及为政府提供足够收入满足公共产品和服务需求的所得税制度②（Engerman et al，2002和2005）。

财富分配中更大的初始不平等程度与建立为公共部门提供足

---

① 之前关于所得税占总税收收入比重低的讨论的背景是，拉美公共部门征税占GDP的比重显著低于北美国家。因此，拉美所得税占比低也意味着各国相对于GDP的低征税率。

② 值得注意的是，通过历史分析得出的结论与通过样本进行计量分析得出的结论相一致。对包含众多国家近年来情况的样本进行的计量分析表明，收入分配较高的不平等水平与较低的征税努力程度相联系（Pessino y Fenochietto，2010）。

够资金的累进税收制度方面的失误之间的联系,可以通过经济不平等与政治权利不平等间的关系得以体现。而政治权利对于就赋税水平和结构达成民主共识来说十分重要[1]。特别是,在制度薄弱的国家,实际政治权力取决于收入水平,而权贵集团则可以通过寻租机制设定符合自身集团利益的条件。在这样的情况下,不平等程度越高,设计出来的税收制度就越缺乏累进性。这也是通常所说的高收入阶层"绑架政府"导致的结果。他们会通过向政府施压寻求免税等税收特权。此外,在偷税漏税十分容易的国家,高收入群体(税收负担增加的潜在最大受害者)会利用逃税威胁作为借口,促使在税收领域达成不改变现状的共识。这样,与逃税成本高昂的经济体相比,他们就可以缴纳相对较少的税收[2]。这也导致了拉美税制结构的累退性。此外,当不平等程度过高时,高收入阶层也会辩称,不同收入人群逃税的可能性不同,这就像在实际政治权利分配的过程中发生的那样。这也减少了实际税基(降低了对更大税基征税的可能性),从而导致了征税水平的低下。

上述内容如何与拉美在 20 世纪落入中等收入陷阱这一事实挂钩呢?如同存在各种限制经济发展和各国差异巨大的生产结构趋同的障碍,以及大量劳动力集中在非正规、低生产率子部门的现象一样,税收制度、政府改善收入分配以及提供公共产品的能力也并非中等收入水平所特有的、独一无二的现象。也就是说,这并非不可逾越的陷阱,或是限制经济发展超出这一收入水平的黄金定律。然而,如同实际发生的那样,当各国从穷国迈入中等收入国家行列时,拉美经济的此类问题更易被激化。这显然与收

---

[1] 关于经济不平等和实际政治权利分配不平等的例证参见 Benabou y Ok (2001)(2001)以及 Karabarbounis (2011)的研究。
[2] 例如,Borck (2009)就介绍过一个描述逃税可能性与政治和选举过程因而建立的税制结构之间关系的模型。

入和财富分配不公及其对政治经济、税收结构、政府提供公共产品的能力等方面带来的影响有关。实际上，随着经济体从低收入水平上升至中等收入水平，分配差距变得更为显著和加剧。这也使得通过上述途径落入中等收入陷阱的风险在发展进程的中期加剧。根据现有资料，拉美国家在上个世纪就遭遇了这样的经历。

第六节　最后的思考：拉美在重回趋同之路吗？

近年来，拉美经历了显著的经济复苏进程。自 2004 年起，各国人均 GDP 增长率大幅超过发达国家水平。在这种情况下，重新出现了关于地区经济进入新阶段、并有可能重回 20 世纪未能实现的趋同进程的讨论。更大的背景是，亚洲和非洲除"四小虎"（韩国、泰国、印度尼西亚和新加坡）和"金砖国家"（巴西、俄罗斯、印度、中国和南非）等成功案例以外的许多其他经济体也同样进入了一个新的增长期。

许多最近的研究也分析了发展中国家的新局面（Subramanian，2011；Spence，2011；Citigroup，2011；African Development Bank，2011；）。讨论的焦点在于，确定近年来的增长是否反映了一个长期持续的趋同进程的结构性特点。对于拉美国家而言，这将可以使得各国在 20 至 30 年的时间内从中等或中高等收入国家跃升至高收入国家的行列。

另外，也有人认为，目前的增长是有利国际条件（如拉美出口的初级产品国际价格高企、国际范围的低利率水平等）推动的短暂复苏进程的产物。尽管此次各国采取了更为明智的国内政策（贸易开放、宏观经济稳定和提高管理质量的指标），这并不必然说明或保证生产结构转型以及生产率和收入的持续提高（Rodrik，2011）。

前面几节的分析表明,从一个更长的时期看,拉美国家相对于发达经济体收入水平的趋同过程遭遇了挫折。趋同失利并不与某个特定的收入水平或差距相关联。在这个意义上,各国情况不同,趋同进程遭遇挫折时,各国的人均收入从3000至10000美元不等(按1990年价格计算,经购买力平价调整),相当于美国水平的20%至60%。

我们应该思考,在至少到目前为止仍十分有利的国际条件下,哪些是各国重回趋同之路所要面临的政策挑战呢?本文的分析又能为中国这样一个已经取得中等收入水平、并希望避免拉美在上个世纪趋同进程中遭遇挫折的国家提供怎样的借鉴呢?

最为突出的也许是,在趋同失利的背后隐藏着结构性调整不完善的问题。尽管行业间劳动和资本生产率差距显著,工业生产率高于服务业和农业,要素向生产率和增长潜力更高的部门和子行业转移的过程并没有完成。即便是在制造业部门,生产率也未出现十分显著的提高。这意味着,在部门内部,存在着缺乏分工和多样化的问题。

通常习惯将拉美经济增长的不佳表现与进口替代政策相联系。这一政策是一些国家在20世纪30年代世界性危机后开始实施的,并从50年代中期得到深化。然而,对地区许多经济体而言,进口替代政策执行期间,增长相对较快。甚至巴西和墨西哥两国从40至70年代经历了一个较长的追赶发达国家人均收入水平的过程。即使许多国家在90年代彻底取消了保护主义的政策,趋同进程仍然没有得到明显改观。但无论如何,这一政策也限制了生产率的提高。因为,该政策减少了对一些部门实现多样化和现代化的激励,而这些部门更有可能通过出口参与国际市场竞争。

此外,有证据表明,尽管单纯的贸易自由化、对外资开放以及引入审慎的宏观经济政策是有益的,并且有助于地区经济近来的良好表现,但对于完成生产率和人均收入趋同的长期进程所需的结构变革来说,还远远不够。墨西哥是这方面的一个例证。该国从 20 世纪 80 年代中期开始进行了贸易和外资改革,与美国和加拿大签订了《北美自由贸易协定》。然而,这并没有为墨西哥带来高速增长。实际上,墨西哥这一时期的增长还不及 1940 至 1980 年改革前的时期(Kehoe,2010)。

拉美各国在 20 世纪 80、90 年代贸易和金融自由化后,仍面临着生产率和人均收入水平系统性趋同困难的局面。这迫切要求各国采取积极支持发展的公共政策。罗德里克在分析了 1990 至 2005 年的数据后指出,拉美和非洲都出现了结构调整非但没有促进增长,反而降低增长的情况。这是伴随劳动力从高生产率的贸易性工业和服务业部门向生产率极低的非正规部门转移而产生的现象。显然,各国应该制定政策,以避免这种倒退过程的持续。正如美洲开发银行报告(Pages,2010)中指出的,许多拉美国家的激励体系不利于就业和生产活动的正规化。这是公共政策必须尽快解决的一个发展障碍。政府应与私人部门联手推动和促进创新,发展有出口能力的生产性部门,以利用全球化带来的优势。

毫无疑问,政府能为加强趋同进程提供重要手段。政府通过提供高质量的教育和基础设施等公共产品发挥着基础性的作用。但在这些方面,拉美国家差距明显,与其发展水平并不相称(CAF,2008;CAF,2009)。此外,公共政策,特别是财政和税收政策有助于降低收入和财富分配不公。这一现象在拉美由来已久,并随着各国从低收入水平迈进中等或中高收入水平而加剧。根据通过国际比较得出的经验,我们可以越来越肯定地得出这样的结论,收入和财富分配的平等对经济增长具有积极影响(Easterly,2005)。

当然,改善公共产品供应和减少收入和财富分配不公的能力在很大程度上取决于政府使用公共资金的效率。各国面临着因税收体制政策薄弱而征收不足的问题。拉美没有能够通过加大对企业、特别是个人所得征税力度实现税制结构调整。这导致税收制度无法大量筹集资金，满足不断增长的基础设施和公共服务需求，从而无力促进经济增长。此外，税收和公共支出还能发挥重要的收入再分配功能，缓解社会和政治紧张程度，从而实现政治稳定，降低不确定因素带来的成本。

通过上述分析，我们想传达的中心思想是，并没有精确的规律表明，当收入达到某一特定水平时，就会出现阻碍增长和趋同的障碍，从而使得世界各国难以从中等收入水平跃升至高收入水平。生产率相对较低的国家和部门更有可能在全球化的条件下，利用别国的技术进步成果实现快速增长。甚至对于世界范围内的中等或中高等收入国家来说，通过提高生产率实现趋同的可能性也十分巨大。这些国家应该设法使这一进程长时间地较快发展。此外，这些国家还面临着如何避免落入发展陷阱的挑战。尽管发展陷阱并非不可避免，但确实在达到中等收入水平时它更可能出现并加剧。拉美20世纪的经历也显示了这一点。为此，公共政策应该发挥基础性作用。这既包括直接扶持私人生产性部门、引导资源向更具提高生产率潜力的部门配置的政策；也包括税收、收入和财富再分配，以及更有效提供包括基础设施和高质量教育在内的公共产品的政策。

（刘波译　吴国平校）

主要参考文献

African Development Bank（2011）*The Middle of the Pyramid: Dynamics of the Middle Class in Africa.* Market Brief, Chief Economist Complex.

Aidt, T. y Jensen, P.（2009）. The taxman tools up: an event

history study of the introduction of the personal income tax. *Journal of Public Economics*, 93 (2009), pp. 160 - 175.
Banco Mundial (2011) . *What are middle income countries?* Disponible en: http: //web. worldbank. org/WBSITE/ EXTERNAL/EXTOED/EXTMIDINCCOUN/0,, contentMDK: 21453301 ~ menuPK: 5006209 ~ pagePK: 64829573 ~ piPK: 64829550 ~ theSitePK: 4434098, 00. html
Banco Mundial (2011). *World Development Indicators*.
Barro, R. y Sala-i-Martin (1999). *Economic Growth*. Cambridge: MIT Press.
Benabou, R. y Ok, E. (2001). *Mobility as progressivity: ranking income processes according to equality of opportunity*. NBER Working Paper No. 8431.
Borck, R. (2009). Voting on redistribution with tax evasion. *Social Choice and Welfare*, 32 (3), pp. 439 - 454.
CAF (2008): "Oportunidades en América latina: Hacia una Mejor Política Social". Reporte de Economía y Desarrollo: Caracas.
CAF (2009): "Caminos para el Futuro: Gestion de la Infraestrcutura en América Latina". Reporte de Economía y Desarrollo: Caracas.
CAF (2012). "Política Fiscal y Desarrollo". *Reporte de Economía y Desarrollo 2012*. Por publicar CAF: Caracas.
Citigroup Global Markets (2011). Global Growth Generators: Moving Beyond 'Emerging Markets' and 'BRIC'. *Global Economics View*
Easterly (2005) National Policies and Economic Growth: A Reappraisal. En Aghion, P. y, Durlauf, S. (Eds). *Handbook of Economic Gorwth*, 1A. Elsevier North-Holland: Amsterdam.

Eichengreen, B., Park, D. y Shin, K. (2011). *When fast growing economies slow down: international evidence and implications for China*. Working Paper 16919, NBER.

Engerman, S., E. Mariscal y K. Sokoloff (2002). The evolution of schooling institutions in the Americas, 1800 ~ 1945. UCLA, Department of Economics, Unpublished Working Paper.

Engerman, y K. Sokoloff (2005). The evolution of suffrage institutions in the Americas. Journal of Economic History 65, December.

Foxley, A. y Sossdorf, F. (2011). *Transición de países de ingreso medio a economías avanzadas: lecciones para América Latina*. Documento de trabajo Corporación de Estudios para Latinoamérica (CIEPLAN)

Gómez-Sabaini, J. y Jiménez, J. (2011). *Estructura tributaria y evasión impositiva en América Latina*. Documento de trabajo CAF N°2011/08.

Hopenhayn, H. y Neumeyer, P. (2004). *Latin AMerica in the XXth Century: Stagnation, then Collapse*. Documento de trabajo 028, Departamento de Economía, Universidad Torcuato Di Tella.

Karabarbounis, L. (2011). One dollar, one vote. *The Economic Journal*, 121 (553), pp. 621 – 651.

Kehoe, T. y Ruhl, K. (2010). How Have Economic Reforms in Mexico not Generated Growth? NBER Working Paper no. 16580.

Madisson (2011). *Historical Statistics of the World Economy: 1 – 2008 AD*. Disponible en:

http://www.ggdc.net/maddison/Historical_Statistics/horizontal-file_02 – 2010.xls.

McMillan, M y Rodrik, D. (2011). *Globalization, Structural Change and Productivity Growth.* Working Paper No. 17143, NBER.

Pages (2010): The Age of Productivity: Transforming the Economics from the Bottom Up. IADB Flagship Report.

Pessino, C. y Finochietto, R. (2010). *Determining countries' tax effort. Revista de Economía Pública* 195 (4/2010), pp. 65 – 87. Hacienda Pública Española.

Pritchet, L. (1997): Divergence, Big Time. The Journal of Economic Perspectives, Vol. 11, No. 3. (Summer, 1997), pp. 3 – 17.

Rodrik, D. (2011). *The future of economic convergence.* Faculty Research Working Paper Series RWP11 – 033. John F. Kennedy School of Government, Harvard University.

Sachs, J. y A. Wagner (1995): Economic Reform and the Process of Global Integration. Brookings Papers on Economic Activity, Vol. 1995, No. 1, 25th Anniversary Issue. (1995), pp. 1 – 118.

Tanzi, V. y H. Zee (2000): Tax Policy for Emerging markets: Developing Countries. National Tax Journal, Vol 53 no 2.

Sokoloff, K. y Zolt, E. (2007). Inequality and the evolution of institutions of taxation Evidence from the economic history of the Americas. En Edwards, S., Esquivel, G. y Márquez, G. (Eds.) *The Decline of Latin American Economies: Growth, Institutions and Crises.* Chicago: University of Chicago Press.

Spence, M. (2011) *The Next Convergence: The Future of Economic Growth in a Multispeed World.* Farrar, Straus and Giroux: Nueva York.

Subramanian, A. (2011). *Eclipse: Living in the Shadow of China's*

Economic Dominance. Por publicar, Peterson Institute for International Economics: Washington D. C..

Timmer, M. y de Vries, G. (2009). Structural Change and Growth Accelerations in Asia and Latin America: A New Sectoral Data Set. *Cliometrica*, 3 (2), pp. 165 – 190.

University of Oxford (2011). *The Montevideo-Oxford Latin American Economic History Database.* Disponible en: http://oxlad. qeh. ox. ac. uk/search. php

Zheng, B. (2011). The "Middle Income Trap" and China's path to development: international experiences and lessons. *China Economist*, 6 (3), pp. 4 – 16.

第三章 拉美"中等收入陷阱"：外部需求的分析角度

岳云霞[*]

内容摘要：拉美是全球中等收入经济体最为集中的地区，也是"中等收入陷阱"问题最突出的地区之一。本文通过回顾拉美近百年的历史发展，发现拉美在中等收入阶段的滞留期与其以出口为导向的外向型发展阶段相重合。在现有发展模式下，由于外需对经济增长存在"数量引擎"和"质量制擎"的双重效应，且拉美社会结构和现行政策体系下，"外需—内需"之间的传导机制存在阻碍，拉美经济增长动力不足，出现了增速放缓和波动加大的问题，致使该地区长期停滞在中等收入阶段。为此，本文提出，拉美"中等收入陷阱"问题提供了四点启示：在外向型发展模式下，保持经济增长应最大化外需的经济刺激作用，需辅以畅通的"外需—内需"传导机制；应配合以适当的经济与社会政策对结构性缺陷进行纠偏；须对出口不断升级；规避中等收入阶段矛盾激化，应当适时进行调整与转型。

关键词：经济增长 拉美研究 中等收入陷阱 外部需求 国际贸易

---

[*] 岳云霞，中国社会科学院拉美所综合室副主任、副研究员。

19世纪中后期，拉美和加勒比（以下简称"拉美"）国家陆续踏上了现代化之路。尔后的百余年内，该地区一度创造了20世纪60年代前后经济快速增长的"拉美奇迹"，进而又在70年代率先进入中等收入阶段，成为新兴经济体中的领先发展地区。但自80年代起，这一地区危机不断，陷入80年代"失去的十年"和90年代"难以跳出的拉美陷阱"，人均收入更是长久徘徊在中等收入区间。在100多年经济的跌宕起伏中，拉美进行了适应性调整，发展模式呈现出"外向－内向－外向"的钟摆式变化，但各国大多保持着对出口的宽容与鼓励，外部需求曾一度有力刺激经济增长，如今却对拉美"中等收入陷阱"的困境难逃其咎。

本文将以外部需求作为分析"中等收入陷阱"的起点，通过历史对比，探析出口在拉美经济发展中的双向作用，研究出口对拉美当前中等收入困境的影响。本文后续部分内容安排如下：第一部分将研究拉美国家在中等收入阶段的发展共性，指出增长波动性加大和增长乏力是拉美在当前经济发展模式下无法逃离"中等收入陷阱"的重要原因；第二部分将研究外需与经济数量和质量增长之间的关系，分析经济增长波动性加大的原因；第三部分重点分析外部需求与增长之间的传导途径，说明低增长出现的结构性原因；第四部分将在总结前文内容的基础上，提出启示和建议。

第一节 "中等收入陷阱": 拉美国家的发展趋同性

拉美是全球中等收入经济体[①]最集中的地区。目前,该地区33个独立国家中,海地为低收入国家,巴哈马、巴巴多斯与特立尼达和多巴哥[②]为高收入国家,其余国家均为中等收入国家,且智利、墨西哥、巴西、秘鲁和委内瑞拉等21国已步入上中等收入国家之列[③]。整体来看,拉美国家大多在20世纪70年代前后进入了中等收入阶段,地区整体在1974年达到了中等收入水平(见表1)。但在此之后,地区多数国家长期徘徊在这一收入区间,陷入了所谓的"中等收入陷阱"。

从历史视角来看,拉美国家在"中等收入陷阱"的形成和表现方面具有共性,形成较为明显的地区特点。就形成路径而言,拉美在进入中等收入阶段前后,经历了先扬后抑的经济增长。图1显示了拉美地区从低收入进入中等收入阶段的发展历程。可以看到,"二战"后至70年代中期,拉美经历了相对长

[①] 世界银行将经济体划分为低收入、中等收入和高收入三类,并于每年7月1日根据对上年人均GNI的估算(采用三年平均名义汇率法,即Atlas Method)修改对世界各经济体的分类。根据2011年7月的最新标准,低收入为年人均GNI在1 005美元及以下,中等收入为1 006~12 275美元,高收入为12 276美元及以上。其中,在中等收入标准中,又划分为中低收入和中高收入两类。前者的标准为1 006~3 975美元,后者为3 976~12 275美元(见 http://data.worldbank.org/about/country-classifications/)。

[②] 根据世界银行的划分标准,巴哈马、特立尼达和多巴哥与巴巴多斯分别在1996年、2006年和2009年成为高收入国家。其中,巴哈马在中等收入阶段的滞留期超过30年,而后两国在这一收入阶段分别滞留33年和36年,均长于东亚可比国家。

[③] World Bank (2011), "World Development Indicators & Global Development Finance", December 15, 2011.

期的平稳增长，人均 GDP 明显上升；跨入中等收入门槛后，经济增长一度保持着较好的历史记录；但 1982 年后，拉美经济增长的波动率加大，甚至出现回落。受此影响，地区人均 GDP 的增长停滞，无以进阶高收入阶段。

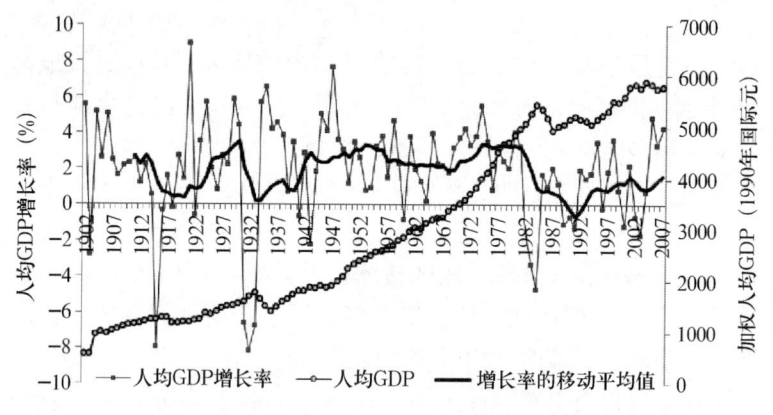

图 1　拉美人均 GDP 变化率（1900~2008 年）

注：1. 拉美人均 GDP 为地区各经济体人均实际 GDP 的加权平均值，权数为人口比重。

2. 通过 10 年移动平均值平滑年度值的变化，反映短周期内的相对变化趋势。

数据来源：根据 Angus Maddison, "Historical Statistics of the World Economy: 1 - 2008 AD" 数据计算。

表 1 则显示了拉美各国在达到中等收入阶段前后的经济增长情况。从中可见，在到达这一收入阶段之前的 20 年内，多数国家经历了较为强劲的增长；在进入中等收入阶段的 5~10 年内，多数国家依然延续了前期的增长；但 10 年之后，几乎所有国家的经济增长都低于进入中等收入阶段之前的可比年份。增长速率下降使得多数拉美国家长期滞留于"中等收入陷阱"之中。

表1 进入中等收入阶段前后对比：人均 GDP 与 GDP

	t	t−20	t−15	t−10	t−5	t+5	t+10	t+15	t+20	对称年份对比 20	15	10	5
				变化率		人均GDP							
阿根廷	1964	36.04	18.84	13.16	6.60	18.75	40.63	38.82	25.31	+	−	−	−
玻利维亚	1981	58.89	34.69	15.54	−3.78	−18.57	−11.20	−3.68	0.15	+	−	−	+
巴西	1975	117.44	79.34	71.03	36.99	24.06	17.35	17.50	26.47	+	+	−	+
智利	1971	50.02	41.46	28.19	12.30	−22.34	5.99	−6.61	21.39	+	+	−	+
哥伦比亚	1979	68.88	56.16	40.34	15.46	1.23	13.14	25.04	20.31	+	+	−	+
哥斯达黎加	1976	95.82	65.51	38.29	15.86	3.89	−1.33	5.10	15.08	+	+	−	−
古巴	1973	18.14	−4.98	10.51	7.94	18.02	31.19	34.07	−17.69	+	−	−	+
多米尼加	1979	78.35	54.24	57.58	10.77	4.97	15.64	14.56	48.19	+	+	−	+
厄瓜多尔	1979	83.58	68.38	48.23	20.00	−2.09	−4.09	3.93	−5.67	+	+	−	+
危地马拉	1979	78.70	65.11	40.05	15.33	−13.16	−18.32	−11.46	−2.46	+	+	−	−
洪都拉斯	2001	−5.90	4.78	3.15	−0.03	14.62						+	+
牙买加	1973	144.25	68.02	49.81	25.78	−16.73	−22.27	−18.03	−6.43	+	+	−	+
墨西哥	1974	92.42	66.18	39.49	19.77	19.05	22.93	17.68	29.75	+	+	−	+
巴拿马	1974	112.28	82.21	44.87	14.36	6.62	22.07	2.89	25.00	+	+	−	+
秘鲁	1975	60.04	45.70	20.37	12.24	−1.46	−15.25	−30.46	−16.90	−	−	−	−
萨尔瓦多	1992	−1.68	−13.52	8.44	7.34	15.96	20.33	29.12		−	−	+	+
特立尼达和多巴哥	1973	119.65	54.85	29.27	13.03	30.32	22.67	2.56	2.27	+	+	−	+
乌拉圭	1973	−3.19	−7.92	3.21	4.79	18.37	12.24	28.93	45.04	−	−	−	−

续表

	t	t-20	t-15	t-10	t-5	t+5	t+10	t+15	t+20	20	15	10	5
					变化率						对称年份对比		
						GDP							
阿根廷	1964	87.75	53.97	40.58	22.36	27.68	64.32	76.47	72.59	+	-	-	-
玻利维亚	1981	72.80	83.21	74.39	31.62	33.58	43.83	27.60	55.05	+	-	-	-
巴西	1975	283.25	172.36	124.10	55.88	40.18	48.07	63.14	89.97	+	+	-	+
智利	1971	128.93	95.91	57.33	23.34	-15.08	25.34	20.03	69.91	+	+	-	+
哥伦比亚	1979	185.04	125.06	75.33	27.57	12.98	40.20	71.24	80.63	+	+	-	+
哥斯达黎加	1976	274.33	161.50	84.14	32.92	19.54	31.16	59.09	93.90	+	+	-	+
古巴	1973	73.51	26.46	34.15	17.29	26.32	44.02	53.51	-1.54	+	-	-	-
多米尼加	1979	217.37	132.69	103.92	25.19	17.80	44.33	56.84	120.51	+	-	-	-
厄瓜多尔	1979	229.55	161.12	98.04	38.47	12.17	25.10	48.57	50.21	+	+	-	+
危地马拉	1979	192.40	130.65	76.62	29.77	-1.35	9.79	33.29	63.71	+	+	-	-
洪都拉斯	2001	73.01	61.48	36.24	14.08	28.94				+	+	+	-
牙买加	1973	119.19	94.17	58.55	17.14	36.91	44.47	76.14	112.80	+	-	-	-
墨西哥	1974	255.97	163.21	88.40	38.54	34.56	56.11	65.93	100.44	+	+	-	+
巴拿马	1974	267.86	178.91	92.00	31.12	19.80	51.82	41.46	89.52	+	+	-	+
秘鲁	1975	179.82	122.43	59.14	28.99	12.41	8.62	-0.93	31.23	+	-	-	+
萨尔瓦多	1992	36.80	6.52	27.82	16.92	27.18	45.05	70.08		+	+	-	-
特立尼达和多巴哥	1973	167.81	116.96	65.04	22.82	31.38	3.32	14.31	39.60	+	+	-	-

注：1. t 为进入中等收入阶段的年份，若进入中等收入阶段前的增长率高于之后，为"+"，反之，为"-"。
2. 对称年份对比中，基于 World Bank (2011)，"World Development Indicators & Global Development Finance"，December 15, 2011; Angus Maddison (2010)，"Historical Statistics of the World Economy: 1–2008 AD"。
数据来源：作者计算。基于 World Bank (2011)，根据 World Bank (2011) 判断。

就影响和表现而言,拉美在进入"中等收入陷阱"之后,与"先进国家"之间的收入差距有增大趋势,"赶超"步入困境。新古典增长理论的"趋同假说"认为,由于资本的报酬递减规律,当发达地区出现资本报酬递减时,资本就会流向还未出现报酬递减的欠发达地区,其结果是发达地区的增长速度减慢,而欠发达地区的增速加快,最终导致两类地区发达程度的趋同。图 2 显示,1974 年进入中等收入阶段前后,拉美与美国之间的绝对和相对收入差距均有收紧之势①,在一定程度上出现了"趋同"迹象。但 1982 年之后,拉美占美国人均 GDP 的比例迅速减少,二者之间的收入差距加大。

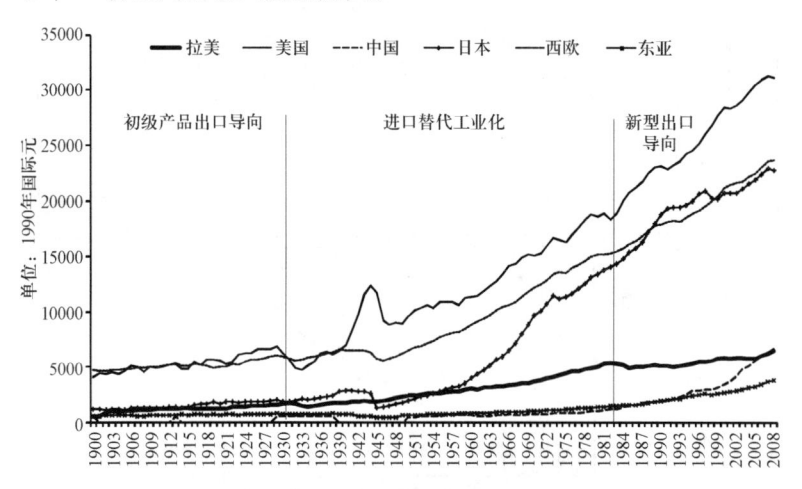

图 2 拉美的经济赶超历程(1900~2008)

数据来源:Angus Maddison,"Historical Statistics of the World Economy: 1 – 2008 AD".

---

① 本文以美国作为可比的"先进国家"。一战后,美国经济在全球处于领先地位,在一定意义上,其人均 GDP 代表着各国可参照潜在收入水平。

图3进一步显示了拉美主要国家与美国人均GDP之间的相对差距。从中可见，在进入中等收入阶段之前的20年内以及之后的近10年时间内，拉美不少经济体相对于美国的人均收入有所上升。而1982年后，除了智利、哥斯达黎加、特立尼达和多巴哥与波多黎各等少数经济体外，拉美多数国家和地区2008年的相对收入都有一定幅度的下降（以委内瑞拉为甚）。换言之，1982年之后，拉美多数国家的经济"赶超"中止，部分国家甚至出现了人均收入相对恶化的情况。

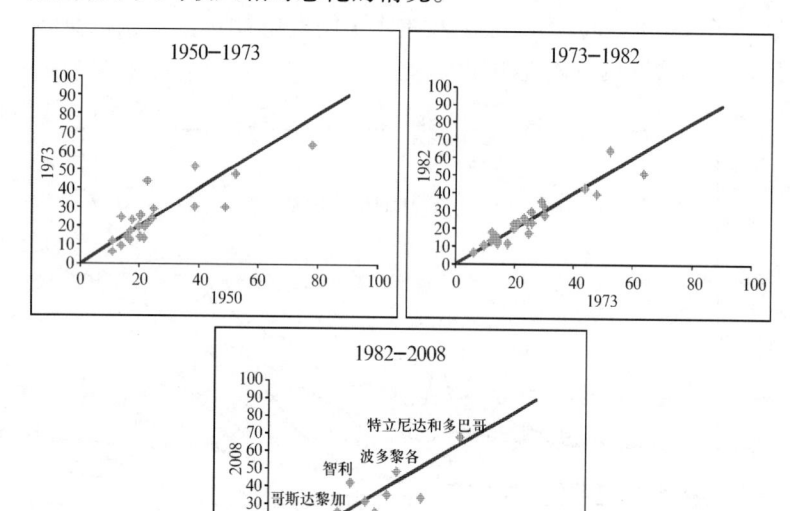

图3 拉美与美国人均 GDP 的差距

注：1. 以拉美各国占美国人均 GDP 的比重衡量。
2. 各图中直线为45度线。
数据来源：作者计算。基于 Angus Maddison, "Historical Statistics of the World Economy: 1 – 2008 AD".

就时间效应而言，拉美中等收入阶段显现出10年左右的"窗口期"特色。前文分析表明，进入中等收入阶段初期，收入上升带来的消费刺激效果、潜在资本水平的上升等因素使得拉美地区保持了经济增长，人均GDP水平持续上升；而8年之后，上述激励效果逐渐消褪，人均收入的增长放缓，甚至逆转（图1和图2）。此种"窗口期"效应在拉美各国也有所体现，主要国家的人均收入在大约10年之后多有不同程度下降（表1）。由此可见，拉美中等收入阶段的增长滞缓问题是在一段时期之后出现的，是既定发展模式下要素配置效率下降的后果。

综合以上，拉美地区在20世纪70年代中期前后的平稳增长是其跨入中等收入阶段的直接动因，而在此之后，增长波动加大甚至下滑则是该地区无法跃升至高收入阶段的主要原因。因此，拉美"中等收入陷阱"在很大程度源自增长动力不足与增长质量不稳定。进一步地，如前文所述，拉美在实现中等收入的初期，仍然延续了前期良好的经济表现，增长放缓和赶超停滞大体出现在1982年后，而这一时段恰是拉美国家普遍推行新自由主义改革的起点。这表明，拉美中等收入徘徊期大体与该地区以出口为导向的外向型发展阶段相谋和，外部需求通过影响增长平稳性和速率，对"中等收入陷阱"的形成发生作用。

第二节 外部需求、增长与波动

拉美是最早走向世界的发展中地区之一。早在19世纪下半期，整个拉美大陆就在很大程度达成共识，期望通过商品出口促进经济增长。此后，该地区主要国家依次经历了初级产品出口导向（1850～1930年）、进口替代工业化（1930～1982年）和新型出口导向（1982年至今）三个发展阶段，尽管各阶段经济增长的倚重点有着本质性区别,对外开放的政策也存在差异,但外需始终在拉美各国的经济中占据相对重要的地位。整体而言,外需对拉美经济的数量增长和质量改善发挥着双面作用,最终在经济增长中产生了较为复杂的影响。

(一) 外需对经济数量增长作用

外需的地位集中体现为拉美经济总量中不断上升的出口比例。在初级产品出口导向模式下,拉美国家以出口带动经济增长。1850~1912年期间,该地区出口年均增长3.9%,在GDP中所占比重在10%~25%之间[①]。在进口替代工业化模式下,拉美主要国家的出口由初级产品逐渐向工业制成品过渡。20世纪60年代中期起,拉美制成品出口的年均增长率接近17%,1970~1975年期间提高到20%[②]。受此影响,在进口替代工业化的鼎盛时期(1965~1973年),出口在拉美GDP中的比重由25%上升至30.3%。鉴于出口在GDP总量中的比重和贡献度,拉美国家在从低收入向中等收入的发展历程中,外需发挥了重要的"推手"作用。

1982年之后,在新型出口导向模式下,拉美优先发展出口产品生产,积极开拓国际市场,参加国际分工和国际交换,以此带动国民经济发展。1980~2008年期间,拉美地区的出口年均增长率为8%,出口在GDP中的平均比重达到38.2%。与出口依存度的增加相适应,外需对拉美经济增长的激励作用日渐提升。经核算,出口对拉美GDP增长的平均贡献率在70年代为15.1%,80年代和90年代分别为19.1%和22.6%,2000~2008年则进一步上升至28%,外需成为中等收入阶段拉美经济增长

[①] 【英】维克托·布尔默-托马斯著,张凡等译:《独立以来拉丁美洲的经济发展》。北京:中国经济出版社,2000年版,第75页。

[②] 【英】维克托·布尔默-托马斯著,张凡等译:《独立以来拉丁美洲的经济发展》。北京:中国经济出版社,2000年版,第386页。

的重要引擎①。具体至拉美各国，出口的激励作用也较为明显。图4模拟了拉美经济体出口变化率与GDP变化率之间的线性关系。从中可以看出，拉美经济体的出口与GDP增长之间存在着较为明显正向的相关关系，出口是经济增长的重要动力之一。

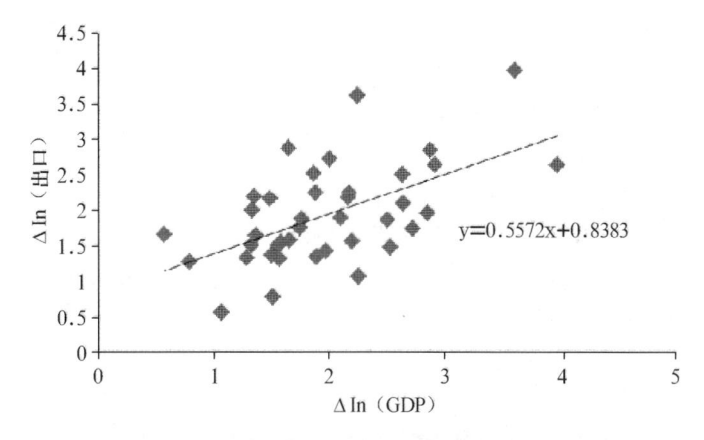

图4 拉美各国GDP与出口变化率之间的关系（1982~2010年）

注：出于数据平稳性考虑，取GDP和出口的对数值进行分析。"Δ"表前后两期的变化。根据对数变化值的数学推导，该图反映了出口和GDP变化率之间的关系。

数据来源：UNCTADstat（2012）。

（二）外需对经济增长质量的影响

与其对GDP数量增加的正向促进不同，外需对经济增长的质量改进有着较为复杂的作用，随着经济全球化的深入，这种作用的负面性愈来愈突出。

1. 外需影响了拉美经济增长的稳定性

拉美经济起步以来，出口对经济增长稳定性的双重作用长期

---

① ECLAC, *Statistic Yearbook of Latin America and the Caribbean*. Santiago of Chile, 2000~2010.

存在。初级产品出口导向时期，国际市场的有利环境曾为拉美经济创造条件，在1900~1913年初级产品出口导向经济最繁荣的时期，拉美GDP增长率为4.1%，而同期西班牙、葡萄牙为2%，法国等发达国家组合为2.2%，美国为4%[①]；国际市场环境的逆转同样也曾"拖累"拉美经济，"大萧条"使这一地区在之后的20年内GDP平均增长率降为3.9%[②]。进口替代工业化初期，外需的萎缩是拉美被迫转型的主要原因；1965~1973年的繁荣期，拉美在一定程度上是利用西方国家的战后繁荣，成功推行"促进出口"和"出口多样化"等方针，获得了6.5%的GDP年均增长率（世界平均为4.9%）[③]；1974年后，外需不振成为拉美国家过度举债的主要诱因之一，最终迫使其进行第二次发展转型。

在新型出口导向时期，出口与拉美经济的数量增加的正相关性渐增，世界市场波动易对增长产生正面或负面的影响。一方面，多数拉美国家经济依赖于附加值较低的原料等产品出口（见表2），国际市场上初级产品的价格波动会对出口水平产生影响，进而对其经济增长产生影响。同时，拉美初级产品在世界市场中具有一定支配力，如其食品的世界市场份额为14.3%，矿石和金属的份额为15%（2008年）[④]。初级产品的国际地位及其低需求弹性的特质，使得拉美国家在国际市场中处于相对被动的局面，只能依靠外部需求上升和价格上涨来获取出口额的上升，进而获取经济增长的动力。这种模式从根本上决定了拉美经济的

[①] 【英】维克托·布尔默-托马斯著，张凡等译：《独立以来拉丁美洲的经济发展》。北京：中国经济出版社，2000年版，第84页。

[②] 【英】维克托·布尔默-托马斯著，张凡等译：《独立以来拉丁美洲的经济发展》。北京：中国经济出版社，2000年版，第259页。

[③] 苏振兴主编：《拉丁美洲的经济发展》。北京：经济管理出版社，2007年版，第63页。

[④] UNCTADstat（2012）。

表 2 拉美国家对初级产品出口的依赖度

国家	依赖度	国家	依赖度	国家	依赖度
安提瓜和巴布达	<1%	洪都拉斯	10%–20%	萨尔瓦多	2.5%–5%
阿根廷	5%–10%	牙买加	10%–20%	海地	<1%
巴哈马	2.5%–5%	墨西哥	1%–2.5%	圣文森特和格林纳丁斯	5%–10%
巴巴多斯	2.5%–5%	尼加拉瓜	10%–20%	圣卢西亚	2.5%–5%
伯利兹	10%–20%	巴拿马	5%–10%	特立尼达和多巴哥	2.5%–5%
玻利维亚	5%–10%	巴拉圭	10%–20%	乌拉圭	5%–10%
巴西	5%–10%	秘鲁	5%–10%	委内瑞拉	1%–2.5%
智利	>20%	圣基茨和尼维斯	1%–2.5%	危地马拉	5%–10%
哥伦比亚	2.5%–5%	多米尼加	2.5%–5%	圭亚那	>20%
哥斯达黎加	10%–20%	厄瓜多尔	10%–20%	多米尼克	5%–10%

数据来源：IMF (2006), "World Economy Outlook", September 2006.

"依附性",使其经济难以摆脱外部冲击的影响。如图4所示,国际市场上初级产品的价格与拉美国家的出口和GDP的变化之间存在着很强的协同性,经济增长的波动性增大。

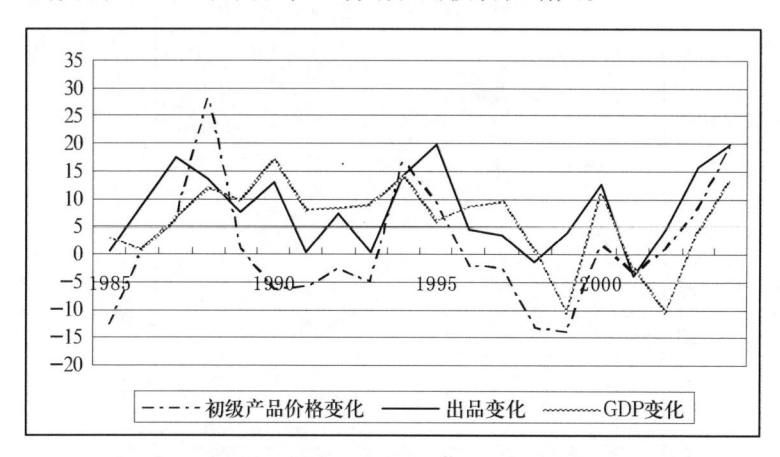

图4 初级产品价格、拉美GDP与出口变化的协同性

数据来源:作者计算。基于 ECLAC, *Statistic Yearbook of Latin America and the Caribbean*; IMF 初级产品价格数据库(www.imf.org)。

另一方面,拉美地区经济一体化的发展,使得局部地区的经济扰动很容易扩散到整个拉美地区。1994年之后的墨西哥金融危机、亚洲金融危机、俄罗斯金融危机、巴西金融危机和阿根廷金融危机等全球性或地区性经济动荡,无一例外地重创拉美经济,使其长期徘徊于低增长中。2003~2008年,初级产品国际需求旺盛、价格高涨,促成了拉美经济的经济繁荣,但2009年全球经济和金融危机下的需求萎缩却再次使其坠入1.8%的负增长中,可谓成败兼因出口,经济部门的运行严重依赖于出口部门的"运气"。

2. 外需影响了拉美的经济结构调整

在初级产品出口导向和进口替代工业化时期,出口曾直接或间接促进了拉美的制造业成长。但在新型出口导向的经济发展战略下，拉美制造业依据比较优势原则向资源加工业和出口加工装配业倾斜，而封闭经济下因规模约束和竞争不足而相对脆弱的一些民族工业部门，因受到开放市场中的激烈全球竞争而被迫退出。上述两种合力使得拉美地区的工业布局发生变化，出现了一定程度的"去制造业化"，在进口替代时期形成的相对完整的工业体系遭到破坏，地区产业布局越来越纳入跨国公司全球产业链中，政府的产业政策效力减弱甚至完全消失。与此同时，在开放市场中，拉美依据比较优势原则主要出口初级产品和劳动密集型的工业制成品，进口资本品、中间产品和消费品。这样的贸易结构在客观上也促成了一种相对固态化的产业分布，使得拉美在全球生产中经济收益水平相对较低，制造业（特别是加工制造业）规模扩张的同时，产值在 GDP 中的比重却呈现整体下降趋势，1980 年为 28.8%，1990 年为 27.5%，2001 年为 16.7%，2009 年进一步降至 14.9%（见图 5）。

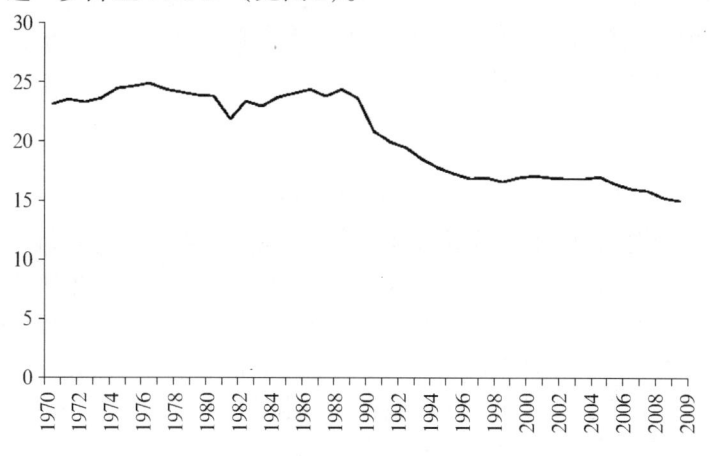

图 5　拉美制造业产值占 GDP 的比重（1970～2009 年）
数据来源：UNCTADstat（2012）。

综上所述,在全球化纵深发展的背景下,外需对拉美经济的数量增长和质量改进发挥着不同的作用。外需在经济中占据主导,使得出口成为拉美经济增长的重要动力,但也加大了增长的波动性,不利于其经济的健康发展。此外,外需主导下的拉美经济,国际分工地位相对固化,经济和产业升级受到制约,经济增长潜力有限。正是由于外需的双向作用,1982年出口导向模式占据主导后,拉美经济增长所面临的不确定性增加,增长的波动性增大,使得人均收入无法保持前期相对的稳定增长,"中等收入陷阱"的出现具有一定的必然性。

第三节　外部需求、传导机制与增长速度

外需在拉美经济由量变向质变的调整中存在某种阻隔,影响了经济增长的溢出效应,使得增长与发展之间的良性循环被割裂,进而降低了经济增长的效率和速度。这种阻隔在很大程度上表现为拉美出口结构和经济体制的传导缺陷,无法为经济增长的质量改进提供必要的环境。

(一)外生动力内在化的传导障碍

在经济机制运行顺畅的国家中,"出口—收入增加—消费增加—经济增长",这一传导会使外需对经济增长的推动内生化,转为消费动力,促进经济及相关部门的发展。收入分配相对平均或偏重贫困人口时,社会边际消费倾向扩大,有助于此种"外需—内需"的传导。但拉美在殖民经济下就具有典型的两极化收入分配结构,初级产品出口和进口替代工业化时期,权势阶层对土地、自然资源和资本集中整合,加剧了收入分配的不平等[1]。

---

[1] 【英】维克托·布尔默-托马斯著,张凡等译:《独立以来拉丁美洲的经济发展》。北京:中国经济出版社,2000年版。

在 20 世纪 90 年代，在拉美国家普遍完成发展模式转型后，多数国家收入分配差距持续扩大，直至 2003 年后，情况才略有好转。目前，拉美所有国家的基尼系数均高于 0.4，一半以上的国家收入分配高度不平等，其余国家收入差距偏大[1]。据联合国拉美经委会统计，巴西、多米尼加和哥伦比亚是拉美城市收入级差（即最高收入和最低收入之间的差距）最大的国家，收入最高和最低 20% 的人口的所得差异超过 20 倍；继此之后，阿根廷、玻利维亚、危地马拉、洪都拉斯和尼加拉瓜的收入级差在 15–20 倍之间；而其余国家的收入级差也都超过了 10 倍[2]。在这种收入分配格局下，社会边际消费倾向较低，出口带来的收入增长对内需的刺激效果有限，对经济增长也具有制约作用，不利于提高经济的抗外部风险能力。

（二）"外需—贫困"的不良传导

拉美相对集中的贸易结构下，出口创造的就业机会与福利改善仅局限于相关行业和地区，加剧了社会分配不公、两极分化的情况，而拉美多数国家未对社会政策进行及时调整，其结果是贫困问题非但未得到解决，反而有所恶化。联合国拉美经委会统计显示，1960~1990 年拉美地区的贫困人口数目增加了 1 倍，占总人口的比重从不到 40% 上升到 46%。从 90 年代中期开始，拉美各国政府推出一系列旨在建立与经济发展水平相适应的、促进经济与社会协调发展的社会政策，削减贫困是这些政策的核心内容之一。不过，由于出口与经济数量增长的高度相关，90 年代后的历次全球性或地区性经济危机都通过作用于经济总量，对拉

---

[1] ECLAC, *Statistic Yearbook of Latin America and the Caribbean.* Santiago of Chile, 2000~2010. 基尼系数在 0.4–0.6 之间时，收入分配"差距偏大"；基尼系数大于 0.6 时，收入分配高度不平等。

[2] ECLAC (2011), *Statistic Yearbook of Latin America and the Caribbean.* Santiago of Chile, December 2011.

美各国的减贫效果形成冲击,该地区的减贫绩效因而出现逆转,包括巴西、墨西哥和阿根廷在内的拉美主要国家贫困人口比例较之前期有所上升,增长与发展"脱钩"。2003 年以来,贸易收入的增加拓宽了拉美各国政府推行社会政策的空间,地区贫困也相应有所减轻。但是,至 2011 年时,拉美仍有 1.77 亿贫困人口,占到了地区总人口的 31.4%;其中,每日生活费不足 1.25 美元的赤贫人口达 7000 万,占地区总人口的 12.3%[①]。

大规模的贫困人口购买力相对有限,无力形成有效内需,抑制了国内市场的发育,无法为工业发展提供必要的需求规模,不利于经济结构的调整升级。同时,大规模贫困人口对社会稳定形成巨大压力,使得社会平衡相对脆弱,难以为经济增长与发展提供稳定环境。在这些因素作用下,"外需——经济数量增长……经济质量改进——出口升级"出现断链,无法实现拉美出口与经济增长之间的良性循环。

上述分析表明,在出口导向的发展模式下,拉美现有社会结构和社会政策抑制了外需的溢出效应。这使得外需在"挤出"内需资源配置的同时,却无法通过顺畅的传导机制刺激内需的相应扩大。由此,出口对拉美经济增长的带动是有限的,内需和外需之间的传导断裂更是影响了拉美的经济增长,这是造成该地区 80 年代以来长期低速增长的主要原因。

第四节 结论与启示

纵观现代化以来拉美的经济发展历程,可以看到,由于出口

---

① ECLAC (2011), *Social panorama of Latin America*. Santiago of Chile, December 2011. P11.

与经济数量增长的关联度,维克托·布尔默-托马斯在《独立以来拉丁美洲的经济发展》一书中提及的"产品的机遇性"对拉美经济有着很大影响,当其与恰当的出口导向机制和经济政策融合默契时,经济成功;而当三大因素之间矛盾激化时,经济出现问题。在当前经济发展模式下,外需对拉美经济增长产生"数量引擎"和"质量制擎"双重效应,这在很大程度上是由上述三大因素之间的不适应引发的。而上述效应加之拉美现有的社会结构与政策体系,外需、内需和经济增长之间传导不良,就使得该地区出现了低增长与波动加大的复合结果,导致经济总量和人均收入长期胶着于固定区间,"中等收入陷阱"最终由偶然转变为必然。

需要强调的是,"中等收入陷阱"已经成为拉美多数国家目前面临的共性问题。而拉美步入中等收入阶段后,发展的趋同化现象并非偶然。随着中国在2010年进入上中等收入阶段,其增长和发展也遇到相似难题。而本文对拉美"中等收入陷阱"形成与发展的研究,可以为我们带来如下启示。

启示一:在外向型发展模式下,为了保持经济持续稳定增长,在最大化外需对经济刺激作用的同时,应建立畅通的"外需—内需"传导机制,从而形成有效的经济联动增长。在开放经济中,外需与内需都成为经济增长的动力,二者之间存在有机关联。通过"收入—消费"效应将外需带来的经济增长转化为内生动力,将有助于扩大外需的积极影响,消除其外部风险有可能带来的弊端。拉美国家收入差距过大、二元经济结构刚性存在的诸多问题显然不利于外需向内需的转换,进而导致其经济增长的质量改进受到阻碍。恰如鲍德温在《新近移民地区的发展模式》一文中所描述的,在收入分配很不平等的地区,本土工业部门难以得到发展。巨富们的消费集中于外国的高质量消费品,对于国内的产品需求较低。而那些穷人们分享不到初级产品生产和出口所带来的财富,只能勉强为生,缺乏购买力。在这种情况下,国内市场狭小,难以为本国工业的发展提供必要的需求规模。因此,对拉美多数国家而言,其摆脱中等收入困境的出路在于改革收入分配制度,消除"出口—收入"和"收入—消费"两大环节中的制约因素,提高外需的利用效率。

启示二:出口导向的经济增长不会自发解决结构性缺陷,应配合以适当的经济与社会政策进行纠偏。在经济体系内,出口对经济形成直接推力,通过市场的自由配置就可以促进一国积极参与国际分工实现比较优势,有助于经济"增长"。但是,出口也将外部变动导入国内经济中,增强了国民经济的对外依赖性,使得一国更易受世界经济周期的影响,往往会增加"小国经济"的波动性。在社会体系内,出口是外生变量,通过传导机制对社会指标产生影响,只能对"发展"形成间接推力,不但无法直接消除或解决业已存在的社会问题和矛盾,反而有可能激化原有问题和矛盾。因此,为了实现经济社会的健康发展,拉美在重出口、重市场的同时,必须进行适当的政策干预,消除原有的结构性缺陷,以此来提升外需在经济增长全环节中的溢出效应,改善增长动力不足的问题。

启示三:实现外需对经济增长的持续支撑,须对出口不断升级。拉美在初级产品出口导向时期,确立了以初级产品为主导的出口结构。在而后的发展中,部分国家提高了工业制成品在出口中的比重,但整个地区对初级产品的较高依赖度仍在延续。而这种结构已经显示出与增长的不适应,在进口替代工业化时期表现为常态存在的贸易逆差;在新型出口导向时期,则体现为对经济增长质量改进的不利影响。对此,拉美国家必须结合国内外资源和竞争环境的变化,对出口结构加以调整,降低商品的集中度,规避单一出口结构系统性风险的影响;在条件允许时,更应该通过政策干预,打破初级产品出口的产销循环和利益链条,促进出口结构升级,提高出口的经济效益和效率。

启示四:规避中等收入阶段矛盾激化,应当适时进行调整与转型。拉美进入中等收入阶段的初期,经济增长持续进行。但这一良性发展"窗口期"仅存续10年左右,而该地区并未利用有利时机进行发展的适应性调整,而是在经济增长受到抑制后才被迫转型。转型延迟使拉美错过了有利的国际贸易环境,经济发展开始落后于东亚新兴国家,也一直未能从中等收入国家跃升至发达国家,部分中美洲和加勒比小国甚至沦为失败国家。而今,拉美部分国家又出现了外需和增长的不适应,相关国家应当结合国际市场环境适时调整发展模式,以避免矛盾激化造成的经济损耗。

主要参考文献

Cole, Harold L., Lee E. Ohanian, Alvaro Riascos and James Jr Riascos (2005), "Latin America in the rearview mirror," *Journal of Monetary Economics*, Elsevier, vol. 52 (1), pp 69 – 107.

Hopenhayn, Hugo A. and Pablo A. Neumeyer (2004), "Latin America in the XXth Century: Stagnation, then Collapse". Econometric Society 2004 Latin American Meetings 326, Econometric Society.

Maddison, A. (2001), *The World Economy: A Millennial Perspective*. Paris: Organization for Economic Co-operation and Development.

Palma, José Gabriel (2010), "Why has productivity growth stagnated in most Latin American countries since the neo-liberal reforms?" Cambridge Working Papers in Economics (CWPE) 1030.

World Bank (2011), "LAC's Long-Term Growth: Made in China?".

http://siteresources.worldbank.org/LACEXT/Resources/Annual_Meetings_Report_LCRCE_English_Sep17F2.pdf

国务院发展研究中心"中等收入陷阱问题研究"课题组：《"中等收入陷阱"问题的提出与当前讨论的主要观点》，2011年11月。

国务院发展研究中心"中等收入陷阱问题研究"课题组：《中等收入阶段国际经验的观察与分析》，2011年11月。

孔泾源：《"中等收入陷阱"的国际背景、成因举证与中国对策》，《改革》2011年第10期，第5-13页。

苏振兴主编：《拉丁美洲的经济发展》。北京：经济管理出版社，2007年版。

【英】维克托·布尔默-托马斯著，张凡等译：《独立以来拉丁美洲的经济发展》。北京：中国经济出版社，2000年版。

郑秉文：《"中等收入陷阱"与中国发展道路——基于国际经验教训的视角》，《中国人口科学》2011年第1期，第2-15页。

第四章 拉美地区的产业结构与"中等收入陷阱"：基于美、日的比较分析

谢文泽[*]

内容摘要：自 1820 年以来，特别是自 1870 年以来，拉美国家没有与时俱进地选择发展战略、政策和制度，错失了第二次工业革命和第三次工业革命两大战略机遇，致使其产业结构长期落后，增长方式长期处于粗放状态，成为导致拉美国家陷入"中等收入陷阱"的重要原因。1820～2010 年，拉美地区的年人均 GDP 增长率约为 1.26%，期间经历了 6 个增长周期，其中有 3 个低增长周期和 3 个高增长周期。在 230 年的经济增长进程中，可分为两个重要阶段：1945 年以前，拉美国家的"初级产品出口繁荣"输给了美国的"工业化繁荣"。这个阶段拉美国家失败的主要原因有两个：一是在技术因素方面，拉美国家赶上了第二次工业革命，但却没有抓住机遇；二是在制度因素方面，初级产品出口导向模式的选择成为制约拉美国家工业化的内源性制度因素。1945 年以后，拉美国家的"进口替代工业化"又输给了以日本为代表的"出口导向工业化"。这个阶段拉美国家落后的主

---

[*] 谢文泽，中国社会科学院拉美所经济室副研究员。

要原因有三个：第一，拉美国家没有完成工业化；第二，第二次产业对经济增长的贡献较小，在20世纪中后期的工业化进程中，工业部门（特别是制造业）没有发展成为拉美地区国民经济的主体，对GDP增长的贡献率较低；第三，经济增长主要依靠要素投入（资本和劳动），属粗放型增长方式。本文认为，技术进步和制度变迁是两大增长之源，集约型生产方式是长期、可持续增长的根本保障，制造业是引领工业化进程和经济增长的主要动力，服务业的超前发展或过度发展都不利于经济增长。因此，对于大多数发展中国家而言，应坚定地推动工业化进程，同时要避免过早或过度地发展服务业。

关键词： 拉美研究　产业结构　经济增长　世界经济史　中等收入陷阱

第一节　长期历史观察与比较：1820年以来拉美地区的经济增长

著名经济史学家安格斯·麦迪森（Angus Maddison, 1926~2010年）在其《世界经济：历史数据》[①] 一书中，对拉美地区的8个"核心国家"（阿根廷、巴西、智利、哥伦比亚、墨西哥、秘鲁、乌拉圭和委内瑞拉）[②]、15个其他国家（地区）[③]、24

---

① Aangus Maddison, *The World Economy: Historical Statistics*, Development Centre Studies, OECD, 2003.
② 根据世界银行的统计数据，2010年8个"核心国家"的国土面积合计占拉丁美洲和加勒比地区总面积的86%，人口合计占地区人口总数的80.3%，GDP合计占地区GDP总额的92.8%。http://databank.worldbank.org/ddp/
③ 15个其他国家（地区）是：玻利维亚、哥斯达黎加、古巴、多米尼加、厄瓜多尔、萨尔瓦多、危地马拉、海地、洪都拉斯、牙买加、尼加拉瓜、巴拿马、巴拉圭、波多黎哥、特立尼达和多巴哥。

个加勒比小国 1820～2001 年的人口、国内生产总值（GDP）、人均 GDP 等进行了统计。

为了尽量避免或减少汇率、通货膨胀等因素对统计数据的影响，安格斯·麦迪森使用了购买力平价法，并创造出"1990 年国际元[1]"作为衡量经济总量和人均收入的单位。换言之，安格斯·麦迪森按 1990 年美元不变价格，用购买力平价来测算历史上的经济数据。为了便于论述，下文中将"1990 年国际元"简称为美元。安格斯·麦迪森于 2010 年 5 月去世，在去世之前，他将有关数据更新至 2008 年，并发布在其在互联网上的个人主页上[2]。所不同的是，更新后的数据中，加勒比小国的数量由原来的 24 个减为 21 个。

一、增长速度与增长周期

（一）1820～2010 年的年人均 GDP 增长率约为 1.26%

根据安格斯·麦迪森的统计数据，1820 年 8 个 "核心国家" 的人均 GDP 为 712 美元，2008 年为 7614 美元，189 年间的年人均 GDP 增长率约为 1.26%。由于历史时间较长，可以将这一增长率看作是 1820～2010 年的人均 DGP 年均增长率。这 8 个国家的国土面积合计占拉美地区总面积的 86%，人口合计占地区人口总数的 80.3%，GDP 合计占地区 GDP 总额的 92.8%[3]，因此，可以将这一增长率近似地看作是拉美地区的年人均 GDP 增长率。

（二）6 个增长周期

世界银行官方网站的数据库[4]公布了 1960～2010 年各国（地区）的一些主要统计数据，其中包括按美元现价和 2000 年

---

[1] 1990 international Geary-Khamis dollars.
[2] http://www.ggdc.net/MADDISON/oriindex.htm
[3] CEPAL, *Anuario estadístico de América Latina y el Caribe*, 2010.
[4] http://databank.worldbank.org/ddp/

美元不变价统计的各国人均 GDP。用世界银行 2004～2010 年数据替代安格斯·麦迪森 2004～2008 年的数据，用 8 个"核心国家"代表拉美地区，则拉美地区 1820～2010 年人均 GDP 的年均增长率如图 1 所示。

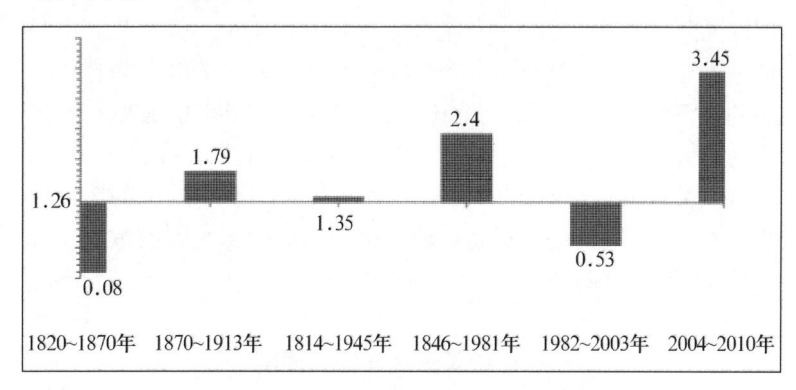

图 1　1820～2010 年拉美地区 8 个"核心国家"人均 GDP 的年均增长率（%）

资料来源：1820～2003 年数据，http://www.ggdc.net/MADDISON/oriindex.htm。

2004～2010 年数据，http://databank.worldbank.org/ddp/。

注：拉美地区的 8 个"核心国家"：巴西、阿根廷、墨西哥、智利、秘鲁、哥伦比亚、委内瑞拉、乌拉圭。

由图 1 可以看出，自 1820 以来，拉美地区的经济增长进程可以划分为 6 个增长周期，其中有 3 个低增长周期和 3 个高增长周期。低增长周期是指年人均 GDP 增长率低于历史平均值（1.26%）的阶段，如 1820～1870 年仅为 0.08%，1914～1945 年为 1.35%（略高于平均水平），1982～2003 年则为 0.53%。

高增长周期是指年人均 GDP 增长率高于历史平均值的阶段。自 1820 年以来，拉美地区已经经历了两个高增长周期，并正在经历第三个高增长周期。第一个高增长周期是 1870～1913 年，年人均 GDP 增长率为 1.79%，高于历史平均值 0.53 个百分点。第二个高增长周期是 1946~1981 年，年人均 GDP 增长率为 2.4%，高于历史平均值 1.14 个百分点。自 2004 年以来，拉美地区正在经历第三个高增长周期，2004~2010 年的年人均 GDP 增长率为 3.45%，居历史最高水平，高于历史平均值 2.19 个百分点。

安格斯·麦迪森的历史数据从公元 1 年开始。公元 1 年和公元 1000 年只有墨西哥的数据，这两个年份墨西哥的人均 GDP 均为 400 美元，这意味着墨西哥的人均 GDP 在 1000 年间几乎没有增长。1500 年、1600 年和 1700 年，巴西的人均 GDP 分别为 400 美元、428 美元和 459 美元，墨西哥分别为 425 美元、454 美元和 568 美元。1820 年，巴西、智利、墨西哥的人均 GDP 分别为 646 美元、694 美元和 759 美元，拉美 8 国为 460 美元。1821~1870 年间的绝大部分数据都是关于智利人均 GDP 的数据，期间只有巴西 1850 年的人均 GDP 数据（686 美元）[1]。因此，本章选择 1820 年作为考察拉美地区经济增长周期的起点。

选择 1820 年作为起点的另一个原因是大部分主要拉美国家于 1820 年前后获得独立，如 1811 年巴拉圭和委内瑞拉宣布独立，1816 年阿根廷独立，1818 年智利和哥伦比亚独立，1821 年秘鲁独立，1822 年巴西独立，1825 年玻利维亚独立，1828 年巴拉圭独立，1830 年厄瓜多尔独立，等等。

1870~1913 年是南美洲的早期工业化阶段，国内政治形势稳定，初级产品出口繁荣，各主要国家开始启动工业化进程，史称"早期工业化"。1914~1945 年，南美洲可谓是两次世界大战的获益者，向交战双方出口了大量的产品和物资，但经历了 1929~1933 年经济大危机的洗礼，墨西哥、巴西、阿根廷等于

---

[1] http://www.ggdc.net/MADDISON/oriindex.htm

先后开始实施"进口替代工业化"。

1946~1981年,南美洲全面实施"进口替代工业化",墨西哥、巴西两国在20世纪50年代中期以前基本完成了轻工业化,70年代进入重工业化阶段。在此期间,巴西创造了"巴西奇迹",墨西哥发起了"绿色革命",智利则于1973年率先开始进行新自由主义改革和实验。

1982年墨西哥政府宣布无力偿还到期的外债本息,引发了席卷拉丁美洲的债务危机,继而陷入了长达近10年的增长危机,经济增长速度缓慢,20世纪80年代被称作拉美地区"失去的十年"。90年代前半期经历了短暂的增长后,拉美地区先后经历了数次危机的冲击,如1995年的墨西哥经济危机、1997年的亚洲金融危机、1999年的巴西货币危机、2001~2003年的阿根廷经济危机,等等。在一系列危机的打击和冲击下,1998~2003年经济增长缓慢,被称为拉美地区"失去的六年"。

2004年以来,拉美地区进入新一轮增长周期,尽管2008年爆发的全球金融危机对墨西哥、中美洲和加勒比地区产生了严重冲击,但大部分南部美洲国家有力地抵御了危机的负面影响,巴西等国家甚至还能够率先摆脱危机,恢复经济增长。

二、巴西、墨西哥的经济增长

巴西和墨西哥是拉美地区的两个大国。巴西是拉丁美洲最大的国家,人口和面积均居世界第五位,人口约1.9亿人,面积约851.5万平方千米。根据巴西中央银行网站公布的数据,截止2011年第三季度,按美元现价计,人均GDP约为11032美元[①]。根据墨西哥国家经济和地理统计局官方网站的数据,墨西哥约有1.3亿人口,在拉美地区仅次于巴西,居第二位,位居世界第十

---

① 巴西中央银行网址:http://www.bcb.gov.br/

一位；面积约196.4万平方千米；截止2011年第三季度，按美元现价计，人均GDP约为9960美元[①]。

(一) 巴西的经济增长

根据安格斯·麦迪森的历史数据，1820年巴西人均GDP为646美元，1870年增至713美元，1913年为811美元，1945年为1390美元，1981年为4850美元，2003年为5536美元，2008年为6429美元。

如图2所示，1820～2008年巴西年人均GDP增长率为1.22%。同拉美8国的情况类似，在这近200年的时间里，巴西经历了三个高增长周期和三个低增长周期。1820～1870年为低增长周期，年人均GDP增长率仅为0.19%，远低于历史平均水平。1870～1913年也是一个低增长周期，年人均GDP增长率为

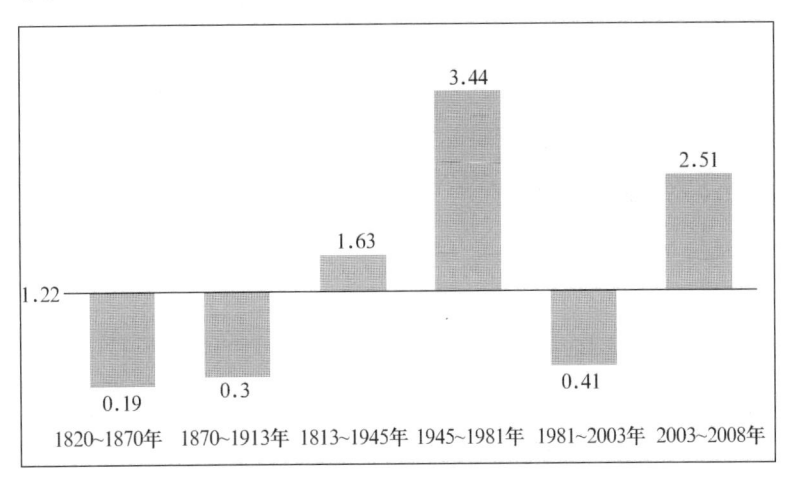

图2 1820～2008年巴西年人均GDP增长率（%）
资料来源：http://www.ggdc.net/MADDISON/oriindex.htm

[①] 墨西哥国家经济和地理统计局网址：http://www.inegi.org.mx/

0.3%。1981~2003年为第三个低增长周期，年人均GDP增长率为0.41%。

1913~1945年为第一个高增长周期，年人均GDP增长率为1.63%，略高于历史平均水平（高于历史平均水平0.41个百分点）。1945~1981年为第二个高增长周期，年人均GDP增长率为3.44%，高于历史平均水平2.22个百分点。自2003年以来，巴西正在经历第三个高增长同期，2003~2008年年人均GDP增长率为2.51%，高于历史平均水平1.29个百分点。

（二）墨西哥的经济增长

根据安格斯·麦迪森的历史数据，1820年墨西哥人均GDP为759美元，1870年降至674美元，1913年增至1732美元，1945年为2134美元，1981年为6717美元，2003年为7159美元，2008年为7979美元。

如图3所示，1820~2008年墨西哥年人均GDP增长率为1.25%，期间经历了三个高增长周期和三个低增长周期。1820~1870年为低增长周期，年人均GDP增长率为-0.22%，远低于历史平均水平。1913~1945年为第二个低增长周期，年人均GDP增长率为0.63%。1981~2003年为第三个低增长周期，年人均GDP增长率为0.28%。

1870~1913年为第一个高增长周期，年人均GDP增长率为2.2%，略高于历史平均水平（高于历史平均水平0.95个百分点）。1945~1981年为第二个高增长周期，年人均GDP增长率为3.15%，高于历史平均水平1.9个百分点。自2003年以来，墨西哥也正在经历第三个高增长同期，2003~2008年年人均GDP增长率为1.82%，高于历史平均水平0.57个百分点。

（三）进口替代工业化时期是两国人均GDP增长较快的时期

巴西、墨西哥两国从20世纪30年代起率先推行了进口替代工业化发展战略。尽管对该发展战略的批评仍然较多，但这一发

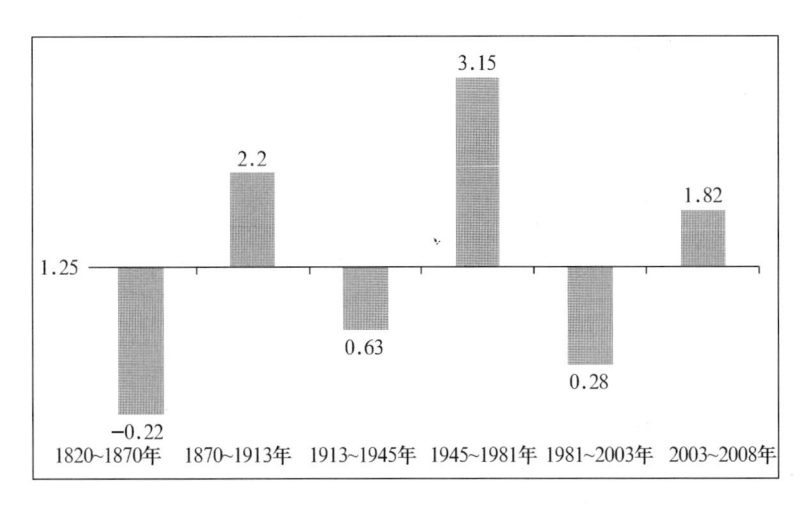

图3　1820~2008年墨西哥年人均GDP增长率（%）
资料来源：http://www.ggdc.net/MADDISON/oriindex.htm

展战略对奠定两国的工业化基础发挥了重大作用，并使得两国在20世纪80年代以前都保持了高速增长，进口替代工业化模式取得了辉煌的成就，成为当时世界经济的亮点。巴西在60年代初的工业品自给率已达90%，生产资料自给率接近80%；墨西哥的工业品自给率在60年代中期也达到85%左右。制造业在生产总值中的比重，从30年代的不足1/5上升到70年代末的1/4以上，制造业在工业中的比重达到3/4以上。巴西、墨西哥都建立了比较完整的工业体系，重化工业达到较高水平，某些工业（汽车、造船、钢铁等）接近世界先进水平，被认为是新兴工业化国家。

1940~1980年是巴西、墨西哥两国全面推进进口替代工业战略的时期，也是人均GDP以较快速度增长的时期。如图4所示，1940~1980年期间巴西、墨西哥两国的人均GDP曲线上升幅度较大，巴西的人均GDP由1250美元增至5195美元，增长幅度高达315%，年平均增长率为3.5%左右；墨西哥由1852美元增至6320美元，增长幅度为241%，年平均增长率为3%左右。

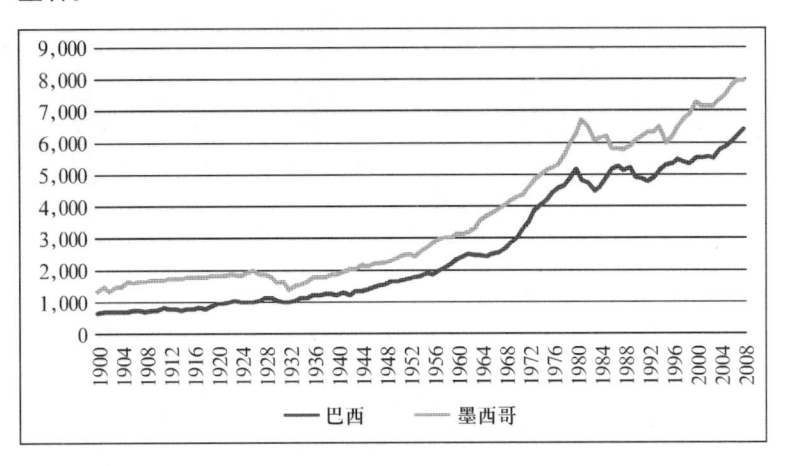

图4　1900～2008年巴西、墨西哥人均GDP（1990年国际元）
资料来源：http://www.ggdc.net/MADDISON/oriindex.htm

三、与美国、日本的国际比较

我们选择美国和日本与拉美8国进行比较。

（一）与美国的比较

拉美国家与美国之间的收入差距主要是在1945年以前形成的。如图5所示，1820～1945年拉美8国与美国的收入差距迅速扩大，美国的人均GDP与拉美8国的人均GDP之比，换言之，二者之间的倍数，有较大幅度的增加，这反映出拉美8国与美国的收入差距迅速扩大。1945年以后，二者之间的差距呈稳定态势。

根据安格斯·麦迪森的历史数据，1820年美国人均GDP为1257美元，是拉美8国的1.8倍；1945年美国人均GDP为

11709美元，是拉美8国的5.1倍。1820~1945年，在长达125年的时间里，美国人均GDP的年均增长率为1.8%，拉美8国则仅为0.51%，前者的增长速度是后者的3.7倍[①]。

1945~1981年，美国人均GDP由11709美元增至18856美元，与拉美8国的人均GDP之比由5.1∶1降至3.3∶1，表明拉美8国与美国之间的收入差距有所缩小。20世纪80年代以来，二者之间的收入差距又有所扩大，但美国人均GDP与拉美8国人均GDP之比基本稳定在4∶1和5∶∶1之间，如2003年美国的人均GDP为29074美元，是拉美8国的4.6倍；2008年前者为31178美元，是后者的4.1倍[②]。

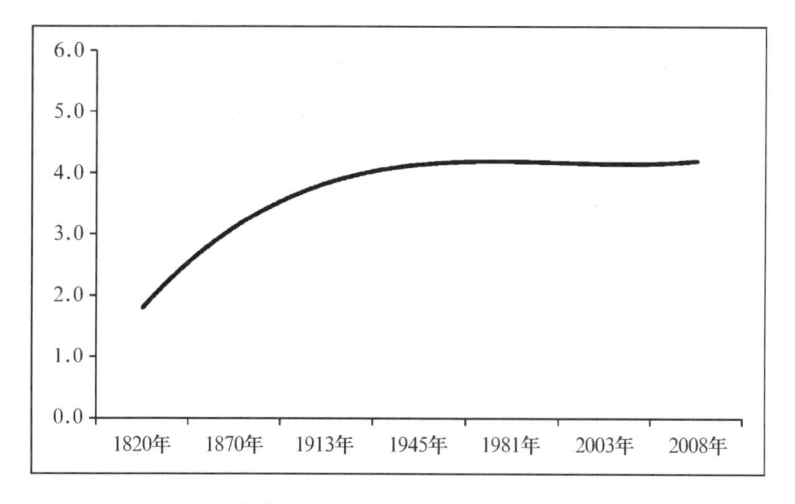

图5 美国与拉美8国的人均GDP差距变化趋势
（美国的人均GDP/拉美8国的人均GDP）
资料来源：http：//www.ggdc.net/MADDISON/oriindex.htm

---

① http：//www.ggdc.net/MADDISON/oriindex.htm
② http：//www.ggdc.net/MADDISON/oriindex.htm

(二) 与日本的比较

拉美国家与日本之间的收入差距主要是在 1945 年以后形成的。如图 6 所示，在 1820～1945 年期间的大部分时间里，日本人均 GDP 与拉美 8 国的人均 GDP 之比小于 1，意味着后者的收入水平高于前者。1945 年以后，二者之间的比值迅速增加，表明二者之间的收入差距迅速扩大。

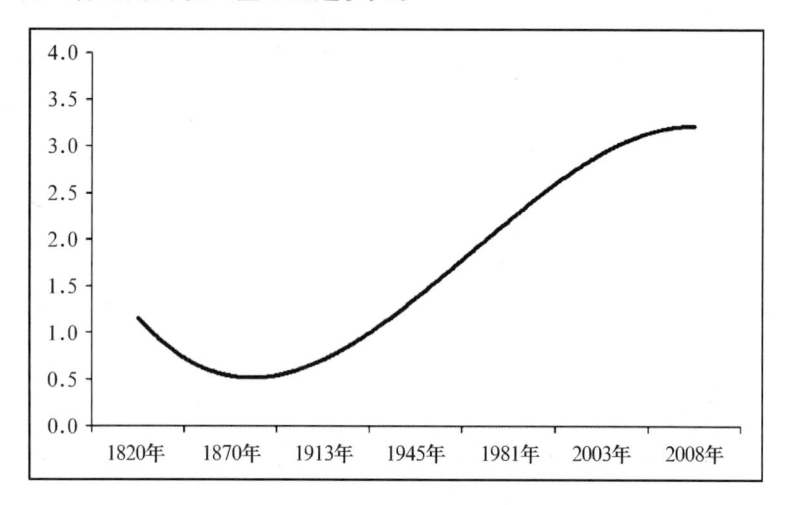

图 6　日本与拉美 8 国的人均 GDP 差距变化趋势
（日本的人均 GDP/拉美 8 国的人均 GDP）
资料来源：http：//www.ggdc.net/MADDISON/oriindex.htm

1820 年日本的人均 GDP 为 669 美元，是拉美 8 国的 0.9 倍，即：日本的收入水平低于拉美 8 国；1870 年日本的人均 GDP 为 737 美元，与拉美 8 国大体相等（742 美元）；1913 年日本的人均 GDP 为 1387 美元，是拉美 8 国的 0.9 倍；1945 年日本的人均 GDP 为 1346 美元，是拉美 8 国的 0.6 倍。1820～1945 年，日本的人均

GDP 的年平均增长率为 0.56%，与拉美 8 国基本接近 (0.51%)①。

1945 年以后，拉美 8 国的收入水平与日本的差距迅速扩大。1945～2008 年，日本的人均 GDP 由 1346 美元增至 22816 美元，与拉美 8 国的人均 GDP 之比由 0.6∶1 增至 3.0∶1。在此期间，日本的年人均 GDP 增长率约为 4.5%，拉美 8 国为 1.9%，前者是后者的 2.4 倍左右②。

第二节　理论分析：增长之源与产业结构

何为经济增长之源？自亚当·斯密时代以来，学者们一直在努力探寻令人信服的答案。在长期的探索和争论中，逐渐形成了较有影响的四种理论，即：技术论、制度论、文化论和外生因素论。

一、关于增长之源的四种主要理论

（一）技术论

马克思指出，"资产阶级在它的不到一百年的统治中所创造的生产力比过去一切时代创造的生产力还要多，还要大。"③ 邓小平指出，科学技术是第一生产力。

从公元 1 年到 1820 年，西欧的人均 GDP 只从 450 美元（1990 年国际元）增加到 1232 美元，1998 年则达到 17921 美元；公元 1000～1820 年，年人均 GDP 增长率仅为 0.14%，而 1820～

---

① http：//www.ggdc.net/MADDISON/oriindex.htm
② http：//www.ggdc.net/MADDISON/oriindex.htm
③ 马克思、恩格斯：《马克思恩格斯选集》第一卷，人民出版社，1972 年，第 256 页。

1998年则为1.51%，后一历史时期是前一历史时期的10倍以上。大洋洲和北美地区在公元1年到1820年间年人均GDP增长率仅为0.13%，而1820～1998年为1.75%，后一时期是前一时期的13.5倍左右[①]。1820～1992年，世界人口增长了5倍，人均GDP增长了8倍，世界GDP总量增长了40倍，世界贸易总额增长了540倍[②]。这些数字有力地支撑了史学界的一个普遍认识，即：1820年以来世界各国在工业革命中取得的成就比人类社会在此之前上千年所创造的技术进步还要多，技术进步掀起了工业革命的序幕，使人类社会的发展打破了马尔萨斯的"低水平循环"[③]预言，在人口大幅度增加的同时，人均收入水平也大幅度上升。

罗斯托认为，自工业革命以来，当今世界区别于以往世界的不同点就是：它把科学和技术系统地、经常地、逐步地应用于商品生产和服务业方面[④]。社会把自己组织起来，开发技术的宝藏与资源，摆脱了李嘉图的土地报酬递减论和马尔萨斯的人口论的幽灵。科学和技术在应对人口增长、自然资源潜力有限与生态环境遭受破坏的挑战中必将发挥决定性的作用。"非畜力驱动的机器的使用"和"旧的原材料由新的更有效的原材料取代"，最终

[①] 安格斯·麦迪森（英）：《世界经济千年史》，北京大学出版社，2003年，第16页、18页。

[②] 安格斯·麦迪森（英）：《世界经济二百年回顾》，改革出版社，1997年，第1页。

[③] 英国著名经济学家马尔萨斯（Thomas Robert Malthus，1766～1834年）认为，在呈几何级数增长的人口与呈算术级数增长的生活资料之间，必然存在着无法避免的矛盾。人类如果不能理性地对人口施以限制，就必将陷入幸福与灾难之间的循环往复。

[④] 罗斯托（美）：《这一切是怎么开始的——现代经济的起源》，商务印书馆，1997年，第5～6页。

成为了英国工业革命中技术变革的两大支柱①。技术进步使英国能够充分利用水、煤等自然资源，对水和煤的廉价利用降低了纺织业和炼铁业的生产成本，最终提高了生产效率。同时，1870年之前，棉纺织业和炼铁业因为利用蒸汽动力而提高了生产力水平，冶炼技术的发明更是极大地提高了钢铁行业的生产效率。

19世纪70年代，英国、美国等国家进入了第二次产业革命，第二次工业革命的主要标志是电力的广泛应用，科学技术的突出发展主要表现在四个方面，即电力的广泛应用、内燃机和新交通工具的创制、新通讯手段的发明和化学工业的建立。19世纪最后25年工业生产加速增长，1880～1913年石油产量每8.6年便翻一番，其他重要矿产产量翻番的时间是：铜13年，生铁、磷酸盐、煤和锌15～17年，铝和锡20年②。在交通运输方面，工业技术的革新使运费大幅度下降，1815～1851年帆船设计和建造技术的提高、装压船底货时间的减少和货物装卸储藏设备的改进，以及船员航海知识的增加使船舶航运率提高，降低了跨洋贸易的运输成本。19世纪后半期，蒸汽船逐步取代了帆船，控制了北大西洋和远东贸易。由于蒸汽船使用了降低煤耗的复合式发动机，单位远洋运费进一步下降，为开拓国际市场提供了便利。

当然，技术论也有一些缺陷。第一，基本上是以西欧、北美国家为样本，以它们的成功经验说明技术进步和工业革命的巨大作用。在20世纪50年代以前，经济学界的主流观点认为，以技术进步为特色的工业革命是西方兴起的关键因素。第二，无法解释部分发展中国家的落后。无论是较早获得独立的拉美国家，还

---

① 奇波拉（意）：《欧洲经济史》（第四卷）上册《工业社会的兴起》，商务印书馆，1989年，第131页。
② 肯伍德和洛赫德（澳）：《国际经济的成长：1820～1990》，经济科学出版社，1996年，第5页。

是第二次世界大战以后独立的非洲和亚洲国家，同样进行工业化建设，但是人均收入提高缓慢，它们与发达国家之间的差距一直很大，甚至这一差距仍在不断扩大。技术论无法全部解释部分亚洲、非洲和拉丁美洲国家在进行工业化后仍然处于贫困、落后状态的原因，这表明单纯以技术为核心的工业化不是国家实现经济起飞的普遍药方。第三，忽视了其他因素的重要性。技术论过于关注技术变革和工业革命所取得的成就，着重列举一些行业产值增长数据，或是构造抽象的数学模型来说明技术进步的重要性，没有深入分析和说明工业革命为什么首先在欧美国家出现的原因，也没有论述清楚某一行业技术进步导致的产值上升，如何扩散到整个工业体系，继而带来包括政治、文化、科技水平在内的国家竞争力的提高，等等。

（二）制度论

1973年，诺斯出版了其《西方世界的兴起》[①] 一书，该书一开始就指出：技术创新、规模经济、教育和资本积累等因素，只是增长的外在表现，而不是增长的原因；有效率的经济组织对增长是至关重要的；在西欧，有效率的经济组织的发展是西方世界兴起的原因所在。在该书出版以前，诺思再次深入探究了17~19世纪远洋航运生产力提高的源泉。诺思应用间接计量法，考察运输成本（人力成本、帆船建造成本和其他成本）在250年间的变化，发现海盗的减少使商船装备的武器减少，从而提高了每条商船的运载量；与此同时，市场和国际贸易的扩展、经济组织的改进，使跨大西洋商船运输由单向出口运输变成双向往返运输，大大提高了商船的运输效率，从而降低了运输成本。诺思由此推断，制度和经济组织的改进才是航运提高上升的根本原因。

[①] Douglass C. North and Robert Paul Thomas：*The Rise of the Western World*, London：Cambridge University Press, 1973, p1.

诺思是制度变迁理论的主要代表人物之一。他认为，制度是内生变量，它对经济增长有着重大影响。针对正式制度，诺思等学者把制度分为两个层次的法律，即：管制市场运行的制度和制约上述制度的一般性制度（如宪法等）。影响制度变迁的因素主要有两个方面，一方面有许多外在性的变化促成了潜在利润或外部利润的形成；另一方面由于存在对规模经济的要求，潜在的外部利润无法在现有制度内实现。因此，在现有制度下，某些人或社会集团为了获取潜在利润，就会率先来克服这些制度障碍，由此导致制度安排的创新，并进而形成制度变迁。从"成本—收益"分析来看，一项新的制度安排只有在创新的预期净收益大于预期的成本时才会发生。这又分两种情形，第一种情形是，由市场规模扩大、生产技术进步和社会集团对自己收入预期的改变促成"制度创新"。因为这些因素的变化将会促使成本和收益之比发生变化，比如市场规模的变化会改变既定制度安排下的收益和费用；技术进步会使得制度创新变得有利可图；社会中各种团体对收入的预期改变会使他们对新制度安排的收益与费用作出重新评价；等等。上述各要素作用的结果就会推动制度创新。第二种情形是，由技术创新、信息传播、有利于创新的社会科学知识进步等创新成本的降低导致的"制度创新"。制度创新的真正原因在于降低创新成本，可以使在新制度下的经济行为主体获取潜在的利润。

诺思及其追随者阐述了由国家提供的正式制度对贸易开放、市场扩大和经济长期发展具有重大影响，但是在具体分析中始终没有找到构建合适的模型的方法。

（三）文化论

20世纪80年代以后，博弈论被引入经济学领域，成为重要的分析方法。格雷夫在20世纪90年代研究中世纪地中海沿岸的穆斯林世界和拉丁世界的海外贸易时，发现穆斯林文化和拉丁文化对这两个社会的商人组织结构的形成和演变具有极其不同的作用,在此基础上,这两个社会发展出了不同的海外贸易制度进而影响了他们之后的经济绩效[1]。格雷夫循着这条线索,把社会学的概念引入经济分析并用博弈论分析方法,对两个社会的文化和制度结构之间的关系进行比较制度的分析,回答了一个更一般化的问题:在人类历史中,为什么一些社会采用了能够促进经济发展的制度结构,而其他社会则不然。由此,他开创了比较制度分析法,揭示了文化在决定制度结构中的重要性,导致了不同社会的制度发展的路径依赖,最终对一个社会的长期经济绩效产生了深远的影响。

穆斯林文化是集体主义社会,拉丁文化是个人主义社会,前者代表东方,后者代表西方。格雷夫不仅介绍了个人主义社会成功的原因,也解释了集体主义社会衰落的原因,我们可以将其理解为西方世界兴起和东方文明衰落的原因。但是,虽然模型设计十分精巧,但是适用条件限制很多,后来的研究者很难找到合适的历史案例进行分析,影响了模型的普遍适用性和解释力。因此,在格雷夫之后,其他后继者对该模型未能进行进一步完善。

(四) 外生因素论

该理论把经济增长的根源归因于资源或货币等的外生增长。例如,雷格利认为西欧近代经济发展的原因是新大陆的发现或是英国对自然资源的利用等外在因素,英国能打破马尔萨斯的低水平循环陷阱,实现经济的稳定增长,依靠的是前所未有的矿产能源的开发[2]。英国在进入工业化发展阶段之初,使用煤作为工业

---

[1] Avner Greif, "Cultural Beliefs and the Organization of Society: A Historical and Theoretical Reflection on Collectivist and Individualist Societies", *The Journal of Political Economy*, vol. 102, No. 5, Oct. of 1994.

[2] E. A. Wrigley, Continuity, *Chance and Change: the Character of the Industrial Revolution in England*, Cambridge University Press, 1988.

燃料，以蒸汽为新的机械动力，提高了生产力水平。琼斯认为，英国经济增长的根源是美洲新大陆的开发[①]。弗兰克则认为，正是由于大量的美洲白银流入西欧，才使西欧拥有了进入世界市场的入场券，加入了一向由东方国家主导的世界贸易格局，最终在竞争中取得了优势地位[②]。

外生因素的著作，资料翔实，论证严密，读起来令人感到非常信服，但其理论却不能解释许多资源丰富的国家，其经济发展却很差；与此同时，该派学者普遍忽视了历史上欧洲人对美洲大陆的发现和开发过程，得到了民族国家的制度支持，对海外探险、新航路开辟发挥了重要作用；英国本土资源的开发和利用，也主要依靠科学技术的进步。因此，在更大的程度上，新大陆殖民地的开辟和本土资源的开发和利用，是制度和技术进步的结果，而不是经济增长的原因。

二、经济增长理论和增长模型

经济增长理论是研究、解释经济增长规律和影响、制约因素的理论。经济增长有两种相互联系的定义，一种认为，经济增长是指一个经济体所生产的物质产品和劳务在一个相当长的时期内的持续增长，即：实际总产出的持续增长；另一种则认为，经济增长是指按人口平均计算的实际产出，即：人均实际产出的持续增加。

较早的经济增长理论是哈罗德—多马经济增长模型。在该模型中，哈罗德和多马首次考察了资本（投资）对一国经济增长的重要性。之后，索罗和斯旺又建立了包括劳动要素在内的索罗

[①] Eric L. Jones, *The European Miracle: Environments, Economics and Geopolitics in the History of Europe and Asia*, Cambridge University Press, 1981.

[②] 弗兰克（德）：《白银资本：重视经济全球化中的东方》，中央编译出版社，2008年。

—斯旺模型。其后，索罗和米德又对索罗—斯旺模型进行了修正，提出了包括技术进步因素在内的经济增长模型。该模型认为，技术对经济增长的贡献也是不容忽视的，它和资本、劳动共同支撑着一国的经济增长。从20世纪60年代开始，丹尼森等人利用实际数据进行实证分析，发现技术、资本、劳动对经济增长有明显的作用，特别是技术进步起着决定性的作用外，但还有一部分剩余得不到解释，这就是全要素分析中有名的"残值"问题。对残值的解释，舒尔茨将其视为人力资本增长的结果。20世纪70年代，诺思研究和分析了制度对经济发展的重要性。

根据以上简要介绍，经济增长的三大基本因素是资本、劳动和总要素生产力。总要素生产力包括技术进步和制度等难以准确度量的因素，用公式表示为：

经济增长率＝资本的贡献＋劳动的贡献＋总要素生产力的贡献

经济增长方式是指一个国家（或地区）经济增长的实现模式，它可分为两种类型：粗放型增长方式和集约型增长方式。如果经济增长主要依靠增加要素（资本和劳动）投入来实现，即：要素投入对经济增长的贡献率较大，则为粗放型增长方式；如果经济增长主要依靠提高劳动生产力来实现，即：总要素生产力对经济增长的贡献较大，则为集约型增长方式。

经济增长有6个主要特征。第一，产量增长率、人口增长率、人均产量增长率均较高；第二，总要素生产率对经济增长的贡献不断增大，而总要素生产率提高正是技术进步的重要标志；第三，产业结构和经济结构较快地变革和调整；第四，社会结构与意识形态结构迅速改革；第五，增长在世界范围内迅速扩大；第六，世界增长是不平衡的。

三、产业结构与经济增长

产业结构是指各产业的构成及各产业之间的联系和比例关

系。现行的国际通用的产业结构划分是三次产业划分法,即:初级产业、制造业和服务业,也即第一、二、三次产业。世界各国(地区)的经济增长实践证明,经济增长和产业结构转换之间有着比较稳定的内在联系。

产业结构是一个体系,其构成随着经济增长而不断发生变动。美国著名经济学家西蒙·库兹涅茨在他的《各国的经济增长》[①]等著作中,对西方国家经济发展的长期变化趋势作过详细的研究,尤其对伴随着经济增长的产业结构变化作过很好的描述。如表1所示,农业部门(即第一产业)所实现的国民收入,随着经济增长,在整个国民收入中的比重和农业劳动力在全部劳动力中的比重一样,处于不断下降之中;工业部门(即第二产业)占国民收入的相对比重,大体来看是上升的,但工业部门劳动力的相对比重,把世界各国的情况综合起来看大体不变或略有上升;服务部门(即第三产业)的劳动力的相对比重,差不多在所有的国家里都是上升的,而国民收入的相对比重大体不变或略有上升。

表1　库兹涅茨的三次产业就业结构统计分析(%)

	第一次产业	第二次产业	第三次产业
工业化前的准备阶段	71.9	13.3	14.8
工业化的实现和经济高速增长阶段	38.8	31.4	29.8
工业化后的稳定增长阶段	17.0	45.6	37.4

资料来源:刘伟等,《资源配置与经济体制改革》,中国财政经济出版社,1989年,第141、156页。前两行数据为原对应数据的平均值。

工业化前的准备阶段是一个国家从农业国向工业国的转变阶

[①] 见S·库兹涅茨(美)以下两本译著:《现代经济增长》,北京经济学院出版社,1989年;《各国的经济增长》,商务印书馆,2005年。

段，产业结构由以落后农业为主开始转向以工业为主。在此阶段，按 1990 年国际元计，人均 GDP 不足 1000 美元，积累率仍然较低，尚未形成比较完备的工业体系以及具有出口竞争能力的主导产业，因此，传统农业与现代工业的二元经济结构特征十分明显，第一、二、三产业间的劳动生产率差距较小，经济增长速度较慢，全社会的恩格尔系数较高（居民消费以食物消费为主）。

工业化的实现和经济高速增长阶段是经济发展的关键阶段。在此阶段，人均 GDP 介于 1000～6000 美元之间，产业结构发生剧烈变动，变化的主要特征有：第二产业高速增长，其占 GDP 的比重迅速上升，并超过第一产业；第一产业的比重迅速下降，农业劳动力向第二产业和第三产业转移。产业结构逐步实现高度化，一方面，制造业发展成为主导产业，并带动整个经济的高速增长；另一方面，重工业占较大比重。这时，二元结构经济出现重大变化，现代工业占主要地位，恩格尔系数降到 0.20 左右。产业结构调整进入良性循环轨道，高增长—高收入—高储蓄—高投资—高增长是其突出特点。

在工业化后的稳定增长阶段，人均 GDP 达到 6000 美元以上，进入高消费阶段，经济平稳增长，第三产业占 GDP 的比重迅速上升，甚至超过第二产业。第二产业内部的资本密集型产业的地位逐渐下降，知识密集型产业的地位迅速上升，并成为主导产业。二元经济结构特征基本消失，全社会的恩格尔系数下降到一个较低水平。

从本质上讲，经济增长是以产业结构变动为核心的，二者之间存在着相互依赖的关系，产业结构在一定程度上决定着经济增长，经济增长导致产业结构变动，经济增长越快，产业结构变动速度越高。

第三节 拉美与美国的比较：拉美国家的"初级产品出口繁荣"与美国的"工业化繁荣"

拉美国家独立得较早，1820年前后一些主要国家先后摆脱了殖民统治，建立了独立的民族国家。拉美地区的工业化起步较早，1870年前后墨西哥、巴西、阿根廷等主要拉美国家进入了早期工业化阶段，并经历了第二次工业革命浪潮。第二次世界大战结束时，大部分拉美国家已经独立了100多年且没有遭受两次世界大战的破坏，工业基础优于日本，经济、社会发展水平也明显高于后者。但是，经济增长的结果却是：1945年以前，拉美国家与美国的收入差距迅速扩大；1945年以后，拉美国家由先行者变成了落后者，其收入水平与日本之间的差距急剧扩大。

拉美国家为什么先落后于美国、后又落后于日本呢？本节和下一节将主要探讨这两个问题。

一、美国的"工业化繁荣"

19世纪初，美国仍然是一个典型的农业国，当时的非农产业基本上是面向国内市场的小手工业和家庭制造业，如制鞋、纺织等。与英国相似，美国的工业革命也是从棉纺织业开始的，1807年的"禁运法案"和1812～1814年的英美战争启动了美国的工业化进程。1807年，为避免卷入欧洲战争，美国政府颁布了"禁运法案"，一方面使美国的进出口贸易受到重创，另一方面也刺激了国内制造业的发展。美英战争结束后，为了抵制英国商品的倾销，保护本国工业，美国政府于1916年颁布了《关税法》，连续3年对进口的棉纺织品征收25%的关税，结果使美国的轻工业，特别是棉纺织工业获得了较快发展。

1830～1870年，美国的加工制造业取得了快速发展。先是1815～1850年新英格兰地区棉纺织业的崛起；接着是1843～1870年"北方工业的起飞"，以修建铁路、发展重工业为代表。1870～1920年，美国紧紧抓住第二次工业革命带来的机遇，实现了"工业化繁荣"，围绕电器、机械制造、化工、汽车等主导产业，建立了完整的现代工业体系。1880年，美国的工业产值超过英、德两国，成为世界第一工业强国。1894年，美国制造业产值跃居世界第一位，标志着美国的工业化基本完成。

美国的工业化进程有两个突出特点。第一，制造业引领了美国的工业化进程，带动了美国经济的高速增长。第二，工业化进程是产业结构升级的过程，即美国的工业化是一个工业比重逐步超过农业、重工业比重逐步超过轻工业的过程。

二、拉美国家的"初级产品出口繁荣"

反观拉美国家，当美国启动工业化进程时，拉美国家展开了轰轰烈烈的民族独立运动，并于1820年前后纷纷取得独立。1820～1870年，大部分新独立的拉美国家经历了内部纷争，甚至还经历了外来入侵。1870年以后，当美国掀起第二次工业革命浪潮时，拉美国家也进入了稳定发展时期，但拉美国家选择了另一条发展道路，即初级产品出口增长模式，这一模式一直延续到1930年前后，因此，1870～1930年也被称为拉美地区的"初级产品出口繁荣"时期。导致初级产品出口繁荣的因素主要有两个，一是初级产品出口量大幅度增长，二是贸易条件不断改善。

在"初级产品出口繁荣"时期，围绕着初级产品出口，可以把拉美国家分为三组。

第一组是矿产品出口国，如墨西哥、智利、秘鲁、玻利维亚等。1870年以后,随着电气时代的到来,欧美工业化国家对铜的需求猛增,导致部分拉美国家的铜出口量大幅度增加,1850~1990年智利铜的出口增长了10倍以上。截止1913年,铜成为秘鲁的第一大出口产品,智利和墨西哥的第二大出口产品。玻利维亚的出口产品则由白银转变为锡,1913年前后,锡约占玻利维亚出口产品的3/4左右。与此同时,智利的出口结构也发生了重大变化,虽然铜的出口量大幅度增长,但其硝石的出口增长速度更快,并成为第一大出口产品,1913年前后智利70%以上的出口收入来自硝石出口。20世纪初,墨西哥湾发现了储量丰富的石油,揭开了墨西哥石油出口的序幕,并迅速成为墨西哥的主要出口产品。

第二组是热带农产品出口国,如加勒比国家、中美洲国家以及巴西、哥伦比亚、墨西哥、委内瑞拉等。19世纪晚期,橡胶主要用于电气绝缘和制作汽车、自行车的充气轮胎,欧美国家的橡胶需求急剧膨胀,带动了巴西、秘鲁、玻利维亚亚马孙地区野生橡胶产业的迅猛发展,巴西的玛瑙斯市迅速崛起,在橡胶生产最繁荣的20年里,成为巴西最繁华和先进的城市。在加勒比海沿岸和厄瓜多尔的沿海地区,大量种植和出口香蕉,20世纪初,香蕉出口占哥斯达黎加出口总收入的45%,占洪都拉斯的42%。在厄瓜多尔和多米尼加,可可成为主要出口产品,1840~1870年厄瓜多尔的可可出口量由5000吨增至12 000吨,1913年前后可可出口占厄瓜多尔出口总收入的64.1%,占多米尼加的39.2%[1]。与此同时,咖啡成为7个国家的主要出口产品,即:危地马拉,咖啡出口占其出口总收入的84.8%;萨尔瓦多,占79.6%;尼加拉瓜,占64.9%;海地,占64.0%;巴西,占

---

[1] Olivier Dabéne, *América Latina en el Siglo XX*, Armand Colinéditeur, Madrid, 1999, p. 21.

62.3%；委内瑞拉，占52.0%；哥伦比亚，占37.2%；等等①。

第三组是温带农产品出口国，如阿根廷、乌拉圭等，1913年前后羊毛和肉类产品占乌拉圭出口总收入的80%左右，玉米和小麦占阿根廷出口总收入的45%左右，等等。

初级产品出口繁荣在一定程度上带动了拉美国家的工业化，先是矿产品加工业的进一步发展（主要集中在第一组国家），接着是维修和零配件加工制造业开始发展起来，最后是轻工业（纺织、食品加工等）开始起步并取得一定程度的发展。也就是说，拉美国家的早期工业化有两个发展方向，一是围绕初级产品出口而发展起来的加工制造业，二是以满足国内市场为主要目的的轻工业。

在初级产品出口量大幅度增长的同时，拉美国家的贸易条件也明显改善。如图7所示，1820～1890年，拉美国家的贸易条件持续改善；1890～1920年，贸易条件虽有所恶化，但仍优于1820～1850年。

初级产品出口量的增加和贸易条件的改善使拉美国家的出口收入大幅度增加，按1900年美元计，1870～1913年拉美8国的人均出口收入由9美元增至20美元，年均增长率为1.88%②。

拉美国家的"初级产品出口繁荣"取得了诱人的成绩，如1913年阿根廷的人均GDP达到了3797美元（1990年国际元），高于法国（3485美元）、德国（3648美元）以及欧洲12国③的平均水平（3687美元），以致于欧洲人形容富人时常说，富得就

---

① Peter J. Bakewell, *A History of Latin America*: *C. 1450 to the Present*, Blackwell Publishers, 2004, p. 446.

② Vctor Bulmer-thomas, John H. Coatsworth, Roberto Cortés Conde, *The Cambridge Economic History of Latin America*, Volume II, Cambridge University Press, 2008, Pp. 29.

③ 奥地利、比利时、丹麦、芬兰、法国、德国、意大利、荷兰、挪威、瑞典、瑞士、英国。

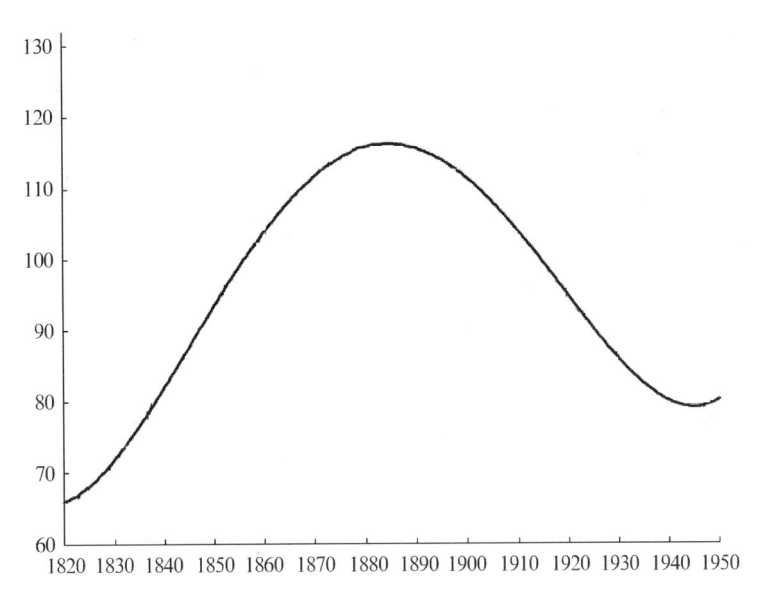

图 7　1820～1950 年拉美地区贸易条件变化趋势线

资料来源：Vctor Bulmer-thomas, John H. Coatsworth, Roberto Cortés Conde, *The Cambridge Economic History of Latin America*, Volume Ⅱ, Cambridge University Press, 2008, Pp. 33.

像阿根廷人一样。但是，同美国的"工业化繁荣"相比，拉美国家却远远地落在了后面，如图 8 所示，1870～1930 年，美国的人均 GDP 由 2445 美元增至 6213 美元，增长了 154%，年均增长率为 1.33%；同期，作为拉美地区第一大国的巴西，在经历了长达一个世纪的"咖啡繁荣"之后①，人均 GDP 仅由 713 美元增至 1048 美元，增长幅度约为 47%，年均增长率约

---

① 1727 年，咖啡由非洲传入巴西。19 世纪，咖啡种植遍布巴西，咖啡出口带来了近一个世纪"咖啡繁荣"。20 世纪初，巴西的咖啡产量占世界咖啡总产量的 75% 以上，从而赢得了"咖啡王国"的美称。

为0.54%[1]。

三、拉美国家落后的两大主要因素

导致拉美国家"初级产品出口增长繁荣"落后于美国"工业化繁荣"的主要因素有两个，即技术进步和制度变迁。

（一）技术因素：拉美国家赶上了第二次工业革命，但却没有抓住机遇

19世纪初，美国还是一个以农村社会为主的农业国，巨大的工业力量在不到100年的时间里把美国转变成为一个以城市为中心的工业国家。在这一转变过程中，制造业的发展和产业结构的升级发挥了关键作用，1859~1889年农业占总产值的比重从58.4%降至35.2%，而制造业的比重则由24.1%升至47.4%。与此同时，现代工厂制造业基本取代了传统手工制造业，1850年手工制造业产品占制造业产品的70%左右，1870年前后现代工厂制造业的规模超过了手工制造业，1890年工厂制造业产品占制造业产品达到了80%以上[2]。

拉美国家的情况与美国相反。如表2所示，拉美国家的产业结构仍以第一次产业和与初级产品出口相关联的服务业（运输、贸易、金融等）为主，1900~1930年，第一次产业占秘鲁GDP的比重一直保持在40%以上，阿根廷、巴西和智利在30%以上，墨西哥为28%~29%；第二次产业占GDP的比重，除阿根廷由22%升至30%外，巴西、智利、墨西哥、秘鲁等国家的这一比重均仅为12%~17%，因此，第二次产业，特别是制造业，没有成为国民经济的主体，不能有效地带动经济增长和产业结构升级。

---

[1] http：//www.ggdc.net/MADDISON/oriindex.htm。根据有关数据计算。
[2] 高芳英：《美国经济结构的变动与进步运动》，《世界历史》，1999年第4期。

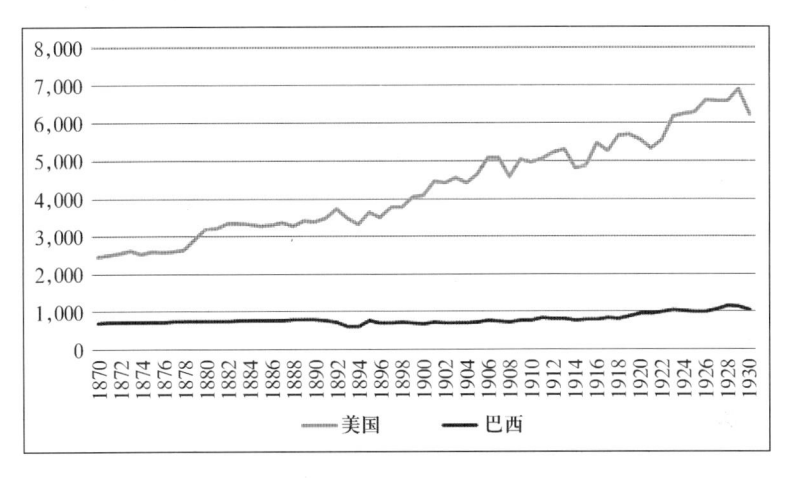

图 8　1870～1930 年美国、巴西人均 GDP 增长曲线（1990 年国际元）
资料来源：http：//www.ggdc.net/MADDISON/oriindex.htm。根据有关数据制作。

表 2　1900～1930 年部分拉美国家的产业结构

	第一次产业	第二次产业	第三次产业
阿根廷			
1900 年	49	22	29
1935 年	33	30	37
巴西			
1910 年	36	14	50
1930 年	31	17	52
智利			
1930 年	34	16	50
墨西哥			
1900 年	29	12	59
1930 年	28	15	53

续表

	第一次产业	第二次产业	第三次产业
秘鲁			
1900 年	40	15	45
1930 年	43	15	42

资料来源：Vctor Bulmer-thomas, John H. Coatsworth, Roberto Cortés Conde, *The Cambridge Economic History of Latin America*, Volume II, Cambridge University Press, 2008, Pp. 289.

（二）制度因素：增长模式的选择成为制约拉美国家工业化的内源性制度因素

美国于1776年独立后，围绕着美国选择什么样的发展道路问题曾展开了激烈的斗争。1776～1814年是美国工业化发展方向的初步确立时期，围绕着"工业立国"还是"农业立国"这一基本问题，汉密尔顿和杰斐逊之间发生了激烈冲突。前者主张工业立国，后者主张农业立国。1807年的"禁运法案"和1812～1814年的美英战争这两个重大的历史事件沉重打击了美国当时以初级产品出口（主要是农产品）的外向型经济，但却催生了美国的民族工业，致使杰斐逊不得不顺应时代的要求，转而支持美国工业的发展。1815～1865年，围绕着"独立自主的工业化"还是"依附型经济"这两条不同发展道路展开了激烈斗争，结果前者获胜。1865～1894年，工业立国和保护主义一直支配着美国经济，美国进入了突飞猛进的工业化时期，沿着独立自主的工业化道路迅速崛起，最终成为世界头号工业强国。

拉美国家与美国同处西半球的美洲大陆，仅比美国晚独立半个世纪左右。可是独立后的拉美国家却没有抓住第二次工业革命的机遇发展成为发达国家。半个多世纪以来，不同学派的学者们一直在努力寻求其原因，发展主义理论、依附论、新自由主义、制度经济学等都曾给出过不同的解释和解答。本文认为，从经济增长的两大源泉角度看，拉美国家的制度和增长模式的选择制约了拉美国家的技术进步和工业化发展。

在独立初期，拉美国家普遍选择了初级产品出口导向发展模式，这是对殖民地时期所形成的国际分工体系的路径依赖，没有给拉美国家带来制度创新，更没有带来产业结构升级和增长模式的转变。首先是"独立自主的工业化发展"没有成为拉美国家的主流意识。长期的殖民统治使拉美地区的生产体系几乎完全依附于以欧洲为中心的世界体系，其经济发展所形成的路径依赖已经摆脱不了对"中心"国家的依附，其基本格局是，拉美地区主要向欧美市场出口初级产品，从欧美进口工业制成品。独立后的拉美国家，围绕着发展道路和发展模式，也发生过激烈的内部斗争和争论，尤其是在19世纪后期，当看到美国"工业化繁荣"的巨大成功后，墨西哥等国家也曾试图寻求独立自主的工业化道路，但却没有成为主流意识。

其次是没有制定和实施顺应时代潮流的制度变革。虽然拉美独立运动与拉美地区民族主义的形成与启蒙思想的传播有关，但是引发独立运动的外因大于内因，如法国大革命、拿破仑战争、北美独立战争的示范效等是引起拉美地区独立运动的主要原因。独立运动带来了政治上的独立，却没有带来社会变革和制度变革，它依然是一个等级分明和依附性的社会，19世纪中期上台执政的"考迪罗"集团提出了"全盘欧化"的口号，主张尽可能地按照欧洲和北美的模式来重建其国家，崇奉经济自由主义，加强初级产品对欧洲的出口，极力模仿欧美的政治经济制度。

第四节 拉美与日本的比较：拉美国家的"进口替代工业化"与日本的"出口导向工业化"

第二次世界大战后，拉美国家和日本都进行了大规模的工业化，日本采用的是以重化工业化为核心的"出口导向工业化"，拉美国家则是"进口替代工业化"。

一、拉美国家和日本的工业化战略

第二次世界大战给日本经济带来了严重破坏，为了迅速恢复经济，1946～1948年日本政府实施"倾斜生产方式"，重点恢复煤炭、钢铁两大工业；1949～1954年实施"道奇路线"改革[①]，其目标是尽快实现经济自立。1955年，日本开始推行中期经济计划，该计划有两大核心内容。第一，正式确立重化工业化战略，将钢铁、煤炭、电力、造船等"四大产业"确立为主导产业。第二，确立贸易立国战略，将重化工业发展成为具有国际竞争力的出口导向型主导产业。20世纪50～70年代，日本抓住美国将钢铁、机械制造、化工等传统产业向外转移的机会，优先承接和发展这些产业，实现了重化工业化和产业结构升级。1950～1960年日本的重化工业化率（重化工业增加值占制造业增加值的比重）由47.9%升至58.2%，1970年达到62.3%；1955～

---

① 1949年2月，在美国的银行家约瑟夫·道奇的指导下，制订了日本经济新计划，即实施"稳定经济九原则"和"稳定工资三原则"。主要内容有：实行单一汇率制，1美元兑换360日元；取消美国对日本的财政补贴，要求日本实现财政平衡；等等。道奇路线的实施，抑制了日本战后的通货膨胀，使日本基本上摆脱了物价与工资轮番上涨的恶性循环，实现了日本财政收支平衡，促进了日本的出口。

1970年重化工业年均增长率为20.5%；1960～1975年重化工业产品占出口总额的比重由43.4升至83.3%[①]。随着钢铁、石油化工两大基础产业的快速发展，造船、机械和机器制造、电器、电子等资本—技术密集型产业也迅速发展起来，并成为主导产业，引领日本经济增长。1968年，日本国民生产总值超过了原联邦德国，成为仅次于美国的世界第二经济体；20世纪80年代前后，日本工业产品席卷全球市场，日本成为"世界工厂"。

20世纪30年代，墨西哥等少数拉美国家率先推行进口替代工业化发展战略。第二次世界大战后，在拉美经委会的结构主义理论影响下，进口替代发展战略被拉美国家普遍接受，逐渐形成了进口替代发展模式。这一模式要求尽可能地依靠自己的劳动力、原材料和技术，生产本国市场所需要的产品。其核心是通过实施贸易保护政策，发展满足国内市场需求的制造业，以本国生产的工业制成品替代原来需要进口的工业制成品。拉美国家之所以做出这一选择，主要有四个原因。第一，借鉴历史经验。世界经济发展史表明，继英国之后实现工业化的国家，如美国、德国等，都不同程度地实施过进口替代战略。19世纪末和20世纪初，拉美国家的一些有识之士曾依据"保护幼稚产业"理论，极力主张拉美国家实施进口替代工业化战略。第二，大萧条的冲击。20世纪30年代的大萧条导致世界贸易急剧萎缩，拉美国家不能继续大量出口初级产品，即"初级产品出口繁荣"被中断，因此，拉美国家不得不寻求依靠扩大内需来刺激增长的替代方案。第三，战争阻断了工业制成品的进口。第四，民众主义兴起。以墨西哥卡德纳斯总统为代表的民众主义登上拉美地区的政治舞台，发展工业、实现真正的政治和经济独立，是民众主义的核心追求目标之一。

---

① 郭四志：《战后日本重化工业化》，《现代日本经济》，1987年第4期。

二、工业化成效比较

拉美国家和日本的两种工业化模式都曾取得了令世人瞩目的成就，但二者之间存在着巨大差距。

如图9所示，1958年以前，拉美8国的人均GDP水平一直高于日本；但在1958年以后，日本的人均GDP大幅度增加，将拉美8国远远地甩在后面，到70年代初，日本的人均GDP超过了10000美元，进入高收入的发达国家行列。也就是说，1958~1971年，日本仅仅用了14年的时间，通过大力发展制造业，特别是重化工业，就基本完成了其工业化，而拉美国家直到21世纪初仍徘徊在中高收入的发展中国家行列。

当然，在这一进程中，拉美国家之间也存在着巨大差异。截止2008年，按1990年国际元计，特立尼达和多巴哥、波多黎哥、智利、阿根廷、委内瑞拉等国家（地区）的人均GDP达到了10000美元以上，其中特立尼达和多巴哥高达21000多美元，因此，单纯从人均GDP的角度看，这些国家（地区）属高收入经济体，但不属于工业化国家。乌拉圭、哥斯达黎加、墨西哥、巴拿马、巴西、哥伦比亚等国家的人均GDP介于6000~10000美元之间，属中高收入经济体。秘鲁、多米尼加、危地马拉、厄瓜多尔、古巴、牙买加、巴拉圭等国家介于3000~6000美元之间，属中等收入经济体。玻利维亚、萨尔瓦多、洪都拉斯、尼加拉瓜等国家介于1000~3000美元之间，属中低收入经济体。海地的人均GDP仅为686美元，不仅属于低收入经济，而且还是世界上最贫穷的国家之一[①]。

---

① http：//www.ggdc.net/MADDISON/oriindex.htm

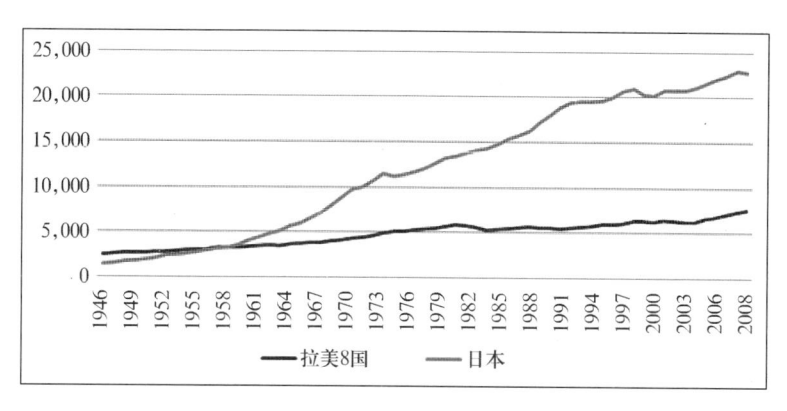

图9　1946～2008年日本和拉美8国人均GDP增长曲线（1990年国际元）
资料来源：http://www.ggdc.net/MADDISON/oriindex.htm。根据有关数据制作。

三、拉美国家落后的原因

在第二次世界大战后的全球性工业化浪潮中，拉美国家由先行者变为落后者的原因，学者们已经进行了广泛的研究和讨论，从产业结构的角度看，主要有以下几个原因。

（一）拉美国家的工业化尚未完成

从1956年开始，日本工业化进程加快，经济进入高速增长阶段，三次产业GDP构成从50年代中期的16.7∶37.0∶50.4转变为80年代初期的3.6∶45.7∶50.7，这意味着，工业及与工业（特别制造业）相关联的服务业成为国民经济的主体。在日本工业化的不同阶段，主导产业由轻工业转变为重化工业，这一转变带动了日本的产业结构升级，推动着工业化不断深入。从历史上看，日本的工业化进程可以分为三个阶段。第一阶段为1868～1920年，为初期工业化阶段。1868年的明治维新启动了日本的工业化进程，在此阶段，轻工业长期居主导地位，如1885～1915年纺织业的年均增长率高达7.5%；轻工业产值占工业生产总值的比重在1877年为69%,1900年达到73%,等等①;1877~1900年,轻工业对制造业增长的贡献率高达75.2%,1901~1920年为50.5%(见表3)。第二阶段为1920~1945年,为军需工业化阶段,以重化工业为主的军需工业迅速发展起来,1930年日本重化工业产值占工业总产值的比重为32.3%,1941年急剧上升为66%。第三个阶段为1956~1987年,为全面重化工业化阶段,重化工业逐渐成为制造业部门的主导产业,其产值占制造业总产值的比重由1955年的57%升至1987年的73%②。重化工业对制造业增长的贡献率在1956~1970年为66.3%,1971~1987年为91.8%,因此,重化工业的发展推动了日本工业化的最终完成。

表3 重化工业、轻工业对日本制造业增长的贡献率(%)

	重化工业	轻工业
1878~1900年	13.0	75.2
1901~1920年	39.6	50.5
1921~1938年	61.4	28.4
1956~1970年	66.3	18.7
1971~1987年	91.8	4.9

资料来源:侯力、秦熠群,"日本工业化的特点及启示",《现代日本经济》,2005年第4期(总第142期)。

在拉美地区,各国的工业部门(特别是制造业)没有发展成为国民经济的主体,没有带动产业结构有效升级和经济的持

---

① (日)西川俊作、阿部武司:《日本经济史(4):产业化的时代》(上),三联出版社,1998年,第108页。
② 赵自勇,《1931~1945年日本的对外战争与工业化》,《华南师范大学学报》(社会科学版),1996年第6期。

续、快速增长。如表 2 所示,1930 年前后,除阿根廷等个别国家外,巴西、智利、墨西哥、秘鲁等绝大部分拉美国家第二次产业占各自 GDP 的比重均在 20% 以下。经过大规模地实施进口替代工业化,20 世纪 70、80 年代第二次产业占拉美地区 GDP 的比重有较大幅度的提高,1980 年的这一比重为 34.4%,第一产业(农业和矿业)的比重降至 13.2%,第三次产业的比重为 52.4%。

拉美地区的第二次产业有两大突出特点。第一,第二次产业虽然以制造业为主,但制造业占 GDP 的比重较低。1973～1980 年,制造业占拉美地区 GDP 的比重仅为 26%,没有成为国民经济的主体,不能有效地带动经济增长。第二,制造业以资源密集型产业和劳动密集型产业为主。如表 4 所示,1980 年资本—技术密集型产业占制造业产值的比重,阿根廷为 26.5%,巴西为 33.7%,墨西哥为 27.3%,智利、哥伦比亚、秘鲁 3 国则在 20% 以下,这表明拉美国家的制造业以资源密集型和劳动密集型产业为主,这种产业结构不仅不能带动产业结构升级,更不能推动增长方式的转变。

(二)拉美国家的第二次产业对 GDP 增长的贡献率较低

如表 5 所示,1971～1980 年第二次产业对日本 GDP 增长的贡献率为 47.6%,1981～1990 年提高至 49.7%,即 20 世纪 80 年代日本 GDP 的增长约有一半左右来自第二次产业。拉美 8 国的情况则与日本相反,在 70 年代,第二次产业的贡献率为 28.9%;在 80 年代,在债务危机的打击下,其贡献率减至 15.7%,经济增长主要依靠第三次产业来拉动。

表 4 1970～1999 年拉美 6 国的制造业结构（%）

		阿根廷					巴西		
	1970 年	1980 年	1990 年	1999 年		1970 年	1980 年	1990 年	1999 年
资本—技术密集型	24.1	26.5	15.3	20.6		23.0	33.7	29.6	31.6
资源密集型	51.8	53.4	64.6	58.5		43.7	39.9	42.2	44.9
劳动密集型	24.0	20.1	20.2	20.9		33.4	26.4	28.2	23.5
		智利					哥伦比亚		
	1970 年	1980 年	1990 年	1999 年		1970 年	1980 年	1990 年	1999 年
资本—技术密集型	23.6	13.8	13.1	13.8		15.3	15.3	13.2	16.0
资源密集型	45.4	57.5	59.4	61.2		50.2	52.7	56.7	55.3
劳动密集型	31.0	28.7	27.5	25.0		34.5	32.0	30.1	28.7
		墨西哥					秘鲁		
	1970 年	1980 年	1990 年	1999 年		1970 年	1980 年	1990 年	1999 年
资本—技术密集型	20.5	27.3	26.7	32.1		12.1	18.5	11.5	5.6
资源密集型	49.4	46.7	48.2	45.2		53.5	50.7	57.7	57.8
劳动密集型	30.2	26.0	25.1	22.8		34.4	30.8	30.8	36.6

资料来源：苏振兴，"拉美国家制造业的结构调整"，《拉丁美洲研究》，2002 年第 6 期。

表5　1971~1990年三次产业对拉美8国和日本GDP增长的贡献率（%）

	1971~1980年		1981~1990年	
	拉美8国	日本	拉美8国	日本
第一次产业	11.2	0.3	13.2	0.6
第二次产业	28.9	47.6	15.7	49.7
第三次产业	59.9	52.1	71.1	49.7

资料来源：
(1) 日本：侯力、秦熠群，"日本工业化的特点及启示"，《现代日本经济》，2005年第4期（总第142期）。
(2) 拉美8国：根据联合国统计数据计算（2010年）。http://data.un.org/Explorer.aspx
注：日本1981~1990年为1981~1987年的数据。

（三）拉美国家的经济增长方式为粗放型增长方式

如前所述，经济增长的三大基本因素是资本、劳动和总要素生产力，其中资本和劳动为要素投入，总要素生产力包括技术进步和制度等难以准确度量的因素。如果经济增长主要依靠增加要素投入来实现，则为粗放型增长方式；如果经济增长主要依靠总要素生产力来实现，则为集约型增长方式。

如表6所示，1960~1990年，拉美地区的经济增长主要依靠要素投入，资本和劳动对GDP增长的贡献高达97%以上，总要素生产力的贡献率仅为2.9%，因此，拉美国家的经济增长方式明显地是粗放型增长方式。在表6列举的6个拉美国家中，智利、哥伦比亚两国总要素生产力的贡献率为27%左右，巴西为15.4%，墨西哥为9.8%，而阿根廷、秘鲁两国为负值。

表6 1960~1990年拉美地区及部分拉美国家GDP增长因素分解（%）

	资本	劳动	总要素生产力
拉丁美洲	55.9	41.2	2.9
阿根廷	87.5	43.8	-31.3
巴西	51.9	32.7	15.4
智利	33.3	39.4	27.3
哥伦比亚	38.3	34.0	27.7
墨西哥	54.9	35.3	9.8
秘鲁	53.3	53.3	-6.7

资料来源：José De Gregorio, Jong-Wha Lee, "Economic Growth in Latin America: Sources and Prospects", Harvard University and Korea University, December 1999.

第五节 两点启示：关于工业化与服务业的看法

通过以上分析，可以总结出两点启示，即：坚定不移地推进工业化是跨越"中等收入陷阱"的关键，不应过早或过度地发展服务业。

一、坚定不移地实施"工业立国"战略，规避拉美国家的"去工业化"

20世纪80年代以前，阿根廷、巴西和墨西哥三国基本达到了中等工业化程度，建成了具有一定规模和技术水平的工业体系，阿根廷在70年代已能生产汽车、飞机甚至核电站设备。自20世纪80年代以来，在这些国家出现了"去工业化"趋势，原来取得的工业化成果损失殆尽。以阿根廷为例，到21世纪初，阿根廷重新成为一个农业和畜牧业国家,其出口结构退回到二战之前的状态,谷物、肉类等初级产品占到出口额的 60% 以上,基本丧失了工业自给能力。

有学者认为,自 20 世纪 80 年代以来,拉美地区的制造业出现了两种较为突出的专业化模式,即以南部美洲为代表的初级产品加工业和以墨西哥"客户工业"为代表的出口加工业[①]。也有学者认为,进入 21 世纪以来,拉美地区出现了"再工业化趋势",其突出表现是 50% 以上的出口商品为工业制成品。但是,这些不是评价"去工业化"的主要标准。

拉美国家的"去工业化"主要表现在以下两个方面。

第一,拉美国家的制造业未能与时俱进地进行产业升级。近几十年来,产业结构的重化工业化过渡到高科技化,资本密集型的主导产业被知识密集型的高科技产业替代。在这一产业结构升级进程中,拉美国家尚未完成重化工业化时,其工业化进程被 20 世纪 80 年代的债务危机暂时中断,又被随后展开的"新自由主义"改革所干扰,因此,当东亚国家(地区)抓住第三次工业革命机遇,大力发展信息、电子等高新技术产业时,拉美国家却在原有的产业结构基础上徘徊。如表 4 所示,1980～1999 年大部分拉美国家的制造业结构不仅仍以资源密集型产业和劳动密集型产业为主,而且阿根廷、巴西、智利、秘鲁等国家资源密集型产业所占的比重还有不同程度的上升,其结果是:在资本—技术密集型产业领域,拉美国家无力与工业化国家竞争;在劳动密集型产业领域,不能与中国等新兴发展中国家进行竞争。

第二,制造业对经济增长的贡献率较低。1971～1980 年,制造业对 GDP 增长的贡献率为 19.9%,1981～1990 年仅为

---

① 苏振兴:《拉美国家制造业的结构调整》,《拉丁美洲研究》,2002 年第 6 期。

9.8%，1991~2000年为21.0%，2001~2009年为16.1%①。

二、不应过早或过度地发展服务业

人们普遍认为，当工业化发展到一定程度时（如达到中等工业化程度），大力发展服务业能够有力地推动经济增长。但是，拉美国家的发展实践表明，过早或过度地发展服务业却不利于经济增长和产业升级与转型。

如果我们用S代表服务业占GDP的比重，用I代表工业所占的比重，则S/I则有三种可能，即：其比重小于1、等于1或大于1。如果比值小于1，则意味着工业比重大于服务业比重，工业对GDP增长的贡献会大于服务业，在这种情况下，如果一个经济体正处于高速增长期，则其主要增长来源是工业；如果该经济体处于低增长状态，则意味着工业部门的产业结构存在严重问题，不能有效地带动经济增长。当比值等于1时，表明两个产业对GDP增长的贡献基本相同，国民经济结构和产业结构处于关键转型期。当比值大于1时，说明服务业代替工业而成为经济增长的主导部门，在这种情况下，GDP增长速度与服务业的增长密切相关。

工业化国家的经济增长实践表明，当S/I的值超过1后，随着比值的增大，GDP增长率趋于减小。如图10所示，1971~1980年，日本的S/I的值为1.3，年均GDP增长率为4.5%；1981~1990年，比值增至1.5，GDP增长率降至4.0%；1991~2000年，比值为1.8，GDP增长率降至1.2%；2001~2009年，比值进一步增至2.3%，GDP增长率则降至仅为0.4%。存在类似现象的国家还有美国、英国、法国、德国、意大利等。

如表7所示，早在1930年，部分拉美国家的S/I值就已经

---

① 根据联合国统计数据计算（2010年）。http：//data.un.org/Explorer.aspx

超过1，巴西、智利、墨西哥三国的这一比值甚至超过3，这从另一个侧面反映出初级产品出口带来的服务业超前发展，挤压了工业，特别是制造业的发展空间。经过近半个世纪的进口替代工业化，到1980年，S与I的比值大幅度减小，但大部分国家仍在1以上，巴西为1。1980~2009年，这一比值再次出现较大幅度增加，巴西的这一比值为2.7，接近1930年的水平。拉美国家过早或过度地发展服务业，有多方面的原因，其中农业、工业没有得到充分发展，城市化进程过快等是其主要因素。在一个多世纪的时间里，这种"头大、脚轻、身体小"的经济结构，严重束缚着拉美国家的产业升级、结构转型和增长方式的转变。

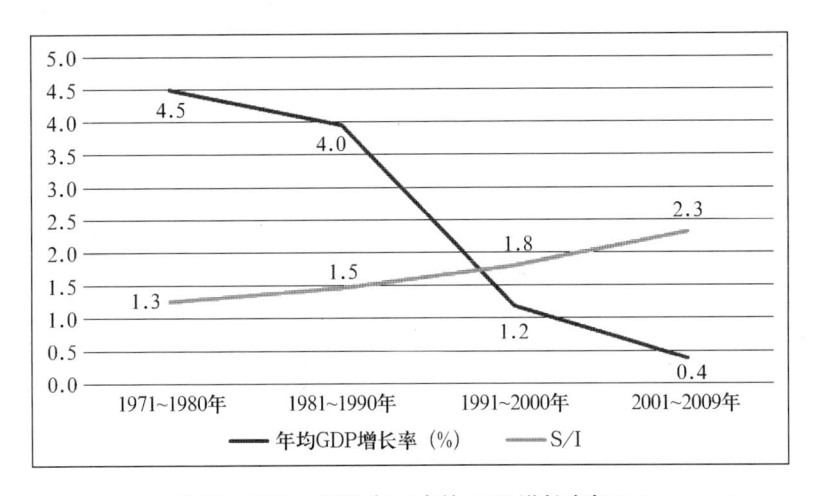

图10　1971~2009年日本的GDP增长率与S/I

资料来源：http://databank.worldbank.org/ddp。根据统计数据计算。

表7 1930年、1980年、2009年部分拉美国家 S/I 的值

	1930年	1980年	2009年
阿根廷	1.2	1.3	1.9
巴西	3.1	1.0	2.7
智利	3.1	1.5	1.2
墨西哥	3.5	1.7	1.8
秘鲁	2.8	- -	1.6

资料来源：http：//databank.worldbank.org/ddp。根据统计数据计算。

主要参考文献

毛键：《经济增长理论探索》，商务印书馆，2009年。

Hopenhayn, Hugo, and Pablo Andrés Neumeyer, "Latin America in the Twentieth Century: Stagnation, then Collapse," Working Paper 28, Department of Economics, Universidad Torcuato Di Tella, 2004.

José de Gregorio, "Economic growth in Latin America", Journal of Development Economics 39 (1992) 59 – 84. North-Holland.

Rodrigo García-Verdú, "Demographics, Human Capital and Economic Growth in Mexico: 1950 – 2005", Poverty Reduction and Economic Management unit, Latin American and the Caribbean region, The World Bank, June 12, 2007.

Víctor J. Elías, Sources of Growth: A Study of Seven Latin American Economies, San Francisco, CA: ICS Press, 1992.

中篇 拉美案例研究

第五章 拉美国家摆脱"中等收入陷阱"的经验教训:政治学视角的分析

袁东振[*]

内容提要:"中等收入陷阱"现象非拉美独有,也并非所有拉美国家都存在这一问题,但拉美不少国家的确在中等收入状态滞留时间长,在关键时刻错失进入高收入行列的机会。近年来拉美在摆脱"中等收入陷阱"道路上取得了明显进步,在克服"进步陷阱""贫困陷阱""不平等陷阱"和"可治理陷阱"方面取得了不同程度进展,一些国家甚至有望跨入高收入行列。但制约拉美"迈向发达"的结构性、体制性和政策性问题依然存在,即使那些有望摆脱"中等收入陷阱"困扰的国家也还面临着众多风险和困难。拉美在摆脱"中等收入陷阱"方面的成就,既源于经济增长和社会稳定,也源于各种制度、体制和政策不断完善,得益于政治共识不断巩固,政府决策日益公开、透明和科学,以及政治体制不断完善。拉美的经验表明,政治因素虽不能直接使一个国家摆脱"中等收入陷阱",但却可为破解这一"陷

---

[*] 袁东振,中国社科院拉美所拉美政治研究室主任、研究员。

阱"提供必不可少的政治、制度和政策条件。

关键词： 中等收入陷阱　拉美国家　政府决策　政治学

拉美许多国家在中等收入状态滞留时间较长，在关键时刻错失进入高收入行列的机会，被国内学界视为"中等收入陷阱"的典型。其实，随着近年经济持续增长，以及体制与决策机制不断完善，拉美在摆脱"中等收入陷阱"方面取得宝贵经验，一些国家有望在近期摆脱这一"陷阱"的长期困扰。本文主要从政治共识、政府决策、政治体制等政治因素的角度，对拉美摆脱"中等收入陷阱"的经验教训做初步分析。

第一节 "中等收入陷阱"：拉美人的观点

一、拉美人的"中等收入陷阱"观

国际机构和学界对"中等收入陷阱"有各种各样的定义、解释和说明，既有共识也有分歧。主流观点认为，"中等收入陷阱"是当代世界客观存在的现象，涉及经济、政治、社会各方面，涵盖发展状态的停滞性、经济结构的落后性、发展战略的不适当性、改革措施的不及时性、缩短与发达国家差距的艰难性、社会和政治民主的局限性等基本内容。

"中等收入陷阱"概念最先由世界银行提出并使用，因此世行的定义被认为具有经典性。世行认为，"中等收入陷阱"是指一国（地区）达到中等收入水平后，很难实现向高收入的跨越，因为当经济发展到一定水平时，"它所赖以从低收入经济体成长为中等收入经济体的战略，对于它向高收入经济体攀升是不能够重复使用的"，其经济与社会发展"很容易进入停滞徘徊期"，在较长时期难以出现质的提升。该行还从世界的经验中得出结论，认为"很多经济体可以很快达到中等收入水平，但却很少能从这种状态中走出来，因为必要的政策改革和制度变迁更为复杂，在技术、政治和社会领域面临的挑战更为严峻"[1]。世行认为制度因素是许多国家难以实现从中低收入向高收入跨越的主要原因。

拉美各界对"中等收入陷阱"问题有各种认识，较具代表性的观点有：

（一）拉美重要智库"利马商会"（Cámara de Comercio de Lima）认为，"中等收入陷阱"是指一些国家的收入水平达到中等程度时，没有采取必要改革措施以实现更高程度增长，并长期不能摆脱这种状态[2]。该机构认为，政策因素是一些国家陷入"中等收入陷阱"的重要原因。

（二）智利学者马达利阿加认为，"中等收入陷阱"是指一些国家收入水平和社会民主化达到一定程度后便滞留在中等收入状态，缩短与发达国家的差距越来越困难。这一定义强调摆脱"中等收入陷阱"的艰难性[3]。

（三）安第斯开发银行高级经济学家安德里亚纳在定义"中等收入陷阱"时指出这一现象的6种具体表现形式[4]。1. 收入停滞，收入水平达到中等程度后便长期停留或徘徊于这种状态。2. 增长和衰退交织，短期增长后通常出现经济滑坡。3. 缺乏达到发达经济体收入水平的能力。4. 竞争能力差，既缺乏与具有

---

[1] 转引自郑秉文："'中等收入陷阱'与中国的三次历史性跨越——国际经验教训的角度"，《中国人口科学》2011年第1期。

[2] "la Trampa de Crecimiento", La Primera, 22 de marzo de 2011, http://www.diariolaprimera.peru.com

[3] Aldo Madariaga, "Reflección sobre la Trampa de Ingreso Medio en Chile", Estudios de la Economía, http://estudiosdelaeconomia.wordpress.com. 2011/08/15/

[4] Andriana Arreaza, "Panorama Económica de América Latina", 2010, http://www.iaeal.usb.ve

低工资优势欠发达国家竞争的能力，又缺乏与发达经济体竞争的能力。5. 经济结构落后，经济活动集中在对高端人力资本需求不多的部门。6. 中间阶层规模小或出现萎缩。安德里亚纳主要从经济发展角度测定"中等收入陷阱"的表现形式，侧重这一现象的经济根源。

二、拉美人的"拉美中等收入陷阱"观

对于是否存在"拉美中等收入陷阱"，拉美各界有不同认识，主要观点如下：

（一）"中等收入陷阱"是世界性现象，非拉美独有。曾担任智利财政部长和外交部长的福克斯雷伊认为，"中等收入陷阱"现象是拉美的经历，但"中等收入陷阱"非拉美国家独有，其他地区也有这种现象，例如马来西亚和泰国即是"中等收入陷阱"的典型代表[1]。这和世界银行等国际机构的观点类似。

（二）拉美存在"中等收入陷阱"，但不是该地区所有国家都有这种现象。"利马商会"认为，巴西、阿根廷、墨西哥在20世纪70年代后陷入"中等收入陷阱"，至今仍未摆脱这种状态，但秘鲁等国家并没有陷入该"陷阱"[2]。智利总统皮涅拉认为智利并不存在现实的"中等收入陷阱"问题[3]。

（三）一些拉美国家已经摆脱"中等收入陷阱"。拉美有一种乐观观点，认为"中等收入陷阱"是拉美的过去，目前许多国家已经摆脱这一陷阱。巴西经济学家巴罗斯（Octavio Barros）

---

[1] Alejandro Foxley, "una Evaluación Optimista del Futuro de las Economías de la Región", www. cieplan. org/temas/22/06/2011

[2] "la Trampa de Crecimiento", La Primera, 22 de marzo de 2011, http: //www. diariolaprimera. peru. com

[3] Piñera Pide a Parlamento Chileno "Superar Trampa de Países de Ingreso Medio", http: //noticias. terra. com. pe.

认为20世纪巴西等国家曾陷入"中等收入陷阱",但当前巴西政治稳定,政治和社会制度不断完善,"已没有中等收入陷阱问题"①。

(四)拉美国家仍有陷入"中等收入陷阱"的风险。智利总统皮涅拉认为,"如果我们不能在与不发达和贫困的斗争中取胜,如果不能在发展教育的战役中取胜,就有可能陷入中等收入陷阱"。秘鲁经济学家门多萨(Armando Mendoza)认为,即使秘鲁实现了较快经济增长,但如果增长只让少数人获益,不改变财富分配不公的状况,就有陷入"中等收入陷阱"的风险。还有人认为新自由主义不能超越"中等收入陷阱",新自由主义的共识仍会使智利等国家停留在这一状态②。巴罗斯也认为,巴西虽已经走出"中等收入陷阱",但仍需意识到风险的存在,并尽力避免风险。

三、拉美何以成为"中等收入陷阱"的典型

如前所述,"中等收入陷阱"现象非拉美独有,也并非所有拉美国家都存在这一问题。但人们为什么总习惯把拉美作为"中等收入陷阱"的典型呢?原因如下:(一)中等收入国家最集中。拉美33个国家中有28个属中等收入,少数高收入国家(加勒比地区岛国)和唯一低收入国家(海地)在该地区都不具代表性和典型性。(二)进入中等收入行列较早。阿根廷早在上世纪60年代初,智利、乌拉圭、墨西哥、巴西等在70年代上半期均已达到中低收入水平。(三)滞留中等收入状态时间长。至2011年拉美国家在"中等收入"状态平均滞留37年,其中阿根

---

① "Bradesco:规避中等收入陷阱亚洲应吸取拉美经验",载"凤凰网财经"2011年4月15日,http://finance.ifeng.com.

② Aldo Madariaga, "Reflección sobre la Trampa de Ingreso Medio en Chile", Estudios de la Economía, http://estudiosdelaeconomia.wordpress.com.2011/08/15/

廷 49 年，智利 40 年，乌拉圭 38 年、墨西哥 37 年，巴西 36 年，哥伦比亚 32 年[①]。（四）在关键时刻错失进入高收入行列的机会。按照世界银行的研究，在 1950 年后的 60 年间，有 13 个经济体取得了至少 25 年的持续增长，年均增长率达到或超过 7%，其中亚洲 9 个（韩国、中国、香港、印尼、日本、马来西亚、新加坡、台湾和泰国），拉美 1 个（巴西），欧洲 1 个（马耳他），中东和非洲 2 个（阿曼、博茨瓦纳）；上述 13 个经济体中有 7 个（韩国、香港、日本、马耳他、新加坡、台湾、阿曼）进入高收入行列[②]，唯独缺少拉美地区的代表。（五）世界银行等国际机构通常把拉美作为"中等收入陷阱"的典型案例。

综上所述，"中等收入陷阱"现象非拉美独有，也并非所有拉美国家都存在这一问题。但拉美国家在中等收入状态滞留时间长，在关键时刻错失进入高收入行列的机会，将拉美作为"中等收入陷阱"典型来分析，也符合其历史与现实。

第二节 摆脱"中等收入陷阱"：拉美国家的成就与制约

最近 20 年拉美国家积极探索新发展道路，努力摆脱"中等收入陷阱"困扰，并取得一些宝贵经验。但拉美国家的成就是初步的，许多成果缺乏稳定性，许多国家还未完全跨越或走出这一"陷阱"。制约拉美"迈向发达"的各种结构性、体制性和政

[①] 郑秉文："'中等收入陷阱'与中国的三次历史性跨越——国际经验教训的角度"，《中国人口科学》2011 年第 1 期。

[②] Alejandro Foxley, Fernando Sossdorf, *Transición de Países de Ingreso Medio a Economías Avanzadas: Lecciones para América Latina*, p. 5, CIEPLAN, Corporación de Estudios para Latinoamerica, 15 de septiembre, 2011.

策性问题根深蒂固，不少国家仍在"中等收入陷阱"中苦苦挣扎。即使那些有望摆脱"陷阱"的国家，也还面临一系列风险和困难，如不能妥善应对，将难以实现向高收入或发达行列的历史性跨越。

一、一批国家逐渐步出"进步陷阱"

拉美国家摆脱"中等收入陷阱"或"进步陷阱"（Trampas del Progreso）的经济条件逐渐成熟。战后拉美曾经历一个较长经济增长时期，1950～1980年地区经济保持30年较高增长，年均增长5.3%，国民生产总值增长4倍，巴西、墨西哥等主要国家出现"经济增长奇迹"，多数国家相继进入中等收入行列，不少国家提出向发达国家跃进的目标。但1982年的债务危机及随后的经济持续衰退，打碎拉美国家的梦想，使其痛失向高收入行列跨越的机遇。20世纪80年代成为拉美经济"失去的10年"，年均增长率仅1.2%，人均GDP出现负增长。在历经20多年滑坡和起伏不定后，直到2003年才走出"增长乏力"的困境，进入新一轮强劲增长期。2003～2008年拉美经济年均增长超过5%，人均超过3%。在世界金融危机冲击下拉美经济增长2009年明显放缓，增长率、出口量和出口值、进口量和进口值均出现不同程度下降，但拉美国家从过去的危机中汲取了教训，成功避免再次陷入低增长的陷阱。2010年拉美率先摆脱世界经济危机影响，实现复苏，2010年和2011年分别增长6%和4.3%，2012年预计仍可取得3.7%左右的增长率。拉美经委会认为，在经历20年不稳定后，拉美国家宏观经济终于走上了持续稳定发展之路，抵御经济危机的能力显著增强。2010年前后拉美国储备达到7000亿美元，外国直接投资达到1283亿美元，对外直接投资增加到345.7亿美元①；财政和经常账户基本平衡或没有出现大规模失衡，公共债务规模处于可控状态；财政和金融调控得到改进；对外贸易出现多元化趋势，与世界经济的联系进一步密切。经济持续稳定增长和国际竞争力增强，为拉美国家摆脱"中等收入陷阱"提供了经济条件。

一批拉美国家有望在近期步入高收入甚至发达国家行列。国际货币基金组织（IMF）认为智利2011年人均GDP超过1.2万美元，在"中等收入"状态滞留40年后，和乌拉圭一起率先迈入高收入行列；巴西在2013年、墨西哥和巴拿马在2016年也将进入高收入行列。中国学者也认为智利在拉美已率先摆脱"中等收入陷阱"②。福克斯雷伊根据IMF的标准，认为乌拉圭和智利15年内，巴西、墨西哥、阿根廷或许还有哥伦比亚会在20年内步入发达国家行列，这些国家的人均收入届时将达到或超过2.3万美元③。

拉美国家虽实现了新一轮强劲增长，经济总量和人均收入有较高增长，但经济仍有很大脆弱性，这种脆弱性对其实现向高收入和发达国家跨越构成强大制约。相关研究显示，在经济增长过程中拉美国家的经济结构并没有发生根本变化，出口集中在初级产品的状况甚至还有所加重。1995～2001年拉美国家出口中，制成品占69.3%，初级产品占28%，2002～2008年前者降为

---

① CEPAL, *Panorama Social de América Latina 2011*, 29 de noviembre de 2011, http://www.eclac.cl; EFE, "América Latina crece, pero no se cree inmune", http://www.elperuano.com.pe/

② 郑秉文、齐传钧："智利：将走出'中等收入陷阱'首个南美国家——还政于民20年及其启示",《2010～2011拉美黄皮书》主题报告，社科文献出版社，2011年3月。

③ Alejandro Foxley, "Una Evaluación Optimista del Futuro de las Economías de la Región", http://www.cieplan.org/temas/22/06/2011

64%，后者上升到33%[1]。在拉美时常可听到对经济"初级产品化"和"去工业化"的担忧。此外，增长和衰退交织的周期也难以消除，外部环境对该地区经济增长的影响仍然较重。

二、逐渐摆脱"贫困陷阱"的长期困扰

拉美的贫困率持续下降，越来越多的国家从"贫困陷阱"（Trampas de la Pobreza）中脱身。拉美经济发展水平在发展中世界中不算低，但一直存在着规模庞大的贫困群体，致使许多国家一直陷于所谓"贫困陷阱"中。1970年前后贫困家庭（家庭收入在贫困线以下）占40%；赤贫家庭（家庭收入不能满足最低食品需求）占19%。20世纪80年代贫困化程度加剧，贫困和赤贫人口分别净增6130万和2950万，分别增长45%和47%。90年代后随着经济形势好转和扶贫措施力度加大，贫困现象有所减轻，但贫困率仍没有能降低到80年代危机前的水平，2003年前后拉美贫困人口仍超过2.13亿，其中赤贫人口达0.88亿[2]。随着最近一轮经济持续增长周期出现及社会政策力度加大，拉美贫困水平持续下降，越来越多的国家开始从"贫困陷阱"中脱身。1990~2010年拉美贫困率下降17个百分点，赤贫率下降10.3个百分点，均降至20年来最低水平。最近8年仅巴西一国贫困人口就减少2400万[3]。

---

[1] Andriana Arreaza, "Panorama Económica de América Latina", 2010, http://www.iaeal.usb.ve

[2] CEPAL, Panorama Social de América Latina 2004, http://www.eclac.cl.

[3] CEPAL, Panorama Social de América Latina 2011, 29 de noviembre de 2011, http://www.eclac.cl.

拉美国家贫困率的变化（%）

年份	总贫困率	赤贫率	一般贫困率
1980	40.5	18.6	21.5
1990	48.3	22.5	28.5
1999	43.9	18.7	25.2
2002	44.0	19.4	24.7
2005	39.8	15.4	24.3
2006	36.3	13.3	23.3
2007	34.1	12.6	21.5
2008	33.0	12.9	20.1
2009	33.1	13.3	19.8
2010	32.1	12.9	19.2

资料来源：CEPAL, Panorama Social de America Latina 2010, Documento Informativo, p. 11.

拉美国家逐渐步出"贫困陷阱"困扰的一个重要迹象是中间阶层不断扩大[1]。拉美在传统上是典型的两极分化社会，中间阶层规模变化不大，高收入、中间和低收入3个阶层的规模基本稳定[2]。近期拉美中间阶层的扩大主要表现在两方面：首先，中间阶层家庭和人数增加。资料显示，1997～2007年拉美中间阶

---

[1] 中间阶层（或中产阶层、中等收入家庭、中等部门等）的定义和衡量标准虽然有很多种，但关于拉美的所有研究都显示，该地区中间阶层规模有所扩大，扩大的原因包括经济增长、贫困率下降、生育率降低、家庭规模缩小、妇女就业增多等。学者们认为中间阶层扩大对摆脱"中等收入陷阱"有重要意义，因为它会创造新的收入源和提高收入水平，加快社会流动，有助于中下社会阶层通过个人努力实现社会升迁。

[2] PNUD, *Imforme Regional sobre Desarrollo Humano para América Latina y el Caribe 2010*, p. 44, julio 2010.

层家庭增加了 5600 万个，尽管各国情况差异较大①。2009 年拉美（不含加勒比）中间阶层人口（按各国购买力衡量的日均收入在 10–100 美元之间）达到 1.81 亿，约占世界中间阶层总量 10%②。其次，中间阶层呈现继续增长趋势。相关研究显示，由于收入再分配政策的有效实施和经济高速增长，未来几十年该阶层人口规模将持续扩大，2020 年和 2030 年分别达到 2.51 亿和 3.13 亿③。

拉美虽然在摆脱"贫困陷阱"方面取得了显著成就，但远未摆脱贫困问题的困扰。2010 年仍有约 1.7 亿贫困人口，规模依然很大。在接近贫困线的人口迅速脱贫后，那些所谓"核心贫困人口"仍很难摆脱贫困。即使那些已经摆脱贫困的人，其经济条件的改善也很不稳定，一旦经济形势和就业形势恶化，返贫的风险很大。拉美中间阶层虽有所壮大，但仍脆弱。由于社会保障体系和机制不健全，一旦遇到失业和生病等意外，或出现经济增长下降、通胀上升和汇率急剧变化等情况，便会出现"中间阶层"贫困化现象，会出现"新穷人"。

三、"不平等陷阱"开始出现缓解迹象

拉美长期遭受财产占有和收入分配严重不公的困扰，被公认为是世界上收入分配最不公平的地区，是"不平等陷阱"（Trampa de Desigualdad）的最典型代表。所谓"不平等陷阱"至少有两层含义，第一，收入分配结果不平等。无论是 1950~

---

① CEPAL, Crece y Cambia la Clase Media en América Latina: una puesta al dia, Revista Cepal 103, 2011.
② Luis Alberto Moreno, la Década de América Latina y el Caribe, una Oportunidad Real, P. 81, Banco Interamericano de Desarrollo, 2011.
③ OECD, "the Emerging Middle Class in Developing Countries", working paper No. 285, 2010, 转引自 Luis Alberto Moreno, la Década de América Latina y el Caribe, Una Oportunidad Real, P. 82.

1980年经济持续增长时期，还是随后的经济危机和衰退期，拉美国家收入分配一直呈逐步恶化趋势。用于衡量收入分配公平程度的吉尼系数或其他标准普遍高出公认警戒线。第二，机会不平等。"拉美存在机会的不平等"，即贫困人口通常具有种族（少数民族）、地域（偏远地区）和教育（受教育程度低）等方面的特征，社会流动性不足，贫困人口社会升迁机会少。

近期拉美国家的收入分配格局出现若干值得注意的新动向。首先，拉美国家越来越坚信，应该加倍努力建立一个平等社会，并建立了面向脆弱和边缘群体的有"条件财政转移计划"（PTMC），力图推进公平社会的建设进程[1]。其次，在"贫困陷阱"被逐渐破解的同时，"不平等陷阱"在许多国家也出现缓和迹象。研究显示，2002~2009年间仅有哥斯达黎加、萨尔瓦多、危地马拉三国不平等现象有少许恶化，墨西哥一国基本没变化，其他14个国家均有不同程度改善[2]。例如秘鲁2000~2009年近10年间，在贫困和赤贫分别减少43%和60%的同时，收入分配公平程度提高了14%[3]。

尽管如此，拉美地区不平等状况仍十分严重，不平等与贫困仍是彻底摆脱"中等收入陷阱"的主要风险和障碍。

四、"可治理陷阱"开始得到化解

在传统上，拉美各国政府长期不能解决国家面临的经济增长、社会进步、政治稳定等难题，得不到民众充分信任，遭遇不同程度的"可治理性陷阱"（la Trampa de la Gobernanza）或

---

[1] Luis Alberto Moreno, la Década de América Latina y el Caribe, una Oportunidad Real, p. 113, Banco Interamericano de Desarrollo, Washington, D. C. 2011.

[2] Andriana Arreaza, "Panorama Económica de América Latina", 2010, http://www.iaeal.usb.ve

[3] BRC: "Pobreza en el Peru Bajará a 17% en 2016", Peruano, 3 de enero de 2012.

"合法性陷阱"（Trampas de Legitimidad）。拉美现代政治体制是仿照欧美宪政民主模式建立的，认为民主制度是多数人的统治，只有通过多数人认可的政府才能进行统治，才具有可治理性；民众的信任与认同是体制或政府合法性的基础，也是可治理性实现的重要条件。但在拉美传统政治文化中，专制思想、等级观念和集权意识较强，精英主义色彩较重，大众对政治体制认同程度较低。调查显示，即使在经过近 20 年民主化进程后，到 20 世纪 90 年代中期拉美民众对政府的信任度仍很低，人们宁可信任报纸和电视等新闻媒体，也不愿信任法官和警察。

民众对政府、公共机构、体制和政策的不信任，加大了拉美国家摆脱"中等收入陷阱"的难度。为此，拉美国家一直致力于提高体制的权威，改善政府和公共部门威信和形象，缓和民众对体制的不信任情绪。随着各国政府应对各种政治、经济和社会难题能力不断增强，民众对体制和政府的认同度有所提高，2004~2007 年间对民主的满意度从 29% 提高到 37%，对政府的认同度从（2002 年）36% 提高到 52%，对警察、司法系统、议会的信任度，以及对教育、医疗卫生等公共服务的满意程度也有一定提升[①]，长期和顽固的"可治理陷阱"现象开始化解。

拉美民众对公共机构信任度虽有提高，但不信任感依然普遍存在。最近的调查显示，民众仍愿意相信教会和媒体，而不愿信任政府。对教会和媒体的信任度分别高达 74% 和 50%，而对政府、司法机构和议会三个权力机构的信任度分别为 39%、30% 和 29%，对公共政策、社会安全、医疗卫生、教育的满意度仍处于较低水平，对国家政治发展前途态度悲观或消极者仍不在少数。拉美国家完全摆脱"可治理陷阱"或"合法性陷阱"尚需

---

① Corporación Latinobarómetro, *Informe Latinobarómetro 2007*, pp. 88 – 93, Noviembre de 2007.

时日。

第三节 拉美国家破解"中等收入陷阱"的经验：政治视角的分析

拉美国家长期滞留在"中等收入陷阱"状态，有经济、政治、社会、体制、政策等多方面原因。要从"陷阱"脱身，需要上述多方面条件的成熟。近年来拉美国家摆脱"陷阱"方面的成就，既源于经济增长、政治和社会稳定，也得益于各种制度、体制和政策不断完善。本文主要从政治共识、政府决策及政治体制的角度，评估政治因素对破解"拉美中等收入陷阱"的作用和意义。

一、政治共识的形成是破解"中等收入陷阱"的重要政治前提

拉美的经验表明，缺乏政治共识造成政策摇摆不定，甚至大起大落，加剧政治和社会动荡。而在国家发展道路和发展战略方面达成共识，有利于国家经济、政治和社会稳定，是摆脱"中等收入陷阱"和走向发达的基本政治条件和保障。

缺乏政治共识是拉美长期不能摆脱"中等收入陷阱"的主要根源。传统上，拉美各主要政治力量和利益集团间政策分歧严重，在改革传统利益机制方面缺乏共识。"左翼"和"右翼"的基本观点严重对立，在一系列重大问题上立场难以协调。"右翼"偏好"精英主义"，主张维护现存政治社会秩序，赞成自由放任的经济政策，秉承增长优于公平的理念，不接受甚至坚决反对社会主义的意识形态。"左翼"则倾向民众主义，赞成政治社会变革，主张国家干预经济，坚持公平优先的政策取向，不排斥甚至接受社会主义的意识形态。"左""右"翼纷争、"左"

"右"交替、政策多变成为不少拉美国家政治发展的常态,形成拉美特有的所谓"钟摆效应"。长期以来,拉美国家的决策进程缺乏公开性和透明度,经济和社会政策变动和起伏大,容易走极端和出现反复,政策常随政府更迭而改变,同一届政府政策甚至前后也不连贯。最终结果是政府经济和社会发展计划和目标夭折,国家长期滞留在不发达或"中等收入陷阱"状态而不能自拔。

20世纪80年代后随着民主化进程不断深入,拉美国家逐渐接受新发展思想并形成新发展观,各派力量开始形成一种新的政治共识。"左"和"右"的分歧虽仍很明显,但双方的争论日益趋于理性。特别是随着新自由主义改革的社会后果日益严重,拉美人逐渐形成这样一种共识,即在经济改革的同时须关注社会发展和重视各种社会问题,否则,不仅经济改革的目标难以实现,还会危及社会稳定和政治民主化进程。一些国家开始抛弃传统精英主义思想,在重视经济增长的同时关注社会发展和人的权利。一些政治精英明确提出,经济增长的目标应是消除贫困和收入过分集中。拉美各界在反思新自由主义政策过程中,努力探索新的发展道路,尤其强调经济社会协调发展。

进入新世纪,主张渐进改革的中间立场或政治共识趋于稳固,"左翼"和"右翼"的政策虽仍有差异,但共识前所未有地增多。一些"左翼"政府执政后,政策趋于温和与务实,没有将其传统的政策主张完全付诸实施,甚至还从传统"左翼"信念或纲领的立场后撤,放弃了原来较激进的主张。许多"左翼"政党极力淡化左派主张和意识形态色彩,有意识地向中间政治立场靠近,以争取更广泛社会阶层的支持。与此同时,多数"右翼"政府和政党也不再坚持极端立场,不断调整执政方针,对社会公平、中下层民众利益表现出越来越多的关切,基本政治理念日益接近中间立场。正如福克斯雷伊所说,拉美"正在汇成中间的政治路线，形成一种进步的社会政策"①。

总之，拉美各种政治倾向的政府和政党在国家发展道路、发展战略问题上政治共识的形成，有效避免了传统"钟摆效应"的不良后果，有利于国家政策稳定，为摆脱"中等收入陷阱"提供了基本政治前提。

二、决策趋于公开、透明和科学是摆脱"中等收入陷阱"的必要政策条件

拉美的经验表明，传统精英体制主导下的政府决策缺乏公开性和透明度，造成各种制度设计的众多缺陷，是长期难以摆脱"中等收入陷阱"的重要原因。随着民主制度的日益完善，拉美国家政府决策趋于公开、透明和科学，政策和体制设计缺陷得到一定程度的纠正，为走出"中等收入陷阱"提供了基本政策支撑。

拉美国家传统经济和社会制度的政策设计存在严重缺陷。社会保障制度虽建立很早，但迟迟不能使更多人受益。精英主义主导的社会保障体系具有分层化和分散化特征，少数特权阶层受到高度保护，社会底层则完全没受到保护；面向中高收入阶层的保障较普遍，面向社会下层的保障则不完备；社保体系向下层民众扩展时遇到很大阻力。教育制度的设计注重教育的普及，却忽视教育质量，造成公立学校教育质量差。公立学校主要为贫困阶层子女提供基础教育，其教育质量差不利于贫困阶层通过受教育实现社会升迁，不利于推进社会公平。税收制度的设计有明显精英主义特色，对高收入和富有阶层利益照顾过多，难以发挥收入再分配的职能。拉美国家税收只占 GDP 的 17%（经合组织国家为

---

① Alejandro Foxley, "Una Evaluación Optimista del Futuro de las Economías de la Región", http://www.cieplan.org/temas/22/06/2011

36.4%，欧盟 40.1%，美国 26.8%），且以消费税（间接税）为主，直接税（收入税、财产税等）比重较低，只占 GDP 的 4.8%。在传统强大利益集团的抵制下，许多国家改变税收结构的各种尝试均无果而终，推进累进税改革的努力多归于失败。住房、社会开支、医疗卫生等政策的设计缺少公平性，其利益和福利主要为中等或中下阶层所获取，最需要国家救助的"核心贫困阶层"却得不到相应的救助或福利[1]。

近年来拉美国家在摆脱"中等收入陷阱"过程中，极力减少或消除各种制度设计的政策缺陷。第一，增加决策的公开、透明和科学性，积极推动各级地方政府和各类非政府组织参与决策进程。第二，缓解各种制度和政策设计缺陷。推动教育改革，重视基础教学质量，优化教育资源配置，把资源向低收入群体倾斜，增加贫困阶层受教育的机会，增强教育的收入再分配功能。改革社会保障制度，使其覆盖更广泛的社会群体。完善社会服务的体制机制，提高其效率和公平性。增加社会开支数量，提高使用质量和效率。第三，在决策过程中增加对各类弱势群体的保护力度。上述措施虽有局限性，但有助于纠正传统体制和政策设计缺陷，提高了决策的公开性和科学化，为摆脱"中等收入陷阱"提供了必要的政策支持[2]。

三、政治体制趋于完善是摆脱"中等收入陷阱"的必要制度条件

拉美的经验表明，政治体制缺陷和脆弱性严重制约其向高收

---

[1] Carmelo Mesa-Lago, Fabio Bertranou, *Manual de Economía de la Seguridad Social en América Latina*, p. 37, CLAEH, Montevideo, 1998.

[2] 但美洲开发银行认为，拉美国家在政策重新设计过程中，对收入、教育、劳工市场等问题重视较多，对社会保护、安全等问题关注不够，政策设计的固有缺陷未得到彻底纠正。IDB, *Economic and Social Progress in Latin America, 2008 Report*, Washington D. C., p. 43.

入行列的跨越，体制效率、质量、权威性的提高则为摆脱"中等收入陷阱"提供了必要制度条件。

在传统上，除持续不断的政治动荡外，拉美国家的政治体制存在严重缺陷和脆弱性，其中包括："低度民主"特征明显，公民虽获得投票和选举权，但政治体制缺乏对公民其他权利的保护，政治权利和自由（包括结社、言论、加入社会组织、免受滥用权力侵害等）得不到充分尊重[1]；体制缺乏效率，腐败现象严重；体制的代表性不充分，一些群体（少数民族、妇女、各边缘群体）的代表性未得到充分体现；体制性危机频发，不少政府、政党和政治家遭遇信任危机。上述体制的缺陷和脆弱性虽不是拉美国家长期滞留在"中等收入陷阱"的直接原因，但却延缓了其迈向高收入行列的步伐。

20世纪90年代后拉美国家积极推动"国家改革"和政治改革，以提升体制的质量和效率，增强其合法性和权威性，提高其稳定性。第一，提升体制的质量和效率。通过调整各政权机构的职能，加强行政、立法和司法机构相互独立、相互制约、相互监督的机制建设，提高司法机构独立性，增强议会的代表性。许多国家积极实行地方分权，提高地方各级政府自主权、质量和办事效率。美洲开发银行认为，上述改革使拉美国家的政治体制更加民主和有效[2]。第二，增强体制的合法性和权威。加大治理腐败的力度，智利、巴西、阿根廷等初步构建了反腐败的制度、体制和机制，委内瑞拉等还制定了《反腐败法》。不少国家在政治、司法、行政、群众组织、新闻媒体等环节加强对公共机构的监

---

[1] FLACSO-Chile, *Amenazas a la Gobernabilidad en América Latina*, Informe preparado para el Foro de la Sociedad Civil con Occasion de la XXXIII Asamblea General de la OEA, Santiago de Chile, 2003, pp. 18 – 19.

[2] IDB, *Economic and Social Progress in Latin America, 2008 Report*, Washington D. C. , p. 11.

督。采取切实措施改善政府和公共部门形象，增加民众的信任度。第三，增强体制的稳定性。注重规范和完善政府制度，完善公务人员选拔、任用、考核和提升机制。极力减少或消除政府更迭对机关日常工作的冲击，提高政府机关办事效率，不断消除官僚主义的影响。

政治体制的完善、质量和效率的提高、合法性和权威性增长、稳定性增强，虽不足以直接使拉美国家摆脱"中等收入陷阱"，但却是摆脱这一"陷阱"必不可少的制度条件。很难想象在政治体制持续动荡和低效条件下，一个国家能够跨入高收入或发达的行列。

第四节 小 结

近年来拉美在摆脱"中等收入陷阱"的道路上取得明显进步，一批国家有望摆脱这一"陷阱"并跨入高收入行列，但不少国家仍受这一"陷阱"的困扰。拉美长期滞留于"中等收入陷阱"，有经济、政治、社会、体制、政策等多方面的原因，要从"陷阱"脱身，需要多方面条件的成熟。拉美国家在摆脱"中等收入陷阱"方面的初步成就，既源于经济增长、政治和社会稳定，也得益于各种制度、体制和政策不断完善，特别是政治共识的日益巩固、政府决策趋于公开和透明，以及政治体制的不断完善。政治因素虽不能使拉美国家直接摆脱"中等收入陷阱"，但却为破解这一"陷阱"提供了必要政治、制度和政策条件。

主要参考文献

Aldo Madariaga: "Reflección sobre la Trampa de Ingreso Medio en

Chile", http: //estudiosdelaeconomia. wordpress. com (15 de agosto de 2011)

Alejandro Foxley, "Una Evaluación Optimista del Futuro de las Economías de la Región", www. cieplan. org/temas/22/06/2011

Alejandro Foxley, Fernando Sossdorf, *Transición de Países de Ingreso Medio a Economías Avanzadas*: *Lecciones para América Latina*, CIEPLAN, Corporación de Estudios para Latinoamerica, 15 de Septiembre, 2011.

Andriana Arreaza, "Panorama Económica de América Latina", 2010, http: //www. iaeal. usb. ve

ángel Blas Yanes, "*América Latina y las Trampas de su Historia*", Costa Rica, 1 de abril del 2008.

CEPAL, *Panorama Social de América Latina 2011*, 29 de noviembre de 2011, http: //www. eclac. cl

Daniel Zovatto, *Democracia y Gobernabilidad en América Latina en el Siglo XXI Temprano*, México : Tribunal Electoral del Poder Judicial de la Federación, 2011.

Francisco Rodríguez, "¿Está América Latina Sumida en una Trampa de Pobreza?", Macroeconomía del Desarrollo 80, CEPAL, Santiago de Chile, marzo de 2009.

Guillermo E. Perry, Omar S. Arias, J. Humberto López, William F. Maloney, Luis Servén, *Reducción de la Pobreza y Crecimiento*: *Círculos Virtuosos y Círculos Viciosos*, Estudios del Banco Mundial sobre América Latina y el Caribe, 2006 , Washington D. C.

IDB, *Economic and Social Progress in Latin America*, *2008 Report*, Washington D. C.

Jorge Beinstein, "América Latina en la Trampa Progresista: el

Reinado del Poder Confuso", http://www.rcci.net/globalizacion/2006/fg599.htm

Luis Alberto Moreno, *la Década de América Latina y el Caribe, una Oportunidad Real*, Banco Interamericano de Desarrollo, 2011.

PNUD, *Imforme Regional sobre Desarrollo Humano para América Latina y el Caribe 2010*, julio 2010.

杜传忠、刘英基:"拉美'中等收入陷阱'及对我国警示",《理论学习》2011年第6期。

冯俊扬、叶书宏:"拉美调整发展模式,破解'中等收入陷阱'",2011年11月1日,新华网。

徐世澄:"也谈'中等收入陷阱'和'拉美陷阱'",中国网专家博客文章,http://blog.china.com.cn/xushicheng/art/5966906.html

郑秉文:"'中等收入陷阱'与中国的三次历史性跨越——国际经验教训的角度",《中国人口科学》2011年第1期。

郑秉文、齐传钧:"智利:将走出'中等收入陷阱'首个南美国家——还政于民20年及其启示",《2010~2011拉美黄皮书》主题报告,社会科学文献出版社,2011年3月。

邹志鹏:"墨西哥经济不断发展 努力走出'中等收入陷阱'",《人民日报》2011年2月28日。

第六章 拉美"中等收入陷阱"：来自进口替代的内生缺陷及转型延误

张 勇[*]

内容提要: "中等收入陷阱"通常是指，一个国家长期停留在中等收入阶段而难以进入高收入社会的发展现象，是一国在发展阶段跃升过程中发展战略转型失败的结果。20世纪60年代至80年代是拉美国家与东亚国家逐渐拉开差距的重要时期，这既与前期实行进口替代工业化模式的内生缺陷有关，也与拉美国家对该模式转型的历史性延误有关。进口替代工业化作为一种发展模式有其明显的局限性，而且，该模式缺乏将进口替代与工业品出口有效结合起来的经验，而是偏执于扭曲的产业政策、财政和货币政策、汇率政策和贸易政策，这为拉美国家落入"中等收入陷阱"埋下了巨大隐患。一旦这一模式延续时间过长，四种交织的结构性发展危机就会出现：出口丧失活力和进口结构刚性潜伏国际收支危机；忽视农业和透支工业引发产业结构危机；国家机构过度膨胀暗藏财政赤字危机；失业和收入分配不公加剧社会治理危机。拉美现代化历史表明，经济发展模式的每次转型总

---

[*] 张勇，中国社会科学院拉丁美洲研究所经济室助理研究员。

是被一场外源性或内生性的经济危机"倒逼"出来。初级产品出口模式和进口替代发展模式两次转型的历史性延误成为拉美长期落入"中等收入陷阱"的根源之一。发展中国家应该吸取教训，当一种经济增长方式的动力即将耗竭时往往会出现结构性失衡的信号，这时应该"未雨绸缪"，适时转变增长方式，不要等到危机集中爆发的时候再做出"痛苦"的衰退式调整，否则社会代价高昂。

关键词： 中等收入陷阱　进口替代工业化　拉美国家　结构性危机

第一节　引　言

"中等收入陷阱"是2006年世界银行在其《东亚经济发展报告》中提出的一个概念。通常是指，一个国家长期停留在中等收入阶段而难以进入高收入社会的发展现象，是一国在发展阶段跃升过程中发展战略转型失败的结果。根据联合国拉美经委会关于1950~2008年的经济统计，大多数拉美国家在20世纪60年代末、70年代初步入中等收入国家行列。但是，截至2008年，如果按照2000年美元不变价格和当前美元价格计算，拉美国家人均GDP分别为4864美元和7403美元。时隔40载拉美国家仍徘徊在中等收入国家之列，这与起步时间相近但用时不到20年就成功跻身发达国家行列的某些东亚国家形成了鲜明对比，其中的原因和教训引人深思。

首先，从静态看，按世界银行2010年8月公布的低、中、高三组国家的人均国民收入标准给拉美国家进行排位，可以清楚地看到这些国家当前所处的位置（采用的是CEPAL人均GDP统计，而不是人均GNI）。处于中等收入国家组的拉美国家共有28

个，占总体的85%，其中处于下中等收入的为8个，占比24%，处于上中等收入的为20个，占比61%。进入高收入国家组的拉美国家均是处于加勒比地区的小国（表1）。

表1 按三个收入组划分的拉美经济体

按收入划分	低收入国家组	中等收入国家组，人均996–12195美元		高收入国家组
		下中等收入国家	上中等收入国家	
人均收入标准	995美元及以下	996–3945美元	3946–12195美元	12196美元及以上
拉美在该组别中的经济体	1个 海地 (625.6美元)	8个 玻利维亚、厄瓜多尔、萨尔瓦多、危地马拉、圭亚那、洪都拉斯、尼加拉瓜、巴拉圭	20个 阿根廷、伯利兹、巴西、智利、哥伦比亚、哥斯达黎加、古巴、多米尼克、格林纳达、牙买加、墨西哥、巴拿马、秘鲁、多米尼加共和国、圣基茨和尼维斯、圣文森特和格林纳丁斯、圣卢西亚、苏里南、乌拉圭、委内瑞拉	4个 安提瓜及巴布达、巴哈马、巴巴多斯、特立尼达和多巴哥

资料来源：人均GDP来自2010年拉美经委会统计年鉴。http://websie.eclac.cl/anuario_estadistico/anuario_2010/eng/index.asp

其次，从动态看，我们会发现拉美国家整体脱离贫困陷阱、进入"下中等"收入的时间是1973年，从"下中等"走向"上中等"的时间是1996年。而至今38年过去了，依然没有任何一个国家进入高收入国家行列（加勒比国家除外）。相比之下，一些东亚国家走完中等收入区间的时间要快得多。如图1所示，起步条件相似（阿根廷人均GNI甚至远高于东亚国家）、时间相近的拉美和东亚国家，都经历过进口替代工业化阶段，然而自20世纪60年代中期起东亚国家及时转向以劳动密集型为基础的出口导向发展战略，经过20年的努力很快进入高收入国家行列。而拉美国家则继续保持进口替代发展模式直至债务危机的爆发，最终陷入"失去的10年"的泥淖。可以说，60年代中期至80年代是拉美国家与东亚国家逐渐拉开差距的重要时期，这既与前期实行进口替代工业化模式的内生缺陷有关，也与拉美国家对该模式转型的历史性延误有关。

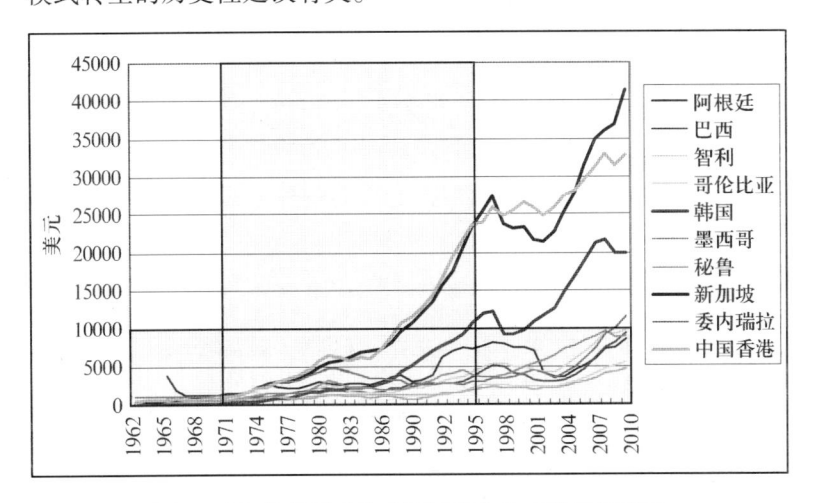

图1 主要拉美国家和东亚国家人均GNI增长情况
资料来源：世界银行数据库（World databank），World Development Indicators（WDI）

最后，从拉美地区内部看（图2），第一，1950~1970年期间，拉美七国人均GDP的增长态势都比较稳定，相互之间也没有出现明显的分化。第二，进入20世纪70年代以后，这些国家人均GDP的增长出现剧烈的波动。双向波动，大起大落的特点非常明显，阿根廷三起三落尤其突出。第三，70年代之后拉美七国之间出现了分化态势。上述特点说明，相对而言，进口替代工业化对拉美国家走出"贫困陷阱"的贡献较大，而对跨越"中等收入陷阱"的效果不大，甚至对拉美经济造成负面影响，破坏了经济增长的可持续性。

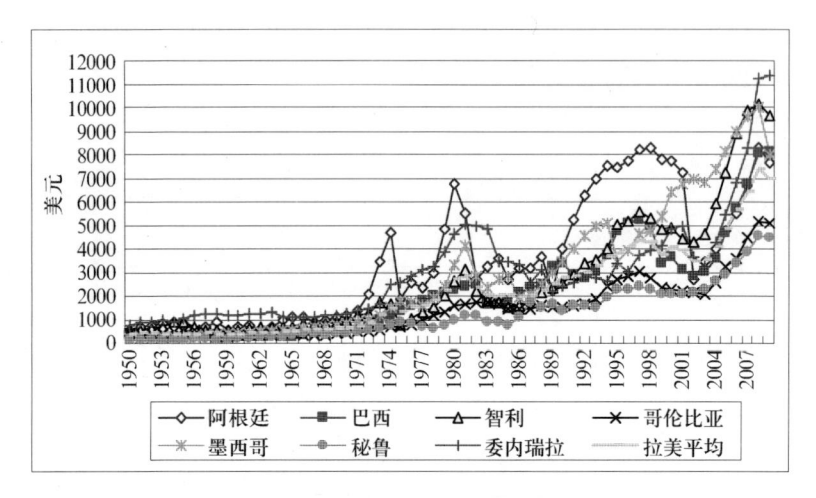

**图 2　1950～2009 年主要拉美国家及拉美地区
（不含加勒比）人均 GDP 变化趋势**

资料来源：1950～2008 数据来自拉美经委会 1950～2008 年经济统计历史数据，2009 年数据来自拉美经委会 2010 年统计年鉴。http://www.eclac.cl/deype/cuaderno37/esp/index.htm

本文主要从进口替代工业化模式的内生缺陷及其发展模式转型的历史性延误两个方面进行阐释。第一部分，探讨进口替代工业化模式的理论基础及内生缺陷。第二部分，从宏观政策和实践两个方面，对这种发展模式的效果进行分析。第三部分，对拉美进口替代工业化时期制造业状况进行分析，以解释 80 年代"去工业化"及制造业竞争力低下的原因。第四部分，着重研究进口替代工业化模式转型的历史性延误。第五部分为基本结论。

第二节 进口替代工业化的理论基础及缺陷

进口替代工业化发展模式,是指拉美国家试图通过进口替代战略来实现工业化的发展模式。在20世纪30年代后的半个世纪内,该模式始终在拉美地区居于主导地位。虽然在当时的历史条件下选择该发展模式有其合理性,但是,它的内生缺陷和不足也是十分明显的。

(一) 进口替代工业化模式的背景

拉美国家选择进口替代工业化发展模式,具有历史的必然性。第一,20世纪30年代大萧条促使拉美国家启动进口替代工业化进程。1929年以前,世界原料需求的增长带动了拉美国家的初级产品出口。初级产品生产的专门化提高了劳动生产率和居民的收入水平,促进了国内工业品市场的形成和基础设施的建设。但是,30年代的资本主义经济危机使拉美国家受到沉重打击,出口部门萎缩,出口利润下降,进口能力衰退,外部资金流入中止。这种由出口萎缩和进口能力下降"倒逼"出的工业发展标志着拉美国家步入"自发"的进口替代工业化阶段。第二,第二次世界大战加速了这一进程。影响因素有两个,一是大战期间外部工业品的供应发生困难,海运昂贵而且不安全,这突显了拉美国家发展本国工业的必要性和迫切性;二是大战扩大了国际市场对包括粮食在内的各种战略物资的需求,带动了拉美国家的出口增长以及外汇储备增加。第三,国际政治环境营造出民族经济发展的氛围。第二次世界大战结束之后,殖民地民族解放运动形成高潮,大批亚、非国家取得政治独立,民族主义思潮在第三世界蓬勃兴起。工业化道路被认为是加速民族经济发展的必由之路。在拉丁美洲,工业化运动更是获得了前所未有的推动力。第四,拉美结构主义学派强化了拉美国家追求进口替代的决心。该学派认为,初级产品出口经济的传统结构将使拉美国家陷入持续的不稳定和贸易比价持续恶化的困境,实现工业化是改变传统经济结构的必然选择。这一观点,不仅肯定了部分拉美国家前期进口替代工业化的实践,而且对战后拉美国家发展战略的选择产生了重大影响。从50年代起,拉美地区的工业化由"自发"阶段转入到"自觉"的阶段。

(二) 三种工业化进程动力的比较

根据新古典经济理论,市场机制在完全自由运行的条件下能够以最有效的方式分配生产资源。任何由国家政策干预分配的行为都将导致效率的损失和经济增长率的下降。但是,现实中市场机制的运行会受到限制,而且市场机制的作用在国家发展的不同阶段存在差异。在启动工业化进程的历史过程中,发达国家都曾实施过政府积极干预和市场自由运行相结合的政策,而且形成了指导实践的相应理论。

第一种动力来自于亚历山大·汉密尔顿于1791年提出的美国工业化的思想。他认为,在建国初期政府对幼稚产业的扶持是有必要的,其目的是弥补本国在初期与强国竞争所处的不平等。他在著名的《关于制造业的报告》中提出的发展制造业理论基本上贯穿了美国工业史的始终,尽管直到19世纪60年代的南北战争之前,美国还是一个不折不扣的农业国,但美国制造业并没有停止它前进的脚步。南北战争以后美国制造业以突飞猛进的速度迅速成为欧洲之外的又一个制造业中心。

第二种动力来自于李斯特在19世纪提出的具有相似、但更具广泛意义的德国工业化思想。他的建议比汉密尔顿的更加深远。他不仅指出这种保护政策会使国家的工业更加独立,而且认为在一个由农业占主导的国家中工业的发展对于整体发展而言具有更大的意义。它会刺激城市发展,对社会和政治发展、知识和文化进步以及创造力都具有积极的影响。他尤其强调工业和农业发展之间的相互作用，指出工业发展将刺激对农产品的需求，并使其多样化。与汉密尔顿和其他古典经济学家一样，李斯特认为促进和保护工业的政策必须有限制：保护和支持的程度不应该过度，应该保持在一段合理的时期内，并且应用到国家有可能具有竞争优势的产业中。关税的制定应该仅仅考虑为国家提供基础优势的那些部门的利益。

第三种动力就是来自于普雷维什和拉美经委会提出的旨在推动拉美国家工业化进程的"结构主义"、"发展主义"或"拉美经委会思想"。首先，结构主义采用了"中心—外围"体系的分析框架。中心由那些生产技术率先进入的经济体组成，外围各经济体在生产技术与组织方面一开始就处于落后状态，这是两者的初始差异；在外向发展阶段，技术进步仅仅进入外围那些为中心生产低成本粮食与原料的部门。外围的生产结构具有两大特点：一是生产专门化，用大量资源生产和出口初级产品而自身不断增长的多样化的商品和服务需求要靠进口满足；二是结构的混杂性，高生产率部门与技术落后、生产率极低的部门并存，与中心多样化、同质性的生产结构形成反差。其次，结构主义采用"贸易条件恶化"的分析框架。中心的劳动生产率增长比外围快，但工业产品价格却因中心国家有能力控制市场而"制定"价格反而不断上升；外围的初级产品价格却因劳动力供给过剩而不断下跌，结果就出现外围的实际购买力不断下降的长期趋势。当外围用初级产品与中心的工业品相交换就等于将外围技术进步成果的一部分转移给了中心。这种不均衡的发展正是"中心—外围"体系运转的动力。

在上述两个分析框架的支撑下，结构学派提出了外围国家从以初级产品出口扩张为基础的外向发展转向以扩大工业生产为基础的内向发展的必然性。其逻辑推理是这样的：既然原来有进口，国内就存在着进口品的市场。如果对国内所需的国外生产的最终产品用限额或关税限制其进口，而在国内建立生产这类产品的工业，这些工业所需的原材料和中间产品可以自由地或低关税地进口，以促进对这些工业的刺激，那么，从部件组装以制成最终产品到中间产品就都可以在国内生产。

拉美结构主义学派认为，在外围工业化阶段，外围国家面临着三种具有共性的经济问题。第一，外部失衡的趋势。这与世界经济的主要中心发生变化（如美国取代英国）及其引起的世界经济体系运行的变动相关。或者说，由于这种变动引起外围进口需求的急剧增加和中心对初级产品需求的下降，外部失衡的趋势就成为外围工业化过程所固有的趋势。第二，贸易比价恶化的趋势。这种趋势与外围国家的失业问题持续存在相关。外围国家是在劳动力大量富余的情况下开始其工业化进程的，而与此同时，又不能不利用已在中心形成的资本密集型技术。于是，劳动力的需求总是落后于劳动力的供给，失业将长期存在。第三，在自身收入水平和储蓄能力都很低的情况下，不能不采用先进的、高资本密度的技术。一方面，这类技术要求实行规模化生产，而低收入水平则形成市场不足，使设备得不到充分利用。另一方面，储蓄能力不足阻碍着生产率水平的迅速提高，使生产体系的效益得不到发挥。

（三）进口替代工业化发展阶段

世界经济发展史表明，继英国之后实现工业化的国家，基本上都是通过进口替代达到这一目标的。但是，拉美国家的独特之处在于，第一，所谓"简易进口替代阶段"持续的时间很长，从20世纪30年代一直到60年代初；第二，在简易进口替代结束后，直接进入耐用消费品和资本品的进口替代，从而使进口替代工业化模式前后延续了半个世纪之久。从1950年开始，拉美国家以结构主义理论为基础，全面卷入进口替代工业化大潮。这个时期大体可以划分为三个不同阶段。

第一阶段：1950~1965年。这个阶段的基本特点是：（1）普遍实行高保护政策；（2）出口在经历朝鲜战争期间的短暂繁荣后即不断恶化，进口亦从50年代中期起持续下降；（3）为防止经济衰退，普遍采取膨胀性的财政政策，导致通货膨胀上升，不得不求助于国际货币基金组织的支持，并实施稳定化政策；（4）鉴于当时美国集中于援助西欧、日本的战后重建，拉美国家利用外资的规模很有限；（5）工业部门成为带动经济增长的主导部分，但工业发展呈现出不均衡的状态。

第二阶段：1966~1973年。这个阶段的基本特点是随着西欧和日本的复兴，世界经济出现繁荣局面，国际贸易迅速增长，发达国家对外投资增加，生产国际化过程加快，跨国公司的作用日益突出起来。国际经济环境从总体上说对拉美国家有利。在此形势下，拉美国家的发展政策做出了若干调整：（1）部分国家逐步将工业发展的重心由非耐用消费品转向耐用消费品和资本品，如汽车、家用电器、钢铁、化工、机械等；（2）提出"促进出口"和"出口多样化"的方针，并对汇率、税收、关税等做出相应调整；（3）积极推动地区经济一体化；（4）对外资采取"双重政策"，即在能源、矿业等自然资源部门实行国有化政策，而在制造业部门则鼓励外国投资；（5）进行经济与社会改革，但效果不甚理想。

第三阶段：1974~1980年。这个阶段的基本特点是1973年石油危机爆发以后西方发达国家出现经济停滞与通货膨胀并存的局面，进而减少了资金需求，而同期大量"欧洲美元"以及石油输出国的巨额贸易顺差导致国际资本市场上资金供应十分充裕。于是，追逐利润的大量资金涌入前景看好的拉美国家。因此，靠举债维持经济增长成为多数拉美国家这一时期发展的主要特征（尽管有的拉美国家在经济政策上有所不同）。这种没有适时调整政策反而举债发展的战略失误最终导致了 80 年代以债务危机为中心的严重经济危机。

（四）对进口替代工业化内生缺陷的批评

尽管 1950~1980 年拉美国家通过实施进口替代工业化取得了长达 30 年持续、稳定的经济增长，但是其发展模式的内生缺陷也暴露无疑。总体而言，可以从两个视角总结各种批评。其一是市场性批评（market critics）；其二是结构性批评（structural critics）。

市场性批评主要集中于如下方面。

第一，忽视以比较优势为基础的国际分工和专业化生产。许多经济学家认为，拉美国家进口替代工业化在使用资源促发展上是无效率的。更保守的观点认为，既然世界能够通过一国在具有最大比较优势的部门上专业化生产而获得最大产量，那么，拉美国家就应该继续初级产品的专业化。鉴于粮食和初级产品份额在世界贸易中下降，较温和的批评者承认有必要进行一定程度的进口替代工业化，但是他们批评拉美国家选择工业部门的泛滥性和随意性，换言之，甚至不考虑潜在的比较优势而全盘推动各类工业。

第二，难以发挥规模经济的效应。保护政策通常会使受保护制造商局限于国内市场从而阻碍规模经济作用，特别是在小国和那些需要高投入、高固定成本的产业（如钢铁和汽车业）这种状况尤为明显。而且，在保护本国工业的同时，拉美国家政府试图以强化国内竞争等手段（鼓励大量企业进入各类工业）来弥补外来竞争不足的缺陷。然而，事与愿违，一方面产量低下的众多小企业难以降低成本，其产品无法打入国际市场；另一方面，面对狭小的国内市场那些有意扩大投资规模的企业又出现生产能力闲置现象。以汽车工业为例。一般而言，为了把单位产品的成本降低到最低限度，汽车厂的年产量应该在 20 万辆以上。而在

20世纪60年代后期,8个主要拉美国家的年均汽车产量仅有60万辆,而生产厂家却多达90家,即每家工厂的平均产量仅为6700辆[1]。

第三,"有效保护"(effective protection)挫伤提高生产效率的积极性。名义关税仅仅衡量的是受保护商品超出它们相应国际价格的程度,从侧面也反映出国内替代品超出国际价格的程度。然而,"有效"关税或保护率"显示的是在国内产业制造阶段附加值超出本没有保护政策时的程度,换言之,它显示出国内企业因得益于保护而应付的工资、利润、折旧免税额总额超出同一企业完全面对外国竞争时的程度[2]"。如果一种产品使用大量没有关税或者关税税率低于产成品的进口投入品,那么,保护程度就要比名义关税所显示的高,因为国内附加值的可获边际利润大于关税所显示的差额。在大多数拉美国家,消费品的有效关税要比中间产品和资本品高很多。如此之高的有效保护水平无法激励制造商提高生产效率,从而难以使其通过降低成本来提高国际竞争力。

第四,过度强调国内工业垂直一体化的自给自足。为了发挥后向联系效应,有些拉美国家的政府要求制造业企业不断提高国产化程度,即增加国产零部件在最终产品中的比重。有些拉美国家则过度地强调最大限度地使国内工业实现垂直分工(即不仅发展最终产品的生产,而且还大力鼓励中间产品和资本品的生产),从而使许多资源不是被用在产出效益最高的领

---

[1] Werner Baer, Import Substitution and Industrialization in Latin America: Experiences and Interpretations, *Latin American Research Review*, Vol. 7, No. 1, 1972, p103.

[2] Werner Baer, Import Substitution and Industrialization in Latin America: Experiences and Interpretations, *Latin American Research Review*, Vol. 7, No. 1, 1972, p104.

域，最终阻碍了经济增长。这种状况在汽车工业和重型电气设备工业比较明显。Baranson 在考察阿根廷、巴西和墨西哥的汽车工业时发现，发达国家从厂外采购汽车零部件的价值平均达到 60%，而在诸如墨西哥和巴西这样的国家该比重仅为 40%。其结果是，阿根廷、巴西和墨西哥汽车的出厂成本高出美国 60%－150%[1]。因此，如果拉美国家能够在具有最大潜在比较优势的领域进行专业化生产并出口本国市场难以吸纳的产品，同时进口其他产品，那么，总产出将会更高，其经济将比实际情况增长得更快。

第五，因偏重工业而损害传统农业部门的发展。由于奉行"以农养工"的指导思想和实行"重工轻农"的政策，长期以来拉美农业受到"冷落"，处于弱势地位。之所以出现这种状况，是因为拉美国家采取了以下措施：向工业部门倾斜的信贷政策；多重汇率政策（如进口资本品和收购农产品的外汇采用不同的汇率）；重城市与工业基础设施而轻农村与农业基础设施建设；工、农产品差价政策，特别是粮食、原料的低价政策；等等。简言之，农业价格干预政策成为当时进口替代工业化战略的副产品。与此同时，因担心"成本推动效应"进一步恶化高企的通货膨胀率，控制食品价格也如影随形。进口替代工业化恶化农业生产和削弱农业出口的现象在阿根廷也许最为典型。

第六，因出口结构固化无法刺激非传统出口及实现出口多元化。尽管第二次世界大战以后拉美工业占 GDP 的比重逐渐增加，但是出口的商品构成几乎没有发生变化。在 20 世纪 60 年代后期，传统的初级产品和食品在阿根廷和巴西的出口中占比均超过

---

[1] Werner Baer, Import Substitution and Industrialization in Latin America: Experiences and Interpretations, *Latin American Research Review*, Vol. 7, No. 1, p105.

90%，而在墨西哥这一比重大约为75%[①]。进口替代工业化无法刺激非传统出口进而促进出口多元化将导致严重的后果。当进口替代工业化进入后期，不仅进口系数开始降低，而且进口商品的构成发生了变化，原材料、半成品以及资本品的进口占总进口的比重越来越大。这样就形成一个讽刺的局面，进口替代工业化的最终结果是把拉美与工业发达国家的关系置于一种新的、但也是比以前更为危险的依附性地位。为了改变这种状况，拉美国家开始努力促进出口多元化，但是，鉴于进口替代工业所具有的高成本结构、出口商面临的众多官僚主义障碍以及缺乏支持制成品出口的信贷机制，这一战略知易行难。

结构性批评主要集中在如下方面。

第一，工业吸纳劳动力的速度远低于城市人口的增长速度，导致城市失业和就业不足。崇尚市场机制配置资源的批评者将其归因于价格扭曲。换言之，通过汇率优惠、廉价信贷等方式补贴资本从而刺激工业化的做法，无法真正反映要素成本的价格，因此，进口替代工业化发展模式具有显而易见的资本密集和技术密集的特点。而从结构视角出发的批评者则更关注创造就业不足对收入分配的含义。收入分配不平等、财政体系丧失再分配功能以及领先增长的工业往往具有高于平均水平的资本/劳动比率，最终导致收入分配比进口替代工业化之前更加集中。进一步而言，由于收入高度集中，制成品的增长需求不足以支撑进口替代的动力。许多进口替代产业在领先于需求的情况下被迫建立起来，即过度的供给能力没有被不断增长的需求所消化，投资激励严重受损。

第二，经济结构失调，最终形成对工业化的"瓶颈"约

[①] Werner Baer, Import Substitution and Industrialization in Latin America: Experiences and Interpretations, *Latin American Research Review*, Vol. 7, No. 1, p106.

束。除了收入分配不平等外，诸如农业、低收入者住宅、交通以及其他基础设施等部门的不协调发展，也对工业化形成制约。而且，进口替代工业化也导致工业和收入向巴西、墨西哥和阿根廷这些拉美大国集中，即使在同一国家内部也出现了区域发展不平衡现象。因此，财富的地区性高度集中奠定了拉美国家地区发展严重失衡的格局，进而引发了以地区为基础重新分配收入的政治需求。

第三节 进口替代工业化经济政策及其危机

进口替代工业化需要相关政策来配套。那么，对于偏执的产业政策、扭曲的货币和财政政策以及货币人为高估的汇率政策就要进行分析。

（一）宏观经济政策的偏颇

1. 产业政策

第一，建立国有企业。为了加快发展制造业，拉美国家依靠国家政权的力量，利用国家资本，在一些"战略性"部门和私人投资者无力进入的资本密集型或技术密集型部门中直接兴建国有企业。例如，为了发展钢铁工业，墨西哥政府于1943年拨出巨款，建立了高炉公司；为了发展机器制造业，政府又分别于1952年和1954年出资兴建了国营火车车辆制造厂和国营柴油机厂。1973年在巴西经济中国有企业深度参与的是如下行业：铁路；港口服务；水、气、污水处理；电报和电话；电力；矿业；开发服务及化工，其中铁路和港口服务完全由国有企业掌控（表2）。20世纪60年代拉美开始实施以收回自然资源主权为中心的国有化，这一浪潮直至1976年委内瑞拉实现石油国有化才结束。期间，拉美国家相继收回了一批原来租让给外资的矿山及其他资源开发企业，进一步扩大了国家干预经济的范围。

表2 1973年在巴西经济中国有企业参与情况（%）

国有企业资产所占比重（%）

高等程度的国家参与 （≥50%）		中等程度的国家参与 （20–49%）		低等程度的国家参与 （<20%）	
铁路	100	水上运输	45	建筑和工程	8
港口服务	100	银行和金融业	38	橡胶	6
水、气、污水处理	99	金属加工	37	公路运输和客运	6
电报和电话	97	服务业	36	农业和林业	4
电力	79	航空运输	22	非金属矿物	2
矿业	63			运输设备	2
开发服务	51			食品和饮料	1
化工	50			机械	0
				木制品及家具	0
				纺织品和皮革产品	0
				烟草	0
				印刷和出版	0
				广播和电视	0
				商务	0

资料来源：Patrice Franko, *the Puzzle of Latin American Economic Development*, Rowman & Littlefield Publishers; Second Edition, May 2003, p58.

第二，建立混合型（由国家和私人共同参与）的经济企业。

第三，要求政府从国有企业采购产品。

第四，要求外国公司建立合资企业，并提高本地投入品的比重。在扩大国家资本积累的同时，拉美国家也积极利用外国资本。表3显示了1970年前后跨国公司在拉美各国制造业中扮演的角色。其中，外国资本在巴西、秘鲁和哥伦比亚制造业中的比重分别达到50%、44%和43%，而在委内瑞拉的比重最低，仅为14%。允许外资进入拉美是具有矛盾性的，毕竟进口替代工业化的目标是减少对国际生产结构的依附。然而，跨国公司能够提供关键的金融资本和技术，具有一定程度的务实性。为此，进口替代工业化设置了新的规则：为了在国内市场生产和销售，跨国公司必须承诺转让技术和培训劳动力。而且，在关闭其产品市场的威胁下，跨国公司同意合资建厂和使用本地投入品的要求。

表3　1970年前后外国资本在代表性行业中的比重（%）

	阿根廷	巴西	智利	哥伦比亚	墨西哥	秘鲁	委内瑞拉
食品	15.3	42.1	23.2	22	21.5	33.1	10
纺织品	14.2	34.2	22.9	61.9	15.3	39.7	12.9
化工	34.9	49	61.9	66.9	50.7	66.7	16.5
运输设备	44.4	88.6	64.5	79.7	64	72.9	31.1
电子机械	27.6	83.7	48.6	67.2	50.1	60.7	23.2
造纸	25.7	22.3	7.9	79.3	32.9	64.8	20.1
整个制造业	23.8	50.1	29.9	43.4	34.9	44	13.8

资料来源：Patrice Franko, *the Puzzle of Latin American Economic Development*, Rowman & Littlefield Publishers; Second Edition, May 2003, p63.

2. 财政和货币政策

由于低收入、低储蓄的限制和市场组织与金融部门的缺乏，在强调利用外援的同时，依靠财政手段动员国内资源用于发展至关重要。这一时期财政政策的基本职能是将国内可利用资源从消费生产转移到资本形成的生产上，并为脆弱的进口替代部门提供保护和补贴。在财政收入方面，由于工业和基础设施普遍采用国营或准国营的方式，政府可以利用控制价格的权力提高工业品价格和基础设施的服务费，通过价格剪刀差等"隐形税收"剥夺农业剩余和抑制城市消费。为保护国内的进口替代工业化,发展中国家则相应建立了保护性的高额进口关税制度,为促进工业化则给予生产减免税等。在财政支出方面,直接或间接为进口替代工业化提供资金和补贴。例如,对廉价投入品(如电力)进行补贴、对公共交通进行补贴。

进口替代工业化时期的货币政策主要是适应财政支出项目的需要,中央银行的自主权因而被削弱。政府力所能及地把各种资源重点投入工业。不仅大量外汇收入被转移到制造业,而且国内资金也不例外。在许多拉美国家,政府除了把大部分贷款投入工业企业以外,还将利率定得很低。20世纪60年代末,阿根廷和巴西的工业企业获得的贷款甚至是负利率(即通货膨胀率超过了利率),分别为17.5%和21%[①]。此外,在货币、财政和对外经济关系上,关于发展中国家的可靠数据极其缺乏,因此许多宏观经济决策是根据猜测和直觉做出的。

3. 汇率政策

主要包括两方面。第一,高估汇率。为了促进工业所需的重要投入品的进口,国家倾向于高估汇率。在币值高估的条件下,资本品、中间产品、工业原料等进口商品变得相对便宜,依赖于这些商品的工业企业就会受益,换言之,这是对工业发展所需进口投入的一种补贴。第二,采用双重汇率制或多重汇率制。最为有利于进口替代工业化建设的企业,能以最为优惠的汇率获得其所需的外汇。巴西在1953~1961年之间实行了一种独特的多重汇率制:出口产品使用4种不同的固定汇率(制成品的汇率最优惠,咖啡的优惠最少),政府允许进口的商品使用一种固定汇率,其他进口使用的5种汇率由外汇拍卖决定,金融交易使用一

[①] 转引自江时学著,《拉美发展模式研究》,经济管理出版社,1996年,第48页。

种浮动汇率①。在这种情况下，拉美国家外汇"黑市"或平行市场大行其道，甚至有时外汇的"黑市"价格可以用来衡量政策扭曲带来的汇率偏离程度。

4. 贸易政策

保护本国市场最有效的手段之一就是高筑贸易壁垒。就对最终产品征收关税而言，由于它提高了进口商品的价格，其市场竞争能力就被降低，与进口商品竞争的本国产品遂得到有效的保护。以1970年墨西哥为例，化肥和杀虫剂的有效保护率②高达671%，合成化肥的达到226%，药品的达到206%，汽车的达到102%，电气设备的达到67%。整体而言，1970年墨西哥对耐用消费品和资本品的有效保护率平均达到35%③。面对高额关税，跨国公司不得不开始在墨西哥投资建厂。事实上，在许多拉美国家，非关税壁垒比关税壁垒更为重要，例如进口配额和进口许可证。进口配额具有涉及范围广和主观随意性强的特点，并且能发挥关税难以发挥的作用，而进口许可证使政府不仅能控制进口的流量，而且还可使政府能控制进口商品的构成，以便为政府有意发展的"重点"部门提供更多的优惠。在墨西哥，受进口许可证限制的产品的比重不断增加：1956年为25%，1965年扩大到60%，1975年达100%④。

（二）进口替代工业化模式的危机

上述政策虽然使进口替代工业化迎来发展上的黄金时期，但

---

① 转引自江时学著，《拉美发展模式研究》，经济管理出版社，1996年，第47页。

② 有效保护率是指因保护用于生产最终产品的中间产品而对名义关税进行调整后的税率。

③ Adriaan ten Kate and Robert Bruce Wallace, "Nominal and Effective Protection by Sector," in *Protection and Economic Development in Mexico*, ed. Adriaan ten Kate and Robert Bruce Wallace (Hampshire, U. K.: Gower, 1980), 122, 151.

④ 江时学著，《拉美发展模式研究》，经济管理出版社，1996年，第46页。

却给拉美国家经济增长的可持续性带来结构性危机。主要体现在如下四个方面。

1. 出口丧失活力和进口结构刚性潜伏国际收支危机

任何国家在进口替代模式下的工业发展都是面向国内市场的。受保护的制成品不具有国际竞争力，出口市场得不到发展，因此，对国际贸易的参与只能继续依赖原料和初级产品。这就意味着原料和初级产品出口成为支撑进口替代模式运转的主要外汇来源。但是，这类产品出口经常受国际市场需求起伏和价格变动的影响，不仅出口收入很不稳定，而且出口地位日益呈现不利的总趋势。与此同时，随着进口替代进程不断深化，各国的进口需求越来越高，进入耐用消费品和资本品进口替代次阶段后尤为突出。因此，经常项目赤字不断增加成为拉美国家的一种结构性现象。20世纪60年代，部分拉美国家开始实行促进出口的政策，但出口产品仍主要是自然资源的初加工产品，在工业制成品出口方面取得较大成绩的只有巴西等极少数国家。为了平衡国际收支，政府不得不诉诸大量外部资金，这给80年代债务危机的总爆发埋下了隐患。

2. 忽视农业和透支工业引发产业结构危机

随着资源集中于工业化，农业被忽视了，尤其是连对农业基础设施的必要投资都没有。而且劳动力被吸引到城市工业区，增加了城市压力。在某些情况下，农业生产下降意味着粮食进口增加，进一步增加了国际收支平衡压力。对农业的忽视不仅削弱了利润来源，而且侵蚀了国家的粮食安全。更重要的是，农业的二元结构不断强化。那些以适应国际市场需求为生产目的的现代企业形成强大的利益集团，占尽政府的各项政策优惠，加速了中、小农业企业的分化，使农业部门形成现代企业与从事自给自足生产的传统农民农业长期并存的格局，而大量剩余劳动力被从农业部门排斥出来，导致与经济发展阶段不相适应的过度城市化进程。与此同时，在20世纪60年代中期，拉美学界开展了关于工业化战略选择的讨论。一种意见认为，基于产业升级的需要与拉美国家收入分配集中的特点，工业化进程应转向重点发展耐用消费品生产。另一种意见认为，应着重于改善收入分配和增加就业以扩大市场需求。最终前者意见占了上风，即把耐用消费品生产作为所谓的"轴心部门"，重点发展诸如汽车和家用电器等，这种提前透支工业潜力的做法使产业升级处于无序状态，反而积累了"去工业化"的风险。

3. 国家机构过度膨胀暗藏财政赤字危机

进口替代工业化模式的实施，通常要求国家发挥主导作用，进而引发国家机构过度膨胀。而兼顾金融中介、收入再分配以及国家投资职能的国家必然面临两种日益尖锐的对立趋势：一方面，国家有一种强烈的吸取资金的欲望，以满足工业化、基础设施建设、社会服务和国家机构自身的需要；另一方面，出口部门、特别是传统出口部门处于相对停滞的状态，或者说，当税收体系的主要基础陷于停滞、税率达到一定水平后，收入已不再能满足公共部门的需要，公共部门赤字逐渐变为一种顽症。于是，要么大量增发货币引起通货膨胀，要么大量举债透支生产能力。遗憾的是，拉美国家这两种后果同时出现了。

4. 失业和收入分配不公加剧社会治理危机

在创造就业方面，进口替代工业化导致拉美国家出现"生产性吸纳"和"就业不足"并存的现象。主要有四点原因。第一，土地改革没有实质性改变农村生产关系，人地矛盾突出。一方面，分得土地的农民得不到必要的资金与技术支持，无法有效经营；集体农业则普遍经营不善，调动不了农民的生产积极性。另一方面，土地改革反复性大，往往是这届政府搞土改，下届政府反对土改，结果土地又被交还原主或被拍卖给新的主人。在这种情况下，农村中现代农业企业与农民个体小农业共存的二元结构被固化。第二,农业和现代非农产业中的技术进步与选择均不利于劳动力的吸纳。拉美国家农业现代化过程是在基本保持原有土地占有制度不变的情况下通过缓慢的技术变革来进行的。这种选择与自己资源禀赋不相称而效仿发达国家技术的做法必然造成农村现代农业吸纳劳动力的下降。而在城市,鉴于新兴的模仿性消费需求和进口替代工业化政策造成的价格扭曲,拉美国家维持了"非耐用消费品—耐用消费品—中间产品—资本品"逐级替代的跨越式发展道路。而耐用消费品的进口替代对资本和技术的要求越来越高,从而不利于吸纳劳动力。第三,进口替代工业化的高投资相对于转移劳动力所需的资源不足。创造就业需要相应的资源,而城市现代部门与传统农业创造就业所需的资源又不同。生产性和社会性基础设施的再生产与创造,以及在现代和传统部门就业所衍生的消费方式差距,都极大地增加了在现代部门创造就业所需的资源总量。第四,伴随着城市化进程,大规模的城乡移民带来城市劳动力供给压力。从 1950 年到 1980 年,在城乡移民、劳动力参与率以及城市自然增长率三因素的共同作用下,非农产业的劳动力高速增长,这无疑给拉美各国城市就业带来直接压力。例如,整个 20 世纪 50 年代阿根廷、巴西和墨西哥的城市人口年均增长率分别为 3%、6.5% 和 5.6%,然而它们的工业就业年均增长率却仅为 1.7%、2.6% 和 4.8%[1]。

在社会公平上,拉美经委会认为,拉美国家的收入分配形势自 50 年代以来是呈逐步恶化的趋势。根据 1970 年左右比较完整的资料,1970 年前后的收入分配普遍呈现出非常集中的状态,基尼系数最低者为 0.44,最高者为 0.66。巴西是这种分配不公现象的典型,10% 最高收入家庭占有总收入的 58.7%,40% 低

---

[1] Werner Baer, Import Substitution and Industrialization in Latin America: Experiences and Interpretations, *Latin American Research Review*, Vol. 7, No. 1, p102.

收入家庭合计只得到总收入的 5.6%，前者的平均收入为后者平均收入的 43 倍[①]。在失业和收入分配不公的背景下，20 世纪 60-70 年代拉美地区经历了一场具有"参与危机"性质的社会政治危机。

第四节　进口替代工业化核心——制造业竞争力缺失

工业化的核心是促进制造业发展并提高其国际竞争力。1870~1930 年是拉美早期工业化时期，部分拉美国家的早期工业发展是由初级产品出口扩大带动起来的，但并非所有当时初级产品出口扩大的拉美国家都能具备早期工业发展的条件，因此，满足国内消费的制造业仅在工业发展领先的少数国家初步发展。为什么拉美未能与西欧和美国同时开始进口替代工业化进程？这显然与拉美所处的历史条件和社会经济结构有关。一是当时初级产品出口的高额利润让精英阶层毫无改变的愿望；二是供给方面的瓶颈约束，如拉美各国都缺乏开展进口替代所必需的企业家阶层、熟练的劳动力、基础设施及经营管理能力等；三是市场规模有限，来自崇尚自由贸易政策的外部势力的压力有限。因此，拉美现代化历史上初级产品出口发展模式的第一次转型延误，直接导致制造业的大发展阶段也相应顺延了。

从 20 世纪 30 年代初由部分拉美国家启动到 1982 年因债务危机爆发而终结的进口替代工业化，无疑是拉美国家工业化的最重要时期。尤其是在 1950 年以后，工业化的成就表现在制造业

[①] 苏振兴　袁东振著，《发展模式与社会冲突——拉美国家社会问题透视》，当代世界出版社，2001 年 3 月，第 156 页。

的快速增长成为经济增长的主要驱动力；制造业产值占 GDP 的比重大幅提高；非耐用消费品工业，钢铁、水泥、化工等基础工业，及部分耐用品工业的建立和发展；工业部门就业人数的持续增加；城市化的快速发展；等等。如图 3 所示，1950～1980 年，拉美国家经济增长和制造业增长呈现趋同走势，且制造业增长率在大多数年份里高于经济增长率，这表明在进口替代工业化时期拉美经济主要由制造业增长所推动。但是，拉美国家制造业竞争力不强，内向发展的战略始终无法提供降低成本的激励，导致其在进口替代后期逐渐衰落下来。

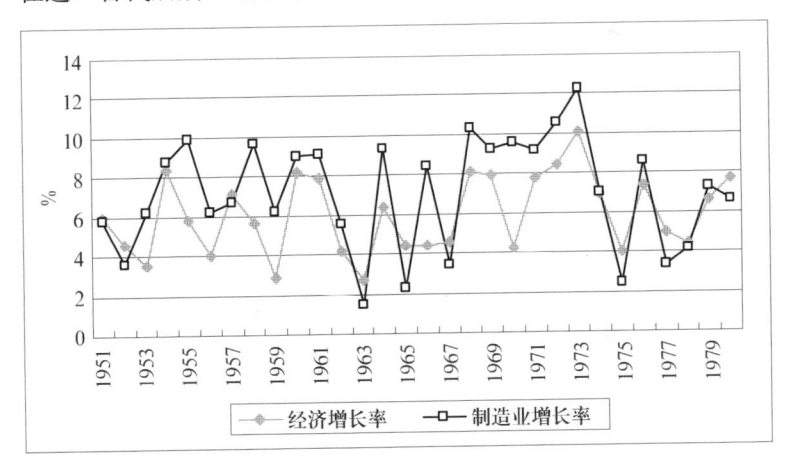

图 3　1950～1980 年拉美国家[a] 经济与制造业增长率（%）

资料来源：CEPAL, *América Latina y el Caribe: Series Históricas de Estadísticas Económicas 1950～2008*, 2009.

注：[a] 这里不含加勒比国家。1951～1970 年经济按 1970 年美元不变价格核算；1971～1980 年经济按 1980 年美元不变价格核算。

（一）1950～1982 年拉美国家制造业发展特征

第一，前期快速发展后期趋于停滞或衰落。拉美国家的工业化进程并不是完全同步的。如果以 1950 年为初始条件，大致可以将拉美地区划分为四种类型。第一类是阿根廷、乌拉圭和智利。三国制成品的简易替代阶段已接近尾声，即非耐用消费品生产受到了国内市场狭小的制约；产业升级过程则面临投入高、规模小、效益低的困境。因此，工业化进程的活力明显衰退。第二类是巴西和墨西哥，在1950~1970年期间工业化进展最为迅速，制造业占 GDP 的比重分别上升了 7.4 和 5.7 个百分点（图4）。第三类是安第斯国家，包括玻利维亚、厄瓜多尔、哥伦比亚、秘鲁和委内瑞拉。1950年时，这五国的工业化程度非常接近，但都低于前两类。第四类是中美洲国家，哥斯达黎加、危地马拉、萨尔瓦多、洪都拉斯和尼加拉瓜，它们都是传统农业国。从工业化程度衡量，除哥斯达黎加外，其余国家都明显低于安第斯国家的水平，属于拉美国家中工业化程度最低的。尽管拉美国家工业化呈现出差异性，但是从趋势上看制造业均具有前期快速发展后

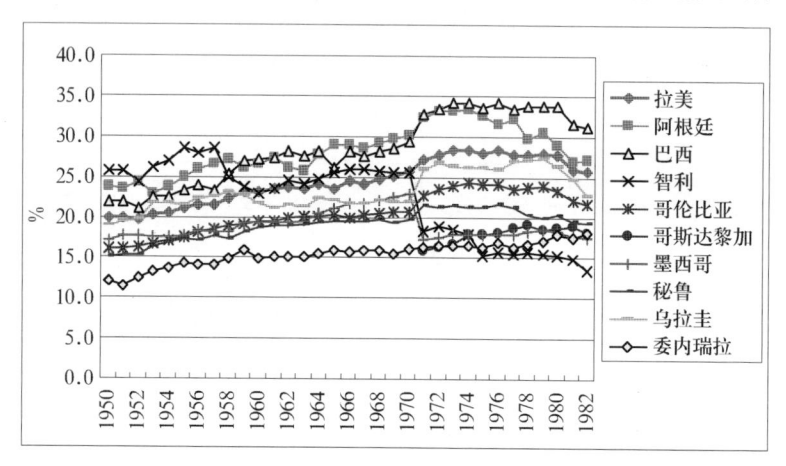

图4　1950~1982年拉美国家[a]制造业产值占 GDP 比重的变化

资料来源：CEPAL, *América Latina y el Caribe*: *Series Históricas de Estadísticas Económicas 1950~2008*, 2009.

注：[a] 这里不含加勒比国家。1950~1970年经济按1970年美元不变价格核算；1971~1982年经济按1980年美元不变价格核算。

期停滞或衰落的特征。拉美地区制造业占 GDP 的比重从 1950 年的 19.9% 增至 1973 年的 28.3%，此后至 1982 年制造业发展陷入停滞阶段（图 4）。而制造业衰落比较典型的国家是阿根廷和智利，前者制造业占比从 1971 年的 32.5% 降至 1982 年的 27.1%；后者同期从 18.3% 降至 13.5%（图 4）。

第二，虽然制造业占比提高，但是吸纳劳动力的能力减弱。拉美国家为了加快制造业发展，常常忽视市场机制在配置资源中的作用，以无法真正反映要素成本的价格，将大量资源投入制造业，典型的例子就是政府用极低的利率或甚至负利率向企业提供贷款。这种扭曲的要素价格必然导致制造业越来越向资本密集型方向发展。如表 4 所示，制造业占 GDP 的比重由 1950 年的 18.9% 增至 1964 年的 22.8%，但是其所吸纳的劳动力却从 1950 年的 14.4% 降至 1962 年的 13.8%。农业部门所释放的劳动力达到 7 个百分点，大多以效率和报酬低下且缺乏保障的非正规就业形式涌入服务业。

表 4　拉美国家按经济部门分类的 GDP 构成和劳动力分布

部门	GDP 构成（%）				劳动力分布（%）			
	1950	1955	1960	1964	1950	1955	1960	1962
农业	24.7	23.9	21.8	20.8	53.5	50.4	47.7	46.5
矿业	4	4.4	4.9	5	1.1	1.1	1	0.4
制造业	18.9	19.9	21.8	22.8	14.4	14.2	14.2	13.8
建筑业	3.4	3.4	3.3	3.3	3.7	4.5	4.8	4.6
电、气、水	0.7	0.8	1	1.2	4.2	4.7	5.2	5.3
交通和通讯	6.3	6.6	6.4	6.3	23.1	25.1	27.1	28.8
服务业	42	41.1	40.8	40.6				
总计	100	100	100	100	100	100	100	100

资料来源：Juan Carlos Moreno Brid, Esteban Pérez Caldentey, Trade and economic growth: A Latin American perspective on rhetoric and reality, *CEPAL - Serie Estudios y perspectivas-Mexico-No 119*, Dec. 2009, p12.

第三，对外贸易以出口原材料、进口制成品为特征。从出口构成看，进口替代工业化时期原材料出口（包括农产品和矿产燃料出口）绝对占优，1934～1938年原材料出口和制成品出口分别占99%和1%，而到1961～1962年制成品出口仅略增至4%[①]。如图5所示，拉美制造业出口比重呈现先升后降趋势，由1962年的9%增至1973年的28%，而后又降至1982年的16%。从进口构成看，制成品进口占进口总额的比重一直很高，基本维持在70%左右的水平。由于消费品的进口替代严重依赖于资本品和中间产品的进口，工业部门愈发呈现出进口密集型的缺陷，这意味着进口商品结构具有的刚性制约了拉美国家对外部冲击做出积极反应的能力。换言之，当国际收支出现严重问题后，压缩其进口必然会损害制造业生产活动，因为工厂的开工完全依赖于进口投入，这也是拉美国家在20世纪80年代出现"去工业化"的重要原因。

尽管拉美国家制造业占出口总额的比重呈现先上升后下降的趋势，但是从国别看还存在较大差异。20世纪60年代中期以后拉美国家在对进口替代工业化发展模式进行扬弃的过程中，采取了两项主要措施：实行"促进出口"政策；推动地区经济一体化。当时，推动地区经济一体化的目标之一是借助地区市场来弥补国内市场的不足，扩大制成品出口，但成效不明显。相反，巴西、墨西哥等地区大国在促进出口方面倒是取得了比较明显的成绩：墨西哥制造业占出口总额的比重由1962年的14%升至1973年的42%；同期巴西由3%升至20%。但尽管如此，两国制造业出口比重仍远远低于及时转型的韩国（图6）。

[①] Juan Carlos Moreno Brid, Esteban Pérez Caldentey, Trade and economic growth: A Latin American perspective on rhetoric and reality, *CEPAL - Serie Estudios y perspectivas- Mexico-No 119*, Dec. 2009, p14.

中篇 拉美案例研究 | 241

A. 出口结构

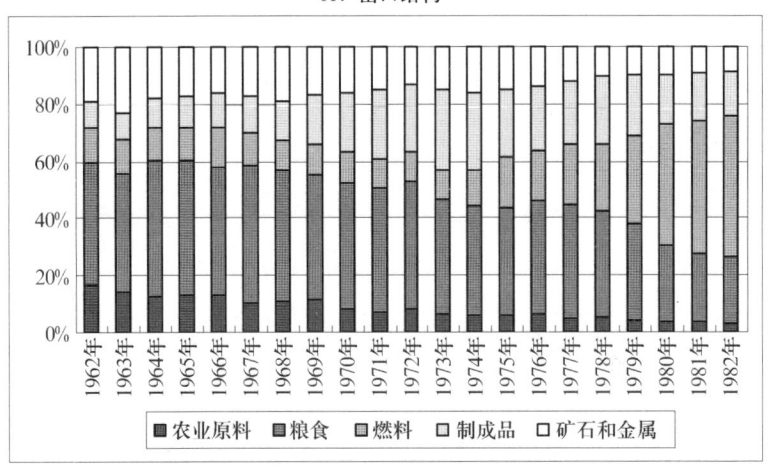

B. 进口结构

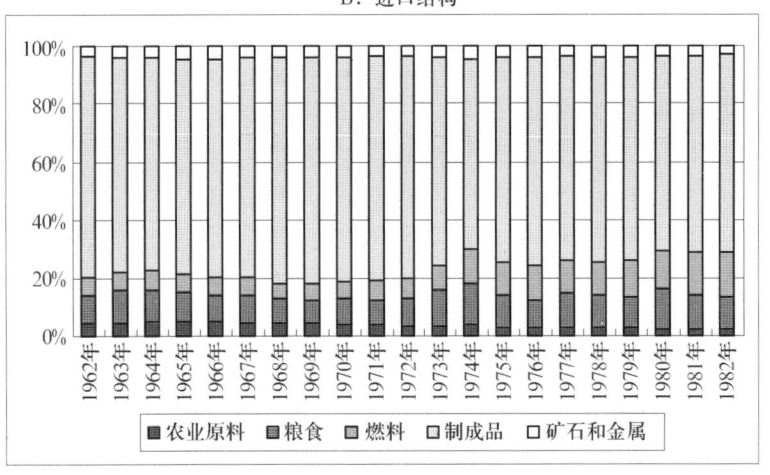

图 5 1962~1982 年拉美进出口结构变动趋势（%）
资料来源：作者根据 CEIC 数据库整理绘制。

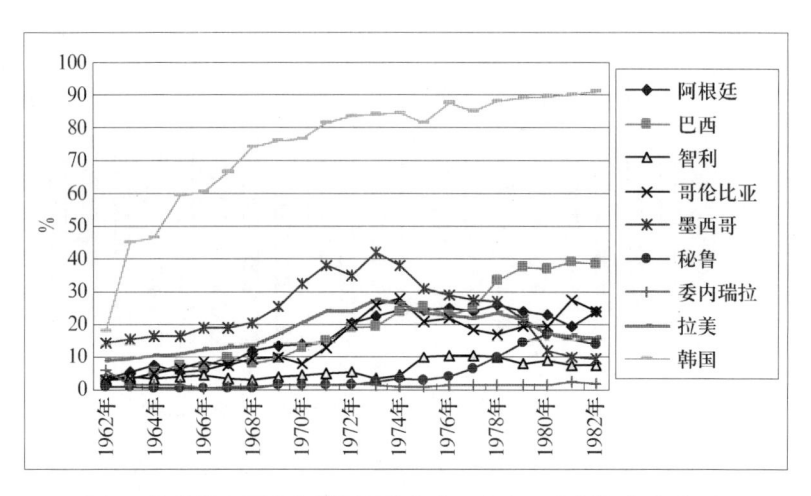

图 6　拉美代表国家和韩国制造业出口占出口总额的比重（%）
资料来源：作者根据 CEIC 数据库整理并绘制。

第四，制造业的国际竞争力远远落后于劳动密集型出口导向的东亚国家。在衡量一国某产业在国际市场上的绝对竞争力时，通常采用"显示性比较优势指数"（RCA）①。根据日本贸易振兴协会的标准，RCA > 2.5，表明竞争力很强；2.5 > RCA > 1.25，表明竞争力较强；1.25 > RCA > 0.8，表明竞争力中等；RCA < 0.8，表明竞争力弱。根据世界银行数据库计算，1962~1982 年主要拉美国家的制造业 RCA 均小于 0.8，表明进口替代工业化时期拉美的制造业毫无竞争力而言。而与拉美国家形成鲜明对比的是，同期中国香港制造业 RCA 位于 1.4 至 1.6 之间，表明竞争力一直较强。韩国制造业虽然在 20 世纪 60 年代初起步条件与拉美国家相差不大，但是经过整个六十年代的飞速发展其 RCA

---

①　该指数是指一国某种商品的出口额在该国出口总额中的比重与全世界该商品的出口额占世界出口总额的比重两者之间的比率关系。

大幅增加，到1971年已达1.26，进入竞争力较强的国家之列（图7）。

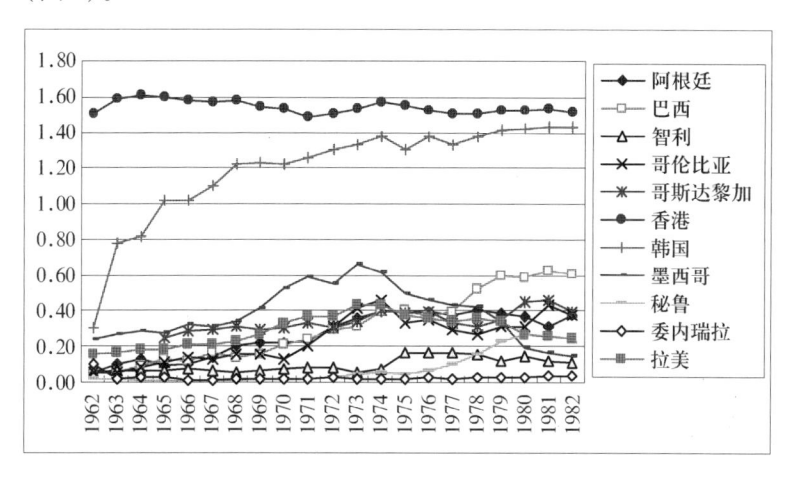

图7 制造业显示性比较优势指数（RCA）比较

资料来源：作者根据世界银行WDI数据库相关数据计算并绘制。http://databank.worldbank.org/ddp/home.do?Step=1&id=4

（二）拉美制造业竞争力低下的根源

进口替代工业化时期拉美国家制造业竞争力低下的根源主要来自三个方面。第一，名义保护和"有效保护"水平都很高，无法提供提高生产率的强大激励。如表5所示，1960年阿根廷、巴西、智利和哥伦比亚的平均名义保护率均超过110%。而且，阿根廷和巴西对耐用消费品的名义保护率最高，分别达到266%和328%。从"有效保护"看，以阿根廷和巴西为例。1958年阿根廷制造业的平均有效保护率达到162%，其中消费品、中间产品和资本品的平均有效保护率分别达到164%、167%和133%。1966年巴西制造业的平均有效保护率达到118%，其中消费品、中间产品和资本品的平均有效保护率分别达到230%、

68%和31%[1]。

表5　拉丁美洲1960年前后的名义保护率　　　　单位:%

国别	非耐用消费品	耐用消费品	半成品	工业原料	资本品	平均
阿根廷	176	266	95	55	98	131
巴西	260	328	80	106	84	168
智利	328	90	98	111	45	138
哥伦比亚	247	108	28	57	18	112
墨西哥	114	147	28	38	14	61
乌拉圭	23	24	23	14	27	21
欧共体	17	19	7	1	13	13

资料来源:苏振兴主编,《拉美国家现代化进程研究》,社会科学文献出版社,2006年3月,第114页。

第二,劳工成本较高。20世纪30－40年代,一批具有强烈民众主义色彩的政府先后在拉美国家当政,如巴西瓦加斯政府、墨西哥卡德纳斯政府、智利人民团结阵线政府、阿根廷庇隆政府,等等。这些政府的共同特点之一是争取来自于工人运动的政治支持[2]。有鉴于此,30－70年代拉美国家现代劳动制度取得明显进展。例如,在劳动合同制度方面,拉美国家的劳工法一般都提倡长期或固定合同制,对临时合同或者雇用临时工实行一定的限制。在解雇制度方面,一是限制随意解雇;二是解雇赔偿。这种刚性的劳动力市场不利于企业面对外部环境变化时的灵活性

---

[1] Juan Carlos Moreno Brid, Esteban Pérez Caldentey, Trade and economic growth: A Latin American perspective on rhetoric and reality, *CEPAL - Serie Estudios y perspectivas-Mexico-No 119*, Dec. 2009, p17.

[2] 参见苏振兴主编:《拉美国家现代化进程研究》,社会科学文献出版社2006年版,第439－440页。

调整。

第三，技术创新能力缺乏。一方面，拉美国家长期存在一种忽视技术研发的倾向；另一方面，急于要用国内的生产去满足类似发达国家的消费需求，导致产业结构升级无序。因此，仅是"肤浅地和代价高昂地"吸收进口技术，而不能使本国技术能力获得相应发展，也不利于技术进步的推广。

第五节　拉美进口替代工业化转型的历史性延误

进口替代工业化时期拉美国家面临如何处理消费和投资、内需和外需这两对关系的平衡问题。如前所述，起步相似的东亚新兴国家或地区能够及时调整发展模式，走出陷阱，肯定有值得借鉴的经验。

经济增长方式的转变与经济发展阶段相适应，这是现代化进程步入新阶段的客观要求。拉美国家的现代化进程经历了3个发展阶段，即初级产品出口模式阶段（1870~1930年）、进口替代工业化模式阶段（1930~1982年）和外向发展模式阶段（1982年至今）。研究表明，在当时历史条件下每种模式的选择都有其合理性。但是，经济增长方式必然会随着内外环境的变化而转变，从来就不是一成不变的。拉美现代化历史表明，经济发展模式的每次转型总是被一场外源性或内生性的经济危机"倒逼"出来。初级产品出口模式延续了60年，早在第一次世界大战期间这种模式的危机就开始显露，但拉美国家没有及时调整经济发展模式，最终导致资本主义大萧条带来的致命性打击。而进口替代工业化模式在拉美地区也延续了50年，早在50年代这种模式对拉美工业化的制约就已表现出来，但同样没有及时调整经济发展模式，最后酿成一场严重的结构性发展危机。于是，就有80

年代以来新自由主义主导下的"衰退性调整"和激进式改革。

通常而言，国内生产总值核算包括支出法、收入法和生产法三大类。其中，支出法主要是从投资、消费和出口等口径核算，具体包括居民消费支出、政府消费支出、资本形成总额以及商品和服务净出口等；收入法主要依据生产中投入要素的报酬来核算，主要包括劳动者报酬、生产税净额、营业盈余等；生产法则主要依据产业的投入产出等来核算，主要包括第一产业、第二产业和第三产业增加值等。这里通过使用生产法和支出法对拉美国家和东亚国家加以比较，以总结出拉美经济增长方式转型的某些特征。

从产业结构看，20世纪五六十年代是拉美产业结构升级明显的时期，农业占GDP的比重从1965年的15.89%下降到1969年的12.2%，同期工业占比从33.57%上升到35.98%。然而，与东亚的韩国和新加坡相比，拉美产业结构升级幅度显然较小。韩国农业占比尽管在1965年还高达39.36%，但是到1969年已经降至29.95%，下降了约10个百分点。而且，这种下降趋势一直延续至与拉美农业占比相近的1990年，这意味着自20世纪60年代中期起至80年代末韩国已经向新兴工业化国家转型。换言之，以农业占比下降相同的绝对值衡量（从16%至8%），拉美地区经济增长转型大体上落后韩国17年。而与新加坡相比，差距就更大了。1975年新加坡农业占比已经降至2.24%。尽管1990年拉美工业占比为35.86%，仅比新加坡高4个百分点，但是，以制造业为主的第二产业比重下降不是拉开拉美国家"后工业化时代"的序幕而是陷入80年代"去工业化"的困境中（表6）。

表6 拉美国家与韩国、新加坡产业结构比较（%）

	拉美地区			韩国			新加坡		
	农业	工业	服务业	农业	工业	服务业	农业	工业	服务业
1965	15.89	33.57	49.99	39.36	21.31	39.33	–	–	–
1966	13.87	34.53	51.23	36.53	22.07	41.40	–	–	–
1967	13.68	34.08	51.89	32.37	22.97	44.66	–	–	–
1968	12.98	35.55	51.62	30.68	24.48	44.84	–	–	–
1969	12.20	35.98	51.96	29.95	25.47	44.58	–	–	–
1970	12.41	36.21	51.49	29.25	26.02	44.72	–	–	–
1971	12.66	36.34	51.12	29.60	25.04	45.36	–	–	–
1972	12.38	36.44	51.29	28.74	26.20	45.06	–	–	–
1973	12.78	36.76	50.57	26.74	29.21	44.04	–	–	–
1974	12.27	38.50	49.39	26.63	28.40	44.96	–	–	–
1975	11.41	38.52	50.20	27.13	29.27	43.60	2.24	32.34	65.42
1976	11.75	38.65	49.70	25.74	31.06	43.20	2.12	33.11	64.77
1977	12.47	37.75	49.89	24.39	32.36	43.25	2.07	32.89	65.04
1978	10.97	37.99	51.13	22.40	34.61	42.98	1.73	32.53	65.73
1979	10.36	38.38	51.35	20.93	36.03	43.03	1.62	34.32	64.07
1980	9.74	39.01	51.34	16.17	36.55	47.28	1.57	36.16	62.26
1981	9.57	38.48	52.03	16.98	36.37	46.65	1.52	35.68	62.80
1982	9.13	39.08	51.85	15.95	37.01	47.04	1.40	34.49	64.12
1983	9.88	39.03	51.16	14.59	38.50	46.92	1.23	35.74	63.03
1984	10.26	40.24	49.65	13.68	39.75	46.56	1.12	36.51	62.38
1985	10.30	39.91	49.95	13.54	39.08	47.38	0.96	33.31	65.73
1986	10.42	39.11	50.63	11.99	40.40	47.61	0.74	34.19	65.06
1987	9.88	40.42	49.83	10.76	41.48	47.76	0.58	33.76	65.67
1988	9.55	38.58	51.95	10.72	41.82	47.46	0.44	34.82	64.74
1989	8.89	38.49	52.70	9.94	40.99	49.07	0.38	33.63	65.99
1990	8.56	35.86	55.66	8.94	41.57	49.49	0.34	31.89	67.78

资料来源：世界银行 WDI 数据库，http://databank.worldbank.org/ddp/home.do

从国内生产总值支出法考察,经济增长主要是由最终消费(消费需求)、资本形成总额(投资需求)和货物与服务净出口(国外需求)这三大需求拉动的。如表7所示,对于拉美而言,从总量角度看,最终消费(确切地说是私人消费)始终是拉动经济增长的份额最大的需求。20世纪五六十年代这一比例保持在79%~84%之间。尽管1960年韩国和中国台湾的最终消费率高于拉美地区,但是到1980年两者已经降至76.1%和67.9%,分别下降了22个百分点和20个百分点,同期中国香港也下降了11个百分点。而拉美地区同期仅下降了5.6个百分点,这意味着该时期是东亚国家经济增长方式转型的关键时期。从投资需求看,20世纪70年代得益于充裕的"石油美元"拉美通过举债增长战略将投资率提高至年均23.3%,除此之外,50年代、60年代和80年代该比率均低于20%,分别为18.7%、18.9%和18.6%[①]。而中国香港、韩国和中国台湾自1960年开始在绝大多数年份中投资率均远大于拉美国家。这意味着自60年代开始东亚国家走上投资驱动和外向发展并举的道路。而拉美国家最终放弃进口替代工业化而选择外向发展模式是在1982年债务危机之后,整整落后20年左右。

表7 拉美国家与中国香港、韩国及中国台湾社会总需求结构比较(%)

年份	最终消费(消费率)				资本形成总额(投资率)				净出口			
	拉美	中国香港	韩国	中国台湾	拉美	中国香港	韩国	中国台湾	拉美	中国香港	韩国	中国台湾
1951	81.2			90.51	19.2			14.07	-1.5			-4.58
1952	80.6			90.97	20.7			15.01	-1.5			-5.98
1953	80.2			91.27	16.9			13.79	0.8			-5.06
1954	80.9			92.46	19.0			15.73	-0.1			-8.18

① 作者根据拉美经委会1950~2008年经济统计历史数据整理计算。http://www.cepal.org/deype/cuaderno37/esp/index.htm

续表

年份	最终消费（消费率）				资本形成总额（投资率）				净出口			
	拉美	中国香港	韩国	中国台湾	拉美	中国香港	韩国	中国台湾	拉美	中国香港	韩国	中国台湾
1955	83.2			91.16	18.8			13.06	-0.2			-4.22
1956	83.0			90.97	17.8			15.74	0.1			-6.70
1957	83.0			89.49	19.8			15.51	-1.0			-5.00
1958	84.0			89.92	18.3			16.31	-0.6			-6.23
1959	82.3			89.59	19.3			18.49	0.1			-8.08
1960	82.4	76.26	98.13	87.47	18.9	27.69	11.43	19.90	-0.7	-9.61	-9.44	-7.37
1961	82.0	78.92	96.36	87.27	18.6	25.06	13.37	19.69	-0.3	-9.79	-9.66	-6.95
1962	82.5	78.91	98.34	87.67	18.3	26.74	13.36	17.57	-0.2	-10.29	-11.61	-5.24
1963	82.7	75.86	92.52	83.06	17.1	31.68	18.72	18.07	0.5	-9.22	-11.07	-1.13
1964	81.9	75.21	93.35	80.72	18.7	34.31	14.40	18.53	0.4	-9.62	-7.68	0.75
1965	80.9	68.53	91.98	80.52	18.8	34.91	15.64	22.43	0.9	-3.44	-7.62	-2.95
1966	80.9	75.88	87.58	78.70	19.1	27.65	22.53	21.03	0.3	-3.54	-10.11	0.27
1967	82.8	75.23	87.94	77.62	17.9	20.12	22.95	24.40	-0.1	4.65	-10.90	-2.02
1968	82.0	78.00	86.03	77.92	18.6	16.62	26.99	24.89	-0.1	5.38	-13.02	-2.81
1969	79.9	74.80	82.24	76.39	20.2	16.37	29.98	24.33	0.2	8.83	-12.21	-0.72
1970	79.7	71.88	84.84	74.70	20.7	20.41	25.36	25.35	-0.4	7.71	-10.19	-0.05
1971	78.4	71.42	85.07	71.52	23.4	24.37	25.54	26.04	-3.1	4.21	-10.61	2.43
1972	78.1	68.59	83.16	68.31	23.4	23.45	21.65	25.51	-2.7	7.96	-4.81	6.18
1973	77.2	70.77	77.56	65.86	24.5	22.91	25.60	28.90	-3.2	6.32	-3.16	5.24
1974	77.8	70.98	79.17	68.80	26.9	24.22	31.99	38.85	-5.3	4.80	-11.16	-7.65
1975	76.4	71.45	79.85	73.09	27.3	22.96	28.68	30.15	-3.9	5.59	-8.52	-3.23
1976	76.9	63.93	75.34	67.52	25.8	25.39	26.65	30.35	-3.0	10.68	-2.00	2.13
1977	76.6	66.92	72.15	67.27	26.0	26.54	28.69	27.92	-1.9	6.54	-0.84	4.81
1978	76.8	70.23	70.65	65.70	25.2	28.76	33.08	27.95	-1.6	1.02	-3.74	6.35
1979	77.9	66.02	70.96	66.37	24.0	32.68	36.09	32.51	-2.0	1.29	-7.06	1.11
1980	76.8	65.63	76.09	67.88	25.4	34.85	31.81	33.29	-1.9	-0.48	-7.90	-1.17
1981	76.3	66.49	75.83	68.59	24.3	35.00	29.57	29.41	-0.3	-1.49	-5.40	2.00
1982	77.6	68.39	73.85	69.71	20.6	31.00	28.68	25.26	1.9	0.61	-2.53	5.04
1983	78.0	71.45	72.11	67.15	15.4	26.70	28.99	24.48	4.8	1.85	-1.10	8.37
1984	77.0	67.44	70.00	66.21	16.0	24.45	30.28	23.28	6.3	8.11	-0.28	10.51

续表

年份	最终消费（消费率）				资本形成总额（投资率）				净出口			
	拉美	中国香港	韩国	中国台湾	拉美	中国香港	韩国	中国台湾	拉美	中国香港	韩国	中国台湾
1985	74.8	68.32	69.44	67.47	18.1	21.51	29.97	19.43	6.7	10.17	0.59	13.10
1986	77.1	67.34	65.82	61.82	17.4	23.42	29.12	19.46	4.6	9.23	5.06	18.72
1987	76.1	63.45	62.63	62.00	17.7	26.04	30.30	22.17	5.7	10.51	7.07	15.82
1988	75.3	62.70	61.48	67.16	17.8	28.28	31.38	25.70	6.7	9.02	7.14	7.14
1989	76.0	62.05	64.01	69.14	16.7	26.40	33.93	24.46	6.9	11.55	2.06	6.40
1990	77.4	64.33	63.56	71.29	16.0	27.03	37.51	24.37	6.0	8.64	-1.08	4.34

资料来源：作者根据相关数据整理。拉美国家数据来自拉美经委会1950~2008年经济统计历史数据，http://www.cepal.org/deype/cuaderno37/esp/index.htm；中国香港、韩国和中国台湾数据来自 CEIC 数据库。

注：因存在差异项或者满足保留小数位数要求，最终消费、资本形成总额和净出口之和不总是等于100%。

（一）20世纪60年代拉美已隐现结构性失衡

虽然1951~1970年拉美经济维持着高速增长态势，但是，相对于50年代而言，消费在60年代对经济增长的拉动作用有所减弱，已经呈现出衰竭征兆。如图8所示，50年代消费、投资和净出口对经济增长的贡献率分别为79.8%、23.1%和 -2.9%，而60年代消费、投资和净出口平均贡献率分别为76.9%、22.6%和0.5%[①]。即从增量角度考察，消费需求尽管仍是拉动拉美经济增长份额最大、动力最强的国内需求，但有放缓趋势；投资需求几乎停滞；变化较大的还是净出口需求，它从50年代的负拉动变为60年代的正拉动。上述趋势说明拉美在60年代明显呈现出"内向发展不足"的特征，而净出口无疑成为进口资本品所需的外汇的主要来源。因为当时部分国家逐步将工

---

① 作者根据拉美经委会1950~2008年经济统计历史数据计算。

业发展的重心由非耐用消费品转向耐用消费品和资本品,而直接跨越了非熟练劳动密集型初级出口替代阶段。

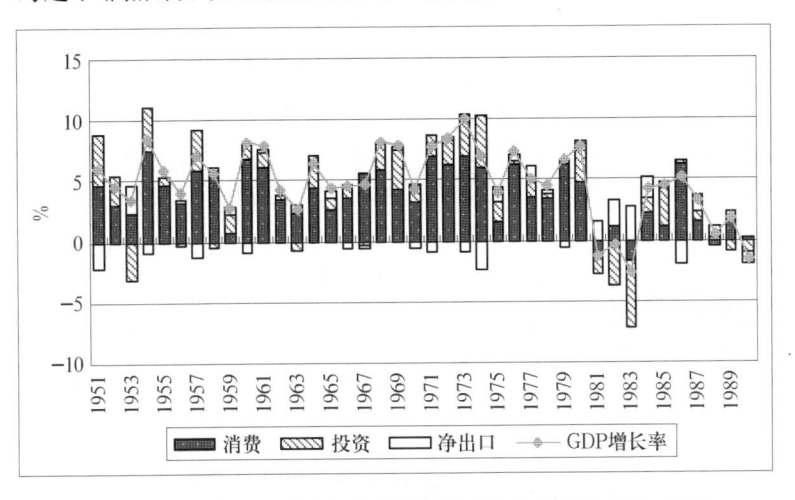

图8 1951～1990年拉美经济增长及支出法各因素的贡献(%)
资料来源:作者根据拉美经委会1950～2008年经济统计历史数据计算并绘制,http://www.cepal.org/deype/cuaderno37/esp/index.htm。
注:1950～1970年GDP数据以1970年美元价格为基础核算;1971～1990年GDP数据以1980年美元价格为基础核算。

那些启动进口替代工业化最早、而国内市场又相对狭小的国家,如乌拉圭、智利和阿根廷等,首先表现出一系列结构性失衡,这种状况继而向其他国家扩散。

第一,非耐用消费品生产面临国内市场饱和的限制,导致制造业对经济增长的贡献率降低。乌拉圭、智利和阿根廷三个国家都属于拉美最早启动进口替代工业化的国家,而国内市场又相对狭小,到50年代后期,三国的工业增长相继失去活力。从制造业占GDP比重看,和拉美地区整体水平稳步上升形成鲜明对比的是,智利和乌拉圭已出现下降或者徘徊趋势。其中智利制造业占 GDP 的比重从 1957 年的 28.6% 降至 1960 年的 23%，到 1970 年才恢复到 50 年代初的水平，达到 25.5%，而乌拉圭在五六十年代基本徘徊在 22% 左右而停滞不前①。从拉美国家整体看，尽管制造业占 GDP 的比重呈现上升趋势，由 1951 年的 19.9% 升至 1970 年的 25.7%，但是，制造业对经济增长的拉动作用有所减弱，如图 9 所示，20 世纪 50 年代制造业对经济增长的贡献率为 29%，而到了 60 年代贡献率降至 27%。到 70 年代初期，更多的国家陷入工业化进程受到国内市场限制的困境中。面对这种形势，拉美国家主要采取了两项政策，一是推动地区经济一体化，力图由地区市场来弥补国内市场的不足；二是鼓励制成品出口。这些政策虽然取得一定成效，但不足以从根本上克服上述矛盾。

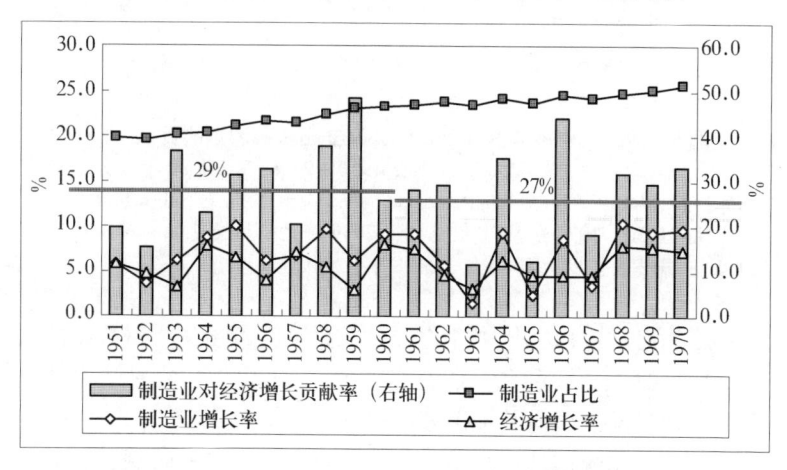

图 9 拉美国家制造业占 GDP 比重、增长率及对经济增长的贡献率（%）
资料来源：根据拉美经委会 1950~2008 年经济统计历史数据计算并绘制，http://www.cepal.org/deype/cuaderno37/esp/index.htm。
注：1950~1970 年 GDP 数据以 1970 年美元价格为基础核算。

---

① 作者根据拉美经委会 1950~2008 年经济统计历史数据整理。

第二，贸易失衡。在内向工业化模式下，拉美国家的工业产品主要销往国内市场，而工业部门自身却要不断地从国外引进技术、装备和原材料。这种进口需求还会随着工业体系复杂化程度的提高而不断加大。工业部门要大量支出外汇却又不能创汇，就形成工业化进程长期要靠农矿业部门创汇来支撑的局面。拉美国家虽然资源丰富，大都是重要的农矿产品输出国，但这类产品出口经常受国际市场需求和价格变动的影响，不仅出口收入很不稳定，而且低附加值产品也使出口地位处于日益不利的困境。直到后来，农、矿两个部门自身也没有外贸盈余了，工业发展因此失去了外汇支撑。

如图 10 所示，由于实施进口替代工业化内向发展模式，拉美国家在 20 世纪五六十年代经济对外依存度（进出口总额占 GDP 的比重）逐年下降，从 1957 年的最高值 27.28% 降至 1973 年的低点 17.2%。1974 年以后虽然对外依存度反转为上升趋势，但是贸易赤字也相伴而行，这种状况一直持续到 1982 年。就在债务危机爆发前的 1981 年，贸易赤字曾达到 126 亿美元，占 GDP 的比重为 1.26%[①]。由此可以看出，一方面，由于进口替代并不能使拉美国家在真正意义上"替代"来自工业发达国家的所有工业制成品；另一方面，由于进口替代蕴涵的"出口悲观主义"使拉美国家的非传统产品出口无法获得相应发展，因此拉美国家的国际收支状况难以得到彻底改善。

第三，食品危机和能源危机形成双重打击。农业部门偏重于发展出口生产而忽视粮食生产，造成食品进口迅速增长。1950~1975 年拉美的粮食生产有如下两个特点：一是粮食生产增长率呈逐步下降趋势，由 50 年代的 4.3%、60 年代的 4.1% 降至 70 年代前半期的 2.7%；二是在大米、玉米和小麦这三大主要粮食

---

① 作者根据拉美经委会 1950~2008 年经济统计历史数据计算。

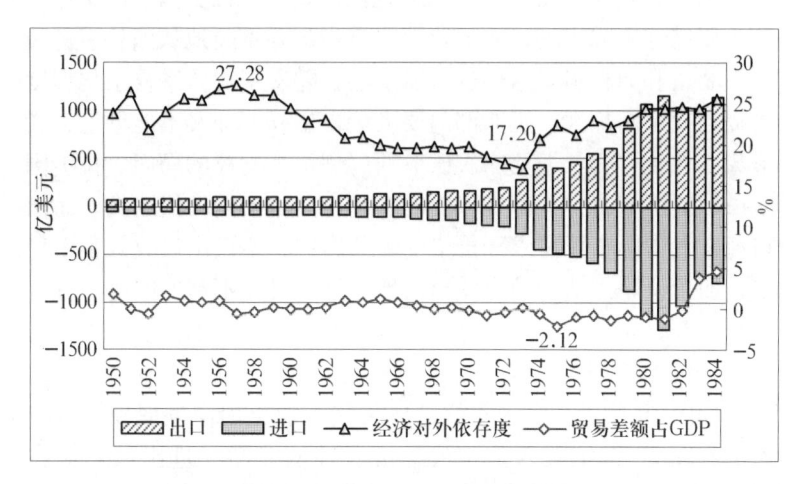

图 10　1950~1984 年拉美经济对外依存度及贸易差额占 GDP 比重
资料来源：作者根据拉美经委会 1950~2008 年经济统计历史数据整理并计算，http://www.cepal.org/deype/cuaderno37/esp/index.htm。
注：以当年价格衡量。

中，大米和玉米产量增长较快，而小麦产量增加十分有限。除了阿根廷等个别粮食输出国外，大多数拉美国家都出现了粮食短缺现象。据联合国粮农组织统计，1975 年粮食进口超过 100 万吨的拉美国家有 5 个：墨西哥（368 万吨）、古巴（169 万吨）、秘鲁（116 万吨）、委内瑞拉（110 万吨）和巴西（104 万吨）[①]。同时，拉美国家多年来一直依赖进口廉价石油，当时除委内瑞拉、厄瓜多尔、特立尼达和多巴哥等少数国家外，其余都是石油进口国，其中巴西 85% 的石油靠进口。国际石油危机引发油价暴涨之后，大大加剧了外贸失衡。

[①] 张勇，《从粮食危机反思拉美贸易和农业政策改革》，《拉丁美洲研究》2009 年第 3 期。

第四，创造就业难度加大，城市就业"非正规化"、"三产化"，再加上收入分配的两极化相当严重，社会动荡局面日渐加剧。如表 8 所示，1950～1980 年尽管城市非正规部门就业在绝对数量上有很大增长，但由于同期正规就业也有大幅增加，两者的相对比重并没有发生明显变化。非正规就业与正规就业之间的比例大致为 3∶7，换言之，进口替代工业化时期劳动力的"生产性吸纳"掩盖了"就业不足"。

从横向比较看，1960～1980 年拉美国家工业就业以超过同期发达资本主义国家 3 倍的速度增长，而服务业就业的增长速度几乎是发达国家的 2 倍。但是，拉美劳动力吸纳能力较高与劳动生产率增长速度较低相伴而生。拉美国家工业和服务业劳动生产率的年累计增长率分别为 2.2% 和 1.3%，而同期发达国家为 3.3% 和 1.7%（表 9）。

表 8　1950～1980 年拉丁美洲劳动力市场结构

（占经济活动人口的比例）

	城市			农村			矿业
	正规部门	非正规部门	总计	现代	传统	总计	
1950	30.5	13.6	44.1	22.2	32.5	54.7	1.2
1970	40.2	16.9	57.1	15.1	26.9	42.0	0.9
1980	44.9	19.4	64.3	12.3	22.6	34.9	0.8

资料来源：Víctor E. Tokman, "The development strategy and employment in the 1980s", *CEPAL Review*, Dec. 1981, p136.

表 9　1960~1980 年拉美国家就业、GDP 及劳动力生产率增长率（%）

	就业增长率				GDP 增长率				劳动生产率增长率			
	农业	工业	服务业	总计	农业	工业	服务业	总计	农业	工业	服务业	总计
墨西哥	1.1	4.6	5.4	3.2	3.0	7.8	5.9	6.2	1.9	3.1	0.5	2.9
巴西	0.3	5.4	4.7	3.3	4.1	7.8	7.5	6.9	3.8	2.2	2.6	3.4
哥伦比亚	0.3	4.2	6.7	3.7	4.2	5.4	6.5	5.5	3.9	1.1	-0.1	1.7
巴拿马	-0.3	4.2	5.3	2.9	3.8	6.0	6.6	5.9	4.2	1.7	1.3	3.0
危地马拉	2.4	5.5	4.6	3.4	4.4	7.7	5.5	5.6	2.0	2.1	0.8	2.1
阿根廷	-0.7	0.1	2.9	1.4	2.4	3.8	3.0	3.2	3.2	3.6	0.1	1.8
乌拉圭	-2.6	1.1	1.3	0.6	1.0	3.1	2.3	2.3	3.7	2.0	1.0	1.7
智利	0.04	2.1	3.5	2.4	2.4	2.5	4.3	3.4	2.3	0.4	0.8	1.0
哥斯达黎加	0.8	4.7	6.2	3.7	4.1	8.8	5.8	6.1	3.3	3.9	-0.3	2.3
委内瑞拉	0.5	4.9	5.1	3.8	4.8	3.8	6.9	5.5	4.3	1.0	1.7	1.6
秘鲁	1.6	2.7	4.9	2.9	1.8	4.3	4.5	3.9	0.2	1.6	-0.3	1.0
厄瓜多尔	2.5	2.4	4.6	3.0	3.3	7.9	7.2	6.5	0.8	5.3	2.5	3.4
萨尔瓦多	1.6	4.3	4.7	2.9	2.9	6.7	4.4	5.1	1.3	2.4	0.4	2.2
玻利维亚	1.3	3.8	3.4	2.3	3.0	5.2	5.5	5.0	1.7	1.5	2.1	2.6
拉美国家	0.7	3.7	4.6	2.9	3.4	6.1	5.9	5.5	2.7	2.2	1.3	2.5
发达资本主义国家	-3.9	1.1	2.4	1.2	1.4	4.5	4.2	4.2	5.5	3.3	1.7	3.0

注：发达资本主义国家包括奥地利、比利时、加拿大、美国、法国、意大利、日本、挪威、荷兰、英国、瑞典。资料来源：Alberto Couriel, "Poverty and underemployment in Latin America", *CEPAL Review*, N°24, 1984, p44, p54, p56, p61.

从各国三次产业的就业增长率看，共同的特征是该时期服务业的就业增长率普遍高于农业和工业（玻利维亚、萨尔瓦多、巴西和危地马拉除外）。Clark 认为，第三产业的相对规模（特别是商业和金融业的规模）是衡量一个社会就业分工发展程度的良好指标，同时也是衡量一个国家经济发展水平的好方法。但另一种观点认为，超前于工业的第三产业扩张突出了服务业"边缘化"的角色，同时强化了它作为无法被工业吸纳的城市剩余劳动力的"避难所"的功能[1]。拉美国家服务业的扩张显然是属于后者。

(二) 20 世纪 70 年代错失转型有利时机

上述结构性失衡的根源就是原有的进口替代增长方式已失效，或称之为"简易"替代阶段已走到尽头。在亚洲，中国台湾和韩国实施进口替代不仅起步晚（50 年代），而且于 60 年代就转向劳动密集型的出口导向。与东亚相比，拉美国家在 70 年代已经具备"人口红利"的条件，但是它们却没有走这条路，贻误了增长方式转变的良机，不能不说是一种历史遗憾。

如图 11 所示，尽管 60 年代后期拉美已渡过人口出生的高峰期，但是由于新生人口逐步进入劳动年龄，劳动年龄人口（15－64 岁）的相对比重自 1970 年（53.5%）开始逐年增加，到 2010 年其占总人口的比重达到 65.4%，人口就业压力开始凸显，但是也正因为如此，依存比率与劳动年龄人口比重曲线呈现相反趋势，换言之，劳动年龄人口比重达到最大的时候也是社会负担最轻的时期（48%），亦即 1970 年至今拉美处于"人口红利"期[2]。不同的经济增长模式在转化人口因素作用方面具有特殊的重要性，合理的经济发展模式不仅可以消除人口压力带来的不利

---

[1] Rubén Kaztman, "Sectoral transformations in employment in Latin America", *CEPAL Review* N^{0}24, 1984, p94.

[2] "人口红利"期是指随着生育率的下降和总人口中劳动适龄人口比重的上升，形成了一个劳动力资源相对丰富、人口抚养负担相对较轻的时期。虽然这个时期就业压力非常大，却是经济发展的黄金时期。

影响，而且可以将其转化为经济发展的动力。显然，在 70 年代这个时间窗口拉美国家没有充分利用劳动力资源丰富这个比较优势。

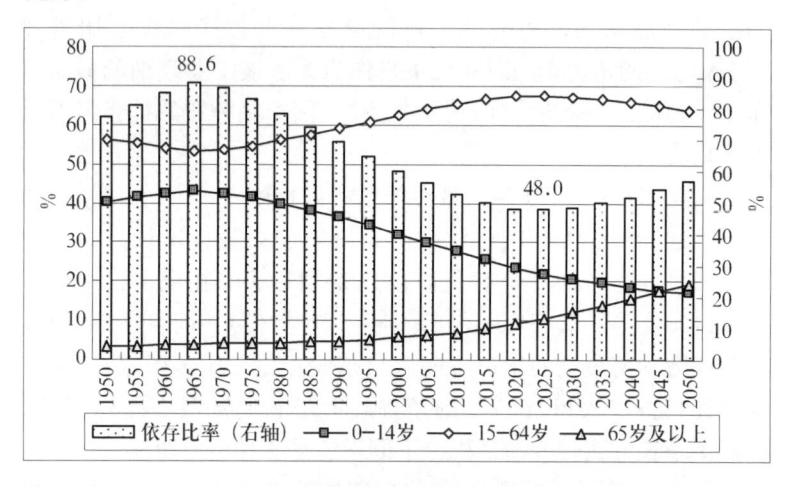

图 11　拉美（不含加勒比国家）劳动年龄人口所占比重及依存比率变化趋势

资料来源：作者根据拉美经委会人口统计中心数据库绘制，http://www.eclac.cl/celade/proyecciones/xls/AMLestto.xls。

注：依存比率（Dependency ratio），也叫总负担系数，指人口总体中非劳动年龄人口数与劳动年龄人口数之比，用于从人口角度反映人口与经济发展的基本关系。计算公式为：GDR = [P (0 - 14) + P (65 +)] /P (15 - 64) ×100%。

1973 年石油危机发生后，随着大量石油美元回流到国际资本市场并寻找出路，拉美国家就纷纷走上"负债增长"之路。通过大规模举债，拉美国家在 70 年代依旧保持了较高的经济增长速度，但很快就陷入债务危机。因此，普遍认为拉美"负债增长"使结构性发展困境进一步演变成"结构性发展危机"，债务危机不过是"结构性发展危机"的表现形式。

为什么拉美国家在60、70年代没有果断地转换经济增长方式？对此有多种答案，有的认为是拉美长期存在"出口悲观"论，认为本地区的制成品竞争不过发达国家；有的认为是普遍存在进口替代的"惯性"，人们习惯于走老路，既得利益集团不愿意冒风险；有的认为是受到"廉价"石油美元的诱惑；等等。简言之，制度惯性所形成的"路径依赖"造成经济增长方式转换的"犹豫"是内因，而外部环境所形成的充裕流动性则强化了这种"惰性"是外因。因此，在转换经济增长方式问题上，切不可贪图短期繁荣的假象而牺牲未来经济可持续增长的真实。

第六节 初步结论

大多数拉美国家在20世纪60年代末、70年代初步入中等收入国家行列。但是，时隔40载拉美国家仍徘徊在中等收入国家之列，这与起步时间相近但用时不到20年就成功跻身发达国家行列的某些东亚国家形成了鲜明对比，其中的原因和教训引人深思。"中等收入陷阱"通常是指，一个国家长期停留在中等收入阶段而难以进入高收入社会的发展现象，是一国在发展阶段跃升过程中发展战略转型失败的结果。本文认为，20世纪60年代中期至80年代是拉美国家与东亚国家逐渐拉开差距的重要时期，这既与前期实行进口替代工业化模式的内生缺陷有关，也与拉美国家对该模式转型的历史性延误有关。

进口替代工业化作为一种发展模式有其自身的明显局限性。在这种发展模式下，工业产品只面向国内市场，工业生产难以发挥规模效益；高水平的市场保护影响工业竞争力的提升；工业部门外贸赤字不断上升，工业化要靠农矿业部门提供外汇支撑，但用初级产品出口创汇来支撑进口替代的模式不具有可持续性，进而积累了"去工业化"的风险。而且，该模式没有采取一种将进口替代与工业品出口有效结合起来的政策，而是偏执于扭曲的产业政策、财政和货币政策、汇率政策和贸易政策。因此，进口替代工业化为拉美国家落入中等收入陷阱埋下了巨大隐患。

一般来说，进口替代模式在工业化初期运行都比较顺利，但随着时间的推移就逐渐出现了多种结构性失衡；这一模式延续的时间越长，结构性失衡就会不断加剧，甚至酿成结构性发展危机。在拉美国家这体现为四种危机的交织：出口丧失活力和进口结构刚性潜伏国际收支危机；忽视农业和透支工业引发产业结构危机；国家机构过度膨胀暗藏财政赤字危机；失业和收入分配不公加剧社会治理危机。这种结构性危机率先在一些进口替代工业化起步最早而国内市场又相对狭小的国家出现，然后渐次扩展开来。

工业化的核心是促进制造业发展并提高其国际竞争力。在与东亚国家制造业比较的过程中发现，东亚国家恰是凭借劳动力密集型制成品出口才摆脱中等收入陷阱，从而进入高收入国家行列，而拉美国家却在20世纪70年代通过举债方式维持了"非耐用消费品—耐用消费品—中间产品—资本品"逐级替代的跨越式发展路径，提前"透支"了产业升级的潜力，结果导致随后制造业20年的衰退，这种趋势至今也未得到根本扭转。拉美小国尚可存在依靠单一经济结构发展的可能性，但是对于拉美大国而言，完整的工业体系、具有国际竞争力的制造业是可持续发展的必要条件之一。

拉美现代化历史表明，经济发展模式的每次转型总是被一场外源性或内生性的经济危机"倒逼"出来。初级产品出口模式延续了60年，早在第一次世界大战期间这种模式的危机就开始显露，但拉美国家没有及时调整经济发展模式，最终导致资本主义大萧条带来的致命性打击。而进口替代工业化模式在拉美地区也延续了50年，早在50年代这种模式对拉美工业化的制约就已表现出来，但同样没有及时调整经济发展模式，最后酿成一场严重的结构性发展危机。两次转型的历史性延误成为拉美长期落入"中等收入陷阱"的根源之一。发展中国家应该吸取的教训是，当一种经济增长方式的动力即将耗竭时往往会有结构性失衡的信号出现，这时应该"未雨绸缪"，适时转变增长方式，不要等到危机集中爆发的时候再做出"痛苦"的衰退式调整，否则社会代价高昂。

主要参考文献

江时学著，《拉美发展模式研究》，经济管理出版社，1996年11月

【英】莱斯利·贝瑟尔主编，中国社会科学院拉丁美洲研究所译，《剑桥拉丁美洲史》（第六卷），当代世界出版社，2000年

苏振兴主编，《拉美国家社会转型期的困惑》，中国社会科学出版社，2010年10月

苏振兴主编，《拉美国家现代化进程研究》，社会科学文献出版社，2006年3月

苏振兴主编，《拉丁美洲的经济发展》，经济管理出版社，2000年3月

Baer, Werner, "Import Substitution and Industrialization in Latin America: Experiences and Interpretations", *Latin American Research Review*, Vol. 7, No. 1, 1972.

Baer, Werner, "Industrialization in Latin America: Successes and Failures," *Journal of Economic Education*, 1984.

Brid, Juan Carlos Moreno, Esteban Pérez Caldentey, "Trade and economic growth: A Latin American perspective on rhetoric and *reality*", *CEPAL - Serie Estudios y perspectivas-Mexico-No 119*, December 2009.

Bulmer-thomas, Victor, John h. coatsworth, Roberto cortés conde, eds, *the Cambridge Economic History of Latin America*, Cambridge University Press, 2008.

Franko, Patrice, *the Puzzle of Latin American Economic Development*, Rowman & Littlefield Publishers; Second Edition, May 2003.

González, Norberto, " The Motive Ideas Behind Three Industrialization Processes", *CEPAL Review 75*, Dec. , 2001.

Kate, Adriaan ten, Robert Bruce Wallace, "Nominal and Effective Protection by Sector," in *Protection and Economic Development in Mexico*, ed. Adriaan ten Kate and Robert Bruce Wallace, Hampshire, U. K. : Gower, 1980.

Kay, Cristóbal, Robert N. Gwynne, "Relevance of Structuralist and Dependency Theories in the Neoliberal Period: A Latin American Perspective", *Latin America Transformed: Globalization and Modernity*, R. N. Gwynne and C. Kay, eds, Arnold: London and Oxford University Press: New York, 1999.

Rodrik, Dani, Development Strategies for the Next Century, *Annual World Bank Conference on Development Economics 2000*, August 2001.

Sapelli, Claudio, "the Political Economics of Import Substitution Industrialization", *Documento de Trabajo* N° 257, 2003.

第七章 巴西怎样陷入"中等收入陷阱":历史经验及其比较

董经胜[*]

内容提要:1975年,巴西人均GDP超过1000美元,达到中等收入水平,但此后长期陷入中等收入陷阱难以自拔。究其根源,巴西是以政府全面干预、严重依赖外资、收入分配极度不均、牺牲政治民主的"野蛮资本主义"方式进入中等收入国家的。此后,巴西又走上了"负债增长"的道路,延缓了发展模式的调整,由此陷入了"中等收入陷阱"。实现"还政于民"的民主化之后,尤其是进入21世纪以来,通过经济结构调整、改善收入分配,巴西逐步走出困境,人均GDP突破万元大关。比较巴西陷入中等收入陷阱的教训和韩国较顺利跨出中等收入陷阱的经验,可以得出的启示是,必须根据国际形势的变化及时调整发展模式,必须处理好增长与分配的关系,必须建立政治民主。

关键词:中等收入陷阱 增长比较研究 收入分配 拉美历史 巴西历史

---

[*] 董经胜,北京大学历史系副教授。

2011年12月26日，英国智库经济与商业研究中心公布最新年度全球经济体排名，巴西的经济规模首次超过英国，成为全球第六大经济体。巴西财政部长曼特加表示，2011年巴西国内生产总值超过2.4万亿美元，比上年增长约3%。据此，有的学者认为，作为新兴市场国家，巴西的高速发展迎合了国际经济格局变化的趋势，并"率先突破了中等收入陷阱"①。其实，根据巴西地理统计局发布的数据，2010年巴西的人均GDP已达到10866美元，突破万元大关。因此，虽然现在断言巴西已经突破了"中等收入陷阱"似乎为时过早，但也并非完全是空穴来风。

根据目前一般的理解，"中等收入陷阱"是指一些发展中国家在成功走出"低水平均衡陷阱"之后，虽然经济发展水平超过了人均GDP1000美元，进入中等收入行列，但却很少有国家能够顺利进入高收入行列，长期徘徊在中等收入区间，他们或是陷入增长与回落的循环之中，或是较长期陷入增长十分缓慢甚至停滞的状态。根据这个标准，1975年，巴西的人均GDP达到1144美元，迈进中等收入国家行列②。这样算来，即使我们假定到2010~2011年巴西进入了高收入国家行列，巴西陷入"中等收入陷阱"的时间也至少有大约35－36年。相比之下，与巴西差不多同时迈入中等收入国家的韩国，仅用了18年的时间（1977~1995年）便跨出了中等收入陷阱。

为什么巴西从中等收入向高收入经济体过渡的时间如此漫长、道路如此曲折呢？换句话说，为什么巴西长期陷入"中等收入陷阱"难以自拔？巴西的经验教训对于当前中国的经济和社会发展有何启示？

---

① 《人民日报》，2011年12月28日。
② 郑秉文：绕过"中等收入陷阱"，实现历史性跨越，《上海证券报》，2011年5月5日。

第一节 以"野蛮资本主义"方式达到中等收入水平

虽然19世纪中期以来，随着咖啡出口的繁荣，巴西的工业化和现代化开始起步，但巴西真正的发展是从20世纪30年代以后才开始的。1930年"革命"后，巴西政府努力摆脱对咖啡出口的依赖，推行进口替代工业化战略，经济增长效果明显。如果用人均GNP衡量，1960年为243美元，1970年上升到470美元，1975年达到1182美元，迈进中等收入国家行列[①]。

巴西是如何从低收入国家进入中等收入国家的？如果回顾一下1930~1975年巴西的发展进程，我们可以发现几个明显的特点：

第一，国家政权对经济进行全面而深入的干预。

1930~1975年间，巴西经济在三个时期取得了快速的增长：热图利奥·瓦加斯第一次执政时期（1930~1945年）、库比契克执政时期（1956~1960年）、巴西"经济奇迹"时期（1968~1973年）。这三个时期的经济政策有所差异，但是又有一个共同的特征，那就是国家政权对经济进行了全面而深入的干预。

20世纪30年代经济大萧条爆发后，巴西咖啡出口经济崩溃，为了摆脱危机，1930年上台的热图利奥·瓦加斯政府推行进口替代工业化战略，国家政权对经济进行积极的干预。瓦加斯政府灵活地运用关税政策来促进工业增长。一方面，工业必需的

[①] 中国现代化报告课题组：《中国现代化报告，2001年》，北京大学出版社2001年版，第98页；《中国现代化报告，2002年》，北京大学出版社2002年版，第134页。

设备进口关税或者被取消，或者大幅度降低；另一方面，国内能够生产的工业制成品的进口关税维持着较高的水平，以使国内产品在市场上保持竞争力。扩大对工业的信贷支持，扶植工业发展。例如，1937年，向农业和矿业部门的贷款下降了13%，而向制造业和建筑业的贷款上升了6%。1931年，为促进工业发展，瓦加斯宣布废除纺织品等产品在各州之间流通的关税。1937年，"新国家"建立后，瓦加斯政府彻底抛弃了自由放任的经济理念，推行政府计划和国家投资政策，在矿业、石油、钢铁、电力、化工等领域建立巴西的工业体系。1940年，巴西政府宣布实行五年计划，目标是促进重工业的发展、建立水电站开发新能源、扩建铁路系统。1938年，瓦加斯建立了国有石油公司，以进行石油勘探。1942年，政府建立了巴西淡水河谷公司（Companhia Vale do Rio Doce），开发伊塔比拉（Itabira）丰富的铁矿。1946年国家汽车公司开始生产卡车。[1] 同年，位于里约热内卢和圣保罗之间的沃尔塔·雷东达钢铁厂如期建成并投入生产。瓦加斯政府的经济政策效果明显，巴西经济从1933年开始恢复增长，1933~1939年，工业生产增长率接近11%。

库比契克执政五年（1956~1960年），巴西国民生产总值年平均增长率为8%。到1960年，巴西已由一个农业国转变为一个农业－工业国。1960年4月21日，新首都巴西利亚建成并投入使用。库比契克政府制订了全面发展纲要计划，优先发展基础工业、动力、运输和基础设施部门。为了克服交通运输落后的瓶颈，实施了第一个全国交通运输发展计划，铺设公路1.7万公里，基本建成了以首都巴西利亚为中心辐射四面八方的公路网

---

[1] Benjamin Keen and Keith Haynes, *A History of Latin America*, Seventh Edition, Houghton Mifflin Company, Boston, New York, 2004, p. 373.

络；修建了数千公里的铁路，使铁路总长达3.8万公里。①

1964年，军人通过政变上台。1964～1967年，通过调整，降低了通货膨胀、消除了国际收支赤字，实现了宏观经济稳定。1968年开始，在财政部长、"巴西奇迹之父"德尔芬·内托的主持下，放宽信贷刺激需求，通过政府干预，推动经济快速增长。为促进农业生产，减少对农产品的税收，逐步对重要的农业部门的进口，如肥料、拖拉机、加工设备等实行税收优惠；对农业贷款实行特别的、非常低的、甚至是负的利率；实行了农产品最低价格政策。为了控制通货膨胀，实行了物价管制政策。军政府将耐用消费品生产，特别是汽车工业，确定为增长极。鼓励投资者，特别是外国投资者在汽车工业部门投资。政府增加了公共投资。1965～1967年间投资率平均为15%，1969年提高到17%，1973年达到22.8%。② 主要的投资领域是基础设施（如公路和铁路运输、电力以及电讯事业）和工业部门（如石油和采矿业等等）。

在经济增长的初期，私营企业比较薄弱，发展国有企业、加强国家对经济的干预当然是必要的，但是，在此过程中巴西政府相对忽视了市场机制的作用，而国家干预经济的许多弊端也随之暴露出来。其中最为突出的是政府财政支出过大，导致严重的收支赤字和恶性通货膨胀，进而影响了经济的持续增长。巴西之所以在1964年发生军人政变，根本原因就在于历届文人政府无力推行经济持续增长所需要的经济紧缩政策。此外，在国家的保护下，许多国营企业缺乏竞争意识，加上机构膨胀、官僚主义贪污腐败等因素，企业的素质和经济效益较差，亏损严重。③ 有的学

---

① 韩琦主编：《世界现代化历程：拉美卷》，凤凰出版传媒集团、江苏人民出版社2010年版，第56–57页。
② 苏振兴等：《巴西经济》，人民出版社1983年版，第24页。
③ 韩琦主编：《世界现代化历程：拉美卷》，第36页。

者正确地指出，在20世纪六七十年代，"第三世界国家普遍轻视、否定个人的作用，否定私营企业的作用，而把希望寄托于政府官僚机构的控制和举办国营企业上，这一套意识形态和体制，只给政治权力精英提供谋取私利的机会，并没有带来社会经济的发展。"① 巴西就是其中典型的一例。

第二，对外部资金和技术的严重依赖。

为了满足工业化建设对资金的需求，自20世纪30年代以来，巴西政府就积极地吸引外资。1955年，巴西货币与信贷管理局颁布第113号法令，豁免外国企业的进口关税，给予外资企业优惠贷款，免征新建外资企业第一年的销售税，为外资的进入创造了便利的条件。在库比契克政府时期，不仅扩大了外资在企业的股权，允许跨国公司在巴西设立分公司，还采取免税等优惠政策鼓励外资进入机械制造和汽车工业。② 特别是1964年军人政府建立后，外资对经济增长的作用更加明显。军人政府废除了此前禁止外资赢利汇出的规定。为了吸引外资，军政府规定，如果外国公司将利润在工业部门再投资，利润税由30%降为15%。而且，所有在被认为对国家的发展具有重要意义的项目中，机器和设备的投资被列为直接外资并免税。③ 巴西军政府推行的两项政策对引进外资起了重要作用。一是由定期的指数化而保证的高利率，二是确保外国投资能够以实际汇率收回的小贬值政策。到1973年，外资的流入达到了破纪录的每年43亿美元的水平，几乎是1971年的两倍和1970年的3倍。

外资的引进对解决国内资金不足，促进工业化的发展和经济

---

① 梁志明主编：《东亚的历史巨变与重新崛起》，香港社会科学出版社有限公司2004年版，第484页。
② 韩琦主编：《世界现代化历程：拉美卷》，第57页。
③ Maria Helena Moreira Alves, *State and Opposition in Military Brazil*, Austin: University of Texas Press, 1985, p. 51.

增长起到了重要的作用，但是，跨国公司进入巴西的目的，主要是为了避开高关税保护和进口限制，占领巴西市场，它们并不愿向巴西转让关键技术。因此，"跨国公司放大了进口替代工业化战略的弊端，尽管其有助于工业化程度的提高，但东道国购买技术的成本加大了，外汇需求也增多了，不良消费模式产生了。外资输入并没有带来相应的技术溢出效应，对东道国的技术开发能力帮助极其微弱。而与此同时，东道国企业原有的市场份额被挤占，甚至被边缘化。"①

第三，收入分配严重不均。

1930~1964年，巴西的民众主义政府，如瓦加斯政府、库比契克政府、夸德罗斯政府、古拉特政府，为了赢得民众的支持，同时也为了扩大进口替代工业生产的普通消费品的国内市场，适当增加了工人的工资收入，并采取措施扩大工人的社会福利。但是，由于政府的财政赤字政策引发的通货膨胀，工人阶级的收入并未得到真正实质性的改善。1964年政变后，军人政府的技术专家奉行"生产主义"的经济理念，其核心是先增长后分配。根据这种理念，经济发展的目的，不是为了提高人民的生活水平，而是为了实现巴西成为世界强国的目标。为了达到这一目标，一代甚至两代巴西人要做出牺牲。巴西军政府的第一任计划部长坎坡斯认为，"最大限度地提高经济增长率比纠正收入分配的不平等更加重要。如果经济增长速度较快，不平等是可以容忍的，并可以随着时间的推移得以解决……这仅仅意味着，在我们的文明发展阶段，保持激励生产增长应该优先于打算进行收入的再分配。"② 巴西"经济奇迹之父"德尔芬·内托的经济主导思

---

① 韩琦主编：《世界现代化历程：拉美卷》，第34页。
② Donald V. Cone, *Macroeconomic Crises, Policies, and Growth in Brazil, 1964~1990*, The World Bank, Washington, D. C. 1995, p. 52.

想是蛋糕理论和"节"理论。蛋糕理论是指经济的快速发展，即先把蛋糕做大，然后再分配。"节"是指国内资金不足，以吸引外资作为补充，即负债发展理论。① 他一再强调，经济的迅速发展比在短期内收入分配状况的改善要更加重要。在增长和平等之间，必须首先选择增长。他说，经济增长即使提高了所有人的绝对收入，但在短期内必然导致收入不平等的扩大。他说："你不能先分配后生产。如果这样，你将分掉根本不存在的东西。"②巴西驻伦敦大使也明确指出，巴西所选择的发展战略是倾向于生产，而不是分配。他说"看上去至少在短期内在迅速的资本积累和建立福利国家之间存在着矛盾。我们必须做出选择，建立生产型国家，而不是分配型国家。"③

在军政府的经济战略中，强调耐用消费品生产的增长使特殊的收入分配模式成为必要。为了确保耐用消费品部门的内部市场，需要收入分配从社会下层向上层转移，贫富差距急剧扩大。根据统计，"1964~1974年间，巴西人均收入总量的75%由最富裕的10%的人口所占有，而最贫穷的50%的人口只得到总收入的10%。加剧这一不平等性的，是税率递减的税收制度，使工人阶级承受最重的负担。"④ "经济奇迹"时期，经济高度发展，但社会计划被搁置、甚至被放弃。"在世界大环境中，巴西一直以工业潜力的杰出地位和以衡量一个民族生活质量的健康、教

---

① 吕银春："巴西教授谈巴西经济奇迹时期的经验教训"，《经济学动态》，1994年第8期。

② Thomas E. Skidmore, *The Politics of Military Rule in Brazil, 1964~1985*, New York, Oxford University Press, 1988, p. 144.

③ David Wiefd, "Industrialization in Brazil," Ben Crow and Mary Thorpe, eds., *Survival and Change in the Third World*, The Open University Press, 1988, p. 221.

④ E. 布拉德福德·伯恩斯、朱莉·阿·查利普：《简明拉丁美洲史》，世界图书出版公司2009年版，第304页。

育、住房指数低而著称。"① 1972 年 5 月,世界银行总裁罗伯特·麦克纳马拉(Robert McNamara)在联合国贸易和发展会议上指出,巴西在追求经济增长的过程中,忽视了穷人的福利。巴西反对党巴西民主运动领袖阿伦卡尔·富尔塔多(Alencar Furtado)指出:"近年来工商业的发展加剧了社会阶层之间购买力的差距和地区间的经济不平等。"他一针见血地指出,"我们生活在一个牺牲千百万人的利益而使极少数人受益的经济中。"②收入分配差距过大,对经济和社会发展产生了严重的不利影响。"公平发展不仅有利于改善收入分配,创造更为均衡的发展,还能够减缓社会矛盾和冲突,从而有利于经济可持续发展。拉美国家在进入中等收入阶段后,由于收入差距迅速扩大导致中低收入居民消费严重不足,消费需求对经济增长的拉动作用减弱。"③从 1974 年开始,巴西经济增长率开始下降,一个重要的原因就在于在前一阶段引导经济扩张的耐用消费品工业部门(特别是汽车工业)的生产过剩、消费不足。"经济奇迹"期间,不仅工人的工资大大下降,即使技术官僚、中产阶级的工资增长也远远落后于利润的增长。虽然工人和中产阶级(他们是汽车工业的主要市场)的购买力也在上升,但是远比不上耐用消费品生产的增长。1967 – 1973 年,耐用消费品工业年平均增长率高达 23.6%,而同时期平均工资的年平均增长率仅为 3.1%,即使部分利润也用来购买耐用消费品,但是相对于消费者的购买能力而言,耐用消费品工业的发展是不可能持久的。"经济奇迹"期间,军政府通过实行消费信贷,人为地刺激了消费者的购买力。但是,到 1973 年,绝大多数消费者已经负债,直接的消费信贷

---

① 博勒斯·福斯托:《巴西简明史》,社会科学文献出版社 2006 年版,第 271 页。
② Thomas E. Skidmore, *The Politics of Military Rule in Brazil, 1964 ~ 1985*, p. 143.
③ http://wenku.baidu.com/view/663fe39b51e79b896802264e.html

也已不能促进需求的增加了。

第四，以威权主义的政治模式或动员、或压制民众的政治参与。

1930年后，以瓦加斯、夸德罗斯、古拉特等为代表的民众主义政治领导人为了取得政权，为了削弱土地寡头势力，推进进口替代工业化，用民族主义的口号、用改善收入分配等方式动员广大劳工阶级的支持和政治参与，在一定程度上推动了巴西的民主化进程。但与此同时，这些民众主义政权又借助于职团主义的方式，对工人实行控制，因此，这实际上是一种"民众威权主义"。其中最为典型的是，1937年11月10日，瓦加斯宣布取消总统定于1938年举行的总统选举，派陆军和军警关闭议会，颁布了新宪法，建立了新的国家体制，称为"新国家"。宪法取消了三权分立的原则，削弱了议会权力，规定立法权由议会协同国家经济委员会共同行使，建立总统领导下的职团制度，取消一切政党。总统控制立法和司法大权，取消了副总统职位。宪法规定，中央政权通过由总统任命的联邦督察员控制各州。宪法还限制公民的权利和自由，规定"罢工是对劳资双方都有害的反社会行为，与国家的最高利益相违背"。[1]

1964年政变标志着巴西的政治模式从民众主义转向官僚威权主义。军政府期间，通过了一系列制度法，严格限制民众的政治参与；对左派和激进力量实行严酷的镇压。这种高压状态下的政治稳定，虽然保证了政府主导的经济模式的推行，吸引了外资流入，维持了经济的高速增长，但社会矛盾表面上被掩盖，实际上更加突出。左派游击队被迫走上武装斗争道路，诉诸于抢劫银行、绑架外国外交官等恐怖方式。

---

[1] 袁东振、徐世澄：《拉丁美洲国家政治制度研究》，世界知识出版社2004年版，第56–57页。

回顾 1930~1975 年以来巴西的发展进程，我们看到，这一时期巴西是以一种非正常的、扭曲的方式实现经济增长的。通过这种方式，尽管人均 GDP 突破了 1000 美元，进入中等收入国家的行列，但由此带来的后果却极为严重，除了收入分配严重不均、对外资严重依赖、企业缺乏竞争力、政治缺乏民主、社会缺少公正之外，为了追求增长速度，忽视生态环境的保护，"工业污染和汽车污染好像是给予人们的一种祝福"。[1] 军政府时期实行的亚马孙公路工程对环境的破坏就是一个明显的例子。对于这种发展模式，巴西历史学家博勒斯·福斯托称之为"野蛮资本主义"。[2] 显然，这种模式虽然使巴西达到了中等收入水平，但是，绝不可能再依靠这种增长模式跨入高收入行列。如果发展模式不进行根本性的转变，势必陷入"中等收入陷阱"而难以自拔。巴西的经历充分印证了正如世界银行在 2006 年的报告中所做出的结论，"使各经济体赖以从低收入经济体成长为中等收入经济体的战略，对于它们向高收入经济体攀升是不能够重复使用的，进一步的经济增长被原有的增长机制锁定，人均国民总收入难以突破 10000 美元的上限，一国很容易进入经济增长阶段的停滞徘徊期。"[3]

第二节 选择"负债增长"贻误发展模式调整

20 世纪 70 年代中期巴西进入中等收入水平之后，"经济快速发展积累的矛盾集中爆发，原有的增长机制和发展模式无法有

---

[1] 博勒斯·福斯托:《巴西简明史》，第 271 页。
[2] 博勒斯·福斯托:《巴西简明史》，第 271 页。
[3] http://wenku.baidu.com/view/663fe39b51e79b896802264e.html

效应对由此形成的系统性风险，经济增长容易出现大幅波动或陷入停滞。"① 这些矛盾包括：国有企业效益低下，经济对外资依赖性大，收入分配不均影响国内市场扩大和社会稳定，政治专制导致社会矛盾激化等等。当时，要想避免陷入中等收入的陷阱，一个关键的挑战就是以可持续的方式保持高速增长。现在回顾来看，要实现这一目标，对巴西来说，正确的选择应该是，经济上，改变长期以来推行的国家干预、高度保护为支柱的进口替代工业化模式，完善市场机制；社会政策上，改善收入分配，扩大内需，缓和社会矛盾；政治上，扩大参与，实行政治民主化。当时执政的巴西军政府虽然在这些方面做出了一定的努力，但由于各种因素的干扰，总体上说没有成功。

1974 年，巴西军政府在政治上实行"减压"和开放，开启了军政府"还政于民"的进程，同时认识到改善收入分配的必要性。在政府看来，要实现这两个目标，前提是维持较高的经济增长速度。为此，1975 年，政府通过了"第二个国家发展计划：1975－1979"。该计划确立了年平均增长率为 10% 的发展目标，这些目标将通过从耐用消费品生产向中间工业产品和资本货生产的转变来实现。通过经济的高速增长来改变收入的分配状况。在当时的形势下，选择推行经济继续高速增长的战略意味着外债的迅速增加。如果不从国外借贷，巴西不可能支付其石油进口，也不可能继续支付其工业生产、特别是"第二个国家发展计划"所确立的大的投资项目所必需的巨大进口投入。因此，巴西政府推行的是"负债增长"的战略。政府认为，将来由进口替代和新的出口能力的发展带来的外汇储蓄将最终为巴西带来足够的贸易顺差以支付其外债。这样，1973 年以后，外债迅速增加，净外债从 1973 年的 62 亿美元上升到 1978 年的 316 亿美元，年平

---

① http：//wenku.baidu.com/view/663fe39b51e79b896802264e.html

均增长率为38.7%，外债总额从126亿美元上升到435亿美元。[①] 虽然巴西1974－1978年维持了国民生产总值年平均增长率为7%的水平，但随着国际利率的上升，外债负担逐渐成为巴西经济的严重问题。到1979年，外债负担占了全部出口值的63%以上。

1979年，第二次石油危机爆发，油价上升，巴西国际收支恶化。国际利率上升，取得新的贷款越来越困难，负债增长战略难以为继，巴西被迫实行经济紧缩政策，限制货币发行量，减少对国营企业贷款，由此导致1981~1983年经济衰退。1982年墨西哥债务危机爆发后，巴西不得不于1983年接受国际货币基金组织的建议，推行经济稳定政策。这样，和其他拉美国家一样，20世纪80年代成为巴西"失去的10年"，1980年，巴西的人均GNP为2050美元，到1985年，下降到1640美元，1990年，勉强恢复到2680美元。[②] 经济增长和社会进步化为泡影，更遑论跨出"中等收入陷阱"了。

总体上说，20世纪70年代中期到90年代初，巴西政府的经济和社会政策是不成功的，这也是巴西陷入中等收入陷阱的根本原因。但是，这一时期，在政治上，军政府推行稳步的、渐进的政治开放政策，并最终于1985年实现了军人"还政于民"的民主化进程，重新初步建立了民主制的政治体制。这为以后巴西朝着摆脱中等收入陷阱的方向前进创造了最基本的前提。因为没有政治民主化，就不可能有真正意义上的社会公正，就不可能实现经济的可持续增长，当然也就不可能真正摆脱中等收入陷阱。

[①] Paulo Nogueira Batista, Jr., *International Financial Flows to Brazil since the Late 1960s*, World Bank Discussion Papers, 7, World Bank, March 1987, p. 4.
[②] 中国现代化报告课题组：《中国现代化报告，2001年》，北京大学出版社2001年版，第98页；《中国现代化报告，2002年》，北京大学出版社2002年版，第134页。

在20世纪80年代的危机之后，巴西进入了一个调整与改革的时期，在经济政策上，一方面扩大对外开放度，鼓励进出口，加强区域经济合作，另一方面对内深化改革，实行国有企业私有化，控制通货膨胀和确定重点优先发展。在社会政策上，通过"零饥饿计划"、家庭补贴计划等，减少社会贫困，改善收入分配。在政治上，扩大民主，建立和完善民主体制。在此期间，虽然发生过金融危机，但巴西经济逐步走出80年代的阴影，从1993年起开始复苏，人均GNP稳步增长，在1995年为3640美元，1998年为4570美元，1999年为4420美元。[①]进入21世纪，巴西的发展更加引人注目。2007年位列世界第十大经济体、2009年跃升为第八、2011年取代英国成为第六。究其原因，除了得益于其丰富的自然资源和能源矿藏，更与巴西政府内外政策密切相关。特别是在卢拉执政期间，巴西政府重视经济转型，转变对外贸易结构。巴西的出口产品已不限于钢材、咖啡等低端产品，而且包括航天、国防等领域高技术、高附加值产品。如巴西从上世纪七八十年代起就开始发展乙醇等绿色能源产业，清洁燃料的技术和产量领先世界。在社会政策方面，卢拉政府重点推出以"零饥饿计划"和"家庭救助金计划"为主的一系列收入分配改革政策，在社会领域投资相当于GDP的20%左右。据世行统计，从2002～2010年，巴西的贫困人口减少了50.64%，只用了8年时间就完成了联合国千年计划提出的25年内将贫困人口减少一半的目标。贫富差距方面，目前，巴西贫富差距水平为1960年以来最小。此外，据统计，2010年巴西居民消费增长率超过10%，创下了近几年来的新高。"巴西将外汇收入的很大一

---

① 中国现代化报告课题组：《中国现代化报告，2001年》，北京大学出版社2001年版，第98页；《中国现代化报告，2002年》，北京大学出版社2002年版，第134页。

部分用于社会投资,特别是增加低收入家庭补贴,扶持中产阶级发展,解决社会就业问题等,极大地刺激了居民消费,对拉动经济增长功不可没。"①

但是,巴西经济的脆弱性依然存在,社会问题的解决也需要进一步努力,政治民主还需要进一步加强。但是,总体上来看,进入 21 世纪以来,巴西发展战略的大方向是正确的。朝着这个方向走下去,巴西真正跨出中等收入陷阱将指日可待。

第三节 巴西与韩国:比较性审视的启示

总结巴西陷入中等收入陷阱的教训,对照较顺利地跨出中等收入陷阱的韩国经验,我们至少可以得到如下的启示:

必须根据国内外形势的变化及时地调整发展模式,实现经济的可持续增长。巴西在 20 世纪 70 年代中期达到中等收入水平后,在一系列的挑战面前,走上了"负债增长"的道路,延缓了发展模式的调整,由此陷入了中等收入陷阱。这与韩国的经验形成了鲜明的对比。韩国之所以能够较快地跨出中等收入陷阱,在很大程度上在于根据形势的变化及时调整发展模式。20 世纪 50 年代,韩国推行的是进口替代战略,60 年代中期,转向出口导向战略,70 年代后,从强调出口导向转向强调内部投资,80 年代,在经济形势恶化时,又强调把稳定作为经济增长的基础,由过多依赖政府转向更多依赖市场。经过发展战略的及时调整,韩国多次克服危机,成功跨越了中等收入陷阱。当前,虽然仍存在各种问题,但是与拉美国家不同,韩国的问题已不再是发展中

---

① 《解放日报》,2011 年 12 月 28 日。

国家的问题了,而是实现工业化之后的问题或深入现代化的问题。①

必须处理好增长和分配的关系,缩小贫富差距,实现社会公正。世界银行东亚与太平洋地区高级经济学家米兰·布拉姆巴特指出:"高度的不平等有可能会阻碍增长,因为无法获得信贷的穷人也许不能利用投资机会,也有可能成为政局和社会不稳的根源,阻碍投资和增长。"② 要改善收入分配,涉及方方面面,包括改革税收制度、壮大工会组织的独立性和力量、普及教育等等,但是还有一个特别值得重视的方面,那就是农村土地制度的改革。韩国之所以较顺利地跨出了中等收入陷阱,一个重要的有利条件是,在20世纪40年代末和50年代初,在美国的推动下,韩国进行了比较彻底的土地改革,确立了小农制的土地占有和生产模式。"小农制模式尽管不利于发展现代大农场,但对于人口稠密的发展中国家来说具有可行性,它减少了租佃农,从而维护了农村稳定,使现代化进程不至于因下层动荡而中断,同时它也起到了一定的破坏旧社会结构的作用。"③ 有的学者注意到,进入20世纪后,在现代化的发达国家,尽管"农业经营的规模已经扩大,但占统治地位的仍然是家庭农场",在现代化比较成功的东亚国家与地区,包括日本、韩国和我国台湾地区,其农业迄今仍以家庭自耕农为主。④ 相比之下,巴西的大地产制度一直难以改变,土地占有高度集中,由此导致"无地农民运动"(MST)等农民组织的活跃。较为平等的收入分配,是亚洲"四小龙"成功的经验;土地占有过度集中,是拉美国家迟迟难以

---

① 梁志明主编:《东亚的历史巨变与重新崛起》,第446 – 486页。
② http://wenku.baidu.com/view/663fe39b51e79b896802264e.html
③ 梁志明主编:《东亚的历史巨变与重新崛起》,第451页。
④ 董正华:"关于现代农业发展的两个理论问题",南开大学世界近现代史研究中心:《世界近现代史研究》,第三辑,中国社会科学出版社2006年版,第12页。

跨出中等收入陷阱的重要因素。

必须建立民主政治体制，扩大政治参与，化解社会矛盾，维持社会稳定。1960年，韩国的人均产值仅为83美元，远远低于巴西。如上所述，巴西的"经济奇迹"出现在军人威权主义统治时期，同样，韩国也是在朴正熙、全斗焕的军人威权主义时期实现了快速的经济增长，进入中等收入水平。然而，韩国和巴西的军人威权主义在国家干预经济的方式上存在着一个重大的差别。在韩国，政府干预主要是通过扶植私人企业、而非建立国有企业的方式，因而，一个强大的私人企业部门成为此后韩国经济健康发展的保障，而庞大、效益低下的国有企业成为巴西进一步发展的巨大包袱。此外，在达到中等收入水平后，韩国较早地实现了向民主政治的转变，而巴西的军人威权主义则延续了更长的时间。绝大多数成功进入高收入水平的国家的发展历史证明，在经济增长的初期，在低收入向中等收入过渡的阶段，威权政治在稳定政治和社会秩序，排除利益集团的干扰，促进经济增长方面具有一定的积极作用。根据战后第三世界发展的经验，真正实行西方政治学意义上的民主政体的国家（如印度）的经济增长速度，远远赶不上实行非民主政体的国家（如韩国、巴西等）。从总体上看，实行民主政体的国家和实行非民主政体的国家的经济增长速度，在1950~1959年间分别是1.4%和2.4%，1960~1964年分别是0.9%和2.3%，1965~1969年分别为1.4%和3.8%。[1]但是，在经济增长达到一定的水平，在从中等收入向高收入迈进过程中，威权体制不仅不再适应经济发展的需要，反而成为经济和社会发展的严重障碍，必须建立民主体制，才能保证经济的健康的、可持续的增长，进入高收入国家的行列。

总之，只有建立公平竞争的市场经济和普遍参与的民主政

---

[1] 李晓：《东亚奇迹与"强政府"》，经济科学出版社1996年版，第15页。

治,才是规避中等收入陷阱的前提,否则,任何具体的方案与措施,无论设计多么科学、多么精密,都必然会在实践中发生变异与扭曲,不仅达不到预期的效果,而且会适得其反。

主要参考文献

博勒斯·福斯托:《巴西简明史》,社会科学文献出版社2006年版,第271页。

布拉德福德·伯恩斯、朱莉·阿·查利普:《简明拉丁美洲史》,世界图书出版公司2009年版,第304页。

董正华:"关于现代农业发展的两个理论问题",南开大学世界近现代史研究中心:《世界近现代史研究》,第三辑,中国社会科学出版社2006年版,第12页。

韩琦主编:《世界现代化历程:拉美卷》,凤凰出版传媒集团、江苏人民出版社2010年版,第56-57页。

李晓:《东亚奇迹与"强政府"》,经济科学出版社1996年版,第15页。

梁志明主编:《东亚的历史巨变与重新崛起》,香港社会科学出版社有限公司2004年版,第484页。

吕银春:"巴西教授谈巴西经济奇迹时期的经验教训",《经济学动态》,1994年第8期。

苏振兴等:《巴西经济》,人民出版社1983年版,第24页。

袁东振、徐世澄:《拉丁美洲国家政治制度研究》,世界知识出版社2004年版,第56-57页。

郑秉文:绕过"中等收入陷阱",实现历史性跨越,《上海证券报》,2011年5月5日。

中国现代化报告课题组:《中国现代化报告,2001年》,北京大学出版社2001年版,第98页,第134页。

Benjamin Keen and Keith Haynes, *A History of Latin America*,

Seventh Edition, Houghton Mifflin Company, Boston, New York, 2004, p. 373.

David Wiefd, "Industrialization in Brazil," Ben Crow and Mary Thorpe, eds., *Survival and Change in the Third World*, The Open University Press, 1988, p. 221.

Donald V. Cone, *Macroeconomic Crises, Policies, and Growth in Brazil, 1964 ~ 1990*, The World Bank, Washington, D. C. 1995, p. 52.

Maria Helena Moreira Alves, *State and Opposition in Military Brazil*, Austin: University of Texas Press, 1985, p. 51.

Paulo Nogueira Batista, Jr., *International Financial Flows to Brazil since the Late 1960s*, World Bank Discussion Papers, 7, World Bank, March 1987, p. 4.

Thomas E. Skidmore, *The Politics of Military Rule in Brazil, 1964 ~ 1985*, New York, Oxford University Press, 1988, p. 144.

下篇　对中国的启示

第八章 "陷阱"还是"高墙"：中国经济面临的真实挑战与战略选择

刘世锦　张军扩　侯永志　刘培林[*]

内容提要：本文以工业化能否顺利推进为主线，总结了曾经启动工业化进程、目前人口超过千万的30多个较大经济体的经验，归纳了它们相互之间的共同点与不同点。通过将国际上正反两方面的经验与中国的情形相比较，认为在工业化高速发展阶段结束之前，中国落入与拉美国家类似的"中等收入陷阱"的可能性较小；中国面临的真实而严峻的挑战，是在工业化高速发展阶段结束之后，能否有效化解该阶段积累的各种结构性矛盾和财政金融风险，并将低成本要素驱动为主的增长转变为创新驱动为主的增长，进而顺利跨越高收入国家门槛。

---

[*] 刘世锦，国务院发展研究中心副主任，研究员；张军扩，国务院发展研究中心党组成员、办公厅主任，研究员；侯永志，国务院发展研究中心发展战略与区域经济研究部部长，研究员；刘培林，国务院发展研究中心发展战略与区域经济研究部研究室主任，研究员。本文为国务院发展研究中心"中等收入陷阱问题研究"课题成果之一。高世楫、杨建龙、、陈昌盛、宣晓伟、许伟、卓贤、何建武、刘云中、张丽平、王晓明、袁东明、方晋、陈建鹏、许召元、吴振宇、陈波等提供了初期研究成果，参加讨论并提出了富有启发性的观点。

关键词： 中等收入陷阱　高收入之墙　发展方式转型　结构调整　经济增长预测

2010年我国GDP总量已超过日本，成为全球第二大经济体，而我国人均收入水平依然处于中等收入国家行列。根据国际经验，处于中等收入阶段的国家，有可能面临经济增长趋缓、社会矛盾加剧等一系列挑战，有些国家因此而落入"中等收入陷阱"之中，发展长期处于停滞状态。作为一个发展中的大国，我国既有其他中等收入国家所不具备的某些发展条件，也面临与多数发展中国家不同的挑战。我国是否会落入拉美等地区一些国家曾经遇到过的"中等收入陷阱"？如何才能顺利跨越中等收入阶段而进入现代高收入社会？这些都是国内各界人士和国际社会普遍关心的问题。正确理解和回答这些问题，将有助于我们制定和实施符合实际且具前瞻性的长期发展战略，少走或不走弯路，较为顺利地进入高收入国家行列，并对全球经济的稳定和繁荣做出应有贡献。

本文以工业化能否顺利推进为主线，通过搜集整理大量的历史数据[①]，总结了曾经启动工业化进程、目前人口超过千万的30多个较大经济体的经验，归纳了它们相互之间的共同点与不同点。在理论分析的基础上，通过将国际上正反两方面的经验与中国的情形相比较，认为在工业化高速发展阶段结束之前，中国落

---

① 可用于经济增长国际比较的数据来源较多，如麦迪森的世界经济史数据、帕尔格雷夫世界历史统计、世界银行的WDI数据库、国际货币基金组织WEO数据库、OECD的国民账户数据等。从不同国家、不同发展阶段比较的需要来看，数据至少需要满足两个条件，第一，连续且时间跨度足够长；第二，尽可能避免汇率、价格等因素的影响，使得不同国家、不同发展阶段之间具有可比性。而同时满足这两个条件件的只有麦迪森（Maddison, 2003）的世界经济史数据。其计价单位是1990年价格衡量的G-K国际元。国际元并不是一种现实的货币，而是根据一定的方法计算出来的虚拟计价单位。以下除特殊说明外，不再另行说明。

入与拉美国家类似的"中等收入陷阱"的可能性较小；中国面临的真实而严峻的挑战，是在工业化高速发展阶段结束之后，能否有效化解该阶段积累的各种结构性矛盾和财政金融风险，并将低成本要素驱动为主的增长转变为创新驱动为主的增长，进而顺利跨越高收入国家门槛。应对这些挑战，要以"参与促进型改革"推动发展方式转变的实质性进展。

第一节 "陷阱"与"高墙"：工业化不同阶段面临的性质不同的挑战

纵观全球经济史可以发现，尽管不少国家曾启动工业化并实现了早期的经济起飞，但是，成功应对各个阶段的风险和挑战，顺利完成工业化并最终走进高收入社会的国家并不多。我们根据起飞的先后、发展战略、经济体制、发展的型式和轨迹等，把相关国家分成了五类，分别是：（1）英美等先行发展、始终处在技术前沿的国家；（2）曾长期奉行进口替代并创造增长奇迹，但后来一度落入"中等收入陷阱"的拉美和类拉美东南亚国家；（3）曾长期实行计划经济体制并实现快速增长，一度也落入"中等收入陷阱"的前苏联和东欧诸国；（4）成功追赶技术前沿国家的欧洲后发国家；（5）发挥后发优势，实现"压缩式"增长，并在创新驱动型增长方面取得长足进展的东亚新兴工业化国家和地区。通过分析这些国家的发展历程，可以比较准确地把握"陷阱"与"高墙"的实质与内涵。

（一）英美等先行发展、始终处在技术前沿的国家：经济增速不高，但实现了长期持续增长

这些国家是工业革命的发端国，率先突破"马尔萨斯陷阱"进入现代经济增长阶段，开启了人均收入持续增长的新纪元。它

们始终处于全球技术前沿，没有多少成熟的技术机会可供选择，需要将大量资本投入到高风险的创新活动中，以此不断发明新技术、创造新产品、孕育新产业。由于创新活动具有技术和商业上高成本、高风险的特征，它们的增长速度并不太高。然而，凭借几次大的创新浪潮，它们实现了持续而又相对平稳的增长。虽然受经济周期影响，其增长也有波动，但除大的战争和大萧条期间外，它们并未遭遇长时期停滞或衰退。其GDP年增长率长期保持在4%左右。长期持续增长使得这类国家得以跨越中等收入阶段，率先成为高收入国家。

（二）拉美、类拉美东南亚国家和前苏联东欧国家：高速增长一段时期后一度落入"中等收入陷阱"[①]

拉美国家和类拉美的东南亚国家的典型特点是，具备技术上的后发优势，大多还有广袤而肥沃的土地，以及丰富的高品位矿产资源。凭借这些有利条件，这类国家曾经实现了一段时间的快速经济追赶，特别是二战后还创造了世界广为关注的拉美奇迹。但在上个世纪70年代末期，其人均GDP仅仅达到4000-5000国际元、尚远离高收入国家门槛时，这些国家的工业化就陷入困境，经济增速明显下降，大部分落入了"中等收入陷阱"之中。例如，1950~1980年期间，巴西、阿根廷和墨西哥的GDP年均

[①] "中等收入陷阱"的概念最早较为正式地见诸世界银行2007年发表的《东亚复兴：关于经济增长的观点》（Gill and Kharas 2007）的报告。报告指出，许多经济体常常都能非常迅速地达到中等收入阶段，但只有很少的国家能够跨越这个阶段，因为要实现这一跨越所必需的那些政策和制度变化，在技术、政治和社会方面更复杂、更具挑战性。报告认为，一个国家或地区能够打破最初的贫困陷阱、实现起飞，但却落入"中等收入陷阱"的根本原因在于，一国从中等收入向高收入迈进的发展机制，与实现起飞的机制有着根本的区别。对比曾经落入"中等收入陷阱"的国家和成功跨入高收入行列的追赶国家的增长轨迹，我们发现，前者在高速增长阶段的速度就比后者低。我们认为，这可能意味着，拉美国家落入中等收入陷阱的根本原因，与其说是制度和政策未能适应跨入高收入社会的要求而转变，倒不如说其在进入中等收入阶段之初所选择的发展战略和体制原本就存在严重缺陷。

增速分别为 6.8%、3.4% 和 6.5%，而在 1981~2000 年这 20 年间，则分别降至 2.2%、1.7% 和 2.7%。印尼、菲律宾也曾实现了一段时期的快速增长。1970~1980 年，印尼 GDP 年均增长 8%，菲律宾 GDP 年均增长 6.6%。在随后的 10 年里，印尼经济的年均增长率跌至 5.5%，菲律宾的增长率甚至跌至 1.6%。同时，由于这些国家未对历史遗留的严重不平等的土地制度进行根本改革，大量无地而又无就业的人口涌入城市，城市人口比重远远高于处在同等发展阶段国家的水平，贫困现象在城市地区聚集，形成了所谓的"贫困的城市化"。

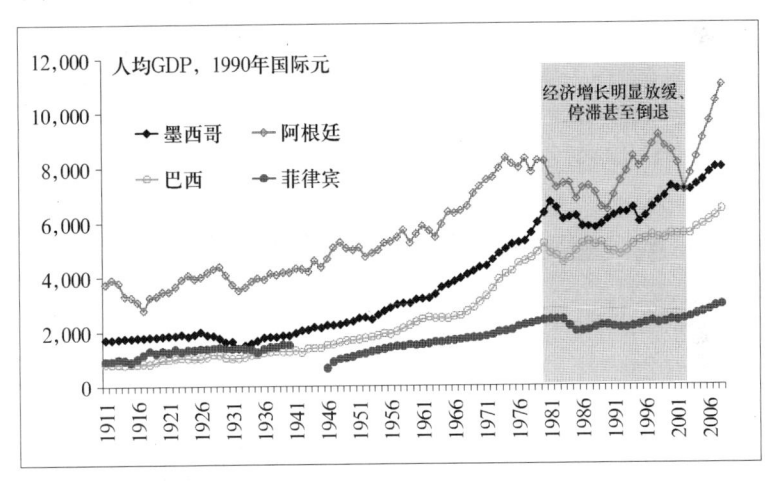

图 1　拉美国家和类拉美东南亚国家落入"中等收入陷阱"的时期

前苏联和东欧国家的特点是，凭借后发优势与计划体制的资源动员体系，在工业化早期曾实现高速经济增长。但是，前苏联在上个世纪 70 年代中期人均 GDP 达到 5500~6500 国际元时，经济增速开始出现严重波动和明显下降；东欧国家也在大致相同的时期、人均 GDP 达到 4300~5800 国际元时，陷入经济停滞。1950~1975 年期间，前苏联、匈牙利、罗马尼亚、波兰 GDP 年均增速为 4.8%、4.1%、6.5% 和 4.6%，而 1976~2000 年期间，上述国家的年均增速分别降至 -0.6%（前苏联解体后的数据为各成员国加总数）、0.7%、-0.6% 和 1.5%。

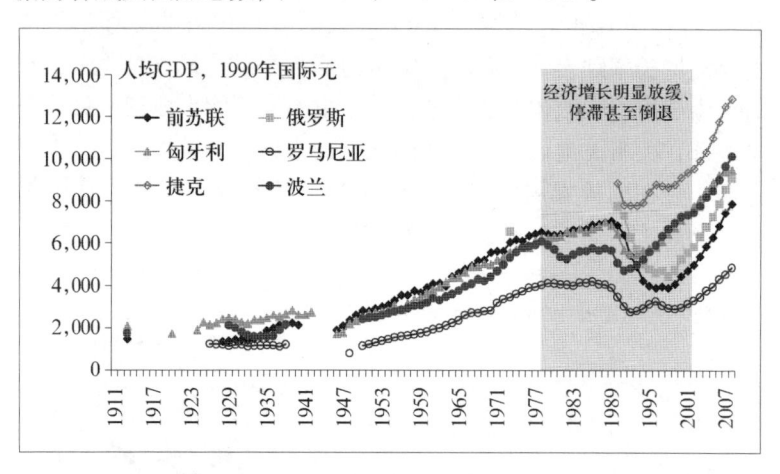

图 2　前苏联和东欧国家落入"中等收入陷阱"的时点

需要指出的是，落入"中等收入陷阱"，并不意味着发展陷入持续停顿。事实上，在上述国家中，有的在进入本世纪以后取得了较好的发展绩效，经济增长呈现加快态势。

（三）欧洲后发国家及东亚新兴工业化国家和地区：追赶阶段结束后，成功转为创新和服务驱动型经济

欧洲德国、法国、意大利、西班牙诸国，虽然属于老牌资本主义国家，但大多也经历过一个追赶技术前沿国家的过程，尤其是在二战之后的恢复重建期间，都经历了一个高速发展的"补课"阶段，其中以德国最为典型。其特点是：凭借技术上的后发优势和雄厚的人力资本，在战后经历了一个"压缩式"的快速追赶阶段。在上世纪 60 年代末人均 GDP 达到 10500 国际元左右时，经济增速开始放缓，并逐步接近和达到前沿国家的水平。

德国（当时为联邦德国）1947~1969年期间GDP年均增长率为7.9%。在1969年人均GDP达到10440国际元之后，经济增长率下台阶，1970~1979年GDP年均增长速度降至3.1%，进入中低速增长阶段。

20世纪50年代以后，日本、韩国、新加坡、中国香港和中国台湾等几个亚洲经济体经济持续增长，逐步进入了高收入行列。其特点是：充分发挥低成本模仿的后发优势，经历了30年左右"压缩式"高速增长，在人均GDP达到10000国际元左右的发展阶段上，经济增速下台阶；之后，又经历了一个时期的中速增长，稳定地跻身高收入行列。在高速增长转入中速增长的过程中，这些经济体也曾遇到某些经济、社会、生态环境等危机，但通过努力，在中速状态下又保持了一个时期的持续发展。

国际上有学者提出"高收入之墙"的概念（Fatás and Mihov 2009），用以指与跨入高收入行列对应的人均收入门槛水平，并意指要越过这个门槛，必须具备一系列制度条件。[①] 我们借用"高收入之墙"的概念，旨在刻画这样一种现象，即在人均GDP达到一万国际元左右的发展阶段上，由于后发优势基本释放殆尽，以能源重化工产品大规模生产和消耗、社会生产主要满足居民基本消费需求为特征的工业化和城市化阶段大体结束，经济潜在增长率将显著回落，并由此而带来一系列困难、矛盾和挑战。只有进行相应的制度变革和政策调整，形成新的增长模式，才能

---

① Fatás和Mihov（2009）以一个坐标系提出了"高收入之墙"的概念，其横轴是按2007年价汇率法衡量的人均GDP（美元），其中，"高墙"指的就是人均GDP 8000-13000美元的收入门槛；纵轴是世界银行2005年发布的制度质量指标，反映各国的政治稳定、政府效率、法制建设、腐败状况与管制质量等社会因素，以制度质量指数是否大于零，将各国分为两类。这样该坐标系分为四个区域：凡是人均GDP超过13000美元的国家，制度质量指数都很高（除沙特外），集中分布在右上区域；而绝大部分人均GDP低于8000美元的国家，制度质量指数的水平都较低，集中分布在左下区域。

有效应对各种挑战，实现中速条件下的持续发展；否则，发展将倒退或处于徘徊状态。能够成功实现转型的国家我们可称之为成功跨越"高收入之墙"的国家。①

分析表明，曾经落入"中等收入陷阱"的国家的增长型态和轨迹与越过"高收入之墙"的国家有相似之处，比如都曾经历过时期长短不等的高速"压缩式"增长，并继而发生了经济增速的回落。但深入分析不难发现，这两种类型增长回落的性质、原因与含义大不相同（见图3）。

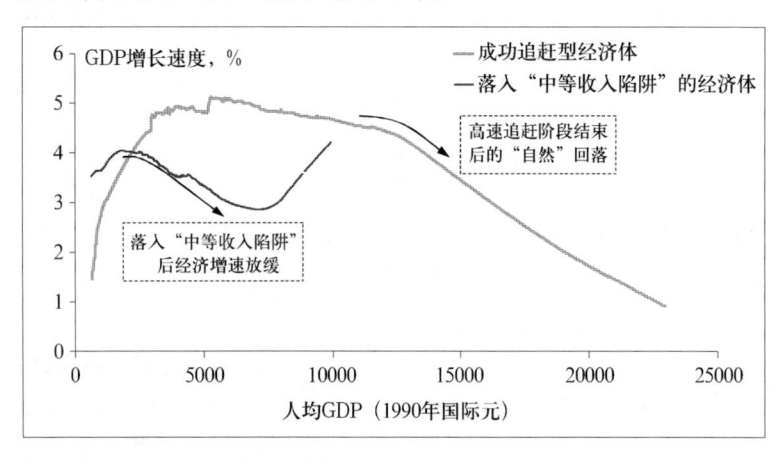

图3 落入"中等收入陷阱"经济体和成功追赶型经济体的增速回落

首先，发生的阶段不同。落入"中等收入陷阱"而出现增速回落的时间窗口，大约是在人均 GDP 达到 4000 - 7000 国际元

---

① 世界银行最早从 1987 年开始，按收入高低把各国分为低收入、中低收入、中高收入和高收入四类。按照本文的定义，日本 1974 年前后翻越了"高墙"。由于世行没有 1987 年之前的收入分类标准，此时日本是否进入高收入国家行列无法直接判断。为此，我们根据世行的收入划分的具体办法进行了推算，结果表明，按世行标准 1974 年日本已进入了高收入行列。对韩国的具体测算也表明，1994 年左右翻越本文定义的"高墙"之时，按世行标准，韩国也进入了高收入行列。

的发展阶段；但跨越"高收入之墙"后增速回落的时间窗口，则是在人均 GDP 达到 11000 国际元左右的发展阶段。

其次，性质和原因不同。落入"中等收入陷阱"的增速下滑是在工业化中期后发优势尚未完全释放的前提下发生的，是"非正常回落"。其根本原因是相关国家的工业化基本架构存在重大缺陷，以致工业化进程无法持续，特别是高速增长过程无法顺利完成。而成功翻越"高墙"之后的增速下降发生在后发优势基本释放、工业化高速发展阶段基本结束之时，是一种"自然回落"。

由此可以看出，一方面，在工业化进程中落入"中等收入陷阱"，并非后发者的宿命，如果战略、政策得当，是可以避免的。另一方面，后发国家成功翻越"高收入之墙"以后的经济增速回落则是规律性的、无法避免的。其根本原因是，在后发国家的发展水平接近前沿国家时，在供给方面，其低成本技术模仿的空间缩小，技术进步的速度放缓，进而使得后发国家的经济增速逐渐与前沿国家水平接近；与此相对应，在需求方面，工业化、城市化快速推进中的大规模建设需求潜力基本释放，加上经济总量规模的扩大，保持同样增长速度要求具有比以往更大规模的需求，而新增需求显然无法与之相适应。

还需要指出的是，落入"陷阱"和翻越"高墙"后的增速下滑，都不同于经济周期运行中的衰退和萧条。衰退和萧条是在经济基本面未根本变化的情况下发生的，通过反周期政策可以使经济摆脱衰退和萧条状态。而落入"中等收入陷阱"之后的增速下滑则是由于工业化基本架构存在重大缺陷而导致的，反周期政策无力扭转其下滑趋势。成功翻越"高收入之墙"以后的增速回落，则是在经济增长基本面已然发生结构性变化的情况下发生的，反周期政策同样无力把增长速度保持在以往的高水平之上。

第二节 体制和战略：决定工业化能否顺利完成的关键因素

一国工业化进程能否顺利推进，取决于一系列因素和条件及其相互作用。这里提出一个关于工业化的"六要素分析框架"，用以归纳成功进入高收入阶段国家的经验，总结曾经落入"中等收入陷阱"国家的教训。

（一）关于工业化进程的一个"六要素"分析框架

在总结以往文献的基础上，我们扩展性地提出了解释工业化进程的"六要素分析架构"，包括三个基本构成要素和三个基本影响要素。三个基本构成要素形成了工业化进程的基本状态，三个基本影响要素则对工业化进程的方向和绩效具有重大乃至决定性的作用。

1. 工业化的三个基本构成要素及其相互关系

不断扩大的市场空间、持续增强且不断释放的技术潜力和物质资本积累，以及不断提高的资本特别是人力资本参与率，是工业化过程的三个基本构成要素。三个基本构成要素相互推动、不断提升，共同推进工业化不断发展。

工业化是市场空间持续拓展的过程，是国内消费和投资品市场持续扩大和结构升级的过程，在经济全球化日益深入的背景下，也是深度参与国际分工并占有日益扩大的国际市场份额的过程。

工业化是技术进步、技术潜力释放、生产率不断提升的过程。工业化过程是人类通过开辟知识和技术新领域不断创新产品和工艺、实现产业升级的过程。通过创新或吸收新技术，物质资本和人力资本的质量得到提高，进而促进生产率的不断提升。

工业化是城乡二元差距逐步缩小、人力资本参与逐步扩大、收入持续增长的过程。在这个过程中，现代部门规模不断扩大，传统部门比重逐渐下降并在现代技术和生产方式基础上得以改造升级。随着全社会产出水平上升，人力资本参与的广度和深度增加，劳动者报酬和其他生产要素收益水平相应提高，并带动消费市场规模的扩大。

成功的工业化是上述三个构成要素动态平衡的过程。首先，要求市场容量与主导技术所支撑的产业规模相适应。工业化的一种显著特征是规模经济，包括生产的规模经济和市场的规模经济等。如果市场容量不足以支持产业及技术发展所带来的规模经济效应，则会出现市场缺口。其次，要求人力资本数量特别是质量提高与技术深化程度相适应。随着工业化推进，使用新技术的现代部门陆续出现，传统部门也通过引入新技术得到改造提升。新的生产方式和管理方法在各领域逐步应用和普及。人力资本的数量和质量必须与技术进步、生产方式变革的要求相适应，否则将会出现人力资本供给的缺口。最后，要求收入增长与市场需求扩张相适应。人力资本对工业化进程参与的广度和深度，决定了收入增长水平和分配形态。收入增长直接与市场需求容量扩张相关。如果收入增长无法达到市场需求容量扩张所要求的水平，将会观察到收入增长缺口的出现。

工业化的成功推进，表现为上述三个要素在一个适当长时期内的某种水平上的平衡。而工业化进程出现波动或受挫，则往往表现为三个要素之间出现缺口。如果缺口持续且在相当长时间内难以弥补，将会出现工业化进程的停顿乃至倒退。

2. 三个基本影响要素及其作用

工业化历史经验表明，上述三个构成要素之间能否达到动态平衡，受到以下三个基本影响要素的制约。

首先是一国初始条件。既包括人口、区位、矿产资源、生态环境等自然条件，也包括工业基础、交通通讯、国际环境、教育科研等非自然的条件。良好的初始条件有利于工业化的启动和推进，然而，并非必须具备这些条件，才能顺利推进工业化；另一方面，这些条件都具备，也未必能顺利推进工业化。一些初始条件较差的国家，借助合理的制度、战略和政策，弥补自身不足，成功实现了工业化。形成对比的是，也有一些初始条件较好的国家，由于制度落后或战略、政策失误，出现所谓"资源诅咒"等现象，工业化进程未能启动，或启动后难以持续。

其次是基础性的经济制度。包括产权保护制度、市场竞争机制、政府治理架构等。严格而有效的产权保护，为各种要素参与生产活动和技术创新提供激励。竞争性市场体系激发各类主体的创新活力，带动生产率提高。统一市场为以主导技术为基础的产业发展提供所需的市场规模。较高的政府治理水平，政府和市场的良性互动，根据发展阶段变化提供相应的公共服务，都能促进市场容量扩展、技术进步、物质和人力资本积累，以及各类要素对现代部门的参与。当然，不同的工业化阶段，对经济制度有不同的要求。（Gill and Kharas 2007；Rodrik 2007）

最后是发展战略和政策。不同的发展战略会影响到发展政策的设计，进而对市场容量、技术进步和人力资本的积累与充分参与产生重大影响。例如，在进口替代战略之下，国内产业往往会受到保护。这虽然在初期有利于产业的发育，但长期看不利于技术创新，且会催生利益集团，排斥更多的人力资本参与到现代部门。而在出口导向战略之下，虽然本国企业可能得到一定补贴，但通过参与国际竞争，本国企业技术进步活力会不断增强，本国企业和产业体系面对的市场容量会不断扩大，从而使更多的人力资本参与到工业化进程之中。

发展战略的优劣不是绝对的，关键是能否根据国内外环境和条件的变化及时调整和优化。在工业化初期，许多国家都曾经实施过进口替代战略,但随着发展阶段的提升,有的国家转而实施出口导向战略,顺利推进工业化;而有的却固守进口替代战略,导致工业化进程受阻。

综合起来看,正是在经济制度安排和发展战略选择等方面的差异,加上初始条件的不同,使得市场空间、技术潜力与物质和人力资本参与率这三个工业化的基本构成要素形成了不同的互动格局,从而决定了各国工业化的绩效。

(二) 成功实现工业化国家的典型经验

1. 实施竞争性的供给政策,激发微观主体的创新活力,改善资源配置效率

保持供给的竞争性将为效率提高和技术创新提供重要动力。成功的工业化国家十分重视建立竞争性的企业制度,特别在保护产权、公平准入和反垄断方面不断改进制度,以鼓励企业家积极创新和创业;注重发挥价格机制在资源配置中的基础性作用,引导资源配置到更有效率的地方。例如,英国早在1623年就设立专利权,保护新发明的权利。美国则在宣布独立后不久就开始筹建专利制度,1790年国会通过了《专利法案》。为维护市场竞争,美国于1890年制定了第一个反托拉斯法——《谢尔曼反托拉斯法》,有效地规范了市场竞争秩序,维护了竞争性的自由企业制度。

2. 推动市场的统一和开放,保障不断升级的主导产业能够获得规模经济

工业化的成功国家都重视拓展市场空间。在国内,重点是打破地理、社会和制度等方面的制约,适度优先发展基础设施等,促进人口和其他生产要素自由通畅流动与聚集,以深化产业分工,形成统一的国内市场。例如,英国在1707年为统一国内市场取消了英格兰与苏格兰之间的关税;并以内河和沿海水运为依托,在18世纪末和19世纪初形成了一个沟通各大内河、连接内

地各大经济区并通向海外市场的国内水运网，形成了统一内部市场和联通国际市场的基础架构。又如美国十分重视铁路发展，到1888年铁路里程比全欧洲的铁路里程多2.6万英里。得益于铁路的大发展，运输成本大幅下降，使边远地区纳入国内统一市场，大大增加了国内贸易机会，促进了工业标准化生产和企业规模的扩展，引发了美国重要的商业组织革命。

对外部，按照比较优势的动态变化，不断提升自身在国际分工体系中的地位，使本国资源优势能够在全球市场范围发挥作用。特别值得指出的是，发达资本主义国家在经济发展的早期，往往长期保持商品贸易和经常账户的顺差。如1870至1969年的一百年间，美国的商品贸易账户仅有5年是逆差，其余年份皆是顺差；而在1900~1969的70年间，仅1935年为商品贸易逆差，其余69年均为顺差。可见，积极争取外部市场，大力发展国际贸易和投资是发达国家产业不断升级的重要支撑。

3. 重视人力资本积累和充分参与，从供需两方面促进现代部门扩展，在现代化过程中实现了有效的社会整合

发达国家的另一条重要经验是高度重视人力资本积累，并拆除制度壁垒，使得人们能够顺畅地参与到现代化进程之中。例如美国在立国后长达一百多年时间内，一直积极鼓励移民，并在南北战争后废除了黑人奴隶制度等。德国在世界上开创了实施《义务教育法》的先河。另外，成功国家也非常重视保持社会阶层之间的流动性，以防止工业化进程中收入差距过大，更重要的是避免利益格局在人群间固化、贫富格局在代际间锁定。英美等国在工业化进程中，也曾经历过收入分配差距拉大的阶段，但是由于具有较强的社会流动性，经济社会总体保持发展活力。

4. 适时调整政府和市场的关系，培育接续增长动力

东亚成功国家和地区在工业化高速增长阶段政府都较多地参与了资源配置。但随着发展阶段的提升，政府在鼓励企业创新、

改善公共服务、营造有利外部环境方面发挥了更加积极的作用；同时，也逐步放松政府管制、创新管制方式、减少政府干预、改革金融体系、精简政府机构。政府在经济领域中的角色有进有退，职能有伸有缩，注重发挥市场在资源配置和技术创新、产业升级方面的基础性和决定性作用，以形成以创新驱动为主的增长模式，也是这些国家和地区成功翻越"高墙"重要经验。

（三）曾经落入"中等收入陷阱"的国家的教训

1. 拉美国家的教训：长期僵化地实施进口替代发展战略

实施进口替代战略并不是拉美国家的特有现象，除了英国以外，几乎所有的工业化国家都在工业化早期实行过一定程度的进口替代战略。然而，没有一个成功的国家是一直靠这种战略进入高收入行列的。拉美国家落入"中等收入陷阱"的原因是多方面的，如原有土地制度的极不平等，收入分配问题长期得不到解决等，但更多的是长期僵化地实行进口替代战略。

拉美国家国内市场空间狭小，受保护的产业难以形成规模经济；奉行进口替代战略，又使国内产业缺乏创新动力。受保护工业的规模难以扩大，无法创造足够的非农就业机会，大量劳动人口长期滞留在传统经济部门，没有持续增收的渠道。这反过来进一步影响到国内需求和市场空间的扩大。由于土地高度集中于少数人手中，大量无地农民不得不涌入城市，但他们与工业化没有直接联系，成为城市的边缘阶层。

劳动力参与率不足、土地制度改革滞后等导致收入差距过大，众多人口无法分享发展的成果，而且还使得利益格局在人群和代际锁定，引发了一系列严重的社会矛盾和问题。

在进口替代战略之下，进口替代部门大量进口资本品和机器设备，所需的大量外汇靠初级产品出口难以满足，不得不大量对外举债，国际收支平衡具有内在脆弱性。加之在进口替代战略之下，企业效益偏低，政府财政收入必然匮乏，入不敷出，使政府宏观调控能力也明显下降。随着债务规模持续上升，长期性债务越来越难以筹措，不得不借入大量短期债务，导致宏观经济的不稳定性日趋加剧。上世纪70年代后国际经济环境发生变化，短期资金出现异常外流，继而发生债务危机。

综合来看，这类国家凭借技术上的后发优势，通过进口替代战略在工业化初始阶段实现了快速增长，甚至在20世纪下半叶还创造过短暂的拉美奇迹。但正是这种战略的僵化实施，破坏了工业化持续推进的条件，在20世纪80年代人均GDP仅达到4000多国际元的阶段就陷入了债务危机，经济社会发展长期停滞，落入了"中等收入陷阱"。

2. 前苏联和东欧国家的教训：长期实行僵化的计划经济体制

前苏联和东欧国家凭借计划经济体制的超强资源动员能力，采取"重积累、轻消费，重重工业、轻轻工业"的发展战略，使工业化率短期内快速提升，但是扭曲了各部门之间的内在关系。长期的矛盾积累最终导致经济发展停滞甚至倒退。

这些国家依靠中央计划机构安排生产和消费，使资源要素严重错配。在这种体制下，私有经济被基本消灭，竞争性企业制度难以建立；市场调节作用基本被排斥，价格机制在资源配置中几乎不起作用。在产供销、人财物统一调配的体制之下，企业缺乏有效的激励改进管理和技术；上下级之间缺少畅通的信息沟通渠道。这些导致了资源配置的低效率、经济增长的低质量和经济结构的严重扭曲。

这些国家市场比较封闭，市场空间比较狭窄。受斯大林"两个平行的世界市场"理论的影响，前苏联经济一直处于半封闭状态。对外经贸合作主要在"经互会成员国"之间进行，且这种合作实际上是前苏联国内指令性计划经济体制的延伸。因此，没有真正国际市场竞争的激励，企业和产品都缺乏真实竞争力。在这种情形下发展起来的经济，基本以国内需求为依托，与整个世界经济的发展、国际大市场的变化和科学技术的进步关系不大。政府在不掌握真实信息的情况下，不断地对那些过时的项目追加投资，投资收益自然江河日下。

这些国家人力资本参与不足，经济结构严重扭曲。一方面，大量劳动力在行政限制和集体农庄制度下，不能向非农产业正常转移。虽然工业产值在总产值中的比重不断提高，但在军事工业超前发展原则之下，农业和轻工业部门的资源和有限剩余被强制占用，轻工业发展不足，重工业过度发展，致使就业不足的矛盾持续加剧。

总起来看，前苏联和东欧国家凭借计划体制的资源动员能力，实现了一定时期的高速增长。但因长期实行僵化的计划经济体制，经济结构严重失衡，在不触动计划体制根本框架的前提下，20 世纪 70 年代提出的社会生产向集约化转变的战略落空，最终在人均 GDP 为 6000 国际元左右的发展阶段，经济增速明显下降，同样落入了"中等收入陷阱"。值得一提的是，增长速度的大幅下滑并非发生在苏东剧变之后，而是发生在计划经济体制和前苏联政治军事霸权依然强盛之时。这就表明，增长速度的下滑在原有体制架构内是可以得到解释的。

第三节　2015 年左右我国将进入增长速度"自然回落"的时间窗口

借鉴不同类型工业化国家经济增长的历史经验和呈现出的规律，我们采用三种不尽相同但可相互印证的方法，对我国经济增长的历史进程和前景进行了分析，预计我国经济潜在增长率有很大可能性在 2015 年前后下一个台阶，时间窗口的分布是 2013 ~

2017年。

第一种方法是直接用我国国民经济的总体数据，参照日本、韩国和德国等成功追赶型经济体的经验进行分析。按照1990年国际元计算，2010年我国人均GDP达到7864国际元[①]。假定今后几年我国GDP还能延续过去30年高速增长的态势，并结合联合国对我国人口增长的预测，那么到2016年我国人均GDP将达到11608国际元，与国际上成功追赶型经济体增长速度普遍下台阶时的发展水平大体相当。2016年之后，比照成功追赶型经济体经验，如果我国经济潜在增长率与过去高速增长期相比降低30%左右，则GDP增长率降低约3个百分点。这样，预计GDP增速"十二五"期间为年均9.7%，"十三五"期间降至6.5%（我国官方统计口径）。

第二种方法是考虑到我国大部分省级行政区从人口规模上看与国际上一个大国或中等规模国家相近，把我国每个省级行政区作为一个单独经济体，根据不同的省情选定国际上不同经济体的历史经验和规律相比照，预测各省级行政区潜在经济增长速度的变化，之后再进行加总，推算出全国经济增长速度。京津沪三个直辖市比照香港和新加坡两个城市经济体的经验；另外22个省份比照日本、韩国、德国等成功追赶型经济体的经验，并根据人均生产总值、产业结构、城市化、分工专业程度、资源禀赋和外向型程度等因素作适当调整；其余六个自然地理条件不适宜大规模工业化和城市化的省份，则比照国际上若干曾经有过较高速度增长、但未跻身高收入行列的经济体的历史经验。

以各省份目前人均生产总值水平为基数，假定各省生产总值保持其过去30年的平均增长率，并结合各自的人口预测，估算

[①] 由于编制方法有所差异，需要把我国统计局发布的GDP增长率进行一定的缩减和调整，以便得到和麦迪森1990年价格的国际元可比的数据。

出各省人均生产总值达到所比照经济体增长率下台阶水平时的时间；之后，假定各省生产总值增长率降低30%左右；最后加总测算全国的经济增长速度。结果表明，我国GDP潜在增长率大约在2014年后降低到8%以下；"十二五"期间GDP潜在增长率为年均8.2%，"十三五"期间为年均7.3%（我国官方统计口径）[①]。

第三种方法是通过大宗商品的消费量（或产量）和人均GDP水平之间的关系，预测我国经济增长率下台阶的时间点，以便与前两种方法的结果相互印证。具体方法是：（1）以2009年我国人均电力消费量（2742度/人）、千人汽车保有量（48.7辆/千人）、人均累计钢铁产量（3.9吨/人）、人均汽车年产量（10.3辆/千人）、人均钢铁年产量（0.5吨/人）等五个实物量指标为基数。（2）假定今后这些指标仍能按其过去10年的年均增速继续增长，测算出我国这些指标达到日本、韩国、德国等经济体GDP增长率下台阶时对应水平的时间点，以此作为我国GDP潜在增长率下台阶的时间点。（3）进一步假定我国增长率下台阶之后，也如日本、韩国和德国那样降低30%左右，即降低3个百分点左右。估计结果如表1所示。

三种方法的分析结果表明，如果我国的经济增长路径与成功追赶型经济体历史经验接近的话，那么，我国潜在经济增长率有很大可能性将在"十二五"末期放缓，"十三五"时期将明显下一个台阶。

---

① 第一种方法和第二种方法测算结果有两个差异，即增长率预测的具体数值不同；增长率转折的形态不同，第一种方法是台阶式下滑，第二种方法则是较平稳地下滑。这有两个原因。一个是方法的差别，第一种方法把中国视为一个经济体，而第二种方法中由于各省份独立计算，相互的影响有一定程度的抵消，使得全国增长率下台阶的过程较为平滑。二是设定的比照对象不同，在第一种方法下，全国所有地区都以成功追赶型经济体为参照，而第二种方法下，有一些省份考虑到其自然地理和资源条件，设定了增长水平较低的比照对象。

表1 我国经济潜在增长率展望：三种方法的测算结果

测算方法		GDP 年均增速（%）				GDP 增速趋势性下降的拐点	
		2001－2005	2006－2010	2011－2015	2016－2020	对应年份	对应的人均 GDP（1990 年国际元）
基于全国数据测算		9.8	11.2	9.7	6.5	2016	11608
基于省际数据测算		9.8	11.2	8.2	7.3	2014	10680
用实物量测算	基于用电量	9.8	11.2	9.0	7.2	2013	9853
	基于汽车保有量	9.8	11.2	9.4	7.0	2017	12967
	基于钢铁累计产量	9.8	11.2	8.2	7.3	2017	12514
	基于汽车产量	9.8	11.2	9.4	7.2	2017	12320
	基于钢铁产量	9.8	11.2	9.7	6.7	2013	10145
均值		9.8	11.2	9.1	7.1		11441

资料来源：本文的测算。

第四节 翻越"高墙"：中国经济发展面临的真实挑战

综合分析我国工业化的历史进程和发展前景，并与有借鉴意义的其他国家相比较，可以发现，我国有可能较为顺利地跨过拉美和前苏东国家曾经遭遇过的那种含义上的"中等收入陷阱"，但在翻越"高墙"进入高收入社会时将面临严峻挑战。这是中国的独特之处，既与拉美、苏东国家不同，也与德国、日本、韩国不同。

（一）我国落入"中等收入陷阱"的可能性较小

1. 目前我国人均 GDP 已超过了拉美、苏东国家出现"中等收入陷阱"时的水平

根据前面的分析，按照 1990 年国际元计算，2010 年我国人均 GDP 已经达到 7864 国际元，超过了落入"中等收入陷阱"时拉美国家人均 GDP4000 国际元和苏东国家人均 GDP6000 国际元

的水平。按照目前的增长态势,再过 3 – 5 年,我国将会达到成功追赶型国家翻越"高墙"时所达到的 11000 国际元的水平。由此看出,除非出现重大挫折或反复,我国落入拉美和前苏东国家曾经经历的那种含义的"中等收入"陷阱的可能性已经很小(见图 4)。

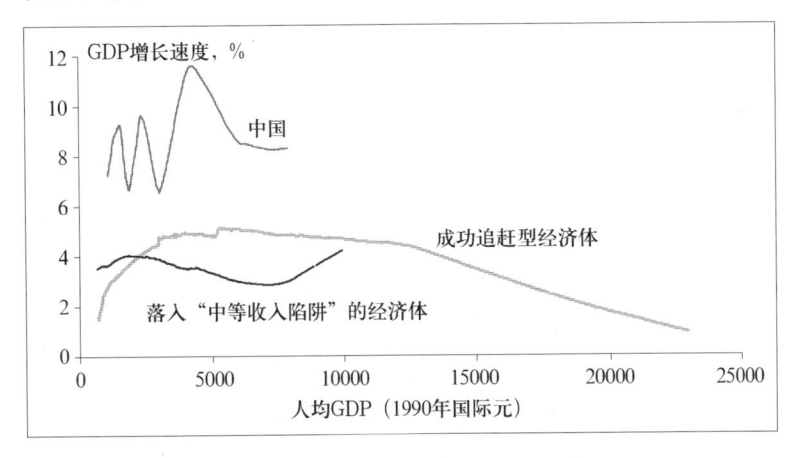

图 4　中国落入"中等收入陷阱"之中的可能性较小

2. 与落入"陷阱"的国家相比,我国具备一系列支持跨越"中等收入陷阱"的有利条件

第一,不同于拉美国家的是,我国是在人均 GDP 水平很低的时候,就实施对外开放和出口导向的发展战略[①]。虽然我国在改革开放之前也曾长期实行进口替代战略,但是,改革开放后迅速转变发展战略和政策,实行了注重出口导向的开放战略。这既扩大了我国产品的市场空间,也给我国企业带来了国际竞争的压力,还给我国带来了大量的适用技术和管理经验。沿海地区出口

---

① 显著低于拉美国家落入"中等收入陷阱"窗口期的水平。

加工部门的高速增长也有效带动了我国城市化的发展。

第二，不同于前苏联东欧国家的是，我国在发展还处于较低阶段时①，就启动了市场化改革，工业化的快速发展与市场化改革相伴而行。主动而积极的市场化改革，有效促进了国民财富存量增长和物质与人力资本有效配置，使我国在工业化追赶阶段较为顺畅地实现了30多年的"压缩式"快速发展。

第三，我国市场潜在空间巨大，发展要素组合条件好。我国人口规模全球最大，比高收入国家总人口还要多，是美国人口的4.3倍、欧元区人口的4.1倍。从某种意义上可以说，中国本身就是一个"世界"。如此多人口生活在统一的制度、同一的市场环境下，其可能产生的市场规模效应，是世界上其他国家难以比拟的。通过持续的改革开放，我国产品和要素的流动性增强，市场一体化程度逐步提高。需要指出的是，国内发展不平衡本来是一个缺点，但在客观上形成了要素供给和产业发展中的互补性，增加了我国经济增长的回旋余地和可持续性。总之，我国的市场优势不仅超越了拉美和前苏联东欧国家，也在一定程度上超越了那些跨国形成的地区统一市场。

在供给方面，我国也有独特优势。首先，我国劳动力数量巨大，成本较低，受教育水平提高，健康状况改善，且勤奋而守纪律。其次，我国在计划经济时期建成了比较完整的工业和国民经济体系。这一时期所积累的产品设计、制造工艺和管理经验，首先外溢到非公有制企业，成为后者的技术、管理经验等的最初来源。而经过改革的国有企业，技术进步意愿和能力也有所增强。再次，人民的节俭传统使得我国和其他成功追赶型国家一样，能够在较长时期内保持高储蓄率，从而为工业化提供源源不断的物

---

① 那时人均GDP明显低于前苏联东欧国家落入"中等收入陷阱"窗口期的水平。

质资本。

尤为重要的是，我国的政治体制有利于保持政治和社会稳定，始终注重处理好改革、发展和稳定的关系。改革开放开始后，及时将党和国家的工作重心转到经济建设上来，全党和全国上下广泛凝聚发展共识，齐心协力形成发展合力，避免了一些落入"中等收入陷阱"国家长期存在的社会动荡、政治分裂局面的出现。

（二）与成功翻越"高墙"的工业化国家相比，我国面临更为严峻的发展方式转型挑战

人均GDP达到"高墙"水平、后发优势基本释放完毕之后的增速自然回落是一种规律性现象。中国的经济增长进程也将遵循这一规律，一定意义上说是我国成功度过经济高速增长期的重要标志。然而，尽管中国与成功翻越"高墙"的高收入国家在增速"自然回落"的时间窗口上有相似之处，但能否成功翻越"高墙"，在增速回落后能否在新的增长平台上继续保持较长时间的稳定增长，则存在着一定的不确定性。发展方式能否随着增长环境的变化而适时调整成为一个关键性因素。

成功追赶型国家在经济增速"自然回落"窗口期到来时，主动或被动地对原有增长模式进行了调整，逐步形成了以创新驱动为特征的新增长模式。这些国家在创新能力最强的领域，特别是在技术密集的制造业领域，通过市场竞争形成了以本国民营大企业为主的格局；提高制造业和服务业领域的开放度，鼓励和保护市场公平竞争；建立有利于创新的学历和职业教育体系以及基础科学、应用技术研究体系等。在高速增长期结束后，政府注重鼓励企业面对市场环境的变化进行持续创新，培育新的经济增长点。在石油危机爆发、经济增速回落和接连遭遇若干重大环境事件的背景下，日本政府鼓励和引导企业大力发展节能环保产品，不仅提高了能源资源利用效率，同时也培养出了后来在全球最具

能效竞争力的汽车产业。德国注重坚持在自己的传统优势产业——制造业领域持续创新，很多大企业都是"百年老店"，到今天仍然很有竞争力。德国大量中小企业在众多产品领域掌握着核心技术，占有市场的大部分份额，被成为"隐性冠军"。尽管劳动力成本很高，但直到20世纪90年代德国还是世界第二大服装出口国。1997年亚洲金融危机之后，韩国成立了知识经济部和文化产业局，颁布了《创新企业培育特别法》、《文化产业促进法》，大力发展知识密集型产业，努力从制造型国家转向设计和创新型国家。

与成功追赶型国家相比，我国现有发展方式具有某些其不具备的或者虽具备但不突出的特征。

（1）政府主导的地区竞争。和其他国家一样，我国实行的也是各级政府之间逐层分权的治理模式。在我国现行财政体制和政绩考核制度下，地方公共服务可用财力和就业机会等，均与本地生产规模紧密相关；各地经济增长事实上成为选拔任用干部最受重视且最易测度的指标。在这种情况下，各级地方政府具有强烈的促进本地经济增长的冲动。另一方面，在现有体制之下，各级政府掌握着相当大的资源配置权和影响力（如配置土地资源的权力，通过放松环境监管降低本地投资成本等）。改革开放使产品和要素大规模地跨地区流动，参与全球分工体系和国内统一市场的形成与扩展，使各级地方政府能够通过改善本地投资环境，吸引外部资源促进本地经济发展。可以观察到的事实是，有一级地方政府，就是一个特定意义上的市场竞争主体，它们之间为争取资源、促进发展而相互竞争。这种我们可以称之为"地方竞争型"市场经济，或许是中国的市场经济最显著的特色之一，在为中国经济增长提供基本动力的同时，也带来了"底线竞争"、粗放发展、财政金融风险积累等诸多问题。

（2）政府集中力量办大事的机制作用突出。在现有体制下，政府仍然拥有相当大的资源直接掌控和间接干预的权力，使之可以在较短时间内动员和使用大量资源，以达成某个战略目标。这种集中力量办大事的机制应对突发事件、实施某些重大工程项目时具有独到优势，但如果不适当扩展使用范围，或目标有误，就可能适得其反。此外，如何改进资源配置效率，改进与市场经济的适应性，也是这种机制需要解决的问题。

（3）国有经济在基础部门仍有很强的控制力。随着改革的深化，国有经济已从许多领域退出，非公有制经济和外商投资经济的产出已明显超过公有经济。不过，国有经济在能源、重大基础设施、金融等领域的控制地位并未有大的变化，在有些领域还有所加强。一些省级国企在产业行政性整合中重新回到龙头或控股地位，引发了"国进民退"的争议。这些年来大型国企的盈利状况好转，企业股权结构和治理结构也有不同程度的改进，但若除去资源占有、行业垄断等因素，经营效率是否已经发生了实质性进步尚难肯定。此外，国有企业在多大程度上能否承担起创新驱动的重任仍有待观察。

（4）市场开放和竞争秩序水平仍有待提高。改革开放以来，我国的市场开放取得长足进展，市场竞争日趋激烈，市场秩序逐步好转。但目前在许多领域仍然存在不合理的进入管制，一些行业特别是服务业对内、对外开放程度还比较低，市场竞争还受到各种不合理因素的干扰。一些企业出于自身利益影响公共政策，以获取或巩固垄断地位。一些在市场竞争中建立起优势地位的企业，也利用其市场支配力，通过策略性行为打压排挤竞争对手。市场诚信水平总体上较低，整个社会不得不付出相当高的交易成本。

（5）法治建设不适应市场经济发展的需要。改革开放以来，我国出台和完善了一批涉及市场经济体系的基本法律，如《公司法》、《民法通则》、《刑法》、《合同法》、《物权法》、《反垄断法》等，但与"法治的市场经济"还有相当大的距离。与市场经济和开放型经济相适应的法律体系需要进一步健全和完善，但突出的问题依然是行政权力对法律的制约和干扰，"有法不依"的现象仍较普遍。

（6）财政金融风险的积累和后摊。在过去一些年经济高速增长过程中，由于体制机制的缺陷，积累了某些财政金融风险，如地方融资平台风险、长期贷款风险和资产泡沫风险等。如有高速增长为支撑，这些风险有可能在后来的发展中逐步消化（所谓"风险后摊"）。但若经济增速"自然回落"，这些风险不排除集中显露、并对宏观经济运行形成重大冲击的可能。

（7）"半截子"城市化问题突出。改革开放以来，大量农村劳动力进入非农产业和城镇。但受土地政策、社会保障政策、人口流动政策等制约，较大比例的农民工并不能真正地融入城镇。这种"半截子"的城市化，不仅制约着劳动力等要素的优化配置，还制约着消费需求增长和人力资本质量的提升。

（8）社会纵向流动不畅。改革开放以来，上学、外出就业、自主创业等渠道拓宽，社会各阶层实现自我发展的机会日益增多。但社会纵向流动的渠道还不够通畅，家庭出身、社会关系等对就业、创业的不合理影响仍然存在，有些方面还在扩大。"贫二代"、"富二代"现象的出现，表明社会利益格局和社会阶层呈现固化之势。这种局面如果持续，不仅将制约社会活力和创造力，而且将直接影响到社会稳定。

总的来说，我国现有发展方式在工业化高速增长时期看起来是有效的，某些方面还有独特优势。增长速度下台阶所伴随的大幅度结构变动，表明30多年来我国经济高速增长所依托的基本面因素将发生重要调整和重新组合。如果继续维持这种发展方式，在经济增速"自然回落"时，我国经济将面临两方面的严峻挑战。第一，与高速增长相伴随的高流动性和规模经济收益，掩盖了为数不少的低效率问题。然而，一旦速度降低，与低效率相关的各种问题就会暴露，如企业盈利和财政收入下降、资产估值收缩、长期信贷回收困难等，甚至出现某种形式的财政金融等危机。第二，随着我国发展水平的不断提升，现行发展方式下的市场开拓受限、供给激励不足、人力资本积累缓慢、劳动者参与现代化的渠道不畅等问题将日益突出，在低成本要素优势逐步减弱后，能否形成创新驱动为基础的新竞争优势，存在一定的不确定性。这两方面的问题将可能使我国在翻越"高墙"时面临严重困难。

第五节 以"参与促进型改革"推动发展方式转变取得实质性进展

（一）"高墙"的临近对经济发展方式转变提出了明确而紧迫的时间要求

根据前面分析，中国经济潜在增速在未来5年将进入自然回落的"时间窗口"。在经历了30多年的高速增长后，中国经济将有很大可能性触到高增长的边界。中国经济发展方式或增长模式的转型进入了一个特定时机。

发展方式（也称增长方式、增长模式等）转变在中国已经提出20年左右的时间了。人们经常提出的问题是，为什么经历如此长的时间还没有转过来？除了体制惯性、"认识"问题外，一个基础性的原因是既有的增长模式与经济增长还有一定的适应性。否则，我们将无法解释为什么在一个"不好"的增长模式下出现了举世瞩目的发展成就。在年均增长10%的背景下，要求大幅度地改变增长模式事实上是很困难的。然而，一旦增长速度常态性而非短期性地回落，以往维持高速增长的基本面因素发生重要变化需要重新组合,增长模式或发展方式的转变将势在必行。由此可引出的一个重要结论是,一定的发展方式与特定的发展阶段相匹配,或者说,某种发展方式都具有阶段性。我们需要历史地看待某一特定的发展方式。由此可以引出的另一个结论是,增长速度自然回落"时间窗口"的临近,是既有发展方式转变的必要条件。

这个条件的出现,对"转方式"形成了直接压力,提出了具体的时间要求,即在经济潜在增速回落之前,发展方式转变应有实质性进展。但要成功实现转型,更重要的是形成"迎接挑战"的机制,明确需要解决的主要问题,提出并实施"转方式"的路线图乃至时间表。中国落入拉美、苏东式"中等收入陷阱"的可能性已经很小,但在翻越进入高收入社会"高墙"时,仍然面临着两种可能性。

一种可能性是预见到增速回落的"时间窗口",在此前有限的时间内采取切实有效的措施去解决转型中的重大问题,在防控风险的同时形成新的增长动力,将来速度回落,但降幅不大,比如由10%左右降到7左右,尤其是避免大的起伏,在新的增长平台上,争取一个较长时间,如10年或更长一个时期的稳定而质量较高的发展。根据成功追赶型国家的历史经验,这种前景是有可能争取到的。

另一种可能性是对高增长仍有过于乐观的估计,比如以为"中国的高增长仍会持续30年",不重视未来可能出现的增速回落;或者认可增长将会回落,但以为回落中问题不大,将会平稳转入中速增长;或者虽认为回落中会有大的问题,但"走一步、看一步","到时候再说"。事实上,我们现有经济发展方式对增速下滑冲击的抵御能力是相当脆弱的。以2008年二季度到2009年一季度为例,当GDP同比增速受国际金融危机影响从10.7%降至6.5%时,财政收入和企业利润的同比增速就从2008年二季度的31.4%和22.4%，分别骤降至-8.3%和-37.1%，非农就业也减少了2000万左右。在上述几种情况下，一旦经济增长速度不是一两个季度而是常态性地回落，由于准备不足很可能陷入严重困境，而且回落幅度可能较大，比如降幅达一半以上，并引发某种形式的财政金融危机乃至社会动荡，在较长时间内难以回到稳定增长的轨道。

第一种可能性可称之为"主动转型"，第二种可能性则可称之为"被动转型"。"被动转型"的代价很大，失败的概率较高。显然，我们应当争取主动转型，避免被动转型。为此，应当明确转型中需要解决的主要问题，以及为解决这些问题而展开的改革重点。

（二）成功转型需要解决的重要问题

中国经济发展方式成功转型，主要应解决好防控风险和形成新的增长动力两方面的问题，具体而言，应着力解决好如下一些重要问题。

（1）能否在增速下台阶时有效防范和化解高速增长期所积累的财政、金融风险？长期以来，诸如产能过剩、政策性不良贷款等风险，依赖高速增长创造的高流动性与规模经济得以化解，但地方政府融资平台债务、银行信贷扩张、资产价格泡沫等方面的隐患犹存。从拉美、东南亚乃至韩国的经验看，财政金融风险既是经济停滞的直接原因，也是经济发展方式内在矛盾的综合体现。能否成功化解这些风险，是跨越"高墙"所面临的最直接的挑战。

（2）企业能否适应较低的增长速度环境，逐步改变"速度效益型"的盈利模式？中国经济的高速增长掩盖了企业在效率与效益方面存在的问题：大企业在流动性过剩形成的金融支持中以规模扩张实现盈利，中小企业在高速流转的商品贸易中依赖快进快出的现金流谋求利润。高速增长带动的需求扩张以及由此引发的过度乐观预期，在企业盈利中起着重要作用。一旦经济增速常态性地回落，整个社会的预期和投资意愿将发生逆转，企业的生产经营将面临严峻考验。特别是在增速回落的初期，社会预期往往会"过度逆转"，局面可能更为棘手。

（3）能否随着增速回落而相应调整宏观经济调控目标？预见到潜在增长速度将常态性回落，宏观调控目标的设定应顺势而为，而不可强制性地试图继续保持高速增长期的增长目标，否则，增长目标超出潜力，将产生投资过度、产能过剩、资产泡沫、通货膨胀等问题。在这方面，需要研究和汲取日本上世纪80年代以后推行扩张性宏观政策，力图恢复以往的高增长速度，结果催生资产泡沫，并使经济陷入长期萧条的历史教训。

（4）能否形成充分有效的市场环境，在竞争基础上产生一批创新型大企业和大量的创新型中小企业，培育出具有长期国际竞争力的技术、知识密集型制造业与服务业？在高速增长和不充分竞争"呵护"下形成的产业，缺乏创新动力。能否形成竞争充分、激励有效、创新导向的市场环境，能否促使企业由依靠要素投入转向依靠创新实现发展，能否培育出一批创新型大企业和大量的创新型中小企业，进而形成技术和知识密集型高端制造业和服务业的国际竞争优势是翻越"高墙"所面临的根本性挑战。

（5）能否进一步开放市场，放宽垄断行业特别是服务业准入限制，为服务业的大发展提供空间和动力？目前电信、铁路、电力、石化、金融、教育、医疗以及文化等行业的市场准入管制依然较多，垄断程度依然较高，投资主体依然较少。对这些行业设置过高的进入门槛，不利于技术创新与扩散，不利于市场竞争与规模经济发展，不利于全社会就业和创业机会的扩大，不利于经济增长成果的全民分享。从产业角度说，服务业与制造业的一种重要区别，是大部分服务业有较高程度的个性化，需要人对人、面对面的服务，从而对调动人的积极性、能动性较制造业有更高的要求。服务业市场开放不足，将会严重制约未来中国服务业发展的空间和动力。

（6）能否在城乡统筹的基础上，加快进城农民成为完整意义上的"市民"，促进农民承包土地在保障权益的前提下优化配置？"三农"问题是中国工业化和现代化过程中的核心问题，而解决这一问题的根本途径在于大多数农民进入非农产业和城镇，留在农村的农民生产方式和生活方式的现代化。解决好当前城乡统筹发展中的突出问题，如消除事实上存在的对进城农民的身份歧视，使之与城市居民享有相同的公共服务；在保障农民合法权益的前提下，促进农民承包土地等生产要素的合理流动和优化配置，使农民更多地分享资产收入等，不仅有利于缩小收入分配差距、促进社会和谐，对促进人力资本积累、改善土地等要素使用效率也至为重要。

（7）能否通过改革开放形成适应创新型社会建设需要的大学和科研体系？富有活力和创造力的大学和科研体系是高收入现代化国家的重要标志，是创新型经济和社会的基础所在。目前我们的大学和科研体系仍有相当突出的行政化、官僚化倾向，不能适应创新型社会的需要，必须通过大力度的改革和开放，在这个领域取得突破。

（8）能否通过促进就业、创业与收入分配制度改革，使中等收入群体快速成长？中等收入群体通常具有专业知识和技术特长，具有稳定收入和较强消费能力，注重人力资本建设，注重道德修养和社会责任。因此，加快中等收入群体成长，使之逐步覆盖到大多数人口，对促进创新、内需增长、缩小收入差距、社会长治久安，都具有根本性意义。但就业机会不足、创业机会受限、收入分配制度不合理等，不利于中等收入群体扩大，不利于形成稳定的"橄榄型社会"。

（9）能否建成适应新阶段发展和创新需要、有效分散和防范风险的现代金融体系？资源优化配置和风险分散是现代金融体系的两大功能。在现有金融体系下，我国金融资源较多流向基础设施和基础产业、房地产开发、大型企业以及地方融资平台等，而对创业和创新活动，特别是中小企业的创新支持不足。从长期看，如果我国的金融体系发展不能与实体经济的迅速增长相适应，我们就将长期面临资源配置低效率与高风险的问题。

（10）政府能否由增长主导型向公共服务主导型转变？增长主导型政府是解释中国经济30多年高速增长的一个重要的体制因素。但在转入创新驱动的新发展阶段后，增长主导型政府行为中不利于提高效率、促进创新的弊端逐步突出。另一方面，新发展阶段要求政府在改善民生、更好地提供基本公共服务上发挥主导作用。由增长主导型向公共服务主导型的转变，合乎逻辑地成为政府职能转变的重要标志。

（三）着力推进"参与促进型改革"

解决上述经济转型中的诸多问题，从根本上说，有赖于相关领域的改革取得实质性突破。而改革重点的选择，取决于我们对上述问题及其相互联系的理解。如果撇开表象，在深层次上看，可以观察到一条主要线索，即提高社会成员参与工业化、现代化进程的广度和深度。有两个目前社会上关注程度很高、同时与以上转型中诸多问题直接或间接相关度较高的问题，一是缩小收入分配差距，二是实现创新驱动。这两个问题看起来似乎相对独立，关系并不很紧密，但深入分析不难发现，二者一定意义上可以说是同一个问题。现阶段严峻的收入分配差距问题虽然可以通过再分配政策得到一定程度的缓解，但釜底抽薪之策仍然是改善一次分配。就先天能力而言，不论是城里人，还是农村人，人们之间的差距并不会像收入差距显示的那么大。收入差距拉大的主要原因，在于后天的环境、条件、制度和政策等因素。解决收入分配差距问题的根本之道，是为社会成员，特别是原来差距较大的不同阶层的成员创造大体相同的生存和发展环境,提供大体相同的受教育机会,就业、创业和创新的机会,或者说,要给社会成员创造尽可能多的参与工业化、现代化的机会。而创新驱动问题,说到底也是要使全体社会成员的积极性特别是创造性充分发挥出来。一个社会全体成员积极性、创造性得到充分发挥的社会,也将会是一个收入增长较快、而分配差距较小的社会。日本、韩国等成功追赶型国家的历史经验也证明,收入分配缩小与创新能力增强之间具有内在的一致性。

因此,围绕解决经济转型中的重要问题,应当着力推动"参与促进型改革",其要点可概括为:扩大参与机会,提升参与能力,完善鼓励创业、创新的制度和政策,创造稳定参与预期的法治环境。

第一,为社会成员提供尽可能多的公平就业机会。一要消除对农民工的就业歧视。同时创造条件,让尽可能多的进城务工人员成为完整意义上的"市民"。要允许那些已经在城市长期就业和居住的外来务工人员及其家庭成员,在自愿基础上获得所在城市的市民身份,享受与城市其他居民同样的教育、医疗、住房与社会保障服务。二要更加重视就业机会均等,打破在一定程度上存在的"没有关系,就没有机会"的格局。建立公开透明的招聘录用机制,尤其要打破某些公有部门中关系决定机会的格局。三要进一步开放市场,降低准入门槛,鼓励自主创业,健全对中小企业的支持体系。进一步落实"非公36条",激发民间投资热情,健全支持民营企业和中小企业发展的政策和服务体系,吸纳更多的人就业;要完善个人创业扶持政策,充分发挥创业促进就业的倍增效应,和创业促进创新的带动效应。

第二,完善公共服务体系,为国民提供积累人力资本的机会。一要完善医疗卫生体系,提升国民健康素质。改革医疗卫生服务体制,促进医疗资源合理配置;加强公共卫生服务体系建设，落实预防为主的卫生工作方针；加强医疗卫生知识普及，倡导健康的生活方式，改善全民体质。二要赋予人人公平受教育的机会。要促进基础教育资源等均衡配置，采取多种措施，不让任何一个孩子因贫困而失学，防止素质和能力差异在代际之间传递。三要加强职业教育，特别是对农民工的培训。加强实习、培训基地建设及职业教育专职教师的培养，鼓励采取校企联办、订单式培养等方式，为不断升级的产业培养高水平的专业化人才。完善职业教育的政府补贴机制，提高职业教育特别是对农民工培训的实际效果，提高农民工的就业和创业能力。四要对贫困阶层实施有针对性的扶贫政策。把贫困阶层纳入普惠的养老、医疗、住房等社会保障制度中，帮助贫困家庭通过自身努力提高受教育水平和职业技能，防止贫困的循环锁定。

第三，建立健全鼓励创业和创新的制度，为社会成员提供尽可能多的创业和创新机会。一要打破垄断，鼓励竞争。对垄断行业和领域，一方面要放宽准入限制，支持和促进各种所有制企业公平竞争；另一方面，要打破行政性垄断，促使企业在竞争中通过创新提升企业活力和生产效率。二要推动大学教育和科研机构改革。扭转目前科研教育机构的行政化、官僚化倾向，创造科研教育领域民主、平等、开放的氛围，创造条件让专业人士主导科研教育活动，改变由行政机制主导科研资金分配、科研人才聘任和升迁的格局。三要建立支持创新的现代金融体系。鼓励和引导金融机构加快建立支持创新活动的专业信贷管理制度、专业金融机构、专项激励考核机制和差别化的监管政策，积极推进知识产权质押融资等金融创新，多方面拓宽创新活动的市场化融资渠道，积极发挥多层次资本市场的融资功能。四要深化政府职能改革，改善政府服务。对于创业和创新活动，要减少准入管制，缩减审批环节，优化受理流程。同时，要保障共性关键技术的有效供给，搭建创新和创业的信息交换平台，为创业者和创新者优化组合资金、技术、人才等生产要素提供支撑。

第四，完善法治环境，加强产权特别是知识产权的保护。产权保护制度能为创业者和创新者提供稳定的产出预期，激发其投资热情，增强其创新动力。进一步完善我国民商法律体系和产权保护制度，尤其要建立完善的知识产权法律体系，加强执法监督，改善执法效果。

主要参考文献

Fatás, A., Mihov, I., 2009, The 4 I's of Economic Growth, *Working Paper. INSEAD.*

Gill, I., and Kharas, H., 2007, An East Asian Renaissance: Ideas for Economic Growth, World Bank Publications.

Maddison, A., 2003, *The World Economy: Historical Statistics*, OECD, Paris. Mitchell, B. R., 2007, *International Historical Statictics*, Sixth Edition, Palgrave MacMillan.

Rodrik, D., 2007, *One Economics, Many Recipes: Globalization, Institutions, and Economic Growth.* Princeton University Press. World Bank, 2010, *World Development Indicators*

陈昌盛 宣晓伟，2010，"'中等收入陷阱'国际经验的'一般规律抽象和总结'"，国务院发展研究中心背景研究报告。

陈健鹏，2010，"前苏联和东欧国家经济发展的经验教训"，国务院发展研究中心背景研究报告。

方晋，2010，"二战后快速增长经济体超越'中等收入陷阱'的国际经验"，国务院发展研究中心背景研究报告。

高世楫 卓贤，2010，"'中等收入陷阱'问题的提出和相关文献综述"，国务院发展研究中心背景研究报告。

刘世锦 许伟 刘培林，2010，"经济增速转折的时间窗口测算"，国务院发展研究中心背景研究报告。

刘云中 何建武，2010，"中国经济增长速度下滑对部分经济指标的影响"，国务院发展研究中心背景研究报告。

王晓明，2010a，"落入'中等收入陷阱'典型国家的教训和启示——拉美国家的案例"，国务院发展研究中心背景研究报告。

王晓明，2010b，"陷入'中等收入陷阱'典型国家的教训和启示——东南亚四国的案例"，国务院发展研究中心背景研究报告。

袁东明，2010，"欧洲后发达国家应对'中等收入陷阱'的主要经验"，国务院发展研究中心背景研究报告。

张军扩 侯永志，2010，"中国发展面临的挑战和跨越中等收入阶段的有利条件"，国务院发展研究中心背景研究报告。

张丽平，2010，"英、美在'中等收入陷阱'问题上的表现"，国务院发展研究中心背景研究报告。

第九章　增长路径和"中等收入陷阱"的理论诠释：论中国突破"陷阱"的路径与政策

张平　马岩[*]

内容提要： 中国2010年人均国民收入超过4000美元，在实际意义上进入中等收入国家的行列，这一阶段规模性收益仍处在递增阶段，增长机会很多。同时，在经历了2008年世界金融危机、2010年欧债危机的持续经济衰退、震荡期，未来世界经济仍处在一个持续"再平衡"的动荡时期。我国正处在一个跨越中等收入陷阱和世界经济格局经历重大变革的交叉点上，如何在这样一个复杂情况下保持我国经济在"十二五"期间经济平稳较快发展具有重要意义。这一时期我国处于发展与转型的时期，利用高增长积累下的实力，抓住体制和增长机制转变的有利时机，才可能成功超越中等收入陷阱，进入均衡经济增长。本文将在后危机时代的大背景下，结合我国"十二五"规划的重要战

---

[*] 张平，中国社会科学院经济研究所副所长，研究员，教授，博士生导师；马岩，国家统计局国际中心副处长，博士后，教授，硕士生导师。

略政策，从世界各国比较研究的角度根据典型化事实和经济增长理论推演，讨论如何吸收国际发展经验，根据中国的国情寻找突破中等收入陷阱的路径，制定正确的经济和社会政策，保障我国"十二五"期间经济平稳较快发展。

关键词：中等收入陷阱　均衡增长　结构变革

2006年世界银行在其《东亚经济发展报告》中明确提出"中等收入陷阱"这一词语，即"中等收入陷阱"是指，使各经济体赖以从低收入经济体成长为中等收入经济体的战略，对于它们向高收入经济体攀升是不能够重复使用的，进一步的经济增长被原有的增长机制锁定，人均国民收入难以突破10000美元的上限，一国很容易进入经济增长阶段的停滞徘徊期。从历史上看，很少有经济体，尤其是大国，能够顺利驾驭这一阶段将出现的复杂技术、社会和政治挑战。经验也表明，许多国家都能够以非常快的速度达到中等收入水平，但很少有国家能够超越中等收入而成为高等收入国家，从而落入中等收入陷阱。

世界银行每年都调整收入分组的标准，按照2011年最新的收入分组，人均国民收入小于1005美元为低收入国家，介于1006到12275美元之间属于中等收入国家。中等收入又分为两个层次，1006到3975美元之间为中低等收入国家，介于3976到12275美元为中高等收入国家。中国2010年人均GNI为4260美元，首次突破中下收入国家的上限，预计2011年人均GNI将超过5000美元，在这一区间中国经济有着继续大发展的机遇，同时也是转型的关键时期。中等收入陷阱问题看似还较远，但其对中国经济的挑战已在2008年以来经济增长减速过程中逐步显现，以中长期可持续发展的视野看待当前中国经济增长机制的转变，已经从现实的经济矛盾中提出来了。本质上看，不管是"中等收入陷阱"，还是新的发展战略，其核心问题是找到一个可均衡发展的路径和机制,保持经济社会稳定较高速度的增长。

第一节 中等收入发展阶段的典型化样本比较

中等收入陷阱假说来自于对各国发展经验的一些典型化事实进行归纳,按照世界银行 2011 年最新的分类,在世界银行监测的 216 个国家和地区中,高收入国家有 70 个,其中 OECD 国家有 31 个,非 OECD 国家有 39 个;低收入国家(重债穷国 HIPC)有 35 个;中等收入国家 110 个,包括上中等收入国家 54 个,下中等收入国家 56 个。本文设定了四个标准将处于和成功跨越中等收入陷阱的国家挑出:(1) 1980 年人口超过 1000 万以上的大国,不考虑人口在 1000 万以下的小国,因为不具有典型特征。(2) 在上世纪 80 年代之前就进入了中等收入水平,但至今(2010 年)人均 GNI 没有超过高收入国家最低 12275 美元的标准。虽然上中等收入国家平均在 1975 年进入中等收入水平,但考虑到尽可能多的样本选择,本文放宽该条件至 1980 年。(3) 在经济社会发展的过程中没有发生重大的政治制度和体制变化,例如欧洲区域一体化、东欧剧变等。(4) 经济发展严重依赖自然资源的国家不在考察范围,因为这些国家在经济发展模式方面不具有广泛可借鉴的现实意义。

按照前两条标准,在 54 个上中等收入国家中,有 12 个国家遇到了中等收入陷阱的挑战:阿尔及利亚(1976)、阿根廷(1964)、巴西(1976)、智利(1978)、哥伦比亚(1979)、伊朗(1974)、马来西亚(1977)、墨西哥(1974)、俄罗斯(1991)、南非(1973)、土耳其(1975)、委内瑞拉(1968)。这些国家在上述年份人均 GNI 都超过了 1000 美元,但至今仍未达到高收入国家的人均国民收入水平。在 56 个下中等收入国家中，只有叙利亚（1976）落入了中等收入陷阱。这些国家中，巴西、阿根廷、墨西哥在经济发展方面是具有综合实力的大国，经济发展部门相对较为均衡，而其他国家大都对石油或者矿产资源的依赖比较大，本文选取最早达到中等收入水平的阿根廷和经济规模最大的巴西作为具有典型性特征的国家。另外，考虑到马来西亚与我国同处亚太地区，从地域经济发展的角度也将马来西亚纳入研究对象。

在70个高收入国家里，其中39个非OECD国家大多属于人口不到1000万的小国，并且经济各部门发展不平衡。只有沙特阿拉伯人口在1981年超过1000万，但又严重依靠石油进口，所以不具有典型性。在31个OECD国家里，人口超过1000万并且在1960年后才进入中等收入国家的有：匈牙利（1974）、日本（1966）、韩国（1978）、波兰（1992）、西班牙（1968）5个国家，而其他的25个国家在1960年以前人均国民收入就已经超过1000美元了。而在这5个国家中，匈牙利和波兰不但经过了东欧剧变的政治体制变革，并且和西班牙一样，先后都加入了欧盟，成为欧洲区域一体化的受益者。所以具有借鉴意义成功跨越中等收入陷阱的国家只有日本和韩国。另外本文还选取了最发达的美国作为研究对象，进行比较研究（见图1）。图中两条虚线为中等收入国家的上限和下限，可以看出阿根廷、巴西、马来西亚基本处于同一收入水平，并长期处于中等收入陷阱之中；韩国成功跨越了中等收入陷阱，与美国和日本同为高收入国家；中国在摆脱了最低收入国家之后，目前正处于中等收入区间。

为了进一步进行深入量化研究，在上述四个标准的限定下，我们锁定了几个最为典型的中等收入陷阱国家。但是从更广泛的发展和地域角度出发，我们可以对中等收入陷阱国家的不同属性特征有一个更为全面的认识。世界银行的最新数据显示，低收入国家大部分集中在撒哈拉以南非洲和亚洲西南部地区，在35个

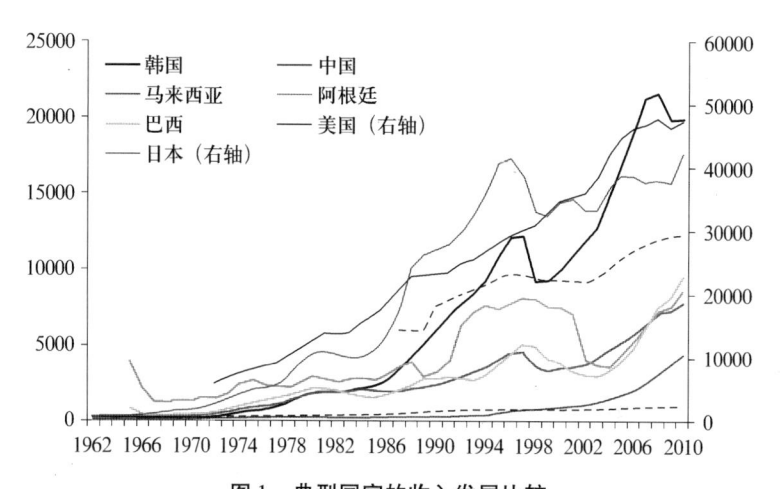

图1 典型国家的收入发展比较

注：根据世界银行数据库绘制，两条虚线是中等收入的上下限。

最穷的国家中，有25个位于撒哈拉以南非洲，9个位于亚洲，1个位于拉丁美洲和加勒比地区；中等收入国家大都分布在拉丁美洲和加勒比地区，欧洲和中亚，以及中东和北非地区；高收入国家是美国、西欧发达国家、澳洲以及中东产油国等。值得注意的是，一个国家属于高收入，中等收入还是低收入国家不是一成不变的，自从1989年以来，有16个经济体从发展中国家进入高收入国家的行列，而有4个高收入经济体从高收入国家沦为发展中国家。所以根据不同收入水平国家的地理分布和变化特点，我们选取了拉丁美洲、资源立国型国家和东亚等具有代表性的中等收入国家作为研究对象，可以对中等收入国家的发展特点有一个更全面的认识和更宏观的图景。

（一）成功突破中等收入陷阱的国家

国际上公认成功地实现从中等收入向高收入跃升的经济体主要是指日本和亚洲四小龙（中国香港、中国台湾、韩国和新加坡）。韩国在 1980 年时人均 GDP 是 1810 美元，到 1983 年时是 2050 美元，但 1995 年韩国人均 GDP 就已达到了 10770 美元。短短的 12 年后，就从 2000 美元左右超过了 10000 美元。也就是说，在当今世界，确实有少数国家，当政策、路线对了，在国民的努力下，是有可能在一个不长的时间里，从一个很低的中等收入国家到达高收入国家的。

（二）落入中等收入陷阱的国家

首先，拉美各经济体是典型的中等收入陷阱国家。拉美国家从 20 世纪 50 年代经济开始快速增长，到 70 年代末，大多数拉美国家人均 GDP 超过 1000 美元。然而在此之后，即从 80 年代起，由于片面追求经济增长，忽视经济增长和社会发展之间、城乡发展之间、地区发展之间、不同利益群体之间、经济增长同环境资源之间的诸种关系，从而在拉美国家出现了贫富悬殊、失业人口增多、城乡和地区差距拉大、生态环境恶化等一系列问题。尽管拉美国家随后进行的经济改革取得了一定的成效，逐步走出了"失去的 10 年"的困境，但就改革对增长的速度和质量、就业和收入分配所产生的影响而言，其实际效果要远远低于改革的预期目标和人们对改革所寄予的期望。

其次，东亚、东南亚以及东盟国家和地区正面临中等收入陷阱的挑战。自上世纪七八十年代始，东亚经济成为世界关注的焦点：先有亚洲"四小龙"（韩国、新加坡、中国台湾和中国香港），后有亚洲"四小虎"（马来西亚、泰国、印度尼西亚、菲律宾），该地区创造的持续高增长被称为工业革命后经济增长的奇迹。进入上世纪 90 年代，东亚地区的发展势头更加迅猛。据统计，自 1990 年到 2010 年，大多数东亚国家经济的年平均增长率接近或超过 5%。但是在东亚、东南亚以及东盟主要国家中，除了文莱依靠其丰富的石油资源和天然气资源早在 1989 年人均国民收入就突破 1 万美元，进入高收入国家之列，而越南、老挝、柬埔寨、缅甸目前还未达到中等收入国家水平，并且以未来增长潜力和趋势看，突破中等收入陷阱的压力正在不断加大。

最后，中东和俄罗斯等资源立国型国家属于经济增长模式过于单一的中等收入陷阱。以资源立国的经济体由于出口单一，虽然石油和天然气等自然资源使得这些国家摆脱了低收入国家的状态，或者大大提高了它们的实际收入，但由于这些经济体产业结构僵化，过于依赖自然资源，其他配套设施和行业发展缓慢，难以形成有效控制外部冲击的体制屏障，所以其发展的可持续性值得怀疑。如果处理不好整个经济协调和持续发展的关系，这些国家将面对中等收入陷阱的怪圈。

（三）中国正处于突破中等收入陷阱的关键阶段

中国2010年人均国民收入为4260美元，首次突破中下收入国家的上限3975美元，在实际意义上进入中上收入国家（3976~12275美元）的行列。中国作为大国有着广阔的发展空间，政府主导着资源的配置，经济增长仍处在规模收益递增的阶段，在其2001年人均超过1000美元，完成了"贫困陷阱"的超越后，面临着福利的弥补或赶超阶段，要特别重视这一阶段的发展和转型，拉美很多国家经过了上个世纪50年代到70年代的辉煌后，进入到了"失去的10年"，至今仍处在"中等收入"的停滞区间，发展比较缓慢，中国一定要以此为鉴，加快转变增长机制。政府在公共目标制定上要兼顾经济发展的阶段特性，保持福利支出的可持续性，以市场方式提高福利支出效率。总之，2010年我国在人均GDP超过4000美元后，成功跨越中等收入陷阱面临着许多挑战。

第二节 增长路径和"陷阱"的理论解释

从全球各经济体发展的路径看,有着很多的典型化陷阱,如马尔萨斯陷阱是讲实物的生产是以自然基数增长的,人口是以几何基数增长的,最后的结果必然是人口的增长超过实物的增长,以至于人均食品产量不能满足温饱,长期无积累,人们陷于贫困状态。马尔萨斯陷阱推出了更为广泛意义上的"贫困陷阱",即"你穷是因为你穷的贫困循环"均衡状态,世界银行将其定义为人均 GNI 低于 1000 美元的国家,依据中等收入发展的状况又归纳为了"中等收入陷阱",实际上"陷阱"的核心含义是指一国经济长期停滞的状态,找不到新的发展路径和机制。在关于经济发展理论和经验的讨论中,有关发展中国家摆脱贫困陷阱的文献很多,而对于一个国家如何突破中等收入发展阶段,向中高等收入阶段乃至高收入阶段跨越,系统性的研究不多,特别是国际主流研究几乎没有。中国的改革、开放与发展都是史无前例的,形成许多成功的经验,特别是我们国家正面对着可能出现的"中等收入陷阱"的威胁,中国经济学家对此进行了较多的研究,我们也试图归纳出发展路径的一些典型化事实和有关"陷阱"背后的要素性分析。

(一)经济发展路径的典型化事实

任何一个国家在发展过程中,都有过一个高速发展过程,规模收益递增,增长曲线是下凹的,呈现指数增长形态,发达国家这一时期称为工业化时期,后发国家称为赶超时期,但这一增长是不收敛的,先进的发达国家通过结构持续调整转向了均衡进入到了可持续。而后发国家赶超后如何收敛到均衡增长路径,就成为了当期"中等收入陷阱"讨论的对象了。

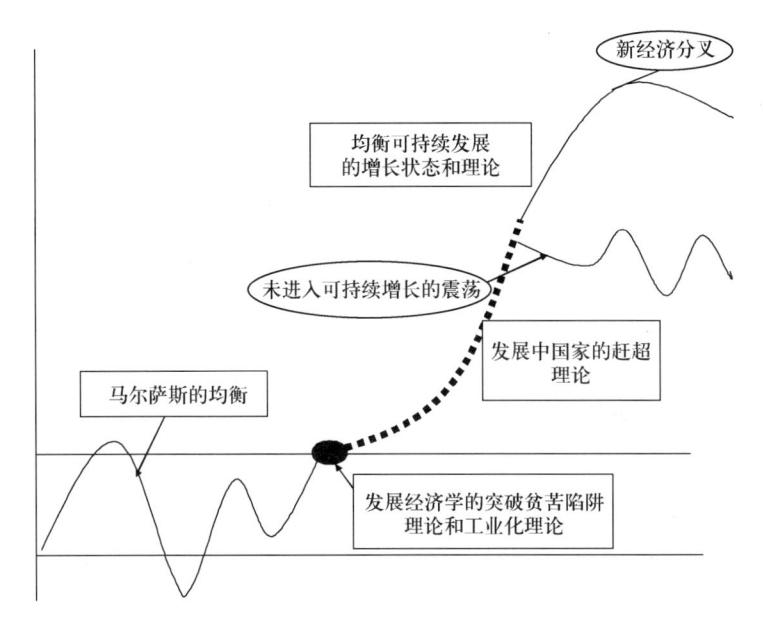

图 2　经济增长路径上的中等收入陷阱（张平绘制）

中国社会科学院经济研究所"中国经济增长与宏观稳定"课题组近年来对经济发展的事实和理论进行了梳理（张平等 2007、2010 年）。在总结发达国家、不发达国家及若干新兴经济体经济发展史并进行理论分析的基础上，课题组提出了一个贫困落后国家经济赶超中产出增长的变动规律，其结果用图形表示：纵轴为人均 GDP，横轴为时间，中间的曲线为产出线，大致呈 S 状。该曲线表明，一国长期的经济增长会出现不同阶段，产出增长有快有慢，对不同的增长阶段应该用不同产出理论来解释。我们将这些阶段分为"马尔萨斯均衡"、"工业革命理论"（或经济赶超）、"卡尔多典型事实下的经济增长理论"（即新古典理论所述的均衡增长）、"新经济分叉"（新增长理论的探索）；同时，针对有些国家经济赶超后"未能进入可持续"，经济长期徘徊的事实状态就是陷入"中等收入陷阱",这是一个增长路径上典型化事实。

(二)"中等收入陷阱"的理论解释

中等收入陷阱的本质是经济增长问题,国内的研究已经非常普遍了。国务院发展研究中心引入工业化来讨论"中等收入陷阱"的理论,认为"一国落入中等收入陷阱的实质就是工业化没能顺利完成"(刘世锦 2011),但这一理论没有明确定义工业化顺利完成的意义,无法衡量。但该论文引入了很多有益的理论解释,探讨了出口导向战略的重要性,特别是用"高墙"替代了"陷阱",集中分析了制度质量与经济增长的关系,提出了不是突破"中等收入陷阱",而是翻越"高收入之墙",认为"'高收入之墙'实质上是'制度质量之墙'",提出了"要翻越人均 GDP 水平 9000~13000 美元这高墙而进入高收入国家,就必须进行系统的改革,建立高质量的政治和经济制度"。

蔡昉(2011)把人口红利、刘易斯二元发展和"中等收入陷阱"统一在一个框架内进行研究。认为"中等收入陷阱"概念在现实与理论上都是有意义的。中国人口结构不太合理,人口红利和刘易斯拐点基本同时到达,中国的比较优势的"赶超效益"逐步消失,然而创新能力和结构调整均未完成,"我们面临中等收入陷阱,就在于说,我们未富先老,先老意味着我们劳动力不足,即将失去劳动密集型产业的优势。未富是说,我们人均 GDP 只有 4000 美元,我们的技术和资本的丰裕度不够,我们不能在新的领域立刻获得比较优势。因此旧的比较优势丧失,新的比较优势还没来,我们是典型处于比较优势真空状态",这是当前的最大挑战,新的出路在于提高全要素生率的贡献。蔡昉教授的研究将"中等收入陷阱"理论引入到了结构和要素分析的发展经济学规范中来,特别是将人口引入其中。

郑秉文教授 2011 年从拉美的典型化事实出发提出了中国跨越"中等收入陷阱"的"阶段驱动"理论,划分了四个阶段,

"市场驱动"、"要素驱动"、"效率驱动"和"创新驱动",并提出了中国当前正在从要素驱动转向效率驱动,提出了制度、政策和基础设施驱动的三要素原则。并结合拉美国家的经验教训,将"中等收入陷阱"理论拓展到了收入分配、福利,包括民主等社会和制度特征上。

中国社科院经济研究所经济增长与稳定课题组(2008)从可持续增长机制探讨了跨域"中等收入陷阱"的路径,引入了生产函数从赶超转向可持续增长的路径和机制特征,并提出了改变政府干预,缩减政府规模,推动公共政策目标和建设;反垄断和放松管制推动服务业发展;利用市场激励创新。而后用论著的方式系统地讨论了"转向均衡增长",集中论述跨越中等收入陷阱的路径、机制和政策选择。马岩教授(2007、2011)更是系统地论述了"中等收入陷阱"理论,提出了六要素理论,强调现代国际贸易、可控的国际资金流动、技术创新、城市化与工业化、收入分配差距以及政府发挥资源配置功能等六个方面的相互匹配。认为"随着经济发展的推进,中等收入陷阱的跨越条件构成了一个由平面六边形要素结构向交叉式网络框架要素结构演变的动态变化"。

(三) 中国跨越中等收入陷阱理论框架的创新

本文以中国社科院经济研究所经济增长与宏观稳定课题的"增长路径理论和机制"与马岩教授"六要素理论"为框架,进一步细致地分解影响跨越"中等收入陷阱"的影响因素,通过实证检验,将更清晰地梳理和表明中国经济遇到的最大问题在哪里。

经验表明,在中等收入的发展阶段上导致国家之间产生分化的因素很多,包括资源环境状况、改革与调整的进程、社会稳定程度以及国际市场的影响等等。通过上面的典型化事实分析和经济增长理论分析,我们提出了中等收入阶段能力发展逻辑模型,认为模型要素之间的互相匹配是影响中等收入国家发展模式的关键因素，尤其是通过做国际对比分析，希望能够为中国当前的经济增长提供有益的借鉴。

根据这一理论模型，我们将三个方面的指标进行如下划分，一是属于自然要素禀赋的基本三要素投入；二是属于全要素范围内，它体现在竞争力和制度因素企业创新、市场化水平、全球经济联系和政府管理效率；三是属于发展中国家特有的"结构性因素"的产业结构的现代化、需求结构的均衡、社会分配和能源环境约束。如果从经济增长的不同层面看，基本三要素投入和人力资本与企业创新处于经济社会的微观层面；增长方式变化、社会分配与能源和环境约束处于社会组织性的中观层面；市场化水平、全球经济联系和政府管理效率处于社会政治性、政策性的宏观层面①。

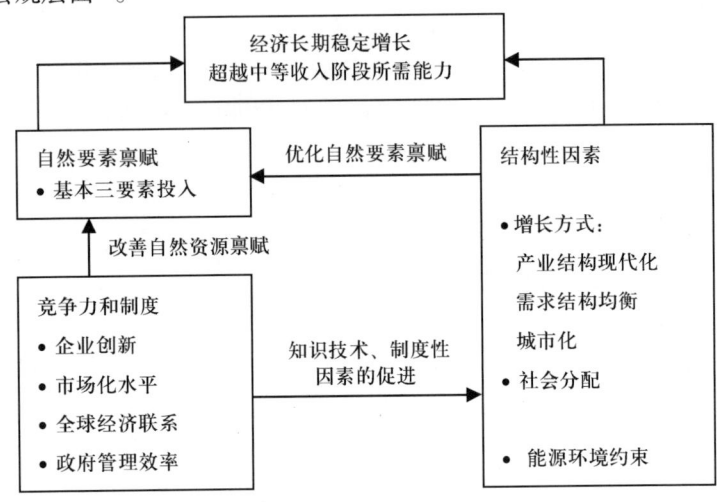

图3　中等收入阶段能力发展逻辑模型

---

① 蔡昉认为，中国已经进入了中等收入阶段，在"十二五"期间面临前所未有的发展挑战，要转向生产率驱动型的经济增长模式，政策选择上一要有利于增长方式转型，二要与当前阶段的资源禀赋特征相适应。

为了统计比较的口径具有可比性和一致性，本文在世界银行监测的指标体系中选取所需指标进行分析和筛选。世界银行对社会经济发展共进行了 17 个方面的监测，涵盖了 1240 个指标的数据，可以说对一国经济发展的各个方面进行了详尽的量化描述①。本文根据上述经济发展实践及理论，结合本文研究特点，选取如下与经济增长和中等收入陷阱有关的指标进行研究。在经济基础和上层建筑的范畴内，按照中等收入阶段能力发展逻辑模型分为 9 个类别和 15 个具体指标。自然要素禀赋包括基本三要素投入。资本、土地和劳动力是任何经济增长所必需的三要素，其中土地既具有资本的特征，又代表着基础设施建设的完善情况，所以本文将这三个指标表示为固定资本存量，空运货物总量（比铁路和公路里程数更能前瞻性地反应经济增长），劳动力总量。结构性因素包括：（1）增长方式变化。为了全面反映结构变迁，工业增加值占 GDP 比重，居民消费支出占 GDP 比重和城市化三个指标具有典型特征，尤其是城市化不但反映增长方式，供给和需求以及反映供需和产业的空间结构变化，同时还反映了人口流动，是一个综合指标。（2）融资来源。资金融通渠道代表着一国资本市场的发达程度，既是经济增长的推动力，又是合理调配社会资源的重要形式。（3）社会分配。经济社会财富和产出分配的平均程度是影响经济增长的具有二元特征的因素，本文采用广泛使用的基尼系数反映该趋势的变化。（4）能源环境约束。能源和环境约束是后危机时代的典型特征，节能减排是世界经济增长的共同要求，人均消费油当量和人均二氧化碳排放量是反映这一特征的重要指标。竞争力和制度包括：（1）人力资本与企业创新。科学技术创新和人力资本教育是经济发展的不竭动力，尤其是经济发展到一定阶段的必然选择，本文采用研发支

---

① 参见世界银行：http://data.worldbank.org/indicator/all

出存量和劳动力总数与平均受教育年限的乘积。(2)政府管理效率。有效的宏观经济调控有利于资源配置优化，发挥对经济增长的促进作用，本文采用政府消费支出占 GDP 比例这一指标对此进行衡量。(3)全球经济联系。开放是一国增长的关键因素之一。麦迪逊（1996）总结世界经济 200 年的发展历史后认为，从长期看，四大因素决定了人均产出的持续高增长[①]：技术进步、物质资本积累（技术进步蕴涵其中）、人力资本积累及开放。开放也是有很高代价的，因为正是外部冲击（特别是金融冲击）导致了亚洲金融危机和危机后的低速增长及宏微观结构的调整，对外依存度和外国直接投资占总资本的比重能够反映其中的变化。(4)市场化水平。市场化水平是一系列经济、社会、法律体制的反映，它涉及经济运行体制的许多方面。所以市场化水平是由多方面、多个指标所构成的指标。樊纲等[②]从政府与市场的关系、非国有经济的发展、产品市场的发育程度、要素市场的发育程度、市场中介组织发育和法律制度环境 5 个方面反映市场化的进展。我们在此将其扩展为涵盖上述 15 个具体指标的综合指数，因为每一个指标实际上都在不同层面和从不同角度，间接或直接地反映了一国经济市场化水平的程度。

第三节　影响"中等收入陷阱"因素实证与跨国比较

按照上述 15 个具体指标要素分析选择转型和发展的路径，

[①] 麦迪森，1996，《世界经济二百年回顾》，改革出版社；Angus Maddison, The World Economy: VOLUME1: A MILLENNIAL PERSPECTIVE; VOLUME2: HISTORICAL STATISTICS, OECD 2006 Publishing.

[②] 樊纲等：中国市场化进程对经济增长的贡献，《经济研究》，2011 年第 9 期。

要素之间的相互作用和在不同时期采取的匹配方式是成功实现中等收入陷阱跨越的必要条件。根据影响我国经济的正负效应和程度，将这15个要素分为四类，促进增长、制约增长，正面影响和负面影响。从我国过去三十多年的经济发展经验来看，固定资本形成和基础设施建设对我国经济增长起到了积极的促进作用；城市化和政府效率是我国经济增长的明显制约因素；具有积极正面影响因素是劳动力、工业增加值、银行信贷、居民消费支出、基尼系数、对外依存度、能源消费；负面影响因素包括研发支出、人力资本存量、外资存量、CO_2排放。更综合性的分析表明，我国市场化水平总体促进了经济增长，但仍然存在制约和负面影响因素。需要强调的是，这些因素对中国经济的作用是从过去40年的历史数据中分析得出的结论，对未来具有重要参考价值，但并不代表着我国未来经济发展的方向。

（一）中等收入陷阱要素的国际比较

要实现中等收入陷阱的超越，我们要客观分析经济增长各要素未来的发展趋势和如何转型，以及相互匹配情况，曾经阻碍我国经济增长的短板因素，经过合理的战略转型，不但会促进我国经济增长，并且会成为新的增长动力；曾经积极促进我国经济增长的因素，如果不及时进行发展战略的调整，将会构成经济增长的阻碍因素，所以跨越中等收入陷阱是一个不断完善和调整的动态过程。

依据上述分类进行一系列国际比较，从表1中我们可以看出：（1）基本要素投入，中国的劳动力优势非常明显，资本投入总量水平相当高，但按人均劳动力资本投入则远低于其他可比国家水平，我们的资本积累投入仍需要很大的努力；（2）结构化水平存在着一高两低，即工业化高，城市化低，消费水平低，同时分配水平低于拉美，高于东亚和发达国家，这符合我们的发展阶段，但这也正是我们能否转变的一个根本性所在，如果我国能通过发展城市化推动现代服务业的发展，我们就能够完成产业

表1 2010年典型国家的能力要素发展水平横向比较

框架体系	能力发展分类	能力发展指标	阿根廷	巴西	中国	马来西亚	日本	韩国	美国
自然要素禀赋	基本三要素投入	固定资本形成存量（亿美元）	3.4	6.8	31.8	1.2	67.6	8.7	100
		空运货物（千米吨）	2.6	7.9	7	78.7	54.7	133.1	100
		劳动力（亿人）	12.6	69	493.5	7.5	41.9	15.4	100
结构性因素	增长方式变化	工业增加值（% of GDP）	143.1	114.3	208.3	199.2	139.6	164.3	100
		居民消费支出（% of GDP）	83.2	94.3	54.1	72.2	89.6	79.2	100
		城市化率（% of total）	112.4	104.9	53.7	86.9	81.3	99.6	100
	融资来源	银行信贷（% of GDP）	10.4	45.8	56	45.9	155.5	43.3	100
	社会分配	基尼系数（%）	136.9	153.4	111.2	118.1	85.4	78.3	100
	能源和环境约束	能源消费（人均千克油当量）	24.4	16.1	21.5	35.1	50.8	64.6	100
		CO_2排放（人均吨）	21.4	9.8	30.2	38.4	50.6	54.8	100
竞争力和制度	人力资本与创新	研发支出存量（亿美元）	0.5	2.4	6.6	0.2	56.7	5.9	100
		人力资本存量（百万人年）	9.6	40	342.4	6.2	41.4	14.9	100
	全球经济联系	外资存量占总资本形成比重（%）	148.5	159.1	104.4	195	7.9	26.7	100
		对外依存度（%）	148.9	90.1	195.6	682.6	98.8	382.1	100
	政府管理效率	政府消费支出（% of GDP）	88.3	120.7	75.8	82	114.7	93.1	100

注：各指标以2010年美国为100标准化进行比较计算，表示与美国发展水平的差别。

结构的现代化,推动可持续发展。从我们当前服务业的情况看,令人担忧,我们的服务业劳动生产率水平远低于制造业,而不像发达国家服务业劳动生产率高于制造业,产业现代化过程已经完成。而我国、马来西亚、巴西、阿根挺等国家则是服务业劳动生产率普遍低于制造业,导致经济增长放慢,这也是落入"中等收入陷阱"国家的一个普遍现象(袁富华2011),中国产业结构能否现代化主要看服务业能否现代化发展,要实现服务业快速发展,其劳动生产率至少要与制造业生产率水平达到1:1的标准。这是现代服务业起飞的最低阈值,也是跨越中等收入陷阱的必要条件之一。(3)从竞争力和制度看,我们则更弱了,研发支出增长很快,占GDP的比重提高到了1.4%,但政府支出偏多,企业偏少,依据世界银行公布的物权保护指数我国相当于美国的25%,而印度相对美国则高达62.5%,我国政府支出水平上升快,但政府效率指标则相对美国仅为8.3%,相比而言,日本与美国基本持平,韩国已高达相当于美国83%的水平,尤其是在人力教育这种影响未来潜在增长的要素方面,水平差别很大。综上所述,中国当前的主要问题是在结构、制度、竞争力等构成全要素生产率的根本性能力上有很大的差距。

(二) 中国潜在增长率不同情形下的要素变化

经历了30年的要素驱动高速增长,中国经济不仅面临产业结构的转型,而且面临着分配格局的转型,总括起来就是经济发展进入由工业化引领向城市化带动的重要过渡期。在这个过渡期里,增长动力和增长目标的变化也将导致生产函数结构(弹性参数)的变化。面对这种状况,我们结合中国潜在增长研究,将经济增长阶段之于生产函数结构的影响进行了解析。潜在产出是对可达GDP水平的一种估计,此时经济资源处于充分利用状态,反映了生产能力的增长状况。潜在产出是对"最大可持续产出"的一种度量,当实际GDP大于或小于潜在产出时,经济将出现通货膨胀压力或资源闲置问题。按照阶段情景进行分析,潜在经济增长趋势是预测的重要手段,也为我们从经济长期增长趋势探索中等收入陷阱跨越问题提供了一个观察角度。我们运用生产函数对中国未来潜在增长率的变化进行分析表明:(1)该计算是基于生产函数计算的,其基本核算系数是资本产出弹性为0.6,劳动产出弹性系数为0.4;(2)弹性系数是可变的,随着人力资本的提高,现代服务业的发展和国家福利政策的引导,资本弹性系数不断下降,劳动弹性系数不断上升。欧美国家资本产出弹性一般低于0.4,劳动产出弹性高于0.6,这是结构均衡的必然;(3)能源和环境排放的影响是长期有效的,但是逐步下降的。我们从下表可以看出:(1)增长长期靠高的资本产出弹性和高速的资本积累推动的,但人口红利的消失,资本积累能力下降,产出弹性下降,支撑增长的动力不足;(2)2016年后,劳动力供给下降,直接降低了潜在劳动生产率;(3)如果没有外部需求冲击,则中国潜在增长率下降不会很快,以现有的增长速度,在2025年前突破,但即使如此仍需技术进步贡献从现在34%的水平提高到46%。(4)如果人口红利消失我们的潜在增长率受到外部冲击和结构升级的困扰,技术进步贡献不能有效提高,则中国经济增长很有可能长期放缓,值得我们进行进一步机制和政策的思考。

表2 中国潜在增长率变化测算

	潜在增长率	技术进步 (贡献率)	资本 (弹性系数)	劳动力 (弹性系数)	能源与环境
2010~2015	8.9	3 (0.34)	11 (0.60)	0.8 (0.40)	-1
2016~2020	6.9	2.8 (0.40)	10 (0.55)	-1 (0.45)	-1
2020~2030	5.6	2.6 (0.46)	8 (0.50)	-0.5 (0.50)	-0.8

资料来源:张平、王宏淼(2010);袁富华、张平(2011)

第四节 中国跨越的路径和政策

未来五年,将是中国发展实现历史性转折的关键时段。从经济层面看,中国经济将会面临来自国内外两方面的重大挑战。虽然"十二五"时期中国经济所面临的各种挑战并不简单,但只要我们坚持深化改革开放、制定正确的总体发展思路,加快转变经济发展方式,就完全可以有效化解这些矛盾,促进中国经济长期平稳较快发展与社会和谐稳定。

(一)跨越的路径——产业结构的现代化

中国当前产业结构调整的关键已经不是仅仅限于工业化过程了,而更重要的是产业结构的现代化,现代化的标志就是在提升工业化创新和竞争力的同时,大幅度提升现代服务业的比重,所谓现代服务业简单地就是指高于制造业劳动生产率的服务部门。产业结构的现代化是沿着按一、二、三产业演进的,是不断提高劳动生产率的过程。制造业劳动生产率快于农业,大量农业就业人口就会转入到制造业,劳动者可以在高效率部门获得更高的报酬,资本也会集中在高效率部门获得资本收益,产业随之变化。同样当服务消费需求增加,而且服务业效率超过了制造业,也会引起资源再配置,服务业特别是高劳动效率的现代服务业快速发展,服务业比重超过了制造业,经济越发达,现代服务业比重越高,这是符合消费需求和部门劳动效率变化机制的。

后发国家大多赶超来自于禀赋资源,如中国大量的剩余劳动力成为了中国制造业赶超的基础。2001年中国加入WTO后,我国经济成为了开放的经济体,逐步融入全球经济规则和经济发展中,在这样一个新的开放经济格局下,中国经济在分享全球发展的同时也会受到国际经济格局大调整的冲击,也给了中国产业升级和自我创新发展的机遇。国际货币基金组织特别分析了发达经济体与新兴市场经济体在过去 50 年中的 28 次顺差逆转的经历。通过大量的经验分析与案例研究发现：（1）经济增长会因再平衡而降低经济增长速度；（2）加快结构调整，贸易部门下降导致原有就业结构调整，贸易部门就业下降，非贸易（服务业）部门就业增长加快。（3）产业结构调整和技术创新加快。非贸易部门的份额明显提高，贸易部门与非贸易部门就业的重新配置，而中高技术份额显著提高，体现一国经济在全球分工价值链中地位的提升，再平衡往往能促进经济结构调整和创新。

对中国而言，这次全球金融危机、欧债危机引起的全球经济再平衡要比以往来得更为深刻，并会持续多年，从国际经验看经济转型是根本，发展现代服务业和技术创新是实体经济发展新空间和动力方向。1870 年以来，美国的第三产业劳动生产率一直高于第二产业，服务业发展沿着提高效率的路径演进，到 1920 年代服务业成为最高比重。从发达国家和发展中国家产业演进的历史比较看，我们标准化第二产业劳动生产率为 1，对比了发达国家和发展中国家的服务业的劳动生产率计算发现：发达国家发展过程中第三产业劳动生产率一般高于或接近于第二产业；而发展中国家的第三产业劳动生产率普遍低于第二产业，正好与发达国家相反。很多发展中国家第三产业在发展规模已经很大了，超过了 60%，但是劳动生产率却低于第二产业，导致这些后发经济经常被一个效率低下的第三产业包围了，经济陷入低增长怪圈，这也可能是"中等收入陷阱"的一个重要原因。产业升级关键是提升产业劳动生产率，提升产业劳动效率才能完成产业升级，并带动经济高质量增长。

中国人均 GDP 水平已经跃进到中高收入水平阶段，消费升级已经强烈地发出了提升消费品质和加大消费服务供给的信号，当前"看病难"、"上学难"、"行车难"等直接是消费服务需求得不到满足的信号。从中国消费服务需求看，这些需求直指现代服务业，如教育、医疗、金融、交通、电信及信息服务、文化产业、公共基础设施供水、电、排污等的服务，这些服务部门成为产业需求的新方向。然而这些部门不是垄断，就是行政化管制，大量社会资源难以进入这些中国消费升级最短缺的现代服务业领域。中国发展服务业似乎仅是发展传统低效的服务业，如餐饮等，劳动效率相对较低，很多是自我雇用，这些部门对于短期解决就业固然有意义，但由于劳动生产率低下，很容易受到房地产租金、经济波动的打击，难以规模化发展，这在其他后发国家已经有过相当的经验教训了。只有现代服务业的高劳动生产率和规模化扩展的能力超过制造业，提升现代服务业的比重，满足国内消费升级和服务业的全球化竞争，才能为中国产业升级寻找到新方向。

同样，制造业的技术创新和劳动生产率的提升是中国实体经济发展的最为重要的领域。中国完成了大规模制造的发展，正逐步转向创造。技术创新需要更多体制激励、市场激励，而不是政府直接干预。当前全球制造业的技术创新、设备更新都与政府标准牵引相关，如节能减排标准就会推动设备的更新改造，建筑材料的改进等，要重视政府在技术创新上的管制和激励性制度设计，建立更为严格的管制标准，强化企业技术设备升级，淘汰落后产能，再通过减税、上市等市场方式激励中国从制造转向创造。

从未来发展的路径看，全球创新趋势一是提升全球服务业的可贸易比重，全球化进程的不断深化，服务业的可贸易比重不断提高，特别是信息技术的兴起、普及和应用，服务业可贸易规模成为了全球贸易的新推动引擎，外包、远程服务、知识产权传递等，全球服务可贸易比重会从现在的不足20%，快速提升到40%，而美国是这一趋势的主导者。中国服务业最大的问题是现代服务业处于全面管制和垄断，极大地阻碍了中国现代服务业的发展，必须放松管制、消除垄断才能提升中国现代服务业，才能有效地抵制未来的国际竞争。二是绿色更新周期。绿色更新周期是指绿色消费和低碳技术推动的全球设备和居住的更新改造周期，设备低碳改造周期预计 10 年，居住绿色消费更新则可长达 20 年以上。绿色更新周期对制造业提出新要求，当前欧洲是主导者。2005 年欧盟委员会推出"里斯本战略"，明确了欧盟经济增长方式的未来新趋向：创新工业和科技体系、大力发展低能耗、高附加值、高产出的战略性新兴产业，推动绿色、低碳、环保产业作为新的经济增长点。2011 年 3 月在"欧洲 2020 战略"中，决定把发展低碳经济作为未来十年的战略重点。欧洲委员会发布的《欧洲：2050 低碳经济路线图》以倒推的形式分析了完成上述转变所需要的能源计划。与服务业不同，低碳经济发展与我国原有的制造业工业基础可以实现较好对接，已经受到了国内政策的高度关注，中国国家"十二五"规划中大篇幅的节能减排和传统产业改造计划是符合绿色更新周期的，中国在这方面应该起到引领性作用。三是新兴经济体消费结构升级带动的传统制造业升级改造。随着整个新兴经济体 GDP 的快速增长，一个富裕的中间阶层逐步在全球形成。居民消费将由数量消费全面过渡到质量消费阶段，增加消费的选择和质量替代都会推动产业结构的升级和技术更新换代。

国内一方面要谨慎应对经济波动，但更重要的是积极进行结构改革，促进增长迎接新的全球发展新机遇。第一是结构性减税，迅速总结上海试点经验在全国范围内将增值税扩围到现代服务业中，促进现代服务业的发展；推动创新和低碳更新的抵税政策，加速中国制造业的创新和升级；第二是放松管制，让社会资源加快进入管制和垄断的现代服务业，推进中国服务业的竞争力；第三是尽快推动国内低碳技术研究和应用，加大低碳最终消费补贴激励,强制推进节能减排,淘汰落后产能,积极参与相关国际碳标准的制定,在全球低碳经济舞台上拥有主导权;第四是强化食品安全、产品质量的标准制定和管制,推动中国产业升级;第五是抑制房地产泡沫应是长期的战略选择,通过完善金融制度建设,有效地服务于发展实体经济。努力建立"鼓励脚踏实地、勤劳创业、实业致富"的社会经济体制机制。

(二) 可持续发展的机制——转变政府职能

政府行为目标、职能和财政激励方式的转变是可持续经济增长机制形成的关键。可持续增长机制转型形成的条件包括:(1) 政府的公共支出不能超过经济发展的程度,即政府在城市化阶段努力提高居民的福利时,须在中国经济发展的限度内提高公共支出。(2) 缩减政府规模,减少政府的扭曲干预,缩减规模,政府是超能力的主题,其规模扩张和扩大政府干预的范围是可以自我实现的,降低他们对公共资源的占用,解决当前存在的政府行政资源占用过多、行政费用增长过快和相应行政配置资源权力过大的问题,将财政支出中的经济建设支出和行政费用,以及借债性的生产性支出压下来。建立必要制衡机制,规范和抑制政府的自我扩张性,缩减政府规模,减低政府干预导致扭曲,因为这类扭曲会抑制产业结构的现代化,负激励企业的创新,让市场直接激励企业是创新的根本。(3) 减税。政府采取减税措施增加激励是重要的,特别是要加快现代服务业减税的试点扩大工作,并加大创新、研发和培训等的抵扣税收的力度,促进企业创新发展。(4) 继续推进国有企业的战略性调整,强化国企的预算约束和完善财政上缴等配套制度,用法律措施来促进市场竞争公平,让市场发挥配置资源的作用。

(三) 跨越的内外环境格局——外部与资源约束的冲击

从近 300 年工业化国家的发展历程看,没有一个国家不是通过国际贸易做大做强的,中国也不会例外,现在需要的是如何用创新思维来打开外贸新格局：一是如何引导国内过剩产能向外转移，二是如何参与对外部资源和市场的有效利用，三是如何在各大要素市场上充当有相应话语权的参与者角色。

"十二五"期间，中国经济发展面临的资源压力会进一步加大，因为发展基数已经较高，要继续保持较高的增长速度，对资源的需求也会同步提高。环境问题也是中国发展的一大"瓶颈"。未来五年，中国仍将处于工业化和城市化高速发展期，环境压力将来自多个方面。作为"世界工厂"的中国，它在未来的制造业特点不会消失，因此由生产环节造成的环境压力很难得到减缓。改革开放以来，中国经济航船一路高歌猛进。但无法回避的是，为实现这一发展，我国付出了很大的资源能源消耗。以"十五"末期为例，我国单位GDP能耗约为世界平均水平的5倍。除资源能源的过量消耗外，粗放的发展方式还对生态环境造成巨大破坏。"十一五"规划纲要把建设资源节约型、环境友好型社会作为重大战略任务，并将单位GDP能耗降低20%左右和主要污染物排放总量减少10%作为约束性的硬指标。面对机遇，我国应当实施积极的能源战略，通过建立健全技术引领机制、结构调整机制、政策激励机制、市场诱导机制及社会配套机制等，提高能源利用效率，在切实保障我国能源安全的同时推动经济发展模式转型，实现经济可持续发展。

目前已经取得了显著成绩，但与目标还有差距。确保实现"十二五"提出的节能减排新目标，确保实现2020年单位国内生产总值二氧化碳减排40%~45%的目标；要加快构建节约能源资源、保护生态环境的技术支撑体系，为建设资源节约型、环境友好型社会提供坚实的科技支撑。世界各国要走可持续发展道路，建设资源节约型、环境友好型社会是共同的方向，这一点对于中国显得尤其重要和紧迫。

(四)跨越的社会效应——利益共享

我国收入分配和居民消费格局存在五个方面的问题:一是报酬比重低。我国职工工资的上涨幅度,大大低于劳动生产率的增长幅度。我国居民收入和劳动报酬比重低,而且呈现下降的趋势。我国过去10年间财政收入年均增长超过20%,GDP增长10%左右,但城乡居民收入只增长了6%~8%,出现政府在分配中得"大头",居民收入占"小头"的失衡格局。同时,资本所得也高于劳动所得。二是收入差距大。我国城乡之间、行业之间、阶层之间、地区之间的收入差距非常大,据统计,我国城乡之间收入比达3.3倍,最高收入行业与最低行业的收入差距扩大到15倍。我国基尼系数接近0.5,全国收入最高10%人群和最低10%的收入差距达到23倍之多。在地区收入方面,人均GDP最高的地区与最低之比达13倍。三是薪外附加重。目前搭载在工资上计提的"五险一金"等缴费项目有20多项,企业负担太多太重,客观上挤占了企业为员工加薪的空间。同样,工资被扣除一部分缴纳到各项基金中,员工实际到手的现金减少。四是居民生活成本不断攀升。当前我国教育、医疗和社保三项支出占政府支出的比重只有29.2%,比同等发展水平的国家低20个百分点以上。居民生活成本过高,特别是高房价使城市居民生活成本有难以承受之重。五是未来预期忧。老百姓对未来消费有后顾之忧,上学难、看病贵、住房难、养老负担重等问题成为阻碍居民消费的障碍,影响居民的消费预期。

收入分配领域和垄断行业的改革,以及政府职能的转变,都能为"十二五"经济发展释放更大的空间,创造更好的环境。要更好地发挥税收调节收入分配的作用,增强居民消费能力;通过垄断行业改革,进一步扩大市场准入激发民间投资;通过行政体制改革,为企业发展和居民创业创造良好的环境。如何克服上述众要素的相互作用是摆在我国经济面前的现实选择:一是要从追求高速经济增长到追求共享式增长。因为仅有的单一高速增长是不可持续的，如果在增长的过程中，收入分配、社会公正各方面都可以兼顾到，这个增长既能高速，又能够长期可持续；二是要抓住和谐社会建设，从关注二次分配转移到关注一次分配中来。从其他国家发展好的经验来看，过多地注重二次分配还不如把精力放在一次分配上。把国民收入在劳动者、企业和政府的分配机制设计好；三是必须推进金融与资本市场的深化和多元化，核心部分就是转换政府的角色，政府去关心创造足够的体面就业的机会，而不仅仅是就业，并且要有一定的不断增加的收入；四是一些国家之所以没有跳出中等收入的陷阱，是因为过早过快地构建一套成本非常高的社会福利体系。在当前，我国在构建和谐社会的过程中，一定要防止陷入这种福利社会的陷阱。

主要参考文献

蔡昉（2011）"未富先老与中等收入陷阱"，新浪网，2011，11，30日；

刘世锦等（2011）《陷阱还是高墙：中国面临真实的挑战和战略选择》，中信出版社；

刘霞辉，2003，《论中国经济的长期增长》，《经济研究》，年度第5期

麦迪森，1996，《世界经济二百年回顾》，改革出版社.

马岩：1）我国面对中等收入陷阱的挑战及对策，《经济学动态》，2009年第7期；

2）《中等收入陷阱的挑战及对策：中国经济增长方式的国际视角》，中国经济出版社，2011年9月

世界银行：1）2003，《东亚奇迹的反思》（中译本），中国人民大学出版社.

2）2008，《东亚复兴》（中译本），中信出版社.

3）世界银行《世界经济发展指标》关于历年人均GNI标准的计算.

张平等：1）2007《中国经济增长前沿》，中国社科文献出版社

2）2010《中国经济增长前沿II》，中国社会科学出版社

郑秉文，2011"中等收入陷阱"与中国发展道路——基于国际经验教训的视角"，中国人口科学2011年1期

Angus Maddison, The World Economy: VOLUME1: A MILLENNIAL PERSPECTIVE; VOLUME2: HISTORICAL STATISTICS, OECD 2006 Publishing.

Barry Eichengreen, Donghyun Park and Kwanho Shin, 'When Fast Growing Economies Slow Down: International Evidence and Implications For China', NBER Working Paper 16919, NBER, March 2011.

Samuel Otoo, Natalia Agapitova and Joy Behrens, 'The Capacity Development Results Framework', WORLD BANK INSTITUTE, June, 2009

第十章 中国的三次历史性跨越与未来 10 年应对"中等收入陷阱" 10 大诱因：拉美与国际经验教训的角度

郑秉文[*]

内容提要：按照世界银行最新调整的标准，2010 年中国人均 GDP 超过 4200 美元，标志着正式跨上"上中等收入"新台阶，这是继 2001 年从"低收入"进入"下中等收入"行列之后的第二次历史性跨越。本文对东亚和欧洲一些经济体成功跨越"中等收入陷阱"的时点进行了比较之后，对中国 1978 年改革开放以来的经济成长及其特征划分为四个阶段：1978～2001 年

---

[*] 郑秉文，中国社会科学院拉美所所长，中国社会科学院世界社保研究中心主任。该文的前半部分 2 万字曾以《"中等收入陷阱"与中国发展道路》为题发表在《中国人口科学》杂志 2011 年第 1 期第 2–15 页。本文使用的数据基本来自世界银行的网站，但此次更新时发现很多数据已经做了调整，与 2011 年发表的上文存在出入，例如，越南有望于 2010 年超过人均 GDP1000 美元，但此次发现世界银行做了较大调整，2008 年就超过了 1000 美元，为人均 1070 美元，2009 年是 1130 美元，2010 年是 1224 美元。因此，读者会发现很多国家的数据与 2011 年发表的上文不尽一致，这里作者特此说明。

是"低收入"阶段（低于人均 GDP1000 美元），这个阶段可被称之为"市场驱动"阶段；2002~2010 年是"下中等收入"阶段（人均 GDP1000－4200 美元），这个阶段是"要素驱动"阶段；2011 年至"十四五"规划（大约 2020~2024 年区间）是"上中等收入"阶段（人均 GDP4200－12300 美元），这是"效率驱动"阶段；"十四五"规划之后为"高收入"阶段（人均 GDP12300 美元以上），这是"创新驱动"阶段。作者对目前中国刚刚进入的"上中等收入阶段"的增长驱动力做了分析之后认为，在这个"效率驱动"阶段，必须提高生产率即投入产出比，在涉及效率的三个关键要素中，"基础设施"表现较好，而"制度"和"政策"则存在较多问题，这些问题可归纳为 10 个挑战，这些挑战足以构成掉进"中等收入陷阱"的重要诱因，即"转型陷阱"、"拉美陷阱"、"福利陷阱"、"城市化陷阱"、"泡沫经济陷阱"、"老龄化陷阱"、"金融陷阱"、"美元陷阱"、"捧杀陷阱"、"民粹主义陷阱"。文章认为，国际经验教训显示，中国在从"上中等收入"向"高收入"阶段穿越过程中即从"效率驱动"向"创新驱动"转型过程中，需时刻警惕和克服上述 10 个诱因，以便实现继 2001 年和 2010 年的两次飞跃之后的第三次飞跃，顺利进入"高收入"国家行列，为世界经济做出较大贡献。

关键词：中等收入陷阱　经济增长　中国模式　中国道路　竞争力

两年前的 2010 年是中国改革开放以来具有重要意义的一年：这一年，中国人均 GDP 终于走出"下中等收入"组，进入"上中等收入"组。这是一个具有里程碑意义的重要历史节点，它标志着中国现代化进程从此进入了一个崭新阶段，经济发展水平迈上了一个更高台阶，社会进步实现了一个新的飞跃；同时也意味着，30 多年来中国改革开放取得了举世瞩目的伟大成就，未来十几年将面临一些新的严峻挑战。

第一节 "中等收入陷阱"的经验分析：国际比较的角度

（一）"中等收入陷阱"概念界析

世界银行将世界各经济体按年人均国民总收入（GNI）划分为四组，即低收入、下中等收入（偏下中等收入）、上中等收入（偏上中等收入）、高收入，并每年公布新调整的标准。根据2011年7月的最新调整①，低收入的标准为年人均国民总收入1005美元及以下，下中等收入为1006-3975美元，上中等收入为3976-12275美元，高收入为12276美元及以上。其中，"下中等收入"和"上中等收入"合计统称为"中等收入"。

"中等收入陷阱"（middle income trap）这个概念是由世界银行于2006年首次提出并使用，是指"使各经济体赖以从低收入经济体成长为中等收入经济体的战略，对于它们向高收入经济体攀升是不能够重复使用的，进一步的经济增长被原有的增长机制锁定，人均国民总收入难以突破10000美元的上限，一国很容易进入经济增长阶段的停滞徘徊期"②。

2007年4月，世界银行在其发表的题为《金融危机10年之后——东亚城市边缘可持续发展特别专号》的《东亚太平洋

---

① 引自http：//data.worldbank.org/about/country-classifications
② 转引自马岩：《我国面对中等收入陷阱的挑战及对策》，载《经济学动态》，2009年第7期，第42页。

中，对东亚金融危机10年后的经济形势做了全面总结①。报告认为,东亚经济形势从总体上看,比以往更加富有了,贫困人口减少了,在全球中发挥的作用更大了。尤其是在中国强劲增长的带动下,正在崛起的东亚地区的总产出已达5万亿美元,比1997~1998东亚金融危机之前翻了一番,人均实际收入提高了75%,每天低于2美元的贫困率从50%下降到今天的29%。该报告指出,东亚地区将要面对"中等收入陷阱"的风险:"当越南最早将于2010年达到中等收入水平之后,东亚10个国家中就有9个都生活在中等收入水平以上。但是,当这个地区在欢呼其经济复苏时,新的挑战将不期而至,如处理不当,将会降低或影响增长,届时,这些经济体会发现他们正身陷'中等收入陷阱'并向高收入水平的挣扎之中。历史显示,很多经济体可以很快达到中等收入水平,但很少能够走出来,因为必要的政策改革和制度变迁更为复杂,在技术、政治和社会等领域面临的挑战更为严峻。"

经过全球金融危机的洗礼,2010年11月,世界银行在其出版的东亚与太平洋地区经济半年报《复苏强劲,风险上升》中②,对后危机时代东亚地区面临的结构性改革的紧迫性再次做了论述,认为"此次全球金融危机致使形势更为明朗,那就是,东亚中等收入国家急需结构性改革,加速转型,从拥挤的中等工业发展经济体中脱颖而出,作为高收入经济体而崛起。但这不是一件容易的事情。"紧接着,该报告对"中等收入陷阱"的含义进一步做出如下阐述:"几十年来,拉美和中东的很多经济体深

---

① 以下资料引自 World Bank, 10 Years After the Crisis-Special Focus: Sustainable Development in East Asia's Urban Fringe, in *East Asia & Pacific Update*, East Asia and Pacific Region, The Word Bank, April 2007, p. 3.

② The World Bank, Robust Recovery, Rising Risks, World Bank East Asia and Pacific Economic Update 2010, Volume 2. Washington, DC. November 2010, p. 27.

陷'中等收入陷阱'而不能自拔；面对不断上升的工资成本，这些国家作为商品生产者始终挣扎在大规模和低成本的生产性竞争之中，不能提升价值链和开拓以知识创新产品和服务为主的高成长市场"。

综上所述，"中等收入陷阱"是指一些发展中国家在成功走出"低水平均衡陷阱"（即"贫困陷阱"，一般指人均 GDP 不到 1000 美元）之后，虽然进入中等收入行列，但却很少有国家能够顺利进入高收入行列，长期徘徊在中等收入区间，他们或是陷入增长与回落的循环之中，或是较长期陷入增长十分缓慢甚至停滞的状态。

(二)"中等收入陷阱"案例比较

在世界银行的划分中，目前高收入组有 70 个经济体[1]，其中非 OECD 成员国 2010 年人均 GDP24452 美元[2]，OECD 成员国中的高收入国家 39521 美元，OECD 成员国人均 34630 美元。

中等收入组 2010 年人均 GDP 是 3992 美元，而 1960 年仅为 159 美元；其中，下中等收入组 1960 年人均 GDP 为 96 美元，到 2010 年提高到 1750 美元；上中等收入组 2010 年人均 GDP 为 6245 美元，而 1960 年是 340 美元。

低收入组 2010 年人均 GDP 是 523 美元，1960 年是 105 美元。

综上所述，在世界银行统计的 215 个经济体中，低收入国家

---

[1] 本文以下使用的资料数据，凡是没有给出出处的，均引自 http://data.worldbank.org/indicator/

[2] 本文一般用 GDP 的概念以替代 GNI（国民总收入）。国民总收入（GNI）等于 GDP 加上来自国外的要素收入再减去对国外的要素支出，即 GNI＝GDP＋（国外的要素收入－国外的要素支出）；人均国民总收入是指国民总收入除以年均人口，即人均 GNI 与人均 GDP 大致相当。例如，2008 年智利人均 GNI 为 10084 美元，而人均 GDP 是 10167 美元；出于获取数据资料便利和国内表达习惯等方面的考虑，本文在衡量收入水平时使用人均 GDP 替代人均 GNI。

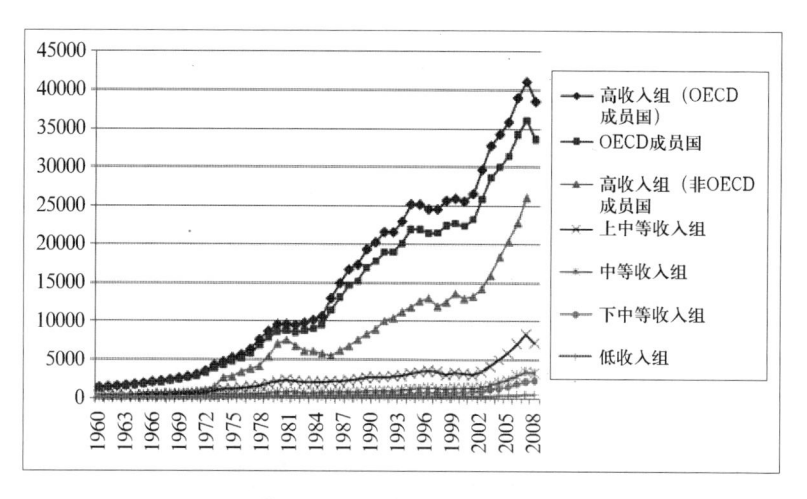

图 1　不同收入组 GDP 增长变化（时价，亿美元）

资料来源：http://data.worldbank.org/indicator/

35个，下中等收入国家56个，上中等收入国家54个，高收入国家70个。由此看来，中等收入（下中等收入与上中等收入国家合计）国家占51%。近年来，一些长期徘徊在低收入阶段的发展中国家成功进入下中等收入行列。例如，2007年非洲地区成功突破1000美元大关，人均GDP达1113美元，跻身下中等收入国家，2008年上升到1244美元，虽然2009年滑落到1145美元，但2010年又回升至1302美元。南亚地区人均GDP始终低于1000美元，2009年首次达到1091美元，成为下中等收入国家，2010年为1323美元。

上中等收入组主要分布在四个地区，即欧洲与中亚的发展中国家、东亚与太平洋发展中国家、中东与北非一些国家、拉丁美洲与加勒比地区（下简称"拉美"）[①]。其中，"欧洲与中亚"主要为转型经济体，其市场经济体制确立的时间较短，但近年来发展较快，人均GDP从1989年的2278美元提高到2010年的7551美元。俄罗斯是典型的资源立国的个案，虽然近年来发展十分迅速，但波动幅度很大：2005年人均GDP为5337美元，2008年曾一度冲到11700美元，翻了一番还多，2009年又大幅回落到8614美元，2010年回升至10440美元。此外，中东与北非发展中国家2009年人均GDP为3280美元。

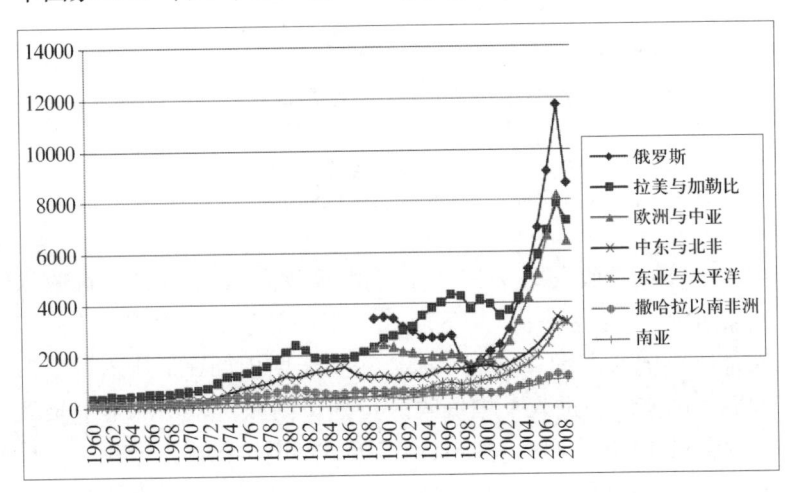

图2 低收入和中等收入经济体分布与GDP增长变化（时价，亿美元）
资料来源：http://data.worldbank.org/indicator/

亚洲经济发展水平整体较低，进入中等收入行列的时间较晚；马来西亚和叙利亚分别于1977和1978年进入中等收入国家，2010年人均GDP分别为8372和2893美元；泰国1988年达

---

① World Bank, Robust Recovery, Rising Risks, in *World Bank East Asia and Pacific Economic Update 2010*, Volume 2. Washington, DC. November 2010, pp. 23–47.

到 1119 美元，2010 年人均 GDP 为 4608 美元；印尼、蒙古、菲律宾刚刚进入中等收入门槛只有几年时间，2010 年人均 GDP 仅为 2946、2250 和 2140 美元；最晚的是印度，于 2007 年刚刚达标为 1104 美元，2010 年人均 GDP 是 1475 美元。越南于 2008 年进入下中等国家，2010 年为人均 GDP1224 美元。值得一提的是，老挝于 2010 年首次进入下中等收入国家（1177 美元），而柬埔寨仅为 795 美元，还需在低收入水平徘徊若干年才有望踏进中等收入的门槛。

亚洲中等收入国家经济增长显示出不稳定的特点。例如，叙利亚 1978 年进入中等收入国家，但 1987～2000 年又回落到 1000 美元以下长达 13 年之久；蒙古于 1990～2006 滑落到低收入"贫困陷阱"达 16 年时间。

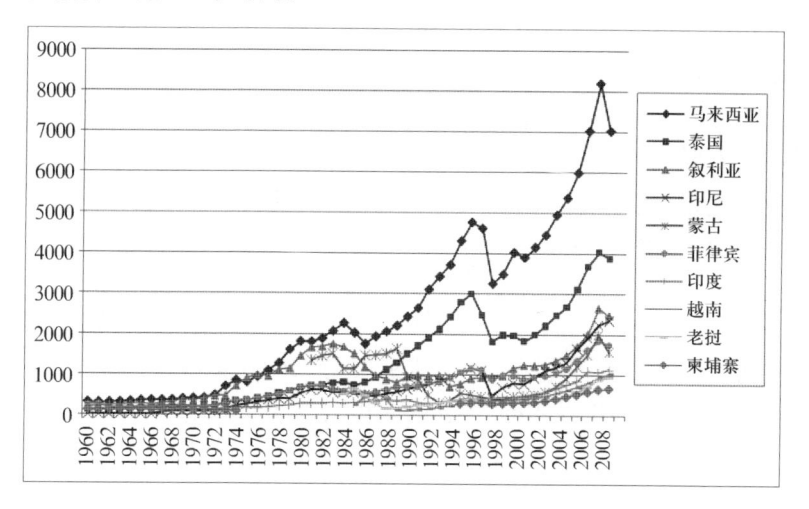

图 3　亚洲中等收入国家 GDP 增长变化（时价，亿美元）
资料来源：http://data.worldbank.org/indicator/

毫无疑问，拉美是中等收入国家最为集中的地区。在拉美

33个经济体中，低收入国家只有一个即海地（2010年为671美元），高收入国家是3个，即巴哈马（2010年是21985美元）、巴巴多斯（15035美元）和特立尼达与多巴哥（15359美元）；其余29个国家中，有27个为中等收入国家，其中，下中等收入是8个，上中等收入是19个。还有两个国家，他们分别于2010年和2011年进入高收入国家行列，他们是智利和乌拉圭。

2010年是南美大陆突破"中等收入陷阱"的元年，智利率先达到人均GDP12431美元，进入富国俱乐部，2011年攀升至13970美元；紧接着，2011年乌拉圭达标，成为南美大陆第二个进入高收入的国家（2010年为11995美元，2011年为14671美元）①。

拉美之所以经常被提及并作为"中等收入陷阱"的主要案例国家，除中等收入国家占82%以外，还有一个重要原因，即某些拉美国家早在20世纪60年代末和70年代初就已进入下中等收入水平。有些国家较长时期滞留在下中等收入阶段而难以自拔，有些则较快走出下中等收入阶段，但却在上中等收入阶段徘徊。这里以刚刚成功摆脱中等收入陷阱的智利和乌拉圭为例，智利于1971年人均GDP达1097美元，乌拉圭1973年就达1405美元，他们分别在中等收入阶段滞留了40年和38年。墨西哥1974年（1255美元）和巴西1975年（1144美元）也分别达到中等收入水平，2010年分别是9123和10710美元；哥伦比亚1979年人均GDP达1063美元，2010年为6225美元。阿根廷是

---

① 截止到完稿时，世界银行没有公布2011年的数据。本文这里使用的2011年数据引自IMF的预测数据。引自IMF，World Economic Outlook Database，September 2011。关于智利的论述，参见郑秉文、齐传钧：《智利：即将走出"中等收入陷阱"的首个南美国家——还政于民20年及其启示》，载《拉美黄皮书：拉丁美洲和加勒比发展报告2010~2011》（特别报告），社会科学文献出版社，2011年4月20日出版，第01-41页。

中等收入资格最老的国家，早在 1962 年人均 GDP 就达 1145 美元，但 2010 年仅为 9124 美元；根据国际货币基金（IMF）的预测，阿根廷大约在 2015 年左右才能达到进入[①]，届时，阿根廷将在中等收入阶段超过半个世纪即 53 年。

截至 2011 年，拉美地区上述国家在"中等收入陷阱"平均滞留时间为 37 年，其中墨西哥至今已有 37 年，巴西 36 年，哥伦比亚 32 年，曾富甲一方的阿根廷达 50 年，几乎为全球之最。

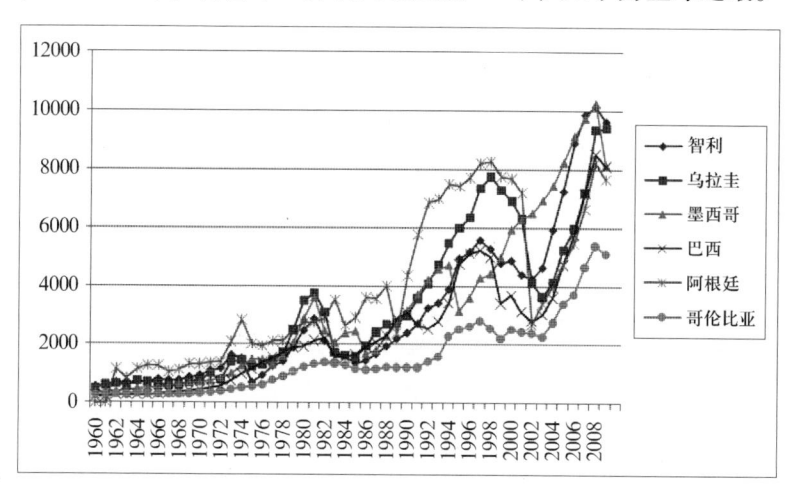

图 4　拉美落入"中等收入陷阱"五国 GDP 增长变化（时价，亿美元）
资料来源：http：//data.worldbank.org/indicator/

自 19 世纪中叶第一次工业革命至今两个半世纪以来，全球 200 多个经济体中只有 70 个成为高收入国家，绝大部分至今还停留在中等收入阶段，一少部分仍未走出低收入行列。值得注意的是，目前的一些高收入国家，在半个世纪之前其经济发展水平还低于某些发展中国家。例如，1962 年，阿根廷作为西班牙的

---

① 引自 IMF, World Economic Outlook Database, September 2011.

前殖民地，其人均GDP已达1145美元，既高于其前宗主国西班牙519美元一倍以上，也大大高于其移民主要来源地的意大利990美元[①]；然而，西班牙1969年进入中等收入国家行列，1978年跨入高收入行列，2010年人均GDP为30542美元；意大利的增长速度更为迅速，1963年就达到中等收入水平，1975年就成为高收入国家，2010年人均GDP为33917美元；葡萄牙作为巴西的前宗主国，1960年人均GDP为804美元，与其同属低收入国家。但是，葡萄牙1971年便进入中等收入水平，1987年又进入高收入行列，2010年人均GDP为21505美元。

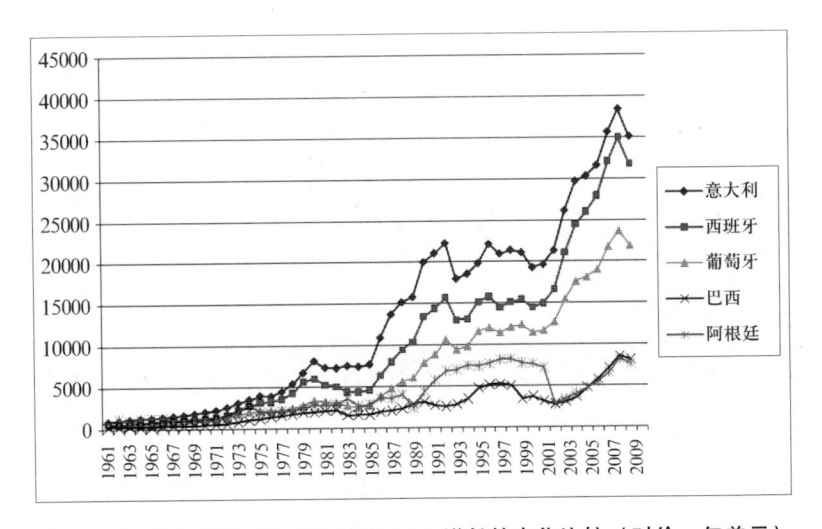

图5 巴西和阿根廷与其前宗主国GDP增长的变化比较（时价，亿美元）
资料来源：http://data.worldbank.org/indicator/

[①] 这里之所以举例意大利，是因为在阿根廷移民中，大约一半左右来自意大利。见宋晓平编著：《阿根廷》，社会科学文献出版社，2005年，第16－19页。

第二节 中国经济发展的三次历史性跨越：拉美和东亚的背景

2010年中国GDP增长率10.3%，经济总量39.8万亿元[①]，据此计算人均GDP将超过4580美元[②]，2011年为5427美元（总量为47.2万亿人民币）。这意味着，2010年中国已正式跻身于上中等收入行列。

中国改革开放以来，在1978年人均GDP仅为155美元的起点上，用了23年的时间就于2001年突破1000美元大关（1042美元），正式进入下中等收入组，实现了第一次跨越；又仅用了9年时间突破了4200美元大关，从"下中等收入"一跃跻入"上中等收入"行列，完成了第二次历史性跨越。这两次"历史性跨越"意味着，如果将下中等收入和上中等收入视为"中等收入陷阱"的两个不同阶段的话，中国已成功跨出"中等收入陷阱"的初级阶段（"下中等收入"阶段）[③]，再现了"东亚速度"[④]：日本用了7年（1966～1973年），中国香港也用了7年

[①] 中华人民共和国国家统计局：《中华人民共和国2010年国民经济和社会发展统计公报》，2011年2月28日。

[②] 计算取值是全国总人口为1370536875人（中华人民共和国国家统计局：《2010年第六次全国人口普查主要数据公报（第1号）》，2011年4月28日），汇率为1美元=6.3416人民币。世界银行的统计结果为4428美元，IMF的统计结果为4382美元。

[③] 国内有些报章将"中等收入陷阱"误解为仅仅进入"上中等收入"之后的阶段，例如，见《人民论坛》2010年第19期的一组专栏文章《中国会掉进中等收入陷阱吗》。实际上，首次使用这个概念的世界银行将之解释为进入"中等收入"之后的阶段，其中包括"下中等收入"阶段。参见World Bank, *Robust Recovery, Rising Risks*, World Bank East Asia and Pacific Economic Update 2010, Volume 2. Washington, DC. November 2010。

[④] 由于难以获得较为完整的中国台湾资料数据，本文不予考虑。

(1971~1978年),新加坡用了8年(1971~1979年),韩国用了11年(1977~1988年)。

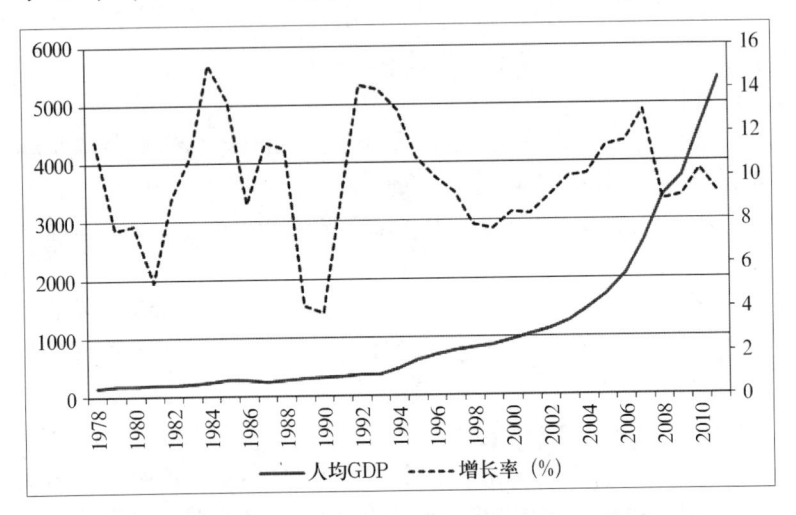

图6 1978~2011年中国人均GDP与增长率变化(美元,%)
资料来源:《中国统计年鉴2009》,光盘版,2-4。
注:中华人民共和国国家统计局:《中华人民共和国2010年国民经济和社会发展统计公报》,2011年2月28日。《中华人民共和国2011年国民经济和社会发展统计公报》,2011年2月22日。

相比之下,在第一次跨越中(冲出人均GDP1000美元),马来西亚用了18年(1977~1995年),泰国用了20年(1988~2008年);拉美国家平均用了22年(1974年拉美国家人均GDP为1188美元,1996年4042美元),其中,墨西哥用了18年(1974~1992年),乌拉圭用了19年(1973~1992年),巴西用了20年(1975~1995年),智利用了23年(1971~1994年),阿根廷用了26年(1962~1988年),哥伦比亚则用了28年(1979~2007年),而其前宗主国西班牙和葡萄牙分别仅用了9年(1969~1978年)和15年(1971~1986年),意大利用了14

年（1963～1977年）。

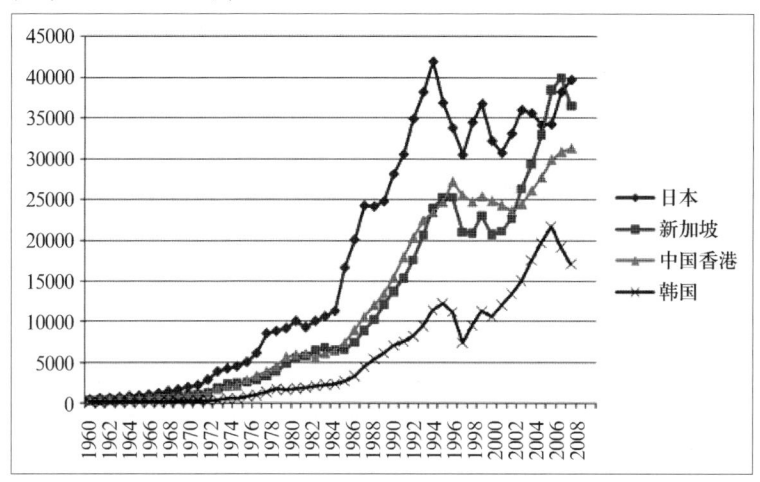

图7 东亚发达国家与新兴经济体GDP增长变化比较（时价，亿美元）
资料来源：http://data.worldbank.org/indicator/

在进入上中等收入阶段之后，中国面临的是如何实现第三次历史性跨越，顺利进入高收入行列。在其他条件不变的情况下，按照目前的增长速度推测，中国实现第三次跨越、顺利进入高收入组的时间大约在"十四五规划"的区间，即从现在起大约需要12－14年左右的时间①。如果不出意外，按照这个预测，中国的"第三次跨越"将有可能再现"东亚速度"：在这个跨越中，日本用了12年（1973～1985年），新加坡用了11年（1979～1990年），中国香港用了11年（1978～1989年），韩国仅用了7年（1988～1995年）。

"东亚奇迹"显示，日本和亚洲"四小龙"跨越中等收入阶

---

① 考虑到人口数量的增长、高收入国家的标准调整、汇率变化等一些因素。据笔者测算，届时经济总量大约120万亿人民币，人均1.25万美元即8.5万元人民币左右。

段（下中等和上中等收入）的全部时间是，日本（1966~1985年）和新加坡分别（1971~1990年）用了19年，韩国（1977~1995年）和中国香港（1971~1989年）仅用了18年，大约只相当于拉美国家和其他东亚国家走出"下中等收入"所使用的时间！

表1 1960年与2009年部分拉美与东亚经济体人均GDP变化比较（时价，美元）

1960	2010	1960	2010	1960	2010	1960	2010	1960	2010	1960	2010	1960	2010
日本		新加坡		中国香港		韩国		智利		乌拉圭		墨西哥	
470	42831	394	41122	429	31757	155	20757	550	12431	490	11996	353	9123
巴西		阿根廷		哥伦比亚		马来西亚		叙利亚		菲律宾		泰国	
208	10710	1145	9124	252	6225	299	8373	185	2893	247	2140	100	4608

资料来源：http://data.worldbank.org/indicator/
注：阿根廷1145美元为1962年数据。

表2 部分经济体跨越"中等收入陷阱"时点比较

三次跨越的时点	第一次跨越的时点（人均收入995美元）	"中等收入陷阱" 第二次跨越的时点（人均收入3946美元）	第三次跨越的时点（人均收入12196美元）	2010年人均GDP（美元）
日本	1966年	1973年	1985年	42831
韩国	1977年	1988年	1995年	20757
新加坡	1971年	1979年	1990年	41122
中国香港	1971年	1978年	1989年	31757
意大利	1963年	1977年	1987年	33917
西班牙	1969年	1971年	1978年	30542
葡萄牙	1971年	1987年	2002年	21505
马来西亚	1977年	1995年	—	8373
泰国	1988年	2008年	—	4608
阿根廷	1962年	1988年	—	9124
智利	1971年	1994年	—	12431
墨西哥	1974年	1992年	—	9123
巴西	1975年	1995年	—	10710
哥伦比亚	1979年	2007年	—	6225
乌拉圭	1973年	1992年	—	11996

续表

三次跨越的时点	第一次跨越的时点（人均收入995美元）	"中等收入陷阱"		2010年人均GDP（美元）
		第二次跨越的时点（人均收入3946美元）	第三次跨越的时点（人均收入12196美元）	
拉美平均	1974年	1996年	—	8822
中国	2001年	2010年	预测大约2022~2024年	4580

资料来源：作者根据世界银行网站资料编制，http：//data.worldbank.org/about/。

第三节 中国经济成长的四个发展阶段：增长驱动力的角度

纵观中国改革开放34年来的经济发展，展望未来的发展目标，我们可将已经跨越的低收入和下中等收入、未来将要穿越的上中等收入和高收入这四个发展阶段，从成长驱动力的角度，相应地概括为"市场驱动"、"要素驱动"、"效率驱动"和"创新驱动"等四个发展阶段。中国经济的"三次历史性跨越"相对应的是"四个发展阶段"和三个转型节点。

表3　中国经济成长的四个发展阶段路线图（美元，时价）

发展阶段	第一阶段	第二阶段	第三阶段	第四阶段
人均GDP	低收入组	"中等收入陷阱"		高收入组
		下中等收入组	上中等收入组	
	1050美元以下	1050-4200美元	4200-12500美元	12500美元以上
增长驱动力（时点）	市场驱动（1978~2000年）	要素驱动（2001~2009年）	效率驱动（2010~"十四五"规划）	创新驱动（"十四五"规划以后）

资料来源：作者制作。

注：四个发展阶段的人均GDP标准是根据前文世界银行2010年8月发布的人均国民收入三个不同组别（低收入、中等收入和高收入）的标准大致换算的，采取整数的目的在于易记，且具有一定象征性意义。

（一）第一阶段1978~2000年："市场驱动"阶段即"低收入"阶段

这个阶段是中国经济成长的"市场驱动"阶段，也是GDP人均1000美元以下的低收入阶段。在23年的经济成长中，中国之所以能够保持高速增长、成功飞越"贫困陷阱"，除其他因素外，无论是农村改革（包产到户），还是城镇国企改革，一个重要原因是明晰产权性质，引入市场等价交换的激励因素，于是，几十年高度计划体制压抑下的生产力一夜之间得以释放，尤其是1992年确立社会主义市场经济体制之后，市场经济制度逐渐完善，增长速度从1992年的14.2%逐渐平滑着陆，回归到2000年的理性水平8.4%。这个发展阶段，是市场经济制度不断试错、试验、探索和建立的阶段，一切改革领域都是为了建立市场经济制度，每一届政府都在为引入市场和驱动增长而努力。

增长的背后是市场的冲动，成长的动力是市场的驱使。在高度计划经济体制下政府有形之手突然被市场无形之手替代之后，市场势力的结果必然带有相当自发性、盲目性、甚至是疯狂性。而正是这些原始的市场爆发力，推着中国最终跨越低收入发展阶段。

中国之所以能够成功跳出"贫困陷阱"，还因为在低收入阶段保持了社会稳定，较好地掌握了1989年社会动荡的不确定性及其带来连续两年的经济回落（1989年增长率4.1%，1990年3.8%，是改革开放34年来增长最低的两年），以年均9.8%的增长速度，顺利地跨越了"贫困陷阱"。

（二）第二阶段2001~2009年："要素驱动"阶段即"下中等收入"阶段

2001~2009年这个阶段，是中国经济成长的"要素驱动"阶段，是中国经济增长进入下中等收入的重要历史阶段。根据现代增长理论，经济增长取决于劳动和资本以及资源和技术进步的投入。在下中等收入阶段，发展中国家往往利用比较优势，以要素投入来拉动增长，尤其对石油、天然气、矿产、农产品等自然资源丰富的经济体，资源立国的要素驱动特点十分明显，甚至到了完全依赖的"资源诅咒"的程度[1]。毫不例外，此阶段中国经济增长也明显带有劳动驱动、资源驱动、资本驱动甚至土地驱动的"有形要素驱动"的历史特征。

首先，从劳动要素投入看，由于中国正处于人口红利高峰期，丰富和廉价的劳动力成为经济增长的比较优势，劳动密集型出口产品为主的对外贸易自然就成为一个重要增长引擎。从外汇储备增长曲线可看出，外汇储备保值增值的压力主要就是在这9年之中形成的：2001年仅为2121亿美元，到2011年12月激增至3.18万亿（见图8）。有研究认为[2]，劳动对增长的贡献率的变动以2003年为界可大致分为两个阶段，此前贡献率较低，此后逐渐稳定下来；

其次，从资源要素投入看，土地要素对经济增长的贡献率逐年增大，甚至很多年份超过劳动的贡献率，1997~2008年平均在20%~30%之间；矿产资源的消耗对工业增长的贡献率更要高一些，有研究认为高达37%[3]，环境资源消耗的贡献率是18%，能源的贡献率为16%；

最后，从资本要素投入看，众所周知，中国的投资率始终居高不下，是经济增长的一个重要引擎，例如，2000年投资率为

---

[1] 赵丽红：《"资源诅咒"与拉美国家初级产品出口型发展模式》，当代世界出版社，2010年。
[2] 以下数据引自李名峰：《土地要素对中国经济增长贡献研究》，载《中国地质大学学报（社会科学版）》2010年第1期，第60-64页。
[3] 以下数据引自张其仔：《能成为引擎的三个标准》，载《人民论坛》，2009年第4期（A），第24-25页。

35%，到2009年提高到40%以上，而同期消费率则从2002年的60%下降到2006年的50%以下。

这个发展阶段，尽管是粗放的，但却是幸运的，中国加入WTO恰好贯穿了这个阶段的全过程。这是一个历史性的机遇，中国抓住这个机遇，带着3.2万亿美元的外汇储备，利用9年的时间，顺利走出这个发展阶段，进入下一个发展阶段。

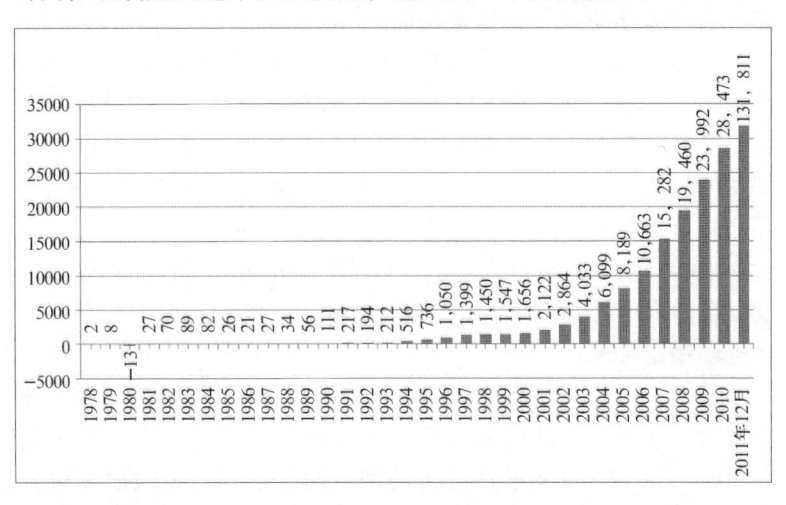

图8　1978～2011年中国外汇储备增长变化（亿美元）
资料来源：外汇管理局网站。

（三）第三阶段2010年至"十四五"规划："效率驱动"阶段即"上中等收入"阶段

从2010年至"十四五"规划，是人均GDP达到4200－12500美元的上中等收入阶段，是中国经济成长从"要素驱动"向"效率驱动"转型的重要阶段。在粗放的要素驱动发展阶段，按照比较优势原则确定的国际贸易结构总是导致劳动密集型产品出口为主的经济体处于不利地位，因此一些国家就往往掉进"比较利益陷阱"（或"比较优势陷阱"），长期徘徊在下中等收入水平。但是，在这个刚刚成为历史的发展阶段，中国以廉价的劳动力资源为比较优势，以劳动密集型产品出口和高投资率为增长引擎，以高能耗、高资源、高排放、高污染的有形要素投入为沉重代价①，走出以"比较优势陷阱"为主要威胁的下中等收入区间，迈入上中等收入阶段。

从要素驱动向效率驱动转型，实有两层含义，一是从主要依靠出口和投资驱动为主向依靠消费、投资与出口协调拉动转型，属于增长方式的转变，是一国发展战略；二是从粗放增长向集约增长转型，实为提高生产力和竞争力的水平，属于进入高收入即第四阶段的必由之路。至于转变增长方式，在此次金融危机之后已形成广泛社会共识，其紧迫性和必要性势必要求在登上上中等收入这个台阶之后要有新起色。关键在于粗放向集约转型，这是效率驱动的主要内涵，是指改善投入产出比，提高投资报酬率，提升经济竞争性，以获取长期增长的可持续性。相对于要素驱动阶段，效率驱动阶段强调的是增长的良性循环：报酬率是增长的主要驱动力，改善投入产出比就可提高生产力，生产力水平提高之后就会提高投资报酬率，包括物质投入、人力投入和技术投入；因此，反过来，国民收入的可持续能力决定于生产力，投资报酬率也决定于生产力，而增长潜力又决定于投资。

(四) 第四阶段"十四五"规划之后："创新驱动"阶段即"高收入"阶段

在"十四五"规划之后，中国将开始进入高收入阶段，这是一个技术创新驱动增长的阶段。众所周知，虽然改善制度、减

---

① 高能耗和高投入属于生产要素投入，提高了厂商的边际私人成本，降低了边际私人收益；高排放和高污染从本质上讲也是一种要素投入，因为厂商对环境的破坏导致产生外部性，虽然私人成本没有增加，但却导致产生社会成本；于是，在高排放与高污染下，边际私人成本小于边际社会成本，这个差额可被视为额外的要素投入，也可视为一个福利损失，没有实现社会福利最大化。

少宏观经济不稳定性、提高人力资本、修建社会基础设施等都可获取收益并带来增长，但都难逃报酬递减的铁律。长期看，增长和提高经济的竞争性只能依靠技术创新。在高收入发达国家，技术创新无一不是驱动增长的根本源泉。在高收入发达国家的经济增长中，技术创新的贡献率达70%，而中国的创新贡献率还不到40%[①]。提高自主创新能力，建设创新型国家，是中国国家发展战略的核心，也是提高综合竞争力的关键，同时，也是当前跨越"中等收入陷阱"的战略部署和直达高收入国家的战略通道。

综上所述，在中国经济增长的四个阶段中，市场驱动阶段的本质是中国经济史的制度变迁，强调的是自由市场经济制度的转型；要素驱动阶段实际是比较优势的必然阶段，强调的是市场经济制度的确立；效率驱动阶段是避免"中等收入陷阱"的必由之路，强调的是市场经济制度内涵的提升和社会转型；技术创新阶段是高收入经济体的趋同发展阶段，强调的是社会转型和政治转型。

第四节　中国在"上中等收入"即第三阶段的"效率驱动"：提高生产率的3个要素与阿根廷的案例分析

目前，中国刚刚进入第三发展阶段即上中等收入阶段。在这个阶段，要实现要素驱动向效率驱动的转型，就需制定一套由"制度"、"政策"和"基础设施"构成的动力组合。

[①] 韩保江：《大国"后发优势"的中国机遇》，载《瞭望》新闻周刊，2010年第42期。

(一)"制度":效率转型的关键

"制度"是指个人、企业和政府三者互动,进而产生收入和财富的法律和行政框架。制度虽然不能直接导致增长,但制度的质量对增长的影响却很大,在投资决策、生产组织、利益分配、制定发展战略等方面发挥重要作用。制度的质量有两层含义,一是政府对市场、公平和效率的态度。不同的态度将导致不同的政策,不同的政策将导致不同的产出。二是政府的效率。如果官僚主义和文牍主义盛行、官员腐败、工作低效和决策不透明等,都会影响经济增长。

制度因素与制度环境对经济增长的影响非常大,并且具有不可替代性。这是因为,制度环境对宏观和微观经济政策、对社会政策和公共政策产生直接影响。一方面,假定"政策"是适宜的,但如果"制度"丧失公信力且陷入小集团利益,"政策"也必将失效;另一方面,"制度"出现问题,就不可能持续地"生产"出适宜的"政策"。阿根廷的资源十分丰富,市场规模较大,且初等教育和高等教育等领域在拉美名列前茅,甚至在世界各国中都处于中上游,但是,所有这些都不能抵消和替代它的"制度"所应发挥的效率,因此,从这个意义上说,某些国家(例如阿根廷,下文详述)半个世纪以来之所以落入"中等收入陷阱"不能自拔,其主要原因就是"制度"的功能缺失。

在全球化背景下,在未来中等收入国家的激烈竞争中,决定其胜负的关键因素在某种程度上就是"制度",他们相互较量的实质也是"制度"。"制度"对经济增长的决定性作用与日俱增,依靠"制度"和管理等这些非物质生产要素驱动增长,意味着增长机制的深刻转变,甚至在某种意义上说,"制度"可被视为生产力,"制度"的质量可被视为生产力水平;制度变迁推动经济增长,经济增长伴随制度变迁。

在过去的十几年里,以法制建设为主要标志的"制度"建设在中国取得了长足发展，服务型政府的建设与转型取得了较大成就，为可持续增长创造了有利环境。但总体看，建设"制度"的任务是长期和艰巨的，包括政府决策的科学性、公正性、透明性和可行性，政府的运行效率和廉洁反腐建设，政府的治理能力和监管能力，政府的公信力和动员力，等等。总之，在未来十几年里，体制的活力与"制度"的优势是决定增长可持续性与国际竞争力以及顺利跨越"中等收入陷阱"的关键。

（二）"政策"：效率转型的保障

"政策"有四层含义。一是指宏观经济政策。宏观经济政策如果没有较好的稳定性，就难以提供稳定的预期，增长就难以获得可持续性，甚至停滞或倒退。例如，通胀管理能力较差，政策出现偏差，通胀预期就必然较高，就必然会导致商业周期紊乱，放大经济的波动性。例如，希腊财政政策的失误导致其发生主权债务危机，其竞争力排名从2006~2007年的第61位下降到2010~2011年的第83位，由此，希腊的经济增长必然面临致命的打击：2008年人均GDP为30363美元，2009年降至28520美元，2010年进一步下降到26600美元。

二是指微观经济政策。反垄断与不正当竞争、公平竞争的市场秩序与市场效率、企业财税政策与治理污染和保护环境，所有这些都是宏观经济运行的微观基础。否则，如果没有良好的微观经济政策，宏观经济政策的目标依然不能实现。这是因为，良好的微观经济政策对提高货物生产和服务贸易的效率具有诱发作用，包括微观经济活动的质量和数量。相反，微观经济政策失当就会直接影响货物市场和金融市场的效率，进而对经济增长产生极大负面影响。

三是社会政策。社会政策如果不适宜，例如，初次分配不合理，二次分配就难以调整，两级分化就难以控制，劳动的负激励就不利于经济增长。再例如，劳动力市场的效率与弹性直接影响劳动力的流动效率和生产激励，进而间接影响经济增长。如果劳动力从一个经济活动迅速向另一个经济活动转移时成本较高，工资水平僵化，就说明劳动力市场僵硬，影响市场效率，进而影响增长。

四是公共政策。在进入上中等收入阶段之后，包括医疗卫生、国民教育、土地管理、市政建设等公共事务政策在内的公共政策均应认真反思和总结经验，吸取一些发展中国家的经验教训，使之能够适应经济增长和社会发展的需要，避免其成为制约增长的一个短板。总之，在以往的下中等收入阶段，中国宏观经济政策对增长做出了重要贡献，但在微观经济政策、社会政策和公共政策的配套和配合等方面却存在缺失，有些已显得严重滞后；在进入上中等收入阶段，经济社会环境和国民诉求等许多方面都有较大改变，对此应予以高度重视，积极跟进，否则，将有可能拖累经济增长，一些深陷"中等收入陷阱"的发展中国家提供了很多教训。

(三)"基础设施"：效率转型的支撑

"基础设施"有两层含义。一是指交通道路、航空铁路、电力和电话等基础建设的公共产品的提供。在下中等收入的"经济起飞"阶段，尤其在"十一五"期间，这些硬件的基础设施投入较大，改善较快；金融危机后，经济刺激一揽子计划加大了对包括农村在内的基础设施的投入力度，为进入上中等收入阶段打下了良好的基础。

二是指社会基础设施，即指医疗卫生、社会保障、国民教育、金融服务等公共服务的提供。统计显示，改善基础设施可降低物流成本，提高区域贸易和国际贸易，还可促进增长，起到减贫的效果。在这方面，韩国具有较多经验，它通过改善基础设施每年提高 GDP 大约 1.4%~1.8%[①],减少不公平大约 10%~20%。相反的案例显示,在掉入"中等收入陷阱"的国家中,一半以上的国家对其基础设施的公共投入都有所不足,导致其增长乏力。例如,拉美对基础设施的公共投入在 20 世纪 80 和 90 年代始终呈下降趋势,从 1988 年占 GDP 的 3% 下降到 1998 年的 1%,而这 20 年正是拉美经济处于低谷的时期。巴西政府认识到了这个问题,加大了对基础设施的投入力度,仅 2007~2010 年对基础设施的投入就达 5040 亿美元,于是,2003~2010 年卢拉政府执政 8 年平均增长率为 3.9%[②],最高年份 2007 年和 2008 年分别高达 6.9% 和 5.1%;形成鲜明反差的是,1990~2002 年仅为 1.9%。

表4 2010~2011 年部分经济体基础设施竞争力排名与得分

经济体	基础设施竞争力单项排名与得分 排名	基础设施竞争力单项排名与得分 得分	综合竞争力排名
香港	1	6.77	11
新加坡	5	6.22	3
台湾	16	5.63	13
韩国	18	5.59	22
马来西亚	30	4.97	26
智利	40	4.69	30
中国	50	4.44	27

① 以下数据引自:Klaus Schwab, World Economic Forum, *The Global Competitiveness Report 2010~2011*, World Economic Forum, Geneva, Switzerland 2010, pp. 33-35.

② 根据下述资料计算:http://data.worldbank.org/indicator/

续表

经济体	基础设施竞争力单项排名与得分 排名	基础设施竞争力单项排名与得分 得分	综合竞争力排名
金砖四国	–	4.10	–
巴西	62	4.02	58
拉丁美洲	–	3.75	–
墨西哥	75	3.74	66
阿根廷	77	3.63	87
印度尼西亚	82	3.56	44
印度	86	3.49	51
菲律宾	104	2.92	85

资料来源：根据下述资料编制，Klaus Schwab, World Economic Forum, *The Global Competitiveness Report 2010~2011*, World Economic Forum, Geneva, Switzerland 2010, pp. 16 – 17, pp. 18 – 19, p. 33.

注：基础设施最高分为7分。

在2010年的全球竞争力排名中，中国位居第27位，但基础设施的单项竞争力排名仅排在第50位，这说明，虽然中国在"十一五"期间包括交通运输在内的公共服务的数量和质量都有很大改善，但相对来讲还是落后的，在进入效率驱动阶段之后难以满足社会发展和经济增长的需求。但同时也应看到，在中等收入国家中，中国基础设施的得分情况要好于"金砖国家"和拉美国家的平均水平，好于很多发展中国家，这就为中等收入阶段的效率驱动转型和可持续增长打下了坚实基础。

（四）阿根廷案例："制度"对走出"中等收入陷阱"的决定性意义

在通向高收入目标的阶梯上，布满了100多个中等收入国家。在这些中等收入国家的激烈拼杀竞争中,就个案而言,无论其"基础设施"有多先进,自然资源有多丰富,劳动力资源有多充沛,他们都不是决定其最终能否跨越"中等收入陷阱"的决定性因素。充其量,他们只是走出"中等收入陷阱"和通向高收入的充分条件,而必要条件则是"制度"及其制定的"政策",即"制度环境"和"制度建设"具有决定性意义。

作为一个反面案例,阿根廷早在50年前就进入中等收入行列。众所周知,阿根廷自然资源禀赋十分优越,基础设施也非常优秀,但是,近半个世纪以来,在其经济增长的"动力组合"中,由于"制度"严重缺失,"政策"十分僵硬,阿根廷通向高收入的道路十分坎坷,步伐十分缓慢,在100多个中等收入国家的激烈竞争中没有胜出,成为资格最老、徘徊时间最长的中等收入国家。

在"制度"层面,阿根廷的十几个制度设计和实际运行都是全世界最糟糕的,受到阿根廷人和外国人的指责。它们是财产所有权保护、知识产权保护、公共基金的使用、政治家的公信力、司法的独立性、政府官员决策的公正性、政府支出的浪费与腐败、法律框架内解决争端的效率、政府决策的透明度、政策服务的可行性等。这十几个子项目竞争力评价在全球139个经济体中均排名最后(指139个经济体排名中在第130名以后,下同)[①];

在"政策"层面,阿根廷有6个微观经济政策和4个社会政策的排名在139个国家中均倒数第一。6个微观经济政策分别是农业政策的执行成本、商务贸易障碍的普遍性、海关执行程序

---

① 下述排名资料引自:Klaus Schwab, World Economic Forum, *The Global Competitiveness Report 2010~2011*, World Economic Forum, Geneva, Switzerland 2010, p. 81.

的负担、商业贷款的可获性、商业竞争的本质、资本流动的障碍等；4个社会政策分别是劳资关系的合作态度、工资决定的弹性、聘用与解除职业关系的规则、劳动生产与工资报酬的关联度等。须知，上述10个（6+4）政策领域是决定货物市场效率和劳动力市场效率的关键性指标。

此外，在全球139个经济体排名中，阿根廷"屈居"第100-130名之间的子项目还有将近50个，他们均属"制度"和"政策"的范畴。这些惊人的数据说明，阿根廷几乎所有的"制度"和"政策"都是世界上最糟糕的，效率最低的。

阿根廷案例说明，第一，"制度"和"政策"具有相当的不可替代性和稀缺性，在某种意义上说确已成为经济增长的驱动力，构成一国核心竞争力的不可或缺的要件。这些"无形生产要素"甚至比任何其他自然资源更稀缺，比任何其他诸如劳动和资本的有形要素更不可替代。第二，正是由于"制度"和"政策"的严重缺失，才导致阿根廷经济增长潜力难以释放。从上述指标中人们可对一些疑问得到一些解释：为什么阿根廷在"中等收入陷阱"里爬行了半个世纪还未出来，乃至成为世界之最？答案必然是：最糟糕的"制度"和"政策"必然导致最糟糕的增长。

第五节 中国积极应对"中等收入陷阱"的10个诱因

中国改革开放一方面释放了计划体制下受到严重束缚的生产力，极大提高了国民收入水平，但另一方面打破了高度计划经济时期的特有均衡，导致产生一些一时难以解决的社会矛盾和体制矛盾，因此，改革是一把双刃剑，改革进程势必面临一定风险。

经济增长也是一把"双刃剑",它导致面临"经济增长的负效应"风险:一方面它给国民带来前所未有的实惠,甚至还可暂时掩盖一些新的、潜在的矛盾,但另一方面,伴随着经济高速增长,原有的利益格局被迅速打破,甚至重新洗牌,在新的均衡还没有实现之前,有可能导致在人与人、人与社会、人与自然、人与财富等方面产生一些意想不到的新问题,处理不好就不利于经济增长。

中国成功走出下中等收入阶段这个"矛盾突显"时期,刚刚进入"陷阱密布"的上中等收入阶段。未来十几年,尤其是"十二五"期间,是中国避免掉进"中等收入陷阱"、顺利进入高收入发展阶段的关键时期。毋庸置疑,与下中等收入阶段相比,中国在上中等收入阶段面临的考验将是全新的,面对的挑战将是严峻的。正如世界银行行长佐立克先生在2010年9月发表的纪念中国与世界银行成功合作30年的文章中曾提醒的,中国要"努力规避可能危及繁荣的'中等收入陷阱'"[①]。

与其他掉进"中等收入陷阱"的国家相比,中国在中等收入阶段遇到的问题更为复杂一些,任何一个失误都有可能导致一蹶不振,存在掉进陷阱的风险。作为世界第二大新兴经济体,中国经济增长备受瞩目,甚至被视为全球增长的一个引擎,稍有波动,对区域甚至全球经济就会产生较大影响。根据近十几年来周边国家和其他一些发展中国家的经验教训,结合中国曾在下中等收入阶段遇到的问题,针对中国在上中等收入阶段有可能遇到的挑战,笔者提出如下建议。

(一)避免"转型陷阱",抓住转变增长方式的历史机遇

中共中央第十七届五中全会刚通过的《关于制定国民经济

---

① 佐立克:《三十年成功合作典范》,载《人民日报》2010年9月13日,第3版。

和社会发展第十二个五年规划的建议》指出：未来 5 年以加快转变经济发展方式为主线，这是推动科学发展的必由之路。"十二五"规划已经把增长方式转型作为重中之重，把加快转型提到前所未有的高度。以加快转变经济发展方式为主线，显然是指把经济结构战略性调整作为加快转变经济发展方式的主攻方向，尽快构建扩大内需长效机制，促进经济增长向依靠消费、投资、出口协调拉动转变。但是，在中国社会经济发展中，不平衡、不协调、不可持续的问题依然十分突出，这个基本判断正如"十二五"规划建议所断言的那样，完全"符合我国基本国情和发展阶段性新特征"。在上中等收入发展阶段，中国经济社会面临的阶段性特征或说落进"中等收入陷阱"的诸多诱因可以主要归纳为：投资和消费的失衡关系难以扭转，增长的资源环境约束更为明显，产业结构还很不合理，城乡区域发展很不协调，科技创新能力还很不强，收入分配差距日益扩大，农业基础仍然薄弱，就业总量压力和结构性矛盾十分突出，制约可持续增长的体制机制障碍依然较多，各种社会矛盾明显增多，等等。

所有这些"阶段性新特征"，都是在进入上中等收入水平之后需要在增长方式转型中逐渐加以解决的，这就需要抓住历史机遇，充分利用各种有利条件，准确把握发展趋势，再现"东亚速度"，再创"东亚奇迹"，以顺利跨越"中等收入陷阱"。总体看，中国发展仍处于可以大有作为的重要战略机遇期，既面临难得的历史机遇，也面临严峻的战略性挑战，需要审时度势，抓住机遇，避免"转型陷阱"。

在世界经济史上，由于没有抓住历史机遇导致转型滞后并从此一蹶不振的案例并不少见。早在 19 世纪中后期，拉美国家就陆续踏上了现代化之路。在尔后的百余年里，该地区在增长模式转型过程中走过了一个"之"字型的弯路，即经历了初级产品出口导向、进口替代工业化和新型出口导向这样三个发展阶段和两次转型,但由于种种原因,拉美经济转身迟钝,没有及时赶上快速经济增长的时代列车。

第一次转型发生在20世纪30年代以后。从19世纪中叶到第一次世界大战,拉美大陆很多国家采取的是初级产品出口导向型增长模式,并且取得较好的成绩,其增长率与"拉丁欧洲"(指伊比利亚地区和意大利)同步,略低于美国和"欧洲核心"(指英国、法国和德国);人均GDP高于"拉丁欧洲",略低于"欧洲核心"与美国;如以英国为100的话[①],1870年拉美是38,"拉丁欧洲"是39,1890年前者是37,后者是39,1900年和1913年前者分别是34和42,后者是38和40。但从1929年大萧条开始便落后于"拉丁欧洲":1929年拉美是47,"拉丁欧洲"是48,到1940年拉美降到35,而"拉丁欧洲"则是40。30年代以后拉美经济增长之所以明显下降,重要原因是因为第一次世界大战导致欧美进口市场大幅萎缩和进口产品结构发生较大变化,从而制约了拉美的出口。但是,拉美的进口替代发展战略是迫于30年代大萧条并主要从40年代后期开始转型的,大约滞后了15-25年,错过了几乎一代人的机会,经济增长下滑十分明显。1925~1945年拉美地区GDP年均增长率仅为3.5%,而转型后的1945~1980年则高达5.6%[②],其中,巴西和墨西哥则分别高达8%和7%。

第二次转型主要发生在20世纪80-90年代,特别是21世纪以来。毋庸置疑,拉美进口替代发展模式为拉美打下了相当的工业基础,取得了一定的成就,但却也带来了极大的机会成本,

---

[①] 以下数据引自Victor Bulmer-Thomas etc. Edited, *The Cambridge Economic History of Latin America*, Volume II, The Long Twentieth Century, Cambridge University Press, 2008, pp. 12-13.

[②] 以下数据引自江时学:《对拉美进口替代工业化发展模式的初步总结》,载《拉丁美洲研究》,1995年第6期,第2-3页。

与东亚相比，拉美增长率不可同日而语：1961~2000年东亚新兴经济体增长率年均在7%以上，中国香港1973年甚至曾高达17.4%，而拉美平均只有1.7%，在"失去的80年代"甚至跌为负增长。

表5　1961~2008年"东亚速度"与拉美人均GDP增长率比较（%）

国家	1961~2000	1961~1970	1971~1980	1981~1990	1991~2000	2001~2008
日本	5.0	9.8	4.5	4.6	1.2	1.0
韩国	7.6	8.2	7.3	8.7	6.1	3.5
中国香港	7.7	10.2	9.7	6.8	4.0	4.0
新加坡	8.3	9.9	8.8	7.5	7.6	4.7
拉美（25国）	1.7	2.4	3.0	-0.07	1.5	3.6

资料来源：拉美1961~2000年的数据引自Noman Loayza & etc, etd., Economic Growth in Latin America and the Caribbean: Stylized Facts, Explanations, and Forecasts, Central Bank of Chile, Working Papers No. 265, table 1.4. 日本、韩国、中国香港和新加坡的数据根据下述资料计算得出：http://data.worldbank.org/indicator/

从20世纪80-90年代开始，拉美试图转型，其出口占GDP比重逐年提高，21世纪之后才终于进入由新兴市场引领的经济增长的"快车道"，出现了几十年来从未有过的高增长率，2001~2008年GDP人均增长率提升到3.6%，2007年高达5.9%。但是，毫无疑问，拉美第二次转型没有抓住历史机遇，错过了50年代至1973年第一次石油危机期间十分有利的国际贸易环境，在进口替代模式主导下，经济发展从80年代开始急转直下，被东亚新兴国家和地区远远甩在后面。由于没有抓住历史机遇，拉美第二次经济转型大约延迟了35-45年。而这期间，欧洲和日本经过了中等收入阶段，又进入了高收入行列。随后，亚洲

"四小龙"开始崛起,成为进入高收入的新兴经济体。

纵观20世纪百年来拉美经济发展历程,其两次转型合计延迟大约有50-70年,尤其第二次转型的延误,从一个侧面成为解释当今拉美国家整体上经济发展始终停留在中等收入国家水平的主要原因之一。有理由这样认为,对拉美经济转型的机会成本而言,"失去的80年代"只是一个符号,实际上就经济发展的国际比较来看,"失去的"至少是半个世纪。

(二)防止"拉美陷阱",实现"包容性增长"

从世界各国尼基系数调查中可看到4个有趣现象:凡是经济发展水平低的国家,基尼系数一般都较高;凡是高收入的发达国家(个别资源型国家不在此列),基尼系数都较低,且一般不超过0.40;中等收入国家的尼基系数一般都较高,而拉美地区85%的经济体是中等收入国家(在33个经济体中有28个属于中等收入);拉美是世界上基尼系数最高的地区之一。这些有趣现象说明,收入水平与经济发展之间具有高度相关性。

对很多国外学者而言[①],"拉美陷阱"(也有将之称为"拉美化"和"拉美病"等)主要是指分配不公,进而指两极分化的社会、动荡不安的城市和毫不守信的承诺等。其实,拉美陷阱的含义可从三方面来理解。

第一,正如George等学者曾撰文善意告诫的那样,如在2020年之前不能从"拉美陷阱"里逃出来,中国现代化进程将有可能像一个"方形轮子",走走停停,断断续续,届时,将有可能导致三种结果,即自由化、专制合作主义或陷入拉美式的混乱与动荡之中。换言之,分配不公和两极分化有可能导致社会分

---

① 以下引自:George J. Gilboy and Eric Heginbotham, The Latin Americanization of China? in Current History, September 2004, Volume 103, Issue:674, Philadelphia, PA 19127, USA. pp. 256-261.

化和冲突,进而中断增长,从而掉进"中等收入陷阱"。

第二,收入分配不合理,甚至与扩大社会消费总需求逐渐脱节,将不利于经济增长;如果这个自由市场制度的缺陷长期得不到纠正,就意味着分配原则和分配政策没有考虑到有利于经济的可持续增长。在初始分配环节的分配原则并没有将社会总消费需求和宏观经济总量增长的关系等因素考虑进来的情况下,政府应该及早出面纠正"市场失灵",否则,将不利于扩大内需和加快增长方式转变,有损于增长的可持续性。

第三,有利于经济增长的分配原则及其方式应是"包容性增长",即公平合理地分享经济增长,而不是拉美式的"增长性贫困"[①],即一方面经济呈增长态势,但另一方面贫困率也居高不下。"包容性增长"自然包括提高"社会包容"程度,消除"社会排斥"因素,减缓各种社会矛盾,促进社会稳定和谐。

中国基尼系数虽低于拉美的中等收入国家,但却高于很多亚洲发展中国家,且呈逐渐攀高的趋势。改革开放以来,中国的减贫成就斐然,举世公认,但分配不公却始终受到社会的诟病,并且城乡之间、沿海和内陆之间、行业之间、城镇居民内部的收入差距日益扩大。因此,在踏进上中等收入门槛的关键时刻,胡锦涛主席在2010年9月16日第五届亚太经合组织人力资源开发部长级会议致辞中及时提出实现"包容性增长",其意义非常深远。从"GDP增长"向"包容性增长"转变,其本质含义与从要素驱动向效率驱动转变具有异曲同工之处,这是中国跨越"中等收入陷阱"的一个必然趋势。

在未来十几年里,当历史行进到上中等收入阶段的后期,人

---

① 关于"增长性贫困",见郑秉文《拉美"增长性贫困"与社会保障的减困功能——国际比较的背景》,载《拉丁美洲研究》杂志,2009年增刊(2月出版),第3-29页。

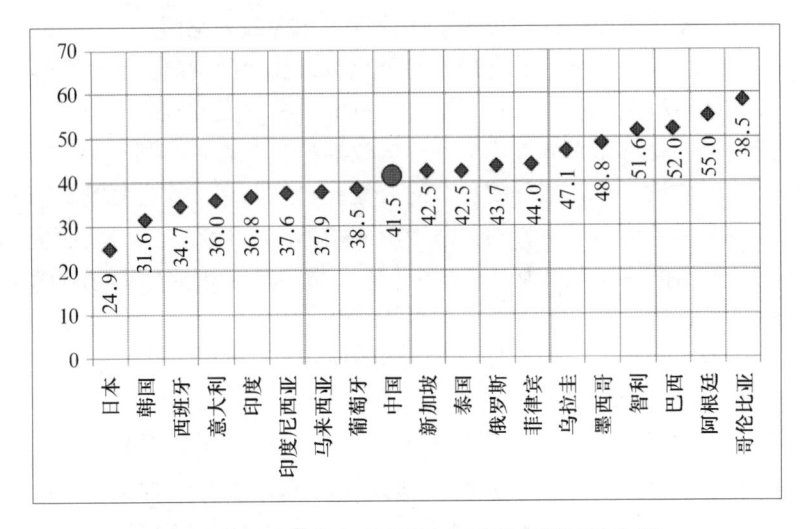

图 9　若干中等收入和高收入国家的尼基系数比较

资料来源：根据下述数据绘制，World Bank, World Development Indicators 2010, Washington DC. pp. 97 – 107.

均经济总量大约将是目前的 3 倍，如不采取有效的措施，贫富差距将有可能进一步扩大，社会矛盾将积重难返，对社会安定形成威胁。为此，尽快进行收入分配制度改革，加快户籍制度改革，积极推动城镇化进程，缩小城乡差距，防止两极分化，将是确保稳妥跨越"中等收入陷阱"的非常举措。在这方面，早在一、二十年前就成功进入高收入组的亚洲四小龙积累了有益经验：一方面经济高速增长，另一方面收入分配不断改善。

（三）跨越"福利陷阱"，保持社保制度与经济增长同步发展

历史经验证明，目前发达国家的主要社会保障和福利项目，几乎都是这些国家在 20 世纪 60 – 70 年代处于上升时期建立起来的，可以说，60 – 70 年代是欧洲资本主义的鼎盛时期。例如，

法国 1970 年之前 GDP 增长率最低时没有低于 4.3%，最高曾达 7.0%，于是，在社会舆论压力下，60 年代末和 70 年代初成为劳动保护制度和福利项目的立法高峰期。但是，始料不及的是，1973 年石油危机打破了法国和欧洲福利国家的良好预期，法国增长率从 1974 年的 4.5% 骤然跌至 1975 年的 –1.0%，此后虽有反弹，但却始终没有超过 50–60 年代的水平，增长的黄金时代一去不复返：1960~1969 年法国年均增长率是 5.6%，而 1978~2009 年仅为 2.0%。

持续的经济衰退和居高不下的失业率使高福利制度成为法国财政的沉重负担，但福利刚性却使改革遇到极大阻力，于是，1995 年以来，在政府主张改革与社会极力反对的激烈冲突和社会动荡中，很多法国和欧洲学者开始反思 70 年代初的仓促与盲动，并为之而叹息。

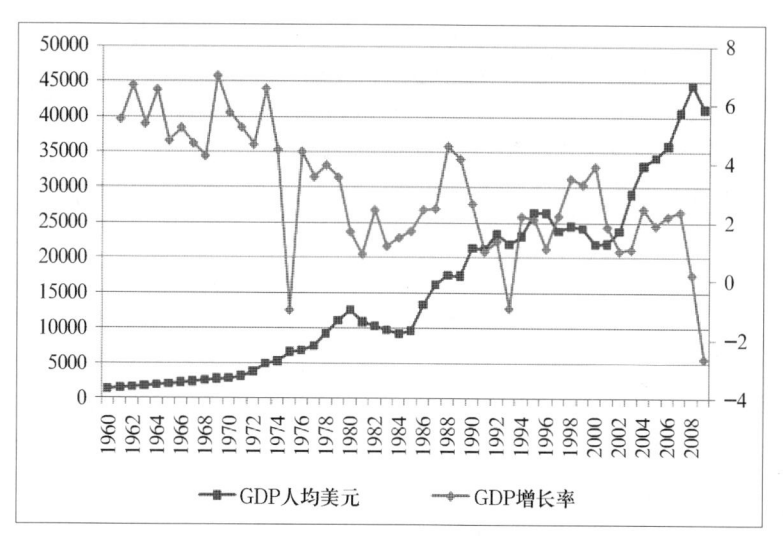

图 10　1960~2009 年法国 GDP 增长变化（人均美元，时价,%）
资料来源：http://data.worldbank.org/indicator/

虽然拉美国家建立社保制度和福利项目的时间大多是在二战前，略晚于欧洲，但战后发展很快，逐渐成为财政的一个负担。为减少国家财政责任，拉美国家率先进行社会保障私有化改革，将国家的责任转嫁给社会和个人。值得注意的是，他们在私有化改革时，绝大部分国家已进入中等收入阶段。例如，1981年智利改革时人均GDP为2876美元，1994年阿根廷改革时7591美元，1997年乌拉圭改革时7361美元，1997年墨西哥改革时4274美元，2000年哥斯达黎加时4057美元[1]。由此可见，拉美社保制度改革的时间虽与欧洲国家改革几乎同步，甚至略早于欧洲，但80-90年代欧洲早已进入高收入国家行列，例如，法国1995年首次实施改革时人均GDP为26421美元，2000年瑞典养老金改革时27879美元，这说明，拉美掉入"中等收入陷阱"之后，迟缓的经济增长使社保制度显得有些超前和不合时宜。

中国经济正处于上升期，社保制度也同样处于建设高涨期。但目前中国的问题是社保制度没有跟上经济高速发展的步伐，制度建设显得非常滞后，没有充分发挥保障居民消费和扩大内需的应有作用。在进入上中等收入阶段之后，迅速的城镇化、大规模的非农化和生活水平的整体提高，必将使社保制度的现状显得更为滞后，尤其是经济增长的预期使人们对社保制度的要求更高，社保制度面临的压力更大。在这种情况下，重要的是要保持清醒头脑，居安思危，吸取当年欧洲发达国家处于中等收入阶段时和拉美国家的一些教训，始终保持社保制度与经济增长的同步发展，既不要滞后，也不应超前，滞后将不利于扩大消费和经济增长，超前会"透支"经济增长的可持续性，成为掉进"中等收入陷阱"的诱因；换言之，社保制度建设中要防止出现从一个极端走向另一个极端的倾向。

---

[1] 引自 http://data.worldbank.org/indicator/

其中，极端民粹主义在目前和相当长一段历史时期内是需要警惕的一种社会思潮。在一个经历了高度计划经济体制的国度里，民粹主义的肥沃土壤加上经济高速增长的预期，非常容易导致某些大锅饭因素的回归，尤其在构建社会主义和谐社会作为战略任务的大背景下和刚经历了全球金融危机的洗礼下，推动福利大厦过度膨胀始终存在着强烈的冲动。防止福利制度向西方高福利国家看齐，应成为中国进入中等收入阶段之后一个时刻注意的倾向。在这方面，一些长期掉入"中等收入陷阱"的国家是有深刻教训的。

（四）绕开"城市化陷阱"，保持城市化与经济水平同步发展

中国实行改革开放以来，经济高速增长，城市化率迅速提高，年均提高一个百分点。日前刚刚公布的第六次人口普查公告显示[1]，中国城市化率高达49.6%。但众所周知，这是一个"浅度城市化"。由于没有城市户口，在城镇打工的农民工及其子女并没有享受到与户籍人口相同的"市民待遇"，例如，在中小学教育、医疗待遇、养老补贴、社会保障，甚至老年人公共交通等很多公共服务被排除在外；他们亦城亦乡，是候鸟和"两栖人"。

多年来，春节后出现的持续一两个月的"用工荒"是对这个虚高的城市化率统计的一个典型诠释，是"浅度城市化"的最好证明。要想把"浅度城市化"变成"同步城市化"，把民工变成市民，就需要扩大社会保障的覆盖面，扩大公共服务受益人口的范围，给他们以"市民待遇"，为他们提供平等、均一的公共服务。换言之，"真实的"城市化率只有33%，而17%没有城镇户籍即2.33亿流动人口只在"统计"时被城市化了。其实，即使将这2.33亿流动人口也计算到城市化率之中，目前的

---

[1] 见《2010年第六次全国人口普查主要数据公报》，见国家统计局网站，http://www.stats.gov.cn/

城市化水平也落后于真实的经济发展水平，大约仅相当于上世纪30-40年代的英国和法国的比值。如果把这2.33亿人剔除，仅以能够享受城镇公共服务和社会保障等公共产品的城镇户籍人口作为分子的话，这个比值就更低了，大约仅为0.72（33%/46.3%），与目前的经济发展水平更不匹配。

上述中国的"浅度城市化"存在很多问题，拉美的"过度城市化"也存在很多教训，主要有两个主要特点：一是"城市人口爆炸"堪称世界第一。1950年南美大陆总人口才1.1亿，农村人口为6430万；但2010年南美大陆人口总量已达到5.0亿，而农村人口却下降到6300万。60年间南美大陆城乡人口空间分布出现巨大反差，南美大陆3.8亿的人口增量全部涌向城市，推动了拉美城市化过度发展。二是城市化与经济发展水平很不协调。拉美城市人口爆炸致使城市化水平明显超过工业化和经济发展水平。例如，如果用城市化率与工业化率的比例来测量的话，城市化率与工业化率（即目前中国工业总产值占GDP比重为46.3%）的世界平均数还不到1.5%，而拉美则超过了2.5%，远远高于世界平均水平[①]。在拉美"过度城市化"进程中，公共服务从硬件基础设施到软件公共服务都不能满足城市人口规模日益膨胀的需求，由此导致其产生了几乎是世界上独有的"城市病"即"城市化陷阱"。

中国"浅度城市化"将有可能导致出现三类社会问题：

一是引发某种"城市病"，与拉美式"过度城市化"导致的社会问题十分相像。例如，由于住房等社会政策存在问题，大量涌入城市的农民工蜗居在"城中村"，不利于社会管理。2011年4月25日北京大兴一座四层楼发生严重失火，造成几十人死伤。

---

① 以上资料数据引自郑秉文主编：《拉丁美洲城市化：经验与教训》，当代世界出版社，2011年4月，第43-51页。

据悉这是一座外地打工者建造的非法建筑①。拉美各国城市人口爆炸导致其贫民窟十分普遍，居住在"非正规化住宅"的居民比重很大，从10%（例如阿根廷首都布宜诺斯艾利斯）到60%（例如，哥伦比亚首都波哥大高达50%）不等②，城市治安形势及其恶化，世界上最不安全的地区之一，据不完全统计③，拉美每年大约有2800万个家庭被盗或被抢，约有14万人死于凶杀，其凶杀率是世界平均凶杀率的3倍，是欧洲国家凶杀率的27倍；绑架案日益增多，在一些国家甚至成为一个产业；2005年对受访者的一项问卷调查显示，受到某种犯罪行为侵害的比重高达41.97%。暴力活动产生的代价巨大，针对拉美6国的一项调查结果显示，包括健康医疗、有形和无形的损失合计高达1680亿美元，占6国GDP的14.2%。面对治安恶化和司法腐败，有80%的民众对警察和司法人员缺乏信任，很多案件的受害者不愿报案，导致犯罪活动更加猖獗。拉美民众对各种犯罪活动深恶痛绝，但又感到恐惧无助。

二是导致出现具有中国独有的各种社会问题。其中"用工荒"是典型的由"浅度城市化"导致的中国独有的一个社会问题。类似"用工荒"这样的社会问题所产生的影响是巨大的，比如，对劳动力市场价格、企业成本、企业竞争力、产业结构转型产生巨大影响。

---

① 见《北京大兴四层违建楼大火17死25伤》系列报道，载《新京报》，2011年04月26日，第A06至A11版；见《专场招聘"违建村"村民——大兴区为发生"4.25"重大火灾的旧宫南街三寸村民找工作》，载《新京报》，2011年5月16日，第A06版。
② 以上资料数据引自郑秉文主编：《拉丁美洲城市化：经验与教训》，当代世界出版社，2011年4月，第80页。
③ 以下关于社会治安的资料数据引自林华：《拉美国家的社会治安和暴力犯罪问题》，载苏振兴主编《拉丁美洲和加勒比发展报告（2007~2008）——社会和谐：拉美国家的经验教训》，社会科学文献出版社，2008年2月，第292-300页。

三是"浅城市化"加上楼房化和水泥化,其结果有可能比拉美更为复杂和更为严重。在很多一、二线城市,一边是远比拉美国家甚至比欧美发达国家还要摩登和豪华的现代化市区,一边是打工者外来务工人员的"蜗居区",形成反差十分鲜明的"城市亚二元结构",甚至无论在拉美,还是欧美,这个"城市亚二元结构"都是很少看到的。在城乡二元结构十分明显的条件下,"城市亚二元结构"将不可避免地导致出现一个"三元结构"。

在快速城市化进程中,应积极采取有效措施,防止掉入主要由城市人口爆炸、"贫民窟"普遍存在和社会治安恶化等为主要表现形式的"城市化陷阱",努力保持城市化与工业化的同步发展,既要防止拉美的"过度城市化",更要纠正目前中国的"浅度城市化",顺利实现中国经济的第三次飞跃。

(五) 警惕"泡沫经济陷阱",经济不能大起大落

"房地产泡沫"是最典型的泡沫经济的一种形态。自1998年房改以来,中国住房商品化改革只有13年的历史,但却惊心动魄,震动全社会,尤其是从2008年上半年到2011年上半年的这三年中,房地产市场和房地产政策出现了大起大落的巨大波动,并已成为影响宏观经济的一个重要因素,并被普遍认为充斥了资产泡沫。

推动楼市价格上升的原因固然很多。例如,土地供给不足、放贷过度、通胀预期加大、汇率变化导致大量热钱流入、利率政策变化等。这些因素导致的泡沫现象在日本和美国等发达国家都曾历历在目。但从需求方面讲,中国楼市价格飙升的原因除金融危机期间货币投放这个近期原因之外,还有一个巨大的投资性需求的远期因素。经济几十年高速增长导致社会平均工资高速增长(14%)[①]。为保持购买力,在资本市场不尽成熟、社保预期普遍

---

① 《中国统计年鉴2010》,中国统计年鉴出版社。

低下、预防性储蓄和投资意愿十分强烈、勤俭持家的儒家传统文化根深蒂固的环境下，楼市便自然成为城镇居民的唯一重要的投资品。楼市被视为唯一重要投资品，这是一个理性的投资行为，因为在经济全球化中，石油和黄金的价格已与国际市场同步，只有楼市的价格具有特殊性和地方性，而对楼市投资品唯一可以替代的是土地，但在土地还不能自由买卖并不具有个人产权的制度下，它还不能成为分流和稀释城镇居民的投资冲动，于是，独有房地产成为一个趋之若鹜的稀缺投资品，巨大需求对其价格产生了巨大影响。由此看来，资产泡沫或称之房地产泡沫应成为中国经济成长中应该十分警惕的一个陷阱。

近年来，中央和各级地方政府加大了需求管理力度，限购和限贷措施鱼贯而出，交易量迅速得以控制，楼市价格迅速得以稳定，短期内过度的投资性需求暂时得到抑制。

但在供给管理方面，住房作为一个特殊的耐用品，除了增加供给总量以外，改善供给结构（这里亦即表现在住房体系结构上）在某种程度上对调节供求关系更为重要。所谓改善供给管理，主要是指改变住房体系结构中公共住宅与私有住宅之间的比重关系。1998年实行房改以来，房改房和商品房成为中国住房的两个主要形式，二者合计构成目前中国"住房自有率"的主要来源。

据2010年底公布的最新数据，中国城镇"住房自有率"已达87.8%[1]，在世界各国名列前茅，远远超过发达国家[2]：荷兰"住房自有率"为54%，公租房占35%（私租房占11%），奥地利"住房自有率"是55%，公租房是25%（其余为私租房，下

---

[1] 《中国城市状况报告2010/2011》，外文出版社，2010年9月，第22页。
[2] Christine Whitehead and Kathleen Scanlon (edt), *Social Housing in Europe*, published by LSE London, July 2007, p.9, table 1.

同),丹麦"住房自有率"占52%,公租房是21%,瑞典这两个数据分别是59%和20%,英国是70%和18%,法国是56%和17%。

上述国际比较说明,发达国家的住房体系无一不是混合型供给体系:既有私人市场供给(保有一定比例的"住房自有率")、又有公共供给(一定比例的公租房);相比之下,中国住宅体系结构不尽合理:私有住房比重即"住房自有率"过高,公共住房(public housing,本文指公共租赁住房和廉租房)比重微乎其微。

1998年实施房改政策至今只有短短的13年。但就在这短短的13年里,房地产市场经历了一个惊心动魄的巨大变化。追根溯源,住房体系结构出现严重失衡是其根本原因之一:在城镇住房市场上,公租房(廉租房)的建设供给几乎完全被边缘化,绝大部分城镇居民消费能力被挤压到商品房市场上,在投资性需求的双重压力下,商品房价格直线飙升。中国城镇居民住房体系结构,已经从高度计划经济条件下的福利分房的一个极端,走向完全市场化的商品住房的另一个极端;事实证明,改革开放前的福利分房体制(100%的福利房拥有永久性住居权)是不可持续的,完全市场化和商品化的房改取向(指过高的住房自有率)同样也是行不通的。

2010~1011年中国住房政策重大调整,可被视为继中国1998年房改之后的二次房改。2010年七部委联合发布的《关于加快发展公共租赁住房的指导意见》(建保〔2010〕87号)形成了二次房改的主要内容:"商品住房价格较高、上涨过快","完善住房供应体系,培育住房租赁市场","大力发展公共租赁住房"和"调整房地产市场供应"。

二次房改之所以将提供公租房作为改革首要,是为了同时实现经济和社会的两个目标。从经济目标来看,是为了平抑楼市价格和防止泡沫经济的出现。政府保有一定规模和比例的公租房，是平抑房地产市场价格的重要举措，可实现控制房地产泡沫和泡沫经济的目的。从社会目标来看，是出于社会公正的考虑。政府对住房市场提供公租房，是保护低收入群体基本住房权利、解决中低收入群体住房困难的国际惯例，可有效防止贫民窟和"非正规住宅"的出现，避免掉进"城市化陷阱"和顺利跨越"中等收入陷阱"，以达到维护社会稳定和社会良好治安环境的目的。

但是，由于目前公租房所需资金主要不是来自财政预算，公租房建设资金回收期一般大约需要40–50年，银行贷款必然意愿低下，民间资本缺乏投资热情，资金短缺成为最大障碍。于是，建设公租房的前途就很可能有三：一是资金短缺导致开工率严重不足，十二五目标难以实现，政府公信力严重受损；二是数量有可能勉强完成，但质量存在较大问题，甚至存在较大安全隐患，成为社会诟病的一个靶子[①]；三是在"问责制"约束下，一些地方政府不得不采取各种变通措施，以提高公租房的"可投资性"和吸收民间资本，公租房产权多元化将导致政府最终失去对住房市场的价格干预能力，二次房改变相流产。例如，转租为售；以租为主，先租后售；可租可售，租售并举的变通政策在

[①] 2011年保障房开工计划为1000万套，所需资金约1.3万亿元，其中，中央财政资金仅为1000多亿元，地方政府需要负责筹措3000多亿元，其余8000亿元要通过地方政府进行社会筹资。在巨大的资金困境下，保障房开工率低的问题日益突出。为此，住建部2011年6月9日再次重申，必须在今年10月31日前全部开工。广西住房和城乡建设厅督查组共随机抽查了45个项目，发现部分保障性住房存在施工质量不高、安全隐患较多等问题，例如，为节省造价使用不合格的钢筋等。以上资料见《保障房开工期限"放宽"一个月——住建部督促各地公布建设信息，11月末以前必须开工》，载《东方早报》，2011年6月11日，第A34版。

各地不断出现；再例如，浙江和山西允许单位自建公租房①，将所有建筑成本、物业管理、退出机制等后期管理事务便可全部"甩给"自建企业，这样就有可能导致变相的福利分房的制度回归，"住房价格多轨"制便会再现，从而引起已经购买商品房群体的不满和攀比，造成新的社会不稳定因素。最终，"政府支持、商业运作"有可能导致公租房名存实亡，公租房平抑楼市和防止泡沫经济的预期将不复存在。

鉴于此，为顺利实现住房体系结构的重大调整，确保公租房的公共产权及其对住房市场价格的干预能力和二次房改能够顺利进行，在"十二五"规划这个特殊期间，应彻底改变目前"政府支持、商业运作"的公租房融资模式，而应采取一个特殊政策，即由全国土地出让收益来解决公租房的资金需要，土地采取无偿划拨的办法，以达到降低公租房造价成本和成本完全内在化的目的，还公有土地的本来"面目"。此外，应建立一个垂直的公租房运营管理体系，保持政府对公租房的主导权，设立专门的部门和人员队伍，加强服务型政府建设，提供优质的公租房服务。最后，目前提供的住房类型过多，层次较多，不利于管理。应将目前的公租房、廉租房、限价房、经济适用房、商品房五大类简化为三大类，即公租房、限价房和商品房。

（六）克服"老龄化陷阱"，保持经济稳步增长

人口老龄化是经济增长的一个重要变量。由于计划生育等原因，中国人口老龄化趋势比发达国家更为严峻。据联合国 2011 年 5 月做出的最新统计和预测，未来 10 年是中国人口变化将要

---

① 浙江和山西等省份已经出台相关政策，正式允许单位自建公租房。据悉，北京已开始考虑鼓励机关及企事业单位、高校、科研院所等社会单位利用自有国有土地建设公租房。见记者于兵兵：《北京等地拟推广单位自建公租房 地方调控进入细化阶段》，载《上海证券报》，2011 年 4 月 27 日，载新华网：http://news.xinhuanet.com/2011-04/27/c_121352545.htm

下篇　对中国的启示　393

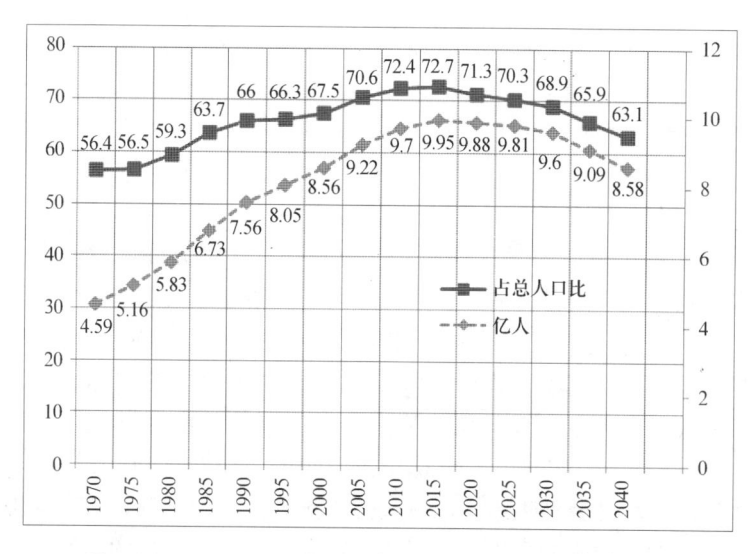

图 11　1970~2040 年中国 15-64 岁及以上人口变化趋势
资料来源：http://esa.un.org/

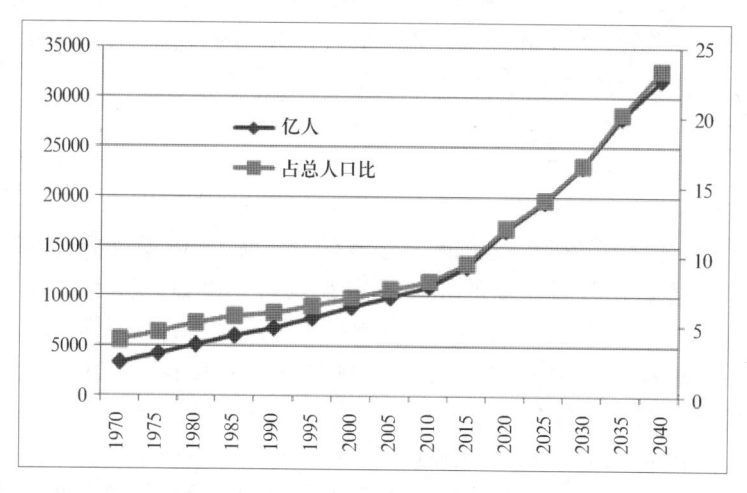

图 12　1970~2040 年中国 65 岁及以上人口变化趋势
资料来源：http://esa.un.org/

遇到两个重大变化的历史时期：一是 15-64 岁劳动适龄人口将于 2015 年出现峰值即达到 9.95 亿人，此后便逐年下降；二是老龄化趋势加剧，65 岁以上高龄人口将超过 10% 这个节点（2010 年为 1.09 亿，占总人口比重为 8.2%），到 2020 年竟高达 1.66 亿，占比高达 12.0%。

未来 10 年人口结构的两大变化意味着：一方面，劳动投入将要减少，产出必将减少，另一方面，高龄老年人激增，赡养人口比重提高。这个逆转的发展趋势意味着：我们要继续完善社保制度，深化社保体系改革，以解决好"养老金"的问题；要大力完善社会养老事业，积极解决空巢家庭等社会问题，以解决"养老服务"的问题；要积极开展"积极老龄化"，适当提高退休年龄，增加劳动供给，以解决劳动投入减少的问题；要提高生产率，加大技术创新力度，以达到提高就业率和提高产出的双重目标。

总之，未来 10 年中国人口变化将对经济增长和社会发展带来严峻考验，应未雨绸缪，积极应对，防止因人口结构变化而带来的社会经济波动。

（七）防止"金融陷阱"，金融改革应慎之又慎

在金融危机中，中国金融业经受住了严峻考验，受到较大影响的主要是实体经济。在某种程度上说，这是因为中国金融体系还没有完全开放和融入国际金融体系的结果，但尽管如此，其结果还是受到国际业界的充分肯定和认可，比如，每年发布的《全球竞争力报告》对中国"金融市场成熟度"的单项排名就从一个侧面说明一定问题：2008 年排名仅为第 109 名，2009 年前进至第 81 名，2010 年跃升至第 57 名。

在中国迈入中等收入阶段时，一方面应坚持改革，加大金融业的开放度，不要因噎废食，但同时应采取十分谨慎的态度，循环渐进，这是因为，从防范危机的实际效果看，人民币资本项下

可兑换和金融体系的开放程度和进程必须取决于中国国情。同时，还要继续加强金融监管体系建设，完善监管制度，建立一个健康的金融业和银行业。否则，金融体系一旦出现问题，势必拖累整个实体经济，影响增长，欲速不达，甚至有可能落入"金融陷阱"。

拉美绝大部分国家之所以长期徘徊在中等收入区间而难以突破递进，除其他原因外，金融体系的脆弱性和金融危机的周期性对经济增长和实体经济的巨大破坏是一个重要原因。据统计①，在1974～2003年整个中等收入阶段，拉美各国发生金融危机的平均数量和复发次数在世界各国中名列前茅，大约35%的拉美国家曾多次爆发危机，几乎是其他地区的3倍。银行危机不仅对拉美短期宏观经济变量产生很大影响，而且还影响到了长期增长，代价巨大。通过对1974～2001年76份国家年度信息进行的经济增长回归分析发现，拉美每爆发一次金融危机，经济长期增长率就下降约1个百分点；拉美银行危机的平均财政成本超过了GDP的20%，几乎是OECD成员国的两倍，比其他新兴市场国家要高出约三分之一；1994年墨西哥金融危机的财政成本超过了GDP的20%；2001年阿根廷爆发的债务危机和银行危机甚至引发了政治危机，数月后总统被迫辞职，次年阿根廷经济衰退进一步恶化，经济活动的增长率下降了10%，财政赤字占GDP的5.9%，公共债务占GDP的60%；乌拉圭2000年金融危机导致财政赤字占GDP的4.1%，公共债务占GDP的54%。

（八）小心"美元陷阱"，确保国民经济安全

中国外汇储备已达3.2万亿美元，占全球总量的三分之一。由于相当一部分外汇持有美元资产，规模巨大的储备资产的安全

---

① 以下资料引自美洲开发银行著、高静等译、江时学/高静校订：《银行业与发展：拉美的危机与改革》，世界知识出版社，2007年，第41－43页，101－104页。

问题越来越引起全社会的极大关注,甚至在2009年3月13日举行的十一届全国人大二次会议中外记者招待会上,温总理在答记者问时说:"我想再次重申要求美国保持信用,信守承诺,保证中国资产的安全。"[①]但是,中国储备资产的价格主要依赖于一系列不确定、不稳定和不正常的因素,如同保罗·克鲁格曼教授曾在《纽约时报》载文指出的,人民共和国变成了"T-bills共和国",已经"将其自身推到一个美元陷阱之中,既不可能从中脱身,也不可能从一开始就改变策略不跳入这个陷阱";即便不考虑美国国债券收益过低问题,由于以美元标价,一旦美元贬值,中国外汇储备也会遭受巨大损失。事实上,由于美国持续的经常项目逆差、巨额外债、货币供给急剧增加、巨额赤字等因素,中国储备资产面临着威胁,其持有的美元资产实际已经贬值[②]。

早在20世纪20-30年代,还有一个受困于庞大外汇储备的著名案例[③]:由于贸易收支盈余及资本流入,法兰西银行积累了大量外国资产计价的投资组合,法国拥有世界一半以上的外汇储备。当1929年大萧条来临时,市场上出现了英镑贬值的恐慌;到1930年底,英镑疲软状况极度恶化时,法国掉入"英镑陷阱":英镑急剧崩溃,如果继续抛售英镑,势必导致巨大汇兑损失。当英镑最终崩溃时,法兰西银行被推到了濒临破产的境地,法国损失惨重。

"外汇储备难题"毫无疑问将伴随未来十几年中等收入阶段

---

① 新华社北京3月13日电:《在十一届全国人大二次会议记者会上温家宝总理答中外记者问》,载《人民日报》,2009年3月14日,第001版。
② 这里参考了余永定教授的两个文献:《避免美元陷阱》,载《财经》杂志,2009年第8期;《见证失衡》,三联出版社,2010年。
③ 引自奥利维尔·阿科米诺蒂:《从历史角度看"美元陷阱"》,载"财经网",http://www.caijing.com.cn/2009-05-18/110167889.html

全过程。这是一个关涉国民经济整体安全的全局性和战略性的大问题。表面上看,这主要还是一个国内经济问题,因此,中国应积极制定应对政策,比如减少"双顺差",尽量将资源用于国内消费与投资,将经济工作重心转到振兴内需上,加快调整经济增长方式和经济结构等等;但在本质上,这还是一个国际事务和国际关系问题,因此,应密切关注和跟踪国际政治经济形势走势,积极参与国际分工和国际事务,作为最大的新兴经济体,在国际舞台上,中国应扮演好与最大的发达经济体的利益攸关方的角色。

(九)谨防"捧杀陷阱",韬光养晦不当头

在中国刚刚改革开放时,西方国家普遍"唱衰"中国。随着中国经济总量的大幅提升,"中国威胁论"、"中国投资威胁论"、"新殖民主义论"等接踵而来;近几年来,面对奥运的成功举办,世博的举世瞩目,金融危机中的杰出表现,气候变化和节能减排中承担的义务等等,一些西方国家又开始利用民主、人权以及民族等问题来妖魔化中国,制造和推销"新兴经济体责任论"、"中国环境威胁论"和"中国责任论"等,要求中国承担起不合理的顺差、汇率、碳排放等过度的国际责任,甚至有人还说"应当除去中国'发展中'和'新兴'这样的字眼"[①]。

2010年中国经济总量虽跃至世界第二,但人均GDP仍然很低,是一个真实的发展中国家,人均GDP世界排名仅为第95位[②]。作为负责任的大国,其角色定位应始终建立在这一基本事实基础之上。中国实际上已经承担起与自身实力相应的责任和义务。面对不同的国际环境和舆论环境,中国应保持清醒头脑,始

[①] 张茉楠:《不可落入西方国家"捧杀"陷阱》,载《上海金融报》,2011年2月1日。

[②] 见IMF, World Economic Outlook Database网站。

终居安思危,增强忧患意识,不要掉入西方设下的"捧杀陷阱",不能承担超出中国自身能力以外的义务,不能以损害中国的核心利益为前提。

中等收入阶段正值中国国内经济和社会转型的重要时期,在国际事务中其实也同样处于一个"国际角色转型期"。从国际关系和区域安全的角度看,中国可能会经常自主不自主、自觉不自觉地、甚至是出于善意地"被要求"承担一定的全球或区域安全责任,但是,正如邓小平所说的,在世界的主题是和平与发展的大环境下,韬光养晦,不当头,不称霸,赢得历史机遇发展好自己,做好自己的事情,做好跨越"中等收入陷阱"的"家庭作业",这才是中国国际角色的应有定位。这个定位是建立在这样一个事实基础之上,那就是,在经济总量上中国虽然登上世界第二的高位,但在人均 GDP 方面,中国只是发达国家的十分之一;这就说明,中国要走的路还很长,目标还非常遥远,其硬实力还相差很远;在软实力方面,差距就更大了,至少还需要半个世纪的努力。

(十) 超越"民粹主义陷阱",保持政治稳定和社会安定

很多案例显示,在中等收入阶段,如果民族冲突加剧、社会矛盾激化、政党斗争激烈、政府更迭频繁,国家的经济社会政策就必然缺乏有效性和连续性,经济发展就必然受到极大影响,甚至长期止步不前,掉进"中等收入陷阱"难以自拔。拉美一些国家在 20 世纪中叶至 80 年代就曾饱尝政府频繁更迭和军事政变之苦,有些国家甚至被称之为"政变之国",例如,1996~2003年厄瓜多尔换了 5 位总统。根据 2007 年的一份研究报告[①],这

---

① 下述资料引自 World Bank, Africa's Future and the World Bank's Role in It, p. 8, http: //siteresources. worldbank. org/INTAFRICA/Resources/Africa_s_Future_and_the_World_Bank_s_Role_in_it. pdf

些国家每次发生的社会冲突和政治动荡，都为国家经济和家庭结构带来巨大灾难，导致其经济发展至少倒退 10–15 年。例如，1990~2005 年非洲社会冲突和政治动荡造成的经济损失相当于同期流入这个大陆的全部国际资助，即大约 2840 亿美元；其中，布隆迪和卢旺达的社会冲突和政治动荡导致其经济成本分别相当于其 GDP 的 37% 和 32%。这是因为，每次社会冲突和政治动荡之后必然会出现经济停滞，随后便是通货膨胀、债台高筑、投资剧减、大量失业、公共服务短缺等等，为爆发下一次社会动乱埋下隐患。

从世界银行编制的"世界治理指数"（Worldwide Governance Indicators）可以看出，在世界各地区中，南亚和撒哈拉以南非洲地区的社会稳定最差，其次是拉美和中东北非等，而这些地区正是大多数落入"中等收入陷阱"国家的聚集区。在 GDP 总量排名前 10 位国家中，日本情况最好，其次是德国；最差的是印度和俄罗斯，中国屈居倒数第三。虽然这个排名不能说明全部问题，但至少提醒人们，在未来几十年的中等收入阶段里，民族问题和三股势力（恐怖主义、分裂主义和极端主义）对中国社会安定的影响是不可小视的，强调社会稳定是十分必要的，维持社会稳定是十分重要的。

跨入上中等收入行列之后，生活水平和文化程度有了较大提高，主张加快进行政治体制改革和引进西方式民主的民主诉求必将凸显；如果处理不当，回应迟钝，"民主高潮"有可能演变为"街头政治"，南亚式的"民主乱象"（印度、巴基斯坦、泰国等）有可能导致中亚式的"玫瑰革命"，甚或"传染"成为中东北非式的"茉莉花革命"。这种南辕北辙的结局必将重蹈某些国家"民主陷阱"的覆辙，在政治动荡、社会冲突、经济倒退的所谓"社会变革"的恶性循环中，中国就有可能停滞并掉进"中等收入陷阱"，来之不易的三十多年的改革开放成果就有可

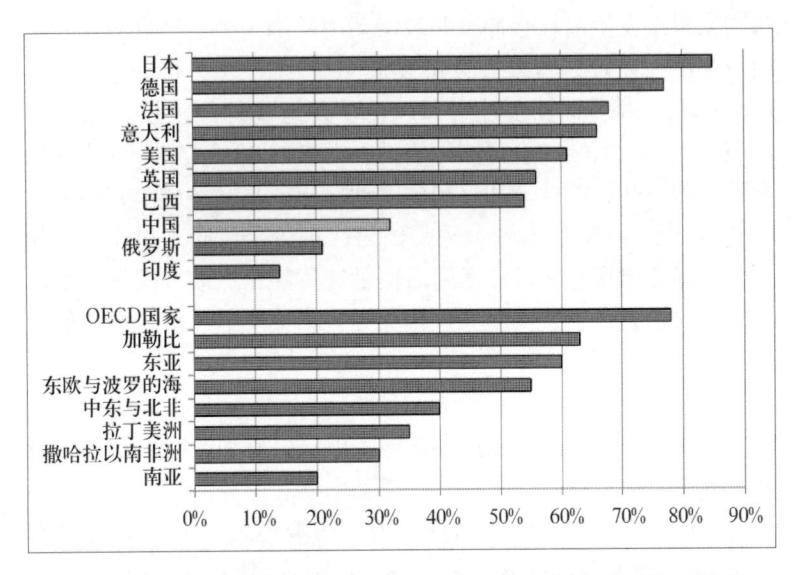

图13 世界各地区和GDP排位前10国家社会安定与政治稳定的指数

资料来源：http://info.worldbank.org/governance/wgi/mc_countries.asp

注："0%"表示稳定最差，"100%"表示最好。稳定指数用百分数来表示排位，意指在世界各国中有百分之多少的国家比该国好或差一些，例如，对东亚而言，大约世界上60%国家稳定情况不如东亚，40%的国家要好于东亚。

能付之东流。因此，政治稳定和社会安定是中国现代化进程的基本条件，是中华民族的最高利益，是中国跨越中等收入阶段所必须面对的第一个陷阱。

第六节 简短的结论

毫无疑问，中等收入发展阶段是中国仍可以大有作为的重要战略机遇期，也是各种社会矛盾明显增多的陷阱密布期。在这个发展阶段，中国既面临难得的历史机遇，也面对诸多可以预见和难以预见的各种风险挑战，包括"转型陷阱"、"拉美陷阱"、"福利陷阱"、"城市化陷阱"、"泡沫经济陷阱"、"金融陷阱"、"美元陷阱"、"捧杀陷阱"、"民主陷阱"等九种风险的诱因。这些大大小小的陷阱，集中构成了中国进入中等收入阶段之后的"阶段性新特征"，形成了前所未有的"中国式"的"中等收入陷阱"的严峻挑战。

尽管如此，34年的改革开放为中国顺利度过中等收入阶段和跨越"中等收入陷阱"积累了丰富经验，为中国经济长远可持续发展奠定了重要基础。我们有理由相信，在中国发展道路上，在不久的将来，在中国的第三次跨越中，"中等收入陷阱"必将成为历史。

主要参考文献

（一）中文部分

安蓓、侯雪静：《2010年末中国外汇储备余额为28743亿美元》，新华社北京1月11日电，http：//www.gov.cn/jrzg/2011-01/11/content_1782201.htm

奥利维尔·阿科米诺蒂：《从历史角度看"美元陷阱"》，载"财经网"，http：//www.caijing.com.cn/2009-05-18/110167889.html

韩保江：《大国"后发优势"的中国机遇》，载《瞭望》新闻周刊，2010年第42期

李名峰：《土地要素对中国经济增长贡献研究》，载《中国地质大学学报（社会科学版）》2010年第1期

马岩：《我国面对中等收入陷阱的挑战及对策》，载《经济学动态》，2009年第7期

美洲开发银行著、高静等译、江时学/高静校订：《银行业与发展：拉美的危机与改革》，世界知识出版社，2007年

宋晓平编著：《阿根廷》，社会科学文献出版社，2005年
赵丽红：《"资源诅咒"与拉美国家初级产品出口型发展模式》，当代世界出版社，2010年
新华社北京3月13日电：《在十一届全国人大二次会议记者会上温家宝总理答中外记者问》，载《人民日报》，2009年3月14日，第001版
余永定：《避免美元陷阱》，载《财经》杂志，2009年第8期
余永定：《见证失衡》，三联出版社，2010年
张其仔：《能成为引擎的三个标准》，载《人民论坛》，2009年第4期（A）
张茉楠：《不可落入西方国家"捧杀"陷阱》，载《上海金融报》，2011年2月1日
郑秉文《拉美"增长性贫困"与社会保障的减困功能——国际比较的背景》，载《拉丁美洲研究》杂志，2009年增刊（2月出版），第3-29页
佐立克：《三十年成功合作典范》，载《人民日报》2010年9月13日，第3版
《中国统计年鉴2010》，光盘版，中国统计出版社，2010年
中华人民共和国国家统计局：《中华人民共和国2010年国民经济和社会发展统计公报》，2011年2月28日。
中华人民共和国国家统计局：《中华人民共和国2011年国民经济和社会发展统计公报》，2012年2月22日。

（二）英文部分

Klaus Schwab, World Economic Forum, *The Global Competitiveness Report 2010 ~ 2011*, World Economic Forum, Geneva, Switzerland 2010

Victor Bulmer-Thomas etc. Edited, *The Cambridge Economic History of Latin America*, Volume II, The Long Twentieth Century,

Cambridge University Press, 2008

Noman Loayza & etc, etd. , Economic Growth in Latin America and the Caribbean: Stylized Facts, Explanations, and Forecasts, Central Bank of Chile, Working Papers No. 265

George J. Gilboy and Eric Heginbotham, The Latin Americanization of China? in *Current History*, September 2004, Volume 103, Issue: 674, Philadelphia, PA 19127, USA.

World Bank, World Development Indicators 2010, Washington DC.

World Bank, Robust Recovery, Rising Risks, in *World Bank East Asia and Pacific Economic Update 2010*, Volume 2. Washington, DC. November 2010

World Bank, Africa's Future and the World Bank's Role in It, p. 8, http://siteresources.worldbank.org/INTAFRICA/Resources/Africa_s_Future_and_the_World_Bank_s_Role_in_it.pdf

IMF, World Economic Outlook Database, October 2010.

World Bank, 10 Years After the Crisis-Special Focus: Sustainable Development in East Asia's Urban Fringe, in *East Asia & Pacific Update*, East Asia and Pacific Region, The Word Bank, April 2007

The World Bank, Robust Recovery, Rising Risks, World Bank East Asia and Pacific Economic Update 2010, Volume 2. Washington, DC. November 2010

(三) 网站

http://info.worldbank.org/governance/wgi/mc_countries.asp

http://data.worldbank.org/indicator/

后 记

早在 2011 年 4 月 28 日召开第七届拉美国际论坛《中国和拉丁美洲可持续发展的挑战：基础设施和城市化》时，中国社科院拉丁美洲研究所就与经济合作与发展组织（下简称 OECD）发展中心和 CAF－拉丁美洲开发银行（原译"安第斯发展集团"。去年该行名称发生变化，随之我们决定将其译名也相应修改）共同商定，在 2012 年 5 月 8 日即将召开的第八届拉美国际论坛上，我们提供的"2012 年拉丁美洲和加勒比专题报告"题目为"中等收入陷阱"的研究，同时，我热烈邀请 OECD 发展中心 Daude 先生和 CAF－拉丁美洲开发银行主席加西亚先生分别各自撰写一章，他们欣然应允。

经过一年多的准备和写作，这本《中等收入陷阱：来自拉丁美洲的案例研究》终于问世了，并如期展现在 2012 年 5 月 8 日召开的第八届国际论坛上，想必当 OECD 的 Daude 等同行和 CAF－拉丁美洲开发银行主席加西亚先生一行来京参会看到这本国际合作的结晶和中国国内多方合作的产物时一定会十分高兴的。自 2012 年 2 月 23 日中国社科院拉丁美洲研究所进入院的创新工程之后，此次第八届论坛和"中等收入陷阱"的研究项目也纳入到创新工程规划之中。

自世界银行提出"中等收入陷阱"这个概念以来，在英文文献和中文文献中，很多学者将研究的目光聚焦在拉丁美洲地区，这是因为，大部分南美国家在中等收入阶段（人均国民总收入为 1006－12275 美元，2011 年 7 月世界银行发布的标准）

滞留了30－50年之久，其中，在"上中等收入"阶段（3976－12275美元）出现的"增长—回落—再增长—再回落"波动现象更是引起学者的注目。中国于2010年跨入"上中等收入"阶段（人均GDP4283美元）之后，国内研究"中等收入陷阱"的学者更多了起来。

2012年10月将召开党的"十八大"，明年3月将政府换届，未来的两届新政府必将成为中国穿越"上中等收入"全过程的亲历者和领导者，即"十二五规划"和"十三五规划"的10年恰好横跨"上中等收入"阶段。据笔者测算，在其他条件不变的情况下，在"十四五规划"期间，比如，2022~2024年中国将有望进入高收入国家行列（见2011年9月22日第2版《人民日报》（海外版）对郑秉文的专访《我国"十四五"有望成高收入国家》）。

作为党中央国务院的重要智库，中国社科院要求各研究所应将实践中提出的全局性、战略性、前瞻性重大问题作为重要研究领域之一，并对其做出科学解释和理论诠释。作为全国唯一的拉丁美洲综合研究的大型专门机构，中国社科院拉丁美洲研究所对拉丁美洲地区出现的"中等收入陷阱"现象进行集中研究，并邀请国内外学者协同展开，可谓责无旁贷，名至实归。为决策者提供智力支持，与国内外同行促膝交流，这是由中国社科院拉丁美洲研究所的责任和地位所决定的。

毫无疑问，"中等收入陷阱"是一个多学科交叉研究项目。参与该项研究的学者来自各个学科，他们分别从经济学、政治学、历史学、制度比较研究、拉丁美洲区域专门研究等视角，对"中等收入陷阱"进行了规范性和实证性研究，有些研究方法很新颖，有新意，在拉丁美洲研究领域和"中等收入陷阱"研究中站在最前沿。鉴于该项研究的这个定位，它同时也纳入到中国社科院2011年12月20日颁发的《中国社会科学院落实〈中央有关部门贯彻落实党的十七届六中全会决定重要举措分工方案〉的工作安排》对拉美所规定的任务之中。

在该书付梓之际，我代表中国社科院拉丁美洲研究所，对如下机构表示感谢：作为由34个国家组成的政府间机构，OECD应邀为本书做了专门研究并提供了高质量研究成果；CAF－拉丁美洲开发银行不但欣然参与了这项研究工作，而且还特意做出安排并提供了重要的一章；国务院发展中心副主任刘世锦先生领衔的研究成果应邀纳入进来；中国社科院经济所副所长张平先生应邀为本书做出专门研究并贡献一章（与马岩博士合著）。更令人高兴的是，第九、十届全国人大副委员长和中国拉丁美洲友好协会会长成思危先生，中国社科院常务副院长王伟光先生，OECD执行秘书长安赫尔·古里亚（Angel Gurria）先生，CAF－拉丁美洲开发银行主席兼CEO恩里克·加西亚（Enrique Garcia）先生，中国进出口银行董事长、行长李若谷先生应邀为这个出版物撰写了序言，这里表示衷心感谢；尤其要提到的是，中国进出口银行对该项研究给予了资助，该行研究部代鹏先生及其他同人给予了无私的帮助，可以说，没有他们的资助和帮助，这项研究成果是不可能完成的。此外，隶属中联部的当代世界出版社社长孙京国先生在人力配备十分紧缺的条件下保证了包括本书在内的其他两本书的出版时间，这里一并表示感谢。

本书各章的作者和译者及其供职机构的信息情况如下：

序言一作者成思危为第九、十届全国人大副委员长，中国拉丁美洲友好协会会长。

序言二作者王伟光为中国社会科学院常务副院长

序言三作者安赫尔·古里亚（Angel Gurria）为OECD执行秘书长，由张占力翻译，郑秉文统校

序言四作者恩里克·加西亚（Enrique García）为CAF－拉丁美洲开发银行主席兼任CEO，由刘波翻译，吴国平统校

后 记

序言五作者李若谷为中国进出口银行董事长、行长，英文译文由该行提供

第一章专门邀请 OECD 提供，由张占力翻译，郑秉文统校

第二章专门邀请 CAF-拉丁美洲开发银行提供，由刘波翻译，吴国平统校

第三章作者岳云霞为中国社科院拉丁美洲研究所综合室副主任、副研究员

第四章作者谢文泽为中国社科院拉丁美洲研究所经济室副研究员

第五章作者袁东振为中国社科院拉丁美洲研究所政治室主任、研究员

第六章作者张勇为中国社科院拉丁美洲研究所助理研究员

第七章作者董经胜为北京大学历史系副教授

第八章作者刘世锦为国务院发展研究中心副主任、研究员；张军扩为国务院发展研究中心党组成员、办公厅主任、研究员；侯永志为国务院发展研究中心发展战略与区域经济研究部部长，研究员；刘培林为国务院发展研究中心发展战略与区域经济研究部研究室主任、研究员

第九章作者张平为中国社科院经济所副所长、研究员；马岩为国家统计局国际中心副处长、教授

第十章作者郑秉文为中国社科院拉丁美洲研究所所长、研究员

自 2005 年 3 月中国社科院拉丁美洲研究所创办这个国际论坛即拉丁美洲论坛以来，每年召开一届，至今已召开了八届；在创办之初，该论坛邀请拉丁美洲与加勒比地区驻华使节参加并发表演讲；随着时间的推移，这个论坛在拉丁美洲研究领域的知名度越来越高，海内外一些学者和机构慕名而来；2009 年 OECD 发展中心参与进来，该中心出版的年度研究报告"拉丁美洲经

济展望"翻译为中文并在论坛上公开发表；2011年CAF-拉丁美洲开发银行加入进来并给予较大资助，同时其年度"经济发展报告"中文版在论坛上同时发布。几年来，这个拉丁美洲研究的学术论坛已成为中外知名的一个学术品牌，吸引的国外学者越来越多，并逐渐成为拉丁美洲研究的一个学术研究平台和信息发布平台，并具有多边互动的发展趋势（指学术、外交、企业、民间团体、国际机构），甚至在某种程度上发挥着公共外交的重要功能，承担起中拉学术交流窗口的重要作用。借助这个平台，OECD发展中心共有4部年度报告（含今年的）和2部专著的中文版予以发布：

——《2009年拉丁美洲经济展望》（关于财政与发展问题的研究）

——《2010年拉丁美洲经济展望》（关于移民与侨汇问题的研究）

——《2011年拉丁美洲经济展望》（关于中产阶级的研究）

此外，还有《中国在拉丁美洲的有形之手》（哈维尔·桑蒂索主编，中文版2009年）和《拉丁美洲经济政策的务实性》（哈维尔·桑蒂索主编，中文版2009年）。

从2012年开始，OECD发展中心与联合国拉美经委会（ECLAC）联合撰写这个年度报告。2012年此次（第八届）论坛发布的《2012年拉丁美洲经济展望——面向发展的国家转型》就是上述两个国际机构合作的结果。

在这个平台上，后来居上的CAF-拉丁美洲开发银行出版的年度"经济和发展报告"已有两本：

——2011年经济和发展报告：《未来之路：拉丁美洲基础设施管理》

——2012年经济和发展报告：《面向发展：推动拉丁美洲金融服务的可获性》

从2009年的第五届国际论坛开始，中国社科院拉丁美洲研究所开始正式提交一个公开出版物即年度"拉丁美洲和加勒比专题报告"。4年来，这些年度报告分别是：

——2009年专题报告是郑秉文主编的《社会凝聚：拉丁美洲的启示》

——2010年专题报告是吴国平主编的《金融危机：拉丁美洲的选择》

——2011年专题报告是郑秉文主编的《拉丁美洲城市化：经验与教训》

——2012年专题报告是郑秉文主编的《中等收入陷阱：来自拉丁美洲的案例研究》

中国社会科学院拉丁美洲研究所所长
中国社会科学院世界社保研究中心主任
郑秉文
2012年2月26日